# 铁路数字移动通信系统(GSM-R)原理与协议分析

王开锋　李　辉　梁轶群　蔺　伟◎主编

姜永富◎主审

中国铁道出版社有限公司

2024年·北　京

## 内 容 简 介

本书共十章，内容包括：GSM-R 无线接口理论；信令与协议；信令流程分析；$U_m$ 接口协议分析；Abis 接口协议分析；PRI 接口与 V.110 协议；CTCS-3 车—地信息传输协议；No.7 信令系统。

本书可作为铁路通信管理人员和技术人员培训用书，也可以作为高等院校相关专业学生学习用书。

**图书在版编目(CIP)数据**

铁路数字移动通信系统(GSM-R)原理与协议分析/王开锋等主编．—北京：中国铁道出版社有限公司，2024.5

ISBN 978-7-113-31089-9

Ⅰ.①铁… Ⅱ.①王… Ⅲ.①铁路通信-数字通信-移动通信-通信系统 Ⅳ.①U285.5

中国国家版本馆 CIP 数据核字(2024)第 053840 号

**书　　名：** 铁路数字移动通信系统(GSM-R)原理与协议分析
**作　　者：** 王开锋　李　辉　梁铁群　蔺　伟

**责任编辑：** 朱敏洁　奚　琦　　**编辑部电话：** (010)51873134　　**电子邮箱：** zhuminjie1105@163.com
**封面设计：** 刘　莎
**责任校对：** 刘　畅
**责任印制：** 高春晓

**出版发行：** 中国铁道出版社有限公司(100054，北京市西城区右安门西街 8 号)
**网　　址：** http://www.tdpress.com
**印　　刷：** 北京铭成印刷有限公司
**版　　次：** 2024 年 5 月第 1 版　2024 年 5 月第 1 次印刷
**开　　本：** 787 mm×1 092 mm　1/16　**印张：** 16.25　**字数：** 390 千
**书　　号：** ISBN 978-7-113-31089-9
**定　　价：** 65.00 元

# 前言

铁路数字移动通信系统(GSM-R)是专门为铁路设计的综合专用数字移动通信系统,该系统基于GSM,在保留了GSM各种业务的基础上增加了一些铁路特定业务,以满足铁路运输生产对移动通信的需求。我国于2003年将GSM-R确定为铁路数字移动技术的基本制式,经过20多年的建设和发展,GSM-R在网络结构、功能实现、业务应用、配套设备等方面均形成了与铁路运输相适应的标准体系和装备体系,已经成为高速铁路、重载铁路等国家干线铁路的关键基础设施之一,在铁路行车指挥、运营维护、安全监控和旅客服务等方面发挥了不可替代的作用。尤其在CTCS-3级列车运行控制、列车自动驾驶、机车同步操控等系统中,GSM-R承载车—地之间安全数据的传输,GSM-R的可靠性、可用性和可维护性直接影响铁路的运输秩序甚至运输安全。

GSM-R与铁路运输生产直接相关,需要提供稳定可控的网络服务质量,对GSM-R系统进行持续监控和优化,实现科学维护、实时响应、及时网优、稳定质量的目标,始终是GSM-R运维工作的重点。本书围绕GSM-R工程建设、网络管理和优化的实际需求,介绍了GSM-R的基本原理、关键技术和接口协议,有助于读者系统地了解GSM-R,并指导网络优化和故障分析。全书共分为10章:第1章介绍GSM-R的组成和主要业务;第2章论述了多址技术、信道、无线测量、切换等无线接口技术;第3章介绍GSM-R信令系统结构、CSD及语音业务协议结构;第4章对基本呼叫处理、位置更新、IMSI分离、切换、呼叫重建、直接重试、功能寻址、基于位置的寻址、语音组呼、语音广播、增强多优先级与强拆等信令流程进行了详细分析;第5章阐述了$U_m$接口第一层至第三层协议以及系统消息;第6章介绍Abis接口信道配置方式、LAPD协议及第三层协议;第7章阐述了A接口的MTP协议、SCCP协议及BSSAP协议;第8章论述了PRI接口D信道的LAPD协议、第三层协议以及B信道中的V.110接口协议;第9章介绍CTCS-3级列控系统的基本组成、场景和CTCS-3无线超时的概念,车载设备与

RBC 安全通信参考模型以及其中的数据链路层(HDLC)、网络层(NPDU)、传输层(TPDU)、安全层(SaPDU)、应用层(APDU)协议;第 10 章介绍 MTP、SCCP、TCAP、MAP、CAP、TUP、ISUP 等 No.7 信令系统中的主要协议。

本书主要面向铁路通信管理人员和技术人员,也可以作为高等院校相关专业学生的参考教材。在本书编著过程中得到了高媛、蒋韵、白晓楠、李坚、李春铎、张馨丹等人的大量帮助,在此一并表示感谢。

由于编者的水平有限,书中难免出现纰漏,欢迎广大读者批评、指正。

编　者

2024 年 2 月

# 1 概 述

1992 年，国际铁路联盟(international union of railways，UIC)启动了名为欧洲综合无线电增强网络(European integrated radio enhanced network，EIRENE)的项目，定义了铁路专用移动通信网络的规范要求，以满足铁路的需求并保证跨越国境时系统的互操作性。EIRENE 项目交付了系统需求规范和功能需求规范，提出欧洲铁路无线通信采用以 GSM phase2＋为基础的 GSM-R 技术。为了制定详细的规范，并验证 EIRENE 功能规范的技术可行性，欧洲于 1996 年启动了由铁路运营商、GSM-R 制造商和研究机构为成员的欧洲铁路网络移动无线电(mobile radio for railway networks in Europe，MORANE)项目，MORANE 项目提交了一系列功能规范和功能接口规范。GSM 规范与 EIRENE/MORANE 规范一起构成了 GSM-R 技术体系。

## 1.1 GSM-R 部署现状

GSM-R 在全球范围内取得了巨大的成功，据 UIC 欧洲铁路执行组织统计，欧洲大约有 2 万个 GSM-R 基站，GSM-R 网络将部署在欧洲约 16.3 万 km 线路上，覆盖欧洲铁路网络的 75%。截至 2023 年，欧洲主要国家 GSM-R 网络部署情况见表 1-1。

**表 1-1 欧洲主要国家 GSM-R 网络部署情况**

| 国家 | 覆盖里程/km | 基站数量/个 |
|---|---|---|
| 捷克 | 3 210 | 626 |
| 法国 | 18 900 | 3 680 |
| 德国 | 22 300 | ≈4 890 |
| 希腊 | 700 | 154 |
| 匈牙利 | 2 210 | 390 |
| 意大利 | 10 370 | 2 500 |
| 荷兰 | 3 020 | 620 |
| 挪威 | 4 230 | 832 |
| 斯洛伐克 | 410 | 64 |
| 瑞典 | 11 000 | 1 400 |
| 瑞士 | 3 120 | 663 |
| 英国 | 15 108 | 2 427 |
| 丹麦 | 3 120 | 614 |
| 葡萄牙 | 100 | 25 |
| 罗马尼亚 | 100 | 24 |
| 西班牙 | 4 450 | 830 |

我国于2003年确定在高速铁路全面采用GSM-R，自青藏铁路建设我国第一个GSM-R网络以来，截至2023年底，GSM-R累计覆盖近10万km线路，广泛应用于高速铁路、客运专线、重载铁路，成为承载铁路运输调度指挥的重要通信网络。

## 1.2 GSM-R系统结构及接口

GSM-R网络由GSM-R数字移动通信系统（以下简称GSM-R系统）和中继传输电路组成。GSM-R系统结构如图1-1所示，主要由六部分组成，包括交换子系统（switching subsystem，SSS）、移动智能网（intelligent network，IN）子系统、通用分组无线业务（general packet radio service，GPRS）子系统、无线子系统（base station system，BSS）、无线终端（mobile station，MS）、运营与支撑子系统（operation support system，OSS）。无线终端是接入GSM-R网络的用户设备，同时也为用户提供人机接口。

### 1.2.1 无线终端（MS）

无线终端通过$U_m$接口接入GSM-R网络，GSM 02.07（GSM规范）中详细描述了无线终端必须支持的功能以及可选功能，在TB/T 3477.1《铁路数字移动通信系统（GSM-R）手持终端　第1部分：技术要求》和TB/T 3370.1《铁路数字移动通信系统（GSM-R）车载通信模块　第1部分：技术要求》中详细描述了铁路手持终端和车载通信模块的技术要求。

$U_m$接口是MS与BTS之间的互联接口，其物理连接通过无线链路实现，用于MS与GSM系统固定部分之间的互通，此接口传递的信息包括无线资源管理、移动性管理和接续管理等。

### 1.2.2 无线子系统（BSS）

BSS包含了GSM-R系统中无线通信部分的全部基础设施，通过$U_m$接口与MS连接，通过A接口与SSS连接，为一定区域内的MS和SSS提供传输通路，具有无线信号发送与接收、无线资源管理、传送系统信号和用户信息等功能，主要包括基站控制器（base station controller，BSC）、分组控制单元（packet control unit，PCU）、码变换和速率适配单元（transcoding rate and adaptation unit，TRAU）、小区广播中心（cell broadcast centre，CBC）、基站（base transceiver station，BTS）、无线中继传输设备等，相关的主要接口如下：

（1）Abis接口：BSC和BTS之间的互联接口，其物理链路通常采用标准的2.048 Mbit/s PCM数字传输链路，支持向移动用户提供的所有服务，并支持对BTS无线设备的控制和无线频率的分配。

（2）A接口：MSC与BSC之间的互联接口，其物理链接采用标准的2.048 Mbit/s PCM数字传输链路，用于传递移动台管理、基站管理、移动性管理、接续管理等信息。

（3）Ater接口：BSC与TRAU之间的互联接口，其物理链路通常采用标准的2.048 Mbit/s PCM数字传输链路，传输的内容与A接口类似，但语音编码仍与$U_m$接口相同，一个时隙中可以承载4个PCM链路上的64 kbit/s时隙，Ater接口与A接口的数据压缩比为1∶4。

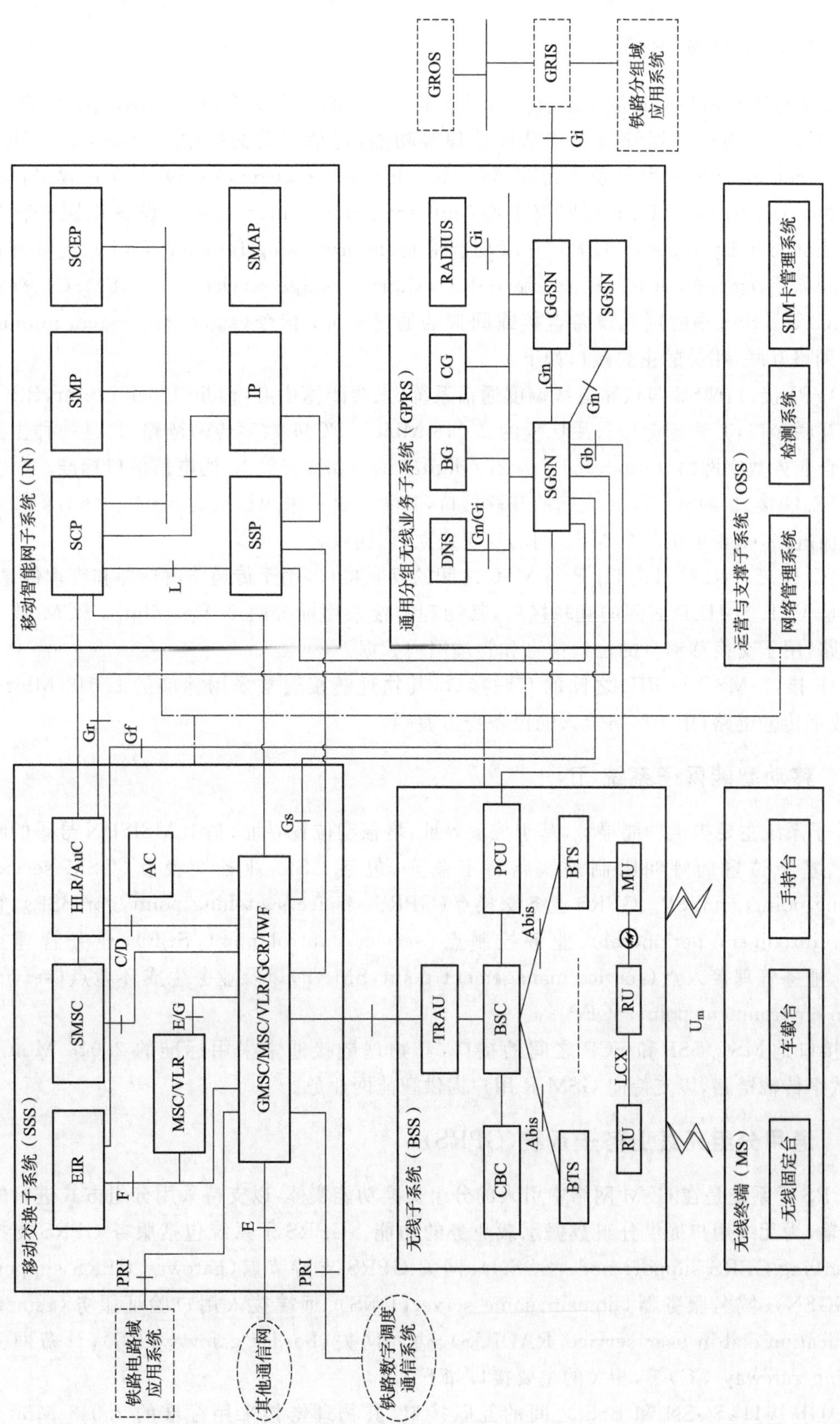


图1-1 GSM-R系统结构

### 1.2.3 交换子系统(SSS)

SSS执行移动用户与其他固定或移动网络用户之间的呼叫交换，具有基本交换功能、呼叫接续功能以及用户数据管理和移动性管理等功能，包括移动交换中心(mobile services switching center,MSC)、拜访位置寄存器(visitor location register,VLR)、归属位置寄存器(home location register,HLR)、鉴权中心(authentication center,AuC)、设备识别寄存器(equipment identity register,EIR)、互联功能单元(interworking function,IWF)、组呼寄存器(group call register,GCR)、短消息服务中心(short message service centre,SMSC)、确认中心(AC)等。SSS中的网元设备直接或间接的通过No.7信令(signaling system number 7,SS7)网络互联，相关的主要接口如下：

(1)PRI接口：MSC与铁路有线调度通信系统、无线闭塞中心(radio block center,RBC)之间的互联接口，其物理链接采用标准的2.048 Mbit/s PCM数字传输链路，这是一种主要用于综合业务数字网络(integrated services digital networks,ISDN)的电信接口标准。

(2)E/G接口：MSC/VLR之间的互联接口，其物理链接采用标准的2.048 Mbit/s PCM数字传输链路，主要用于两个MSC间的呼叫建立、切换过程。

(3)C/D接口：C接口是HLR与MSC之间的互联接口，用于传递路由选择和管理信息，D接口是VLR与HLR之间的互联接口，其物理链接采用标准的2.048 Mbit/s PCM数字传输链路，用于交换移动台的位置信息和管理用户数据。

(4)F接口：MSC与EIR之间的互联接口，其物理链接通常采用标准的2.048 Mbit/s PCM数字传输链路，用于网络接入的设备身份鉴别。

### 1.2.4 移动智能网子系统(IN)

IN子系统主要提供功能寻址、基于位置寻址、增强型位置寻址、基于MSISDN号码的呼叫限制、基于位置的呼叫限制等铁路特定业务，包括GSM业务交换点(GSM service switching point,gsmSSP)、GPRS业务交换点(GPRS service switching point,gprsSSP)、智能外设(intelligent peripheral)、业务控制点(service control point,SCP)、业务管理点(SMP)、业务管理接入点(service management point,SMAP)以及业务生成环境点(service creation environment point,SCEP)等。

L接口是MSC/SSP和SCP之间的接口，其物理链接通常采用标准的2.048 Mbit/s PCM数字传输链路，以支持向GSM-R用户提供智能网业务。

### 1.2.5 通用分组无线业务子系统(GPRS)

GPRS子系统是在GSM网络中引入的分组交换功能实体，以支持采用分组方式进行的数据传输，为无线用户提供分组数据承载业务的功能。GPRS子系统包括服务GPRS支持节点(serving GPRS support node,SGSN)、网关GPRS支持节点(gateway GPRS support node,GGSN)、域名服务器(domain name server,DNS)、远端拨入用户验证服务(remote authentication dial-in user service,RADIUS)、边界网关(border gateway,BG)、计费网关(charging gateway,CG)等，相关的主要接口如下：

(1)Gb接口：SGSN和BSS之间的互联接口，其物理链接采用标准的2.048 Mbit/s

PCM 数字传输链路，通过该接口 SGSN 完成同 BSS 系统、MS 之间的通信，以完成分组数据传送、移动性管理、会话管理方面的功能。

(2)Gn 接口：同一个公共陆地移动网(public land mobile network，PLMN)内部 SGSN 间、SGSN 和 GGSN 之间的互联接口，其物理链接采用以太网链路，在 TCP/UDP 协议之上以承载 GPRS 隧道协议(GPRS tunneling protocol，GTP)的方式进行通信。

(3)Gi 接口：GPRS 与 RADIUS、DNS 及外部分组数据网之间的互联接口，其物理链接通常采用以太网链路，GPRS 通过 Gi 接口与 GPRS 接口服务器(GPRS interface server，GRIS)等铁路应用系统交互数据。

(4)Gr 接口：SGSN 与 HLR 之间的互联接口，其物理链接采用标准的 2.048 Mbit/s PCM 数字传输链路，用于 SGSN 接入 HLR 并获得用户管理数据和位置信息。

(5)Gs 接口：SGSN 与 MSC/VLR 之间的互联接口，其物理链接采用标准的 2.048 Mbit/s PCM 数字传输链路，SGSN 通过 Gs 接口和 MSC 配合完成对 MS 的移动性管理功能。

(6)Gf 接口：SGSN 与 EIR 之间的互联接口，其物理链接采用标准的 2.048 Mbit/s PCM 数字传输链路，用于网络接入的设备身份鉴别。

### 1.2.6 运营与支撑子系统(OSS)

OSS 是网络监控的功能实体，包括网络管理系统、监测系统、数据及 SIM 卡管理系统等，具有网络管理、接口监测、数据及 SIM 卡管理等功能。

## 1.3 GSM-R 频率

常用 GSM 频率分配见表 1-2。

**表 1-2 GSM 频带的划分及使用**

| 系统 | 上行/MHz | 下行/MHz | 信道编号 | 频带/MHz | 双工间隔/MHz | 双工信道数/个 |
|---|---|---|---|---|---|---|
| P-GSM-900 | 890～915 | 935～960 | 1～124 | 2×25 | 45 | 124 |
| E-GSM-900 | 880～915 | 925～960 | 975～1 023，0～124 | 2×35 | 45 | 174 |
| R-GSM-900 | 876～915 | 921～960 | 955～1 023，0～124 | 2×39 | 45 | 194 |
| ER-GSM-900 | 873～915 | 918～960 | 940～1 023，0～124 | 2×42 | 45 | 209 |
| DCS-1800 | 1 710～1 785 | 1 805～1 880 | 512～885 | 2×75 | 95 | 374 |
| PCS-1900 | 1 850～1 910 | 1 930～1 990 | 512～810 | 2×60 | 80 | 299 |

我国 GSM-R 位于 E-GSM 频段的 4 MHz 范围内，上行链路 885～889 MHz、下行链路 930～934 MHz，绝对射频信道号码(absolute radio frequency channel number，ARFCN)范围为 999～1 019，其中 999 和 1 019 为隔离保护频点，可用频点共 19 个。

欧洲 GSM-R 位于 R-GSM 频段的 4 MHz 范围内，上行链路 876～880 MHz、下行链路 921～925 MHz，此外，德国还额外使用了 ER-GSM 频段的 3 MHz 宽带。澳大利亚则使用 1 800 MHz 频段。

## 1.4 GSM-R 移动区域定义及识别号

### 1.4.1 GSM-R 中的移动区域

GSM-R 是一种蜂窝移动通信系统，设置众多基站，移动用户没有固定的位置，只要在服务区域内，网络便需要提供交换控制功能，以实现位置更新、越区切换和自动漫游等功能。图 1-2 总结了 MSC、BSC 和 BTS 等网元之间的层次关系。

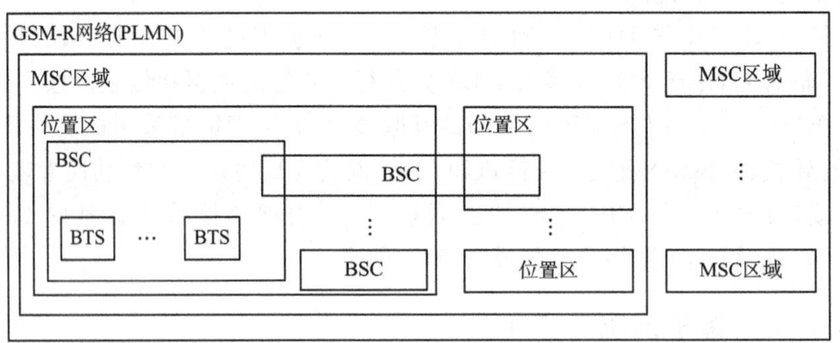


图 1-2　GSM-R 中的移动区域

一个 GSM-R 网络可由一个或多个 MSC 组成，GSM-R 网络具有相同的编号方案和路由计划，MSC 提供了固定网与 PLMN 之间的功能接口。

MSC 区域是由一个 MSC 控制的所有小区共同覆盖的区域，一个 MSC 区域可以由一个或若干个位置区（location area，LA）组成。

一个 LA 可以包含一个或多个小区，在 GSM-R 中，对移动台的寻呼是以 LA 为单位进行的，网络在一个 LA 内所有小区同时发寻呼消息，移动台在 LA 内移动无需进行位置更新。每个 LA 至少存在一个 BSC，但一个 BSC 的小区可以属于不同的 LA。

小区是由基站或基站的一部分所覆盖的区域，使用全球小区识别码（cell global identifier，CGI）作为唯一标识，每个 BSC 可以控制一个或多个小区。

### 1.4.2 GSM-R 中的用户号码

GSM-R 系统中定义了一系列移动用户和网络功能实体的识别码或号码，用于标识移动用户身份、提供路由信息、提供位置信息或为寻址提供服务，其详细规定可以参见 TB/T 3361—2016《铁路数字移动通信系统（GSM-R）编号计划》。

（1）移动用户 ISDN 号码（mobile subscriber ISDN number，MSISDN）

MSISDN 符合国际电信联盟 ITU-T 建议的 E. 164 编码方式，其号码结构如图 1-3 所示。

我国国家代码（CC）为 86，GSM-R 网络国内目的代码（NDC）为 149，HLR 识别号格式为8××，在同一 HLR 管辖范围内号码唯一。

（2）国际移动用户识别码 （international mobile subscriber identity，IMSI）

IMSI 是分配给移动用户的唯一的识别号，采用 E. 212 编码方式，由 15 位十进制数字组成，其号码结构如图 1-4 所示。

图 1-3　MSISDN 的号码结构

图 1-4　IMSI 的号码结构

我国 GSM-R 的 MCC 为 460，MNC 为 20。

(3)临时移动用户识别号(temporary mobile subscriber identity，TMSI)

TMSI 是出于加强系统保密性的目的在 VLR 内分配的临时用户识别号，它在某一 VLR 区域内与 IMSI 唯一对应。TMSI 包含 32 bit，可以由 8 个十六进制数组成，其结构可由运营部门或设备商自行定义，但所有比特位不能全部为 1，否则 SIM 卡会认为其无效。

(4)短号码

短号码由 4 位十进制数组成，常用的短号码分配见表 1-3。

**表 1-3　常用的短号码分配**

| 短号码 | 路由对象 | 短号码 | 路由对象 |
|---|---|---|---|
| 1 2 × × | 列车调度台 | 1 3 × × | 车站值班台 |
| 1 9 0 × | 动车司机调度台 | 1 9 3 × | 客服调度台 |
| 1 9 4 × | 动车调度台 | | |

(5)车次功能号(train functional number，TFN)

车次功能号用于功能寻址，可以明确标识给定车次上的用户或功能，其号码结构如图 1-5 所示，其中 CCCC 为车次号 1～2 位字母转换的 4 位数字，×××××为车次号中 1～5 位可变长的数字位，FC 为 2 位数字功能码。

图 1-5　TFN 的号码结构

(6)机车功能号(engine functional number，EFN)

机车功能号用于功能寻址，可以明确标识给定机车上的用户或功能，其号码结构如

图 1-6 所示，其中 TTT 为 3 位数字机车类型代码，×××××为机车号中 5 位定长数字位，FC 是 2 位数字功能码。

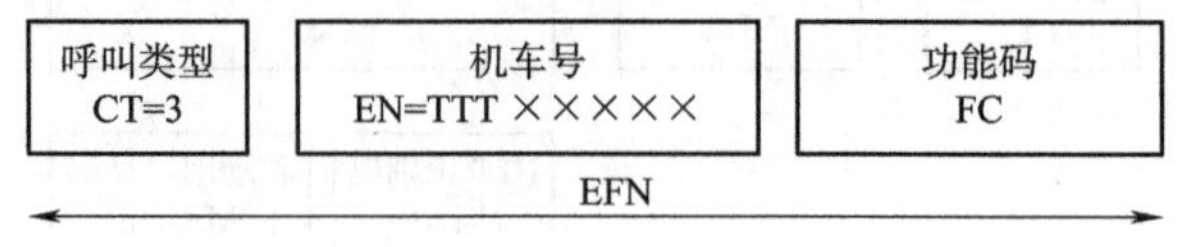


图 1-6　EFN 的号码结构

### 1.4.3　GSM-R 中的设备号码

**1. 国际移动设备识别码**(international mobile equipment identity，IMEI)

IMEI 是 GSM-R 网络中移动终端设备的唯一识别码，移动终端设备制造商在产品出厂时以电子序号的方式将其存储在终端设备中，其号码结构如图 1-7 所示。

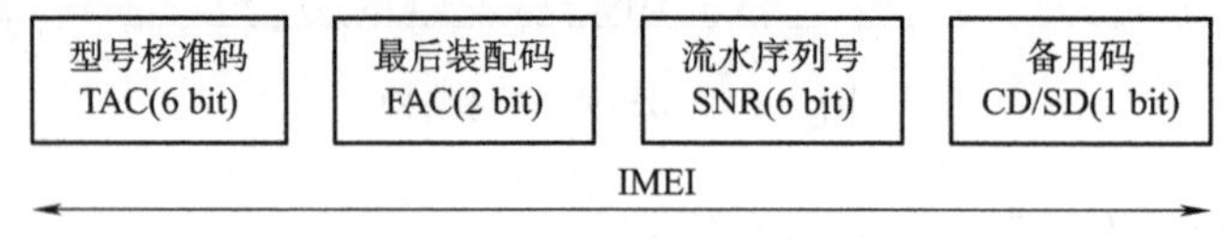


图 1-7　IMEI 的号码结构

**2. 基站识别码**(base station identity code，BSIC)

BSIC 用于区分广播控制信道频率相同的不同小区，由网络色码(network color code，NCC)和基站色码(base station color code，BCC)组成，其号码结构如图 1-8 所示。目前 GSM-R 网络中规定的 NCC 取值范围为 4～7。

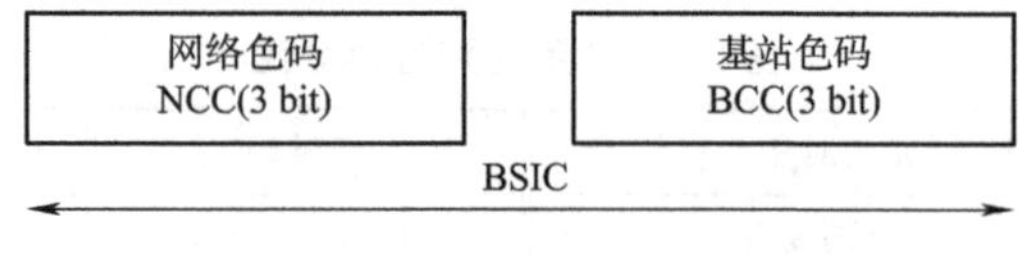


图 1-8　BSIC 的号码结构

**3. 位置区识别码**(location area identification，LAI)

LAI 标识了移动台所在的位置区，其号码结构如图 1-9 所示。

图 1-9　LAI 的号码结构

MCC、MNC 含义与 IMSI 中相同，LAC 由 4 位十六进制数字组成，但不能使用全 0 和 FFFE 的编码。

**4. 全球小区识别**(cell global identification，CGI)

CGI 是 GSM-R 小区的唯一标识，是在 LAI 的基础上加上小区识别码(cell identity，CI)构成的(CI 由 4 位十六进制数字组成)，其号码结构如图 1-10 所示。

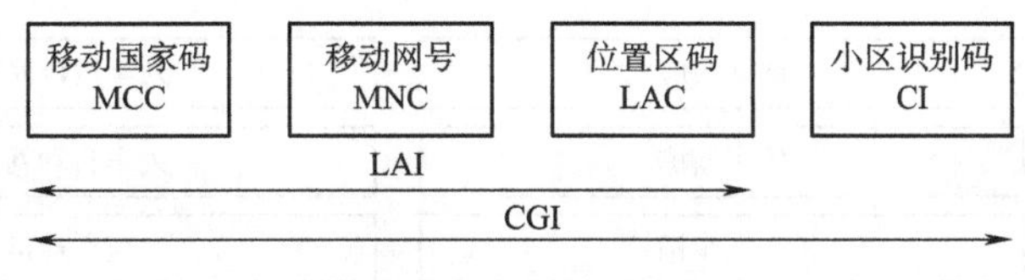


图 1-10 CGI 的号码结构

**5. 路由区域标识**(routing area identification,RAI)

RAI 用于标识移动用户所在的路由区域,是在 LAI 的基础上加路由区码(routing area code,RAC)构成的,其号码结构如图 1-11 所示。

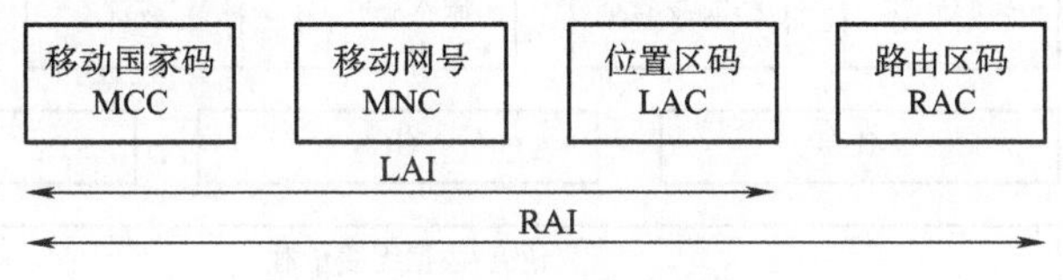


图 1-11 RAI 的号码结构

**6. 网元设备识别号码**

MSC/VLR/GCR/SSP、EIR、SCP、SGSN 等 GSM-R 网元设备的识别码采用 ITU-T 建议的 E.164 编码方式,其号码结构如图 1-12 所示。CC、NDC 含义与 MSISDN 中相同,LSP 可由运营部门自行定义。

图 1-12 GSM-R 网元设备识别号码的结构

# 1.5 GSM-R 业务

## 1.5.1 GSM-R 业务模型

GSM-R 基于成熟的公网 GSM 技术,并在此基础上提供了一系列丰富的功能,满足铁路的特定需求,其业务模型如图 1-13 所示。

(1)GSM-R 需要提供标准的 GSM 业务,其分类如图 1-14 所示。

电信业务(又称为用户终端业务)为用户之间的通信提供包括终端设备功能在内的完整能力;承载业务提供接入点之间信号传输能力,这些服务仅限于开放系统互联(OSI)参考模型的第 1、2 和 3 层;补充业务是对基本电信业务的修改和补充,在业务和性能特征方面与 ISDN 的补充业务相对应。

承载业务提供信息传递的一些底层功能,例如,承载业务可以为 CTCS-3 级列控系统提供车—地数据传输能力。使用承载业务的终端设备需要实现高层协议,即 OSI 参考模型的第 4~7 层,电信业务与承载业务的关系如图 1-15 所示。

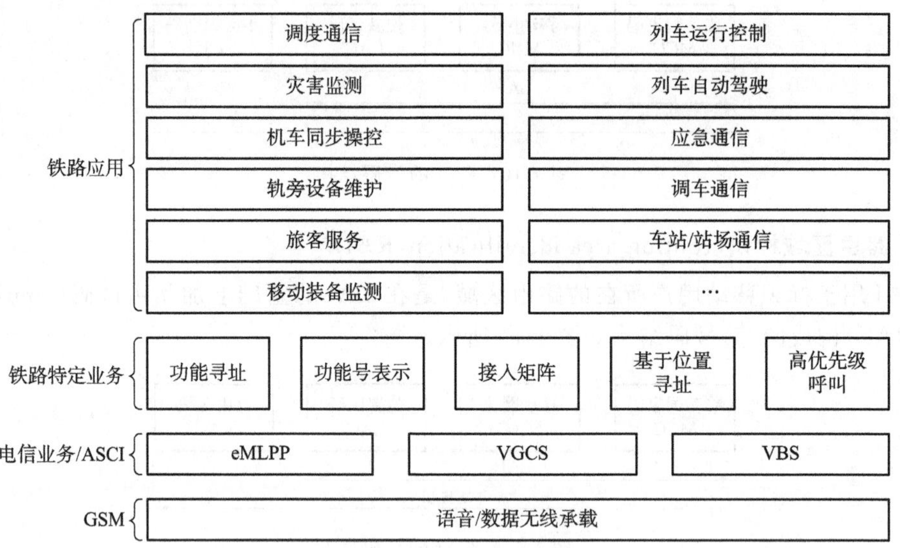

图 1-13　GSM-R 业务模型

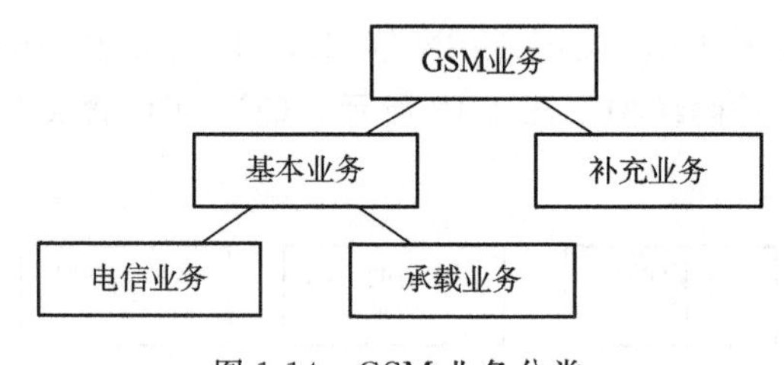

图 1-14　GSM 业务分类

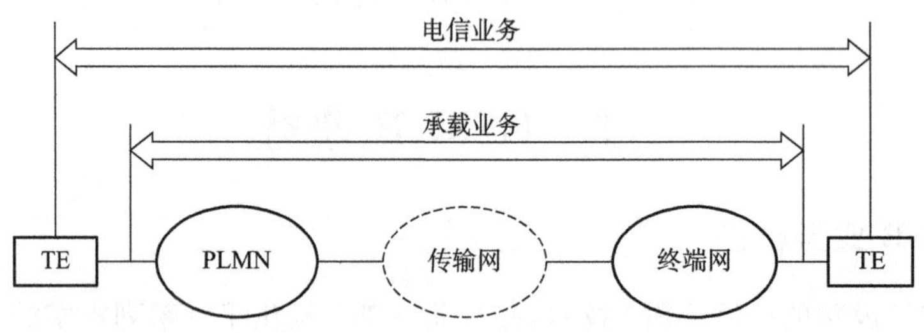

图 1-15　电信业务与承载业务的关系

(2)GSM-R 需提供先进语音呼叫业务(advanced call speech items，ACSI)，包括增强型多优先级与强拆(enhanced multi-level precedence and pre-emption，eMLPP)业务，语音组呼业务(voice group calling service，VGCS)、语音广播业务(voice broadcast service，VBS)。

(3)GSM-R 还需要提供一些铁路特定业务，如功能寻址、基于位置寻址等。

### 1.5.2　电信业务

GSM-R 需要支持的电信业务见表 1-4。

表 1-4 GSM-R 电信业务

| 类别 | | 业务 | | 要求 |
|---|---|---|---|---|
| 业务码 | 名称 | 业务码 | 名称 | |
| 1 | 语音传输 | 11 | 电话 | 必选 |
| | | 12 | 紧急呼叫* | 必选 |
| 2 | 短消息业务 | 21 | 点对点终接短消息 | 可选 |
| | | 22 | 点对点始发短消息 | 可选 |
| | | 23 | 小区广播短消息 | 可选 |
| 6 | 传真 | 61 | 语音和 3 类传真交替 | 可选 |
| | | 62 | 自动 3 类传真 | 可选 |
| 7 | 语音组业务 | 91 | 语音组呼业务(VGCS) | 必选 |
| | | 92 | 语音广播业务(VBS) | 必选 |

*:此处的紧急呼叫是 GSM 规范中定义的公共紧急呼叫业务,手机无需插入 SIM 卡即可拨通当地的紧急呼叫中心,而铁路紧急呼叫是一种紧急组呼业务。

### 1.5.3 承载业务

GSM-R 需要支持的承载业务见表 1-5。

表 1-5 GSM-R 承载业务

| 业务码 | 业务名称 | 透明属性 | 要求 |
|---|---|---|---|
| 20 | 异步通用承载业务 | — | 可选 |
| 21 | 异步 300 bit/s | 透明/非透明 | 可选 |
| 22 | 异步 1.2 kbit/s | 透明/非透明 | 可选 |
| 23 | 异步(1 200 bit/s)/(75 bit/s) | 透明/非透明 | 可选 |
| 24 | 异步 2.4 kbit/s | 透明 | 必选 |
| 24 | 异步 2.4 kbit/s | 非透明 | 可选 |
| 25 | 异步 4.8 kbit/s | 透明 | 必选 |
| 25 | 异步 4.8 kbit/s | 非透明 | 可选 |
| 26 | 异步 9.6 kbit/s | 透明 | 必选 |
| 26 | 异步 9.6 kbit/s | 非透明 | 可选 |
| 30 | 同步通用承载业务 | — | 可选 |
| 31 | 同步 1.2 kbit/s | 透明/非透明 | 可选 |
| 32 | 同步 2.4 kbit/s | 透明/非透明 | 可选 |
| 33 | 同步 4.8 kbit/s | 透明/非透明 | 可选 |
| 34 | 同步 9.6 kbit/s | 透明/非透明 | 可选 |
| 40 | 通用 PAD 接入承载业务 | 透明/非透明 | 可选 |
| 41 | 异步 PAD 接入 300 bit/s | 透明/非透明 | 可选 |
| 42 | 异步 PAD 接入 1.2 kbit/s | 透明/非透明 | 可选 |
| 43 | 异步 PAD 接入(1 200 bit/s)/(75 bit/s) | 透明/非透明 | 可选 |

续上表

| 业务码 | 业务名称 | 透明属性 | 要求 |
|---|---|---|---|
| 44 | 异步 PAD 接入 2.4 kbit/s | 透明/非透明 | 可选 |
| 45 | 异步 PAD 接入 4.8 kbit/s | 透明/非透明 | 可选 |
| 46 | 异步 PAD 接入 9.6 kbit/s | 透明/非透明 | 可选 |
| 61 | 交替语音/数据 | — | 可选 |
| 70 | GPRS | — | 必选 |
| 71 | EGPRS | — | 可选 |
| 81 | 语音后接数据 | — | 可选 |

除 GPRS 和 EGPRS 外，承载业务均采用电路域传送数据，也就是常说的电路交换数据(circuit switch data，CSD)业务。

### 1.5.4 补充业务

GSM-R 需要支持的补充业务见表 1-6。

**表 1-6 GSM-R 补充业务**

| 业务类型 | 补充业务 | 要求 |
|---|---|---|
| 号码识别 | 主叫线识别显示(CLIP) | 必选 |
| | 主叫线识别限制(CLIR) | 可选 |
| | 被叫线识别显示(CoLP) | 必选 |
| | 被叫线识别限制(CoLR) | 可选 |
| 呼叫提供 | 无条件呼叫前转(CFU) | 必选 |
| | 遇忙呼叫前转(CFB) | 必选 |
| | 无应答呼叫前转(CFNRy) | 可选 |
| | 不可到达呼叫前转(CFNRc) | 可选 |
| 呼叫完成 | 呼叫等待(CW) | 必选 |
| | 呼叫保持(HOLD) | 必选 |
| | 遇忙呼叫完成(CCBS) | 可选 |
| 多方通信 | 多方通话(MPTY) | 必选 |
| | 闭合用户组(CUG) | 可选 |
| 计费 | 计费信息提示(AoCI) | 可选 |
| | 计费费用提示(AoCC) | 可选 |
| 呼叫限制 | 禁止全部呼出(BAOC) | 可选 |
| | 禁止国际呼出(BOIC) | 可选 |
| | 禁止归属 PLMN 之外的国际呼出(BOIC-exHC) | 必选 |
| | 禁止全部呼入(BAIC) | 必选 |
| | 禁止漫游时呼入(BAIC-Roam) | 必选 |
| 非结构化补充数据 | 非结构化补充数据(USSD) | 必选 |

续上表

| 业务类型 | 补充业务 | 要 求 |
|---|---|---|
| follow me | follow me | 必选 |
| 附加信息传送 | 用户到用户信令 1(UUS1) | 必选 |
| 多优先级与强拆 | 增强型多优先级与强拆(eMLPP) | 必选 |
| 呼叫转接 | 显式的呼叫转接(ECT) | 可选 |

### 1.5.5 先进语音呼叫业务

**1. 增强型多优先级与强拆**(eMLPP)

eMLPP 为呼叫建立和越区切换时的呼叫连续性提供不同级别的优先权,网络应优先处理高优先等级的呼叫,在缺乏空闲资源的情况下,一个优先级较低的呼叫会被一个优先级较高的呼叫强拆。GSM-R 网络可为业务和用户提供 7 个优先等级,从高到低为 A、B、0～4 级,具体分配方式见表 1-7。

**表 1-7 GSM-R 网络中的优先等级**

| 优先等级 | 业务和用户 |
|---|---|
| A | 网内保留使用 |
| B | 网内保留使用 |
| 0 | 铁路紧急呼叫 |
| 1 | 列车运行控制类信息传输业务 |
| 2 | 公共紧急呼叫、优先级为 2 级的组呼和个呼、同一区域内司机间的组呼 |
| 3 | 铁路运营相关呼叫业务 |
| 4 | 其他语音呼叫和非列车运行控制类信息数据传输 |

**2. 语音组呼业务**(VGCS)

VGCS 允许在无线链路上对预定义的服务用户组进行语音对话,按照优先等级的不同,VGCS 又可以分为普通语音组呼和紧急组呼(即铁路紧急呼叫)。GSM-R 的 VGCS 用户可以划分为调度员和业务用户两类成员,调度员可以是固定用户或移动用户,通过网络为其建立的专用通道参与组呼的话音通信,业务用户是签约 VGCS 业务的移动用户,被叫业务用户通过组呼区域内的组呼通道参与组呼的话音通信。

VGCS 业务呼叫在任何时刻只准许 1 个业务用户及多个调度员同时讲话,处于听状态的业务用户可以通过抢上行的操作获得讲话权参与讲话,抢上行的操作按照“先到先得”的方式进行,其他业务用户只有当上行空闲时才可以继续抢上行的操作。调度员具有专用通道,随时可以参与讲话。

**3. 语音广播业务**(VBS)

VBS 是呼叫发起者讲话,多人作为听者的业务。与 VGCS 类似,GSM-R 的 VBS 用户可以划分为调度员和业务用户两类成员,调度员只能是固定用户,通过网络为其建立的专用通道参与组呼的话音通信,业务用户是签约 VBS 业务的移动用户,被叫业务用户通过组呼区域内的组呼通道参与组呼的话音通信。

VBS呼叫期间只有主叫调度员可以发言，其他调度员和业务用户只能作为听众，呼叫时每个相关小区有一个组呼通道，其中上行链路仅供当前发言者使用，所有听者守候在下行链路。

### 1.5.6 铁路特定业务

#### 1. 功能寻址

功能寻址允许用户或应用程序通过识别其相关功能而非终端的号码进行访问，功能号码用来表示工作岗位（如列车司机、列车长等）而不是一个真实的用户。在岗的工作人员通过USSD操作将自己的MSISDN登记到该功能号码上，建立起功能号码和真实用户之间的联系，当在岗人员使用的电话号码发生变化而该岗位的功能号码不变时，可以通过拨打该功能号码呼叫在岗人员。

#### 2. 基于位置寻址

基于位置寻址根据用户所拨打的短号码和用户自身位置将当前呼叫路由到合适的调度员，通常采用小区标识识别列车位置，而使用增强型位置寻址时可以使用来自外部资源的位置信息，如卫星导航定位、应答器等，以提高位置寻址精度。

基于位置寻址示例如图1-16所示，列车在区域A呼叫1200短号码，网络将其接续到列车调度台1，而在区域B呼叫1200短号码，网络将其接续到列车调度台2。

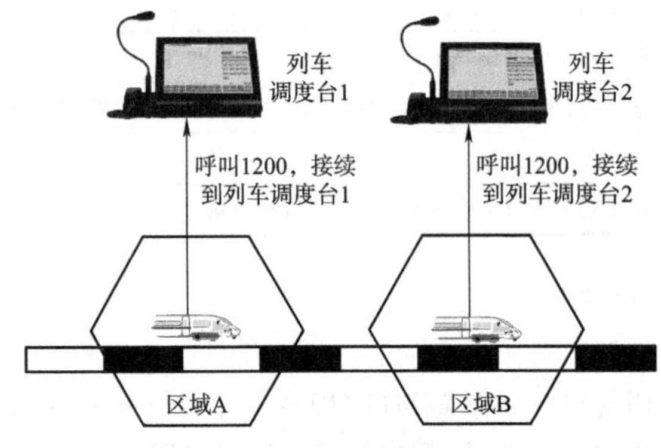


图1-16　基于位置寻址示例

#### 3. 调车作业模式通信

调车作业模式通信是GSM-R提供的一项可选服务，在特定的调车操作中，司机看不到前方的路，此时需要依赖来自另一个调车员的信息。GSM-R提供一个链路保证信号来保证在“静默期”无线电链路仍然建立以及调车作业操作有关的组成员之间的通信正常。

#### 4. 铁路紧急呼叫

铁路紧急呼叫分为列车紧急呼叫和调车紧急呼叫，所有铁路紧急呼叫均使用VGCS规范，不包括公共紧急呼叫业务。

# 2 GSM-R 无线接口理论

GSM-R 网络中的许多功能和协议都基于无线信道的特性及其特定的应用场景，为了更好地理解 GSM-R 网络的原理，有必要了解一些无线接口相关的基本原理。GSM-R 的物理层包含了一系列复杂的功能，物理信道采用时分多址接入（TDMA）和频分多址接入（FDMA）组合技术，物理信道的实现包括 GSM 调制、多址和双工等。在物理信道之上，定义了一系列逻辑信道，这些逻辑信道在物理信道的时隙中传输，逻辑信道执行多种功能，如有效载荷传输、信令、系统消息广播、同步和信道分配等。为了保障网络的有效运行，无线电链路控制是无线接口必不可少的功能，包括无线链路控制、无线测量、小区选择及重选等。

## 2.1 双工模式

数字移动通信系统通常具备双工通信能力，即同一个设备既可以发送也可以接收数据。频分双工（frequency division duplex，FDD）和时分双工（time division duplex，TDD）是两种基本的双工方式，GSM-R 使用 FDD 方式进行通信。

### 2.1.1 频分双工（FDD）

在 FDD 模式下，可用频带被分成上行频带和下行频带，以实现同时发送和接收。上行频带是移动台的传输频带和基站的接收频带，分配给上行链路（从移动台到基站）传输；下行频带是移动台的接收频带和基站的传输频带，分配给下行链路（从基站到移动台）传输。为了实现上下行方向的隔离，上下行频带之间需要有足够的频率间隔，GSM-R 中的双工模式如图 2-1 所示。我国 GSM-R 上下行频带间隔为 45 MHz。

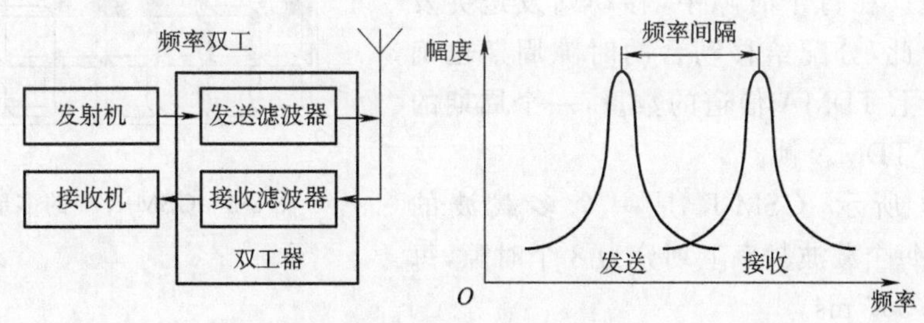


图 2-1 GSM-R 中的双工模式

具备全双工能力的通信设备可以同时发送和接收，而仅能进行半双工操作的设备则不能同时发送和接收，半双工模式无需双工过滤器等器件，进而可以简化设备实现。在 GSM-R 中，基站通常是全双工通信，而移动台是半双工通信，但由于上下行切换速度非常快，对于用户而言，仍可以实现全双工通信。

### 2.1.2 时分双工(TDD)

在 TDD 模式下，上行链路和下行链路在时域中分离，即通过在发送和接收之间切换时间来实现方向分离。从小区和设备的角度来看，上行链路传输和下行链路传输在时间上是不重叠的。

## 2.2 多址技术

多址技术可以让大量的用户共享公共的通信线路，基本的多址接入方式有频分多址(frequency division multiple access，FDMA)、时分多址(time division multiple access，TDMA)和码分多址(code division multiple access，CDMA)三种。GSM-R 使用 FDMA 和 TDMA 组合的多址技术。

### 2.2.1 频分多址(FDMA)

在 FDMA 方法中，整个可分配的频谱划分成若干个相同带宽的信道，相邻信号频谱之间使用保护带隔离，以防止信道之间的干扰，如图 2-2 所示。

在网络的控制下，用户可以接入这些信道中的任何一个，以传输一路话音或控制信息。例如，我国 GSM-R 划分为 21 个信道，频道序号从 999～1 019，信道间隔为 200 kHz。

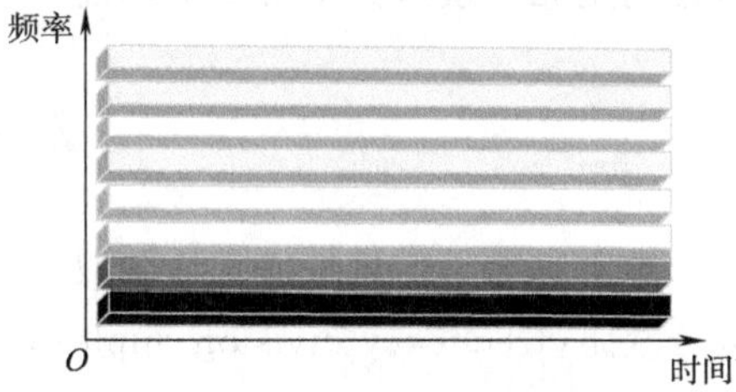

频率
O
时间

图 2-2 FDMA 系统中的信道

### 2.2.2 时分多址(TDMA)

在 TDMA 方法中，一个无线载波按时隙(time slot，TS)划分为若干时分信道，每一个移动台占用其中一个时隙，仅在一个时隙的持续时间内收发信号。分配给移动台的时隙序列代表 TDMA 系统的物理信道。在每个时隙中，移动站发送突发脉冲序列。因此，分配给移动台的时隙周期也确定了载波频率上 TDMA 信道的数量，一个周期的时隙被组合成 TDMA 帧。

如图 2-3 所示，GSM-R 是一个多载波的 TDMA 系统，每个载波频率上划分为 8 个时隙，每个时隙持续 0.557 ms。

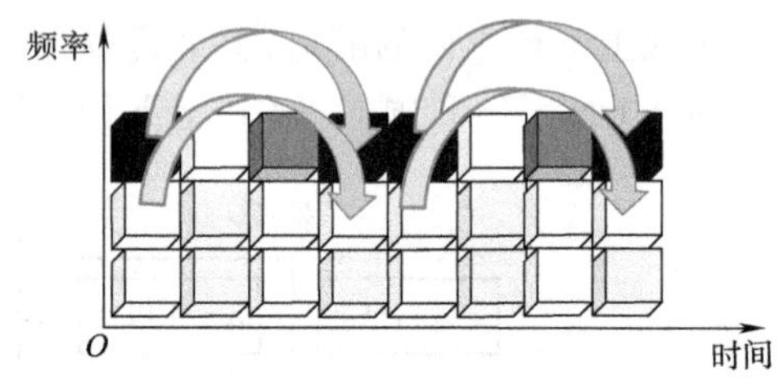


图 2-3 GSM-R 中的多址技术

## 2.3 信道与帧

GSM-R 中的信道可分为物理信道和逻辑信道。一个物理信道就是一个时隙，位于 TDMA 帧上的固定位置，是实际传输信息的信道。逻辑信道是根据 $U_m$ 接口传递消息的不同种类而定义的，实现业务传输、信令传送、系统信息广播、同步等多种功能，逻辑信道通过映射到不同的物理信道上来传送信息。

### 2.3.1 逻辑信道

在 OSI 参考模型的第一层，GSM 定义了一系列逻辑信道，逻辑信道可分为业务信道和控制信道（也称信令信道）两大类，如图 2-4 所示。

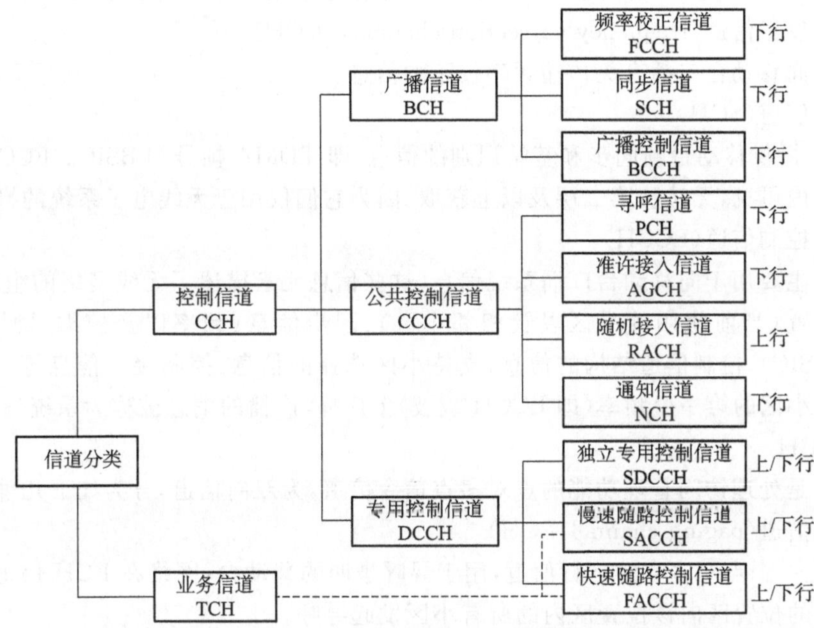


图 2-4 逻辑信道分类

**1. 业务信道**（traffic channel，TCH）

TCH 用于传输经编码后的语音或数据，不携带第三层的任何控制信息。TCH 上可以承载电路交换或分组交换。对于电路交换模式，TCH 除了传输语音外，还可以提供透明的数据连接。对于分组交换模式，根据 X.25 标准或类似标准分组协议的建议，TCH 承载 OSI 第二层和第三层的用户数据。根据传输速率的不同，TCP 分为全速率业务信道（TCH/F）和半速率业务信道（TCH/H），分别以 22.8 kbit/s 和 11.4 kbit/s 的总速率传输信息，详见表 2-1。

**表 2-1 TCH 分类**

| 信道类型 | 编码速率/（kbit/s） | 用户速率/（kbit/s） |
| --- | --- | --- |
| 全速率话音业务信道（TCH/FS） | 13 | — |
| 半速率话音业务信道（TCH/HS） | 6.5 | — |
| 全速率数据业务信道（TCH/F9.6） | 12 | 9.6 |
| 全速率数据业务信道（TCH/F4.8） | 6 | 4.8 |
| 半速率数据业务信道（TCH/H4.8） | 6 | 4.8 |
| 全速率数据业务信道（TCH/F2.4） | 3.6 | ≤2.4 |
| 半速率数据业务信道（TCH/H2.4） | 4.6 | ≤2.4 |

在 GSM-R 中通常使用 TCH/FS 承载语音，使用 TCH/F4.8 或 TCH/F9.6 承载 CTCS-3 级列车控制系统业务或机车同步操控业务。

**2. 控制信道**(control channel,CCH)

控制信道旨在承载信令或同步数据，分为广播信道(broadcast channel,BCH)、公共控制信道(common control type channel,CCCH)和专用控制信道(dedicated control channel,DCCH)。

(1)BCH

BCH 为下行信道，即由网络至移动台单向传输，分为如下三种信道：

①频率校正信道(frequency correction channel,FCCH)

FCCH 向移动台广播有关传输频率校正的信息。

②同步信道(SCH)

SCH 广播供移动台帧同步和基站识别的信息，即 TDMA 帧号和 BSIC。FCCH 和 SCH 仅在物理层内可见，无法从第二层及以上获取，因为它们仅用于无线电子系统的操作。

③广播控制信道(BCCH)

BCCH 主要用于向移动台广播系统信息，这些信息元素描述了无线网络的组织。例如，无线信道配置(当前使用的小区以及相邻小区)、同步信息(频率以及帧编号)、小区标识(LAI、CI、BSIC)、控制信道结构的信息、支持小区选择的信息、控制接入信息等。BCCH 通常在分配给小区的第一个频率(即 BCCH 载波)上广播，广播的消息被称为系统消息。

(2)CCCH

CCCH 是处理访问管理功能的点对多点信令信道，为双向信道，分为如下几种：

①寻呼信道(paging channel,PCH)

PCH 是一个点对多点的下行信道，用于寻呼被叫的移动台，网络在 PCH 信道上根据移动台所登记的位置区向该位置区内的所有小区发起寻呼。

②随机接入信道(random access channel,RACH)

RACH 是一个上行信道，当移动台初始发起呼叫或对网络的寻呼信息应答时，通过 RACH 发送信道请求，包括长度为 3 bit 的建立原因(如呼叫请求、响应寻呼、位置更新请求等)和长度为 5 bit 的参考随机数(用来区别不同移动台请求)。

③准许接入信道(access grant channel,AGCH)

当网络收到处于空闲模式下移动台的入网请求后，会给移动台分配一个 SDCCH 或 TCH，通过 AGCH 将所分信道的描述和接入的参数等向移动台进行广播。

④通知信道(notification channel,NCH)

NCH 是一个下行信道，用于通知移动台 VGCS 和 VBS 呼叫。

(3)DCCH

DCCH 是一种双向点到点信令信道，使用时由网络将其分给移动台，分为如下几种信道：

①独立专用控制信道(stand-alone dedicated control channel,SDCCH)

SDCCH 用于传送信道分配等信号，支持双向数据传输。SDCCH 由网络根据移动台在 RACH 发送的请求分配，通过 AGCH 发送给移动台，用于传输呼叫建立、位置更新等过程，信令事务完成后，SDCCH 被释放并可以重新分配给另一个移动台。

②慢速随路控制信道(slow associated control channel,SACCH)

SACCH 始终与 TCH 或 SDCCH 一起使用，在传送用户信息期间携带某些特定信息，如无线测量报告、功率控制命令。在移动台通话过程中，SACCH 需要持续传输数据，移动台或网络据此判断无线电物理连接是否存在。

③快速随路控制信道(fast associated control channel,FACCH)

FACCH 通过在 TCH 上使用动态抢占复用,为信令提供额外带宽,传送诸如“越区切换”等指令信息。FACCH 的使用是以短时间内中断用户数据传输为代价的,这也是 GSM-R 的 CSD 业务在越区切换时会出现传输干扰的原因。

根据信道组合方式的不同,DCCH 还可以进一步细分,见表 2-2。

**表 2-2 DCCH 分类**

| 信道类型 | | 描　述 |
|---|---|---|
| SDCCH | SDCCH/8 | 独立专用控制信道 |
| | SDCCH/4 | 与 CCCH 相组合的独立专用控制信道 |
| SACCH | SACCH/TF | TCH/F 随路控制信道 |
| | SACCH/TH | TCH/H 随路控制信道 |
| | SACCH/C4 | SDCCH/4 随路控制信道 |
| | SACCH/C8 | SDCCH/8 随路控制信道 |
| FACCH | FACCH/F | TCH/F 随路控制信道 |
| | FACCH/H | TCH/H 随路控制信道 |

此外,如果网络开启小区广播短消息业务,需要配置小区广播控制信道(cell broadcast channel,CBCH),通过此信道向小区内所有移动台发送广播短消息,CBCH 需要占用 SDCCH 中的子时隙。

## 2.3.2 物理信道

在 GSM-R 中,每个载频被定义为一个 TDMA 帧,每个 TDMA 分配一个帧号,每帧共包括 8 个时隙,每一个时隙即为一个物理信道,时隙号码(time slot number,TN)为 0～7。因此,一个 TDMA 帧包含 8 个基本的物理信道,如图 2-5 所示。

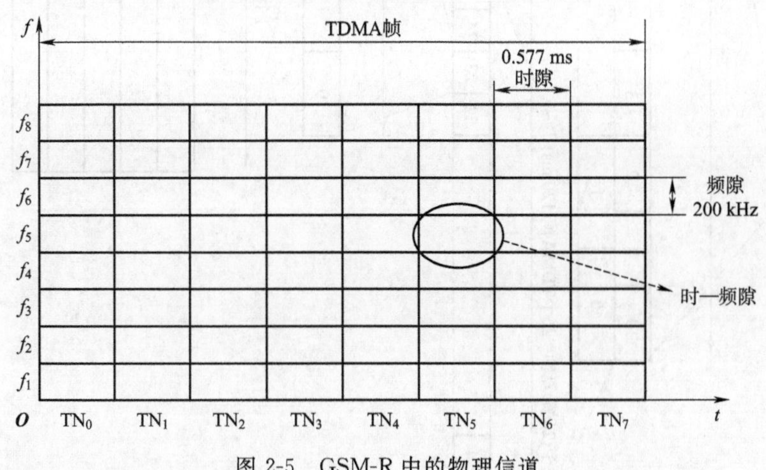


图 2-5 GSM-R 中的物理信道

(1)GSM-R 的时隙结构

GSM-R 的时隙结构分为时隙、TDMA 帧(frame)、复帧(multiframe)、超帧(superframe)和超高帧(hyperframe)五个层次,如图 2-6 所示。

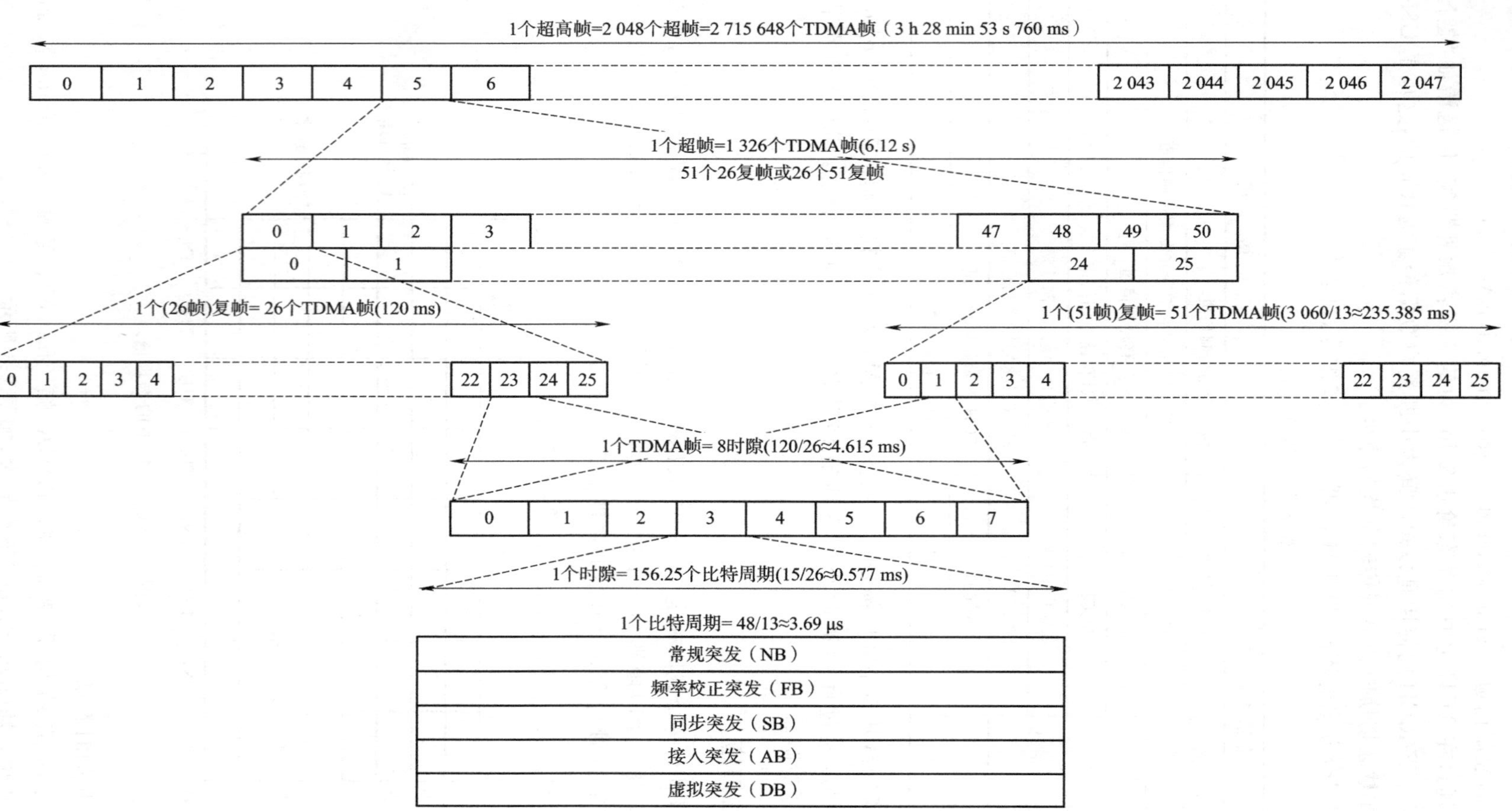


图 2-6　GSM-R的时隙结构

①时隙：基本无线电资源单位，持续 15/26≈0.577 ms，共含 156.25 个码元，每个比特周期约为 3.69 μs。

②TDMA 帧：每一个 TDMA 帧含 8 个时隙，持续 60/13≈4.615 ms。

③26 复帧：由 26 个 TDMA 帧构成，持续时间为 120 ms，用于承载 TCH（包括 SACCH/T）和 FACCH 信道。

④51 复帧：由 51 个 TDMA 帧构成，持续时间为 3 060/13≈235.385 ms，用于承载 BCCH、CCCH（NCH、AGCH、PCH 和 RACH）和 SDCCH（以及 SACCH/C），或 PBCCH 和 PCCCH。

⑤超帧：其长度是两类复帧的最小公倍数，由 51 个 26 复帧或 26 个 51 复帧组成，持续时间为 6.12 s。

⑥超高帧：包括 2048 个超帧，持续时间为 3 h 28 min 53 s 760 ms，在一个超高帧周期内，TDMA 帧按序编号，为 0～2 715 647。

（2）GSM-R 的突发脉冲序列

每个时隙内传送的脉冲串称为突发（burst），突发是由数据流调制的射频载波周期，GSM-R 共有五种突发脉冲序列，用于发送不同类型的消息。

①常规突发（normal burst，NB）

NB 序列用于传输除 RACH、FCCH、SCH 之外的业务通信和控制信道上的信息，其结构如图 2-7 所示。

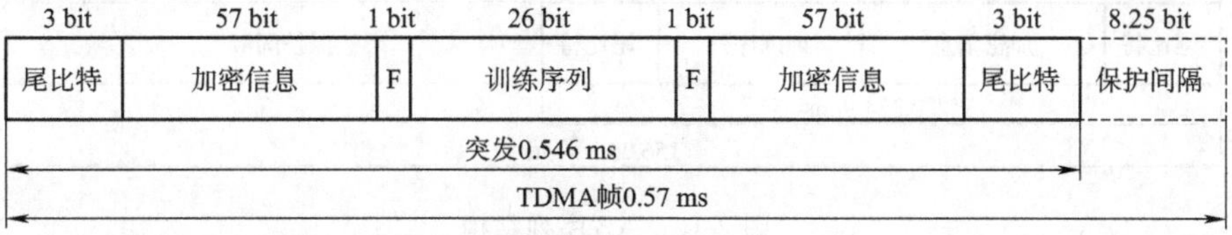

| 3 bit | 57 bit | 1 bit | 26 bit | 1 bit | 57 bit | 3 bit | 8.25 bit |
|---|---|---|---|---|---|---|---|
| 尾比特 | 加密信息 | F | 训练序列 | F | 加密信息 | 尾比特 | 保护间隔 |

突发0.546 ms

TDMA帧0.57 ms

图 2-7 NB 序列结构

NB 序列由尾比特（2×3 bit）、加密信息（2×57 bit）、训练序列（26 bit）、偷帧标志 F（2×1 bit）和保护间隔（8.25 bit）构成，总计 156.25 bit。尾比特总是设置为逻辑 0；训练序列位是根据训练序列码给出的调制比特，在广播信道和公共控制信道中，训练序列码需要与 BCC 保持一致，以区分使用同一频点的两个小区；偷帧标志用于区分所传输的信息是业务消息还是信令消息，例如，用来区分 TCH 和 FACCH，当 TCH 信道需用做 FACCH 信道时，偷帧标志需要置 1；因每个载频可同时承载 8 个用户，保护间隔用来防止因定时误差造成的不同时隙发射相互重叠。

②频率校正突发（frequency correction burst，FB）

FB 序列用于移动台的频率同步，相当于一个未调制的载波，一般与 BCCH 一起广播，重复的 FB 序列构成了频率校正信道（FCCH），其结构如图 2-8 所示。

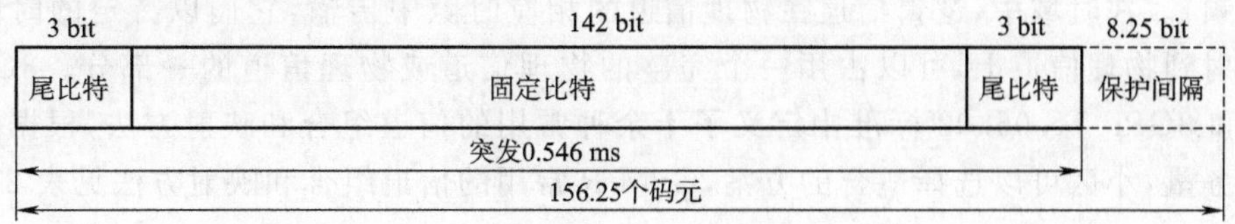


图 2-8 FB 序列结构

FB 序列的尾比特和保护间隔与 NB 序列相同，此外，还包含 142 个全 0 的固定比特用于频率同步，移动台根据 FB 序列精确调谐到载波频率。

③同步突发(synchronization burst，SB)

SB 序列用于移动台的同步，携带 TDMA 帧号和 BSIC 的信息。重复的 SB 序列构成了 SCH 信道，通常与 FB 序列一起广播，其结构如图 2-9 所示。

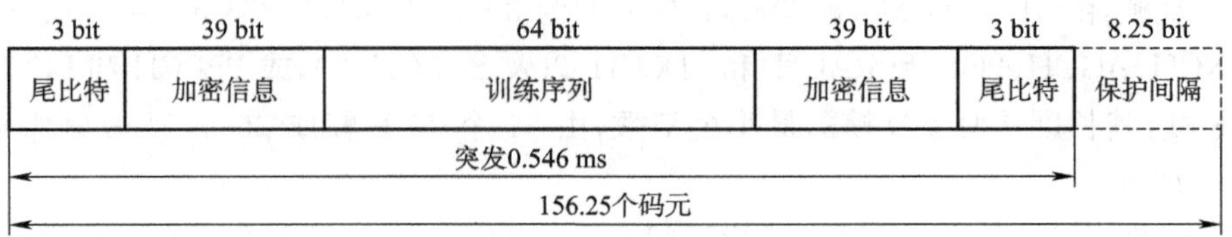


图 2-9　SB 序列结构

SB 序列的尾比特和保护间隔与 NB 序列相同，扩展的训练序列为 64 bit，用于信道均衡，加密信息长度为 2×39 bit，包含 19 bit 的 TDMA 帧号和 6 bit 的 BSIC 信息。

④接入突发(access burst，AB)

AB 序列用于随机接入，用于移动台向网络发起初始的信道请求或切换时的接入，其结构如图 2-10 所示。

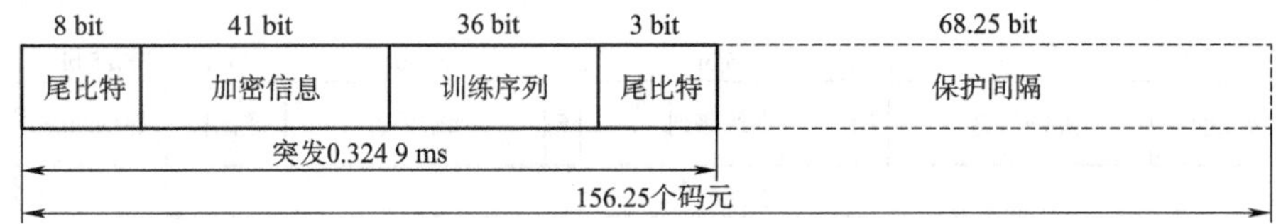


图 2-10　AB 序列结构

AB 序列由尾比特(8+3 bit)、训练序列(41 bit)、加密信息(36 bit)和扩展的保护间隔(68.25 bit)构成。AB 序列的保护周期较长，持续 252 μs，以满足来自第一次接入时(或切换后)不知道定时提前的移动设备的突发传输。

⑤虚拟突发(dummy burst，DB)

DB 序列的结构与 NB 序列相同，当没有信息需要发送时，使用 DB 序列来代替 NB 序列。DB 序列使用的信道与承载 BCCH 的信道(即 BCCH 载波)相同。这确保了 BCCH 在每个时隙中发送突发，从而使 MS 能够执行 BCCH 的信号功率测量。

### 2.3.3　逻辑信道到物理信道的映射

逻辑信道到物理信道的映射分为频率映射和时间映射。在频域中，逻辑信道到物理信道的映射基于 TDMA 帧号、分配给基站和移动台的频率以及可选跳频规则(GSM-R 不使用跳频)。在时域中，逻辑信道在物理信道的相应时隙中传输，它们以特定的时间复用组合映射到物理信道上，可以占用一个完整的物理信道或物理信道的一部分。3GPP TS 05.01 和 3GPP TS 05.02 标准中定义了十余种常用的信道组合和映射方法，根据频率资源和业务量，小区可以选择适合的方案，GSM-R 常用的信道组合和映射方法见表 2-3。

**表 2-3 GSM-R 常用的信道组合和映射方法**

| 载频 | 时隙 | 信道组合 | 复帧 |
|---|---|---|---|
| BCCH | 0 | FCCH＋SCH＋BCCH＋CCCH(下行)<br>BCCH ＋ CCCH(上行) | 51 |
| | 1 | SDCCH/8＋SACCH/C8 | 51 |
| | 2～7 | TCH/F＋FACCH/F＋SACCH/T | 26 |
| TCH | 0～7 | TCH/F＋FACCH/F＋SACCH/T | 26 |

(1)业务信道组合

GSM-R 通常采用全速率业务信道的组合：TCH/F＋FACCH/F＋SACCH/T，采用 26 复帧，下行信道和上行信道相同，SACCH 占用第 13 帧，第 26 帧为空闲帧，其他帧为 TCH 或 FACCH(抢占复用时)，结构如图 2-11 所示。

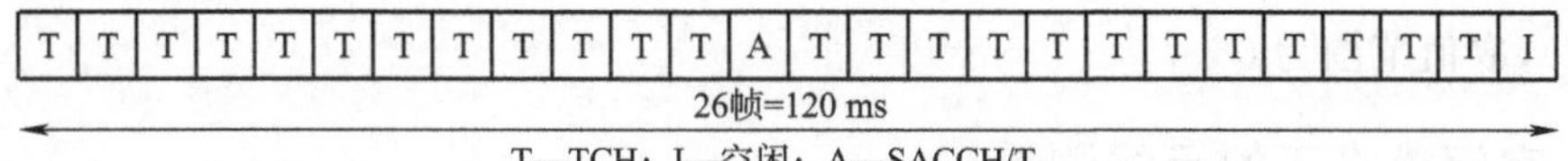


图 2-11 全速率业务信道的组合

(2)控制信道组合

GSM-R 通常采用广播信道与公共控制信道的组合：FCCH＋SCH＋BCCH＋CCCH(下行)、BCCH ＋ CCCH(上行)。在下行方向，第 1、11、21、31、41 帧是 FCCH 帧，第 2、12、22、32、42 帧是 SCH 帧，第 3～6 帧传输适当的 BCCH 信息，而其余帧可能包含不同的逻辑信道组合，例如增加 BCCH 占用的帧数并减少 CCCH 占用的帧数而保持总帧数不变。一旦移动台通过使用来自 FCCH 和 SCH 的信息进行同步，它可以根据 FCCH 和 SCH 中的信息确定复帧其余部分的构造；在上行方向，全部由 RACH 构成，结构如图 2-12 所示。

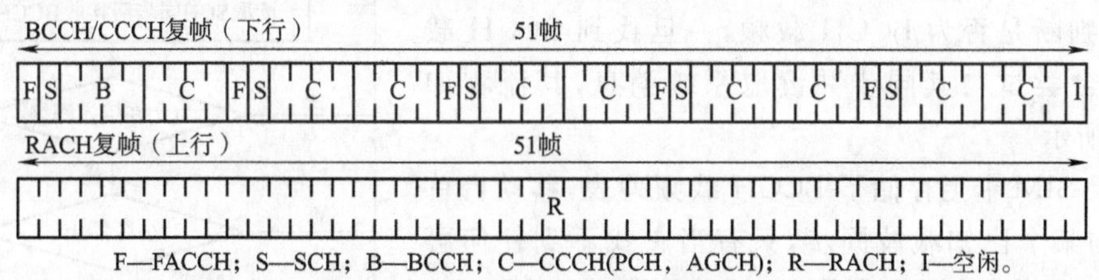


图 2-12 广播信道与公共控制信道的组合

(3)专用控制信道组合

GSM-R 通常采用 SDCCH 和 SACCH 的组合：SDCCH/8＋SACCH/C8，专用控制信道的组合是在 51 复帧中完成的。在下行方向，2 个复帧中各有 8 个 SDCCH 消息块(32 帧)、4 个 SACCH 消息块(16 帧)和 3 个空闲帧，上行方向与之类似，结构如图 2-13 所示。

SDCCH/8（下行）2×51复帧

| D0 | D1 | D2 | D3 | D4 | D5 | D6 | D7 | A0 | A1 | A2 | A3 | I | I | I |
|---|---|---|---|---|---|---|---|---|---|---|---|---|---|---|
| D0 | D1 | D2 | D3 | D4 | D5 | D6 | D7 | A4 | A5 | A6 | A7 | I | I | I |

SDCCH/8（上行）2×51复帧

| A5 | A6 | A7 | I | I | I | D0 | D1 | D2 | D3 | D4 | D5 | D6 | D7 | A0 |
|---|---|---|---|---|---|---|---|---|---|---|---|---|---|---|
| A1 | A2 | A3 | I | I | I | D0 | D1 | D2 | D3 | D4 | D5 | D6 | D7 | A4 |

D — 用于 SDCCH 的消息（4 个 TDMA 帧）；A — 用于 SACCH 的消息（4 个 TDMA 帧）；
I — 空闲帧。

图 2-13 专用控制信道的组合

# 2.4 无线测量

在移动台和基站之间执行无线测量是GSM-R无线接口的重要功能之一，主要测量信号电平、信号质量、定时提前量，用于小区选择、切换准备以及发射功率控制(GSM-R未开启功率控制功能)。当移动台处于空闲模式时，需要持续测量当前和相邻小区的BCCH载波，若选择新的小区，则可能需要执行小区重选。当移动台处于专用模式时，需要在TCH或SDCCH所在载频上进行无线测量，并将测量结果通过SACCH上传输到基站，用于维护和优化无线信道。

GSM使用两个参数来描述信道的质量：以dBm为单位测量的接收信号电平(RxLev)，取值范围为−110～−47 dBm；以纠错前的误码率百分比为单位测量的接收信号质量(RxQual)，取值范围为0～7。

## 2.4.1 空闲模式下的无线测量

当移动台开机时，如果SIM卡上没有存储BCCH载波列表(SIM卡最多可以存储36个BCCH载频及对应的BSIC)，移动设备需要搜索工作频段内所有的GSM-R载频(我国GSM-R频道序号为999～1019)，测量其信号功率水平，并计算至少5个测量样本的平均值，每个测量过程持续3～5 s。移动台按照RxLev值的降序对载频排序，依次对FCCH中的FB序列进行识别，判断是否为BCCH载频，一旦找到BCCH载频，移动台尝试与其同步并读取系统消息，其流程如图2-14所示。

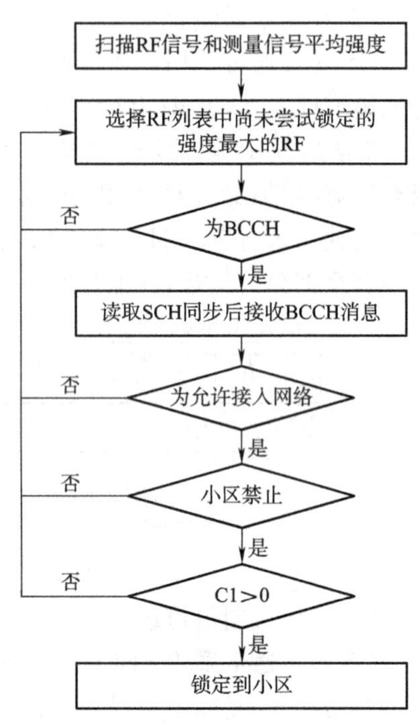

图2-14 移动台开机小区选择过程

如果SIM卡上存储了BCCH载频列表，移动台首先尝试与某个已知载波同步，只有当它找不到任何可用的BCCH载频时，才会执行BCCH搜索。事实上，使用SIM卡预存的BCCH载频执行小区选择对于GSM-R并不是最优的选择，铁路移动台在空间位置会大范围移动，这种方式虽然加快了小区选择的速度，但也可能会导致移动台驻留在非最优的小区。

移动台选择合适的小区后，会每间隔5s测量当前小区及相邻小区的BCCH信道，计算C1和C2值，作为小区重选的依据。

## 2.4.2 专用模式下的无线测量

在专用模式下，移动台的测量周期为1个SACCH复帧，当移动台工作在TCH上时，测量周期为480 ms(4个26复帧/104个TDMA帧)，当移动台工作在SDCCH上时，测量周期为470.8 ms(2个51复帧/102个TDMA帧)。在每个测量周期内，移动台将RxLev和

RxQual 等测量结果以测量报告的形式发送给基站，同时基站也会在上行链路上对移动台进行测量。

为了进行越区切换，移动台需要连续测量最多六个相邻基站 BCCH 载波的 RxLev，测量在 MS 移动台的空闲时隙执行，如图 2-15 所示。邻区的测量结果包含在发送给网络的测量报告之中。

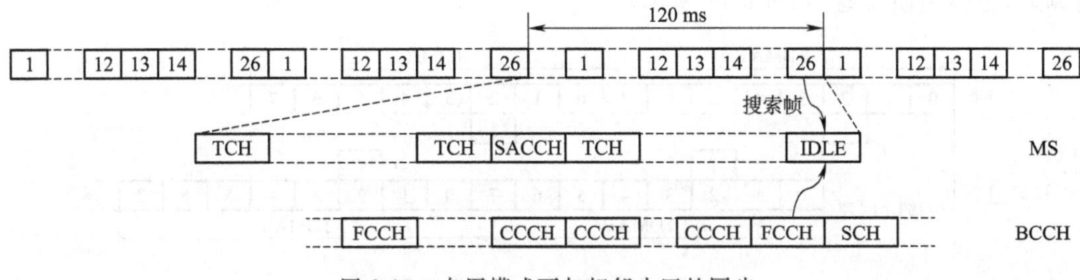


图 2-15　专用模式下与相邻小区的同步

由于蜂窝网络中的频率复用，一个小区可能从多个相邻小区接收相同的 BCCH 载频，即存在多个使用相同 BCCH 载波的相邻小区。因此，还需要知道每个相邻小区的标识(BSIC)。在信号电平测量的同时，移动台必须与六个相邻 BCCH 中的每一个同步，并至少读取 SCH 信息。为此，移动台首先搜索 BCCH 载频的 FCCH 突发；然后可以在下一个 TDMA 帧中找到 SCH。由于 FCCH/SCH/BCCH 始终在 BCCH 载频的时隙 0 中传输，因此在通话期间只能在空闲的帧中进行 FCCH 搜索，如图 2-15 中的第 26 帧，这些帧也被称作搜索帧。在 480 ms 的 SACCH 块中正好有 4 个搜索帧，移动台检查周围 BCCH 载波的 FCCH 突发，以便与它们同步并解码 SCH。

TCH 使用 26 复帧而 BCCH 使用 51 复帧，不同复帧格式使得搜索帧(TCH 复帧中的第 26 帧)的位置相对于 BCCH 复帧每 240 ms 恰好移动一帧，如图 2-16 所示。

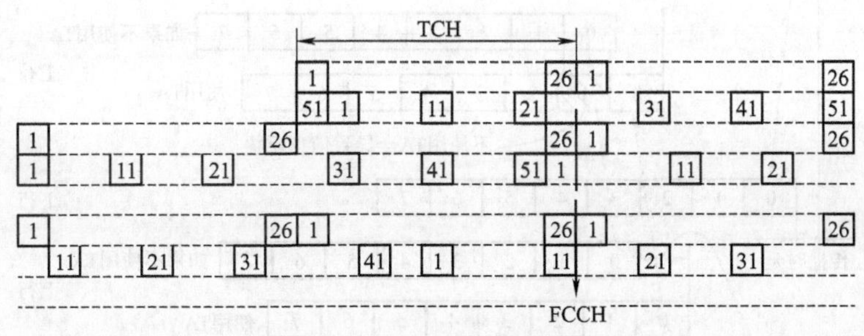


图 2-16　FCCH 的搜索原理

因此，在最多 11 个 TCH 复帧(1 320 ms)之后，可以搜索到 6 个相邻小区的 FCCH，进而移动台能够确定相应 RxLev 测量值的 BSIC。

移动台在服务小区内需要同时执行全局测量(FULL)和局部测量(SUB)，因此，移动台在服务小区的 RxLev 和 RxQual 会有 FULL 和 SUB 两个测量结果，其中全局测量是对 4 个 26 复帧中的 100 个 TCH 的突发脉冲进行平均(26 复帧中的空闲帧不参与测量)，局部测量是对 4 个 26 复帧中的 12 个突发脉冲进行平均(4 个 SACCH 突发脉冲和 8 个特定位置的 TCH 突发脉冲)。GSM-R 不启用不连续发射(DTX)，全局测量的数据更为准确。

## 2.5 时序调整与定时提前量

GSM-R 移动台利用同一个频率合成器进行发射和接收，因而信号的接收和发送需要有一定的时间间隔，GSM-R 规定下行信道与上行信道 TDMA 帧定时存在 3 个时隙的固定时间偏差，也称为帧偏离，如图 2-17 所示。

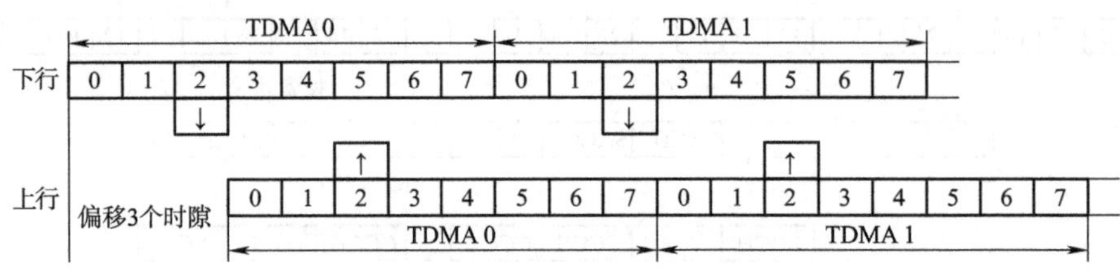


图 2-17 GSM-R 中的帧偏离

移动台可以位于小区内的任何位置，这意味着移动台与基站之间的距离可能会动态变化。移动台在呼叫期间若向远离基站的方向上移动，基站发出的消息抵达移动台的时间将越来越迟，相应地，移动台的应答信息抵达基站的时间也会越来越迟。当基站接收到的移动台信息超过保护周期时，会与其下一个时隙中来自另外一个移动台的信息重叠，从而引发干扰。

为了解决这一问题，GSM-R 引入了定时提前(timing advance，TA)机制。基站实时监测移动台信号到达的时间，根据信号传播的往返时间在 SACCH 下行链路向移动台发送其需要使用的 TA 值，移动台根据 TA 值指示的时间量提前一定时间在上行链路上发送信息(图 2-18)，以补偿传输时延，使得帧偏离能始终保持 3 个时隙。

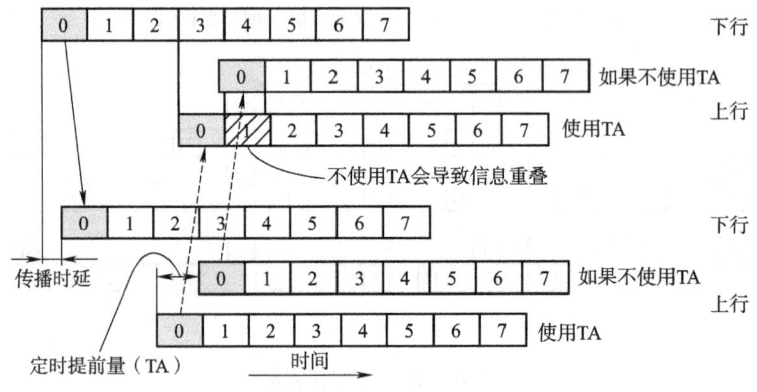


图 2-18 定时提前操作

TA 的取值范围是 0～63 个比特周期，可以根据 TA 值估算移动台与基站之间的绝对距离，假定电磁波在自由空间内传播速度为光速，单位 TA 值所代表的绝对距离为：

$$\frac{3.69\ \mu\text{s}\times 3\times 10^{8}\ \text{m/s}}{2}=553.5\ \text{m}$$

TA 的最大值为 63，所以 GSM-R 小区半径的最大值为 $0.5535\times 63\approx 35$ km。

GSM-R 网络中大量使用直放站设备，在直放站覆盖区域内电磁波的传输还需要考虑光缆径路、光的全反射传输、直放站引入的延迟等，单位 TA 值所代表的绝对距离比自由空间中短。

## 2.6 切换

### 2.6.1 切换的一般流程

越区切换可能涉及 MS、BTS、BSC 和 MSC 等网元，MS 主要执行下行链路的无线测量并发送给网络，BTS 执行上行链路的无线测量并利用空闲的 TCH 信道监测干扰电平，BSC 执行切换判决，MSC 进行切换评价。一次完整的切换可以分为预切换、切换执行、切换后过程三个阶段。

**1. 预切换**

在预切换阶段，BSC 需要收集 MS 和 BTS 能力相关参数和无线测量信息，主要包括：

①MS 服务小区、相邻小区基站最大发射功率；

②小区的能力和负荷；

③服务小区上下行信道质量和接收电平；

④相邻小区下行接收电平；

⑤MS 与基站距离，即 TA 值。

接收电平等级的取值范围是 0～63，分别对应不同的信号强度，见表 2-4。

**表 2-4 RxLev 与信号强度对应关系**

| RxLev | 信号强度/dBm | RxLev | 信号强度/dBm |
|---|---|---|---|
| 0 | <−110 | … | … |
| 1 | −110～−109 | 61 | −50～−49 |
| 2 | −109～−108 | 62 | −49～−48 |
| … | … | 63 | >−48 |

接收质量的取值范围是 0～7，分别对应的不同的误比特率，接收质量越大，误比特率越高，相应的通话质量也就越差，见表 2-5。

**表 2-5 RxQual 与误比特率对应关系**

| RxQual | 误比特率(BER)/% | 误比特率均值(假定值)/% |
|---|---|---|
| 0 | <0.2 | 0.14 |
| 1 | 0.2～0.4 | 0.28 |
| 2 | 0.4～0.8 | 0.57 |
| 3 | 0.8～1.6 | 1.13 |
| 4 | 1.6～3.2 | 2.26 |
| 5 | 3.2～6.4 | 4.53 |
| 6 | 6.4～12.8 | 9.05 |
| 7 | >12.8 | 18.1 |

**2. 切换执行**

网络确定切换的目标小区后，进入切换执行阶段。GSM-R 采用的是“硬切换”，MS 需要先与当前服务小区的 BTS 断开连接，再与目标小区的 BTS 建立连接，切换过程会产生短暂的通话中断。如果目标小区与源小区相同，为小区内部切换；由同一个 BSC 控制，为 BSC 内部小区间切换；由同一 MSC 内部不同的 BSC 控制，为 MSC 内部 BSC 间切换；如果切换跨越了不同的 MSC，则为 MSC 间切换，如图 2-19 所示。

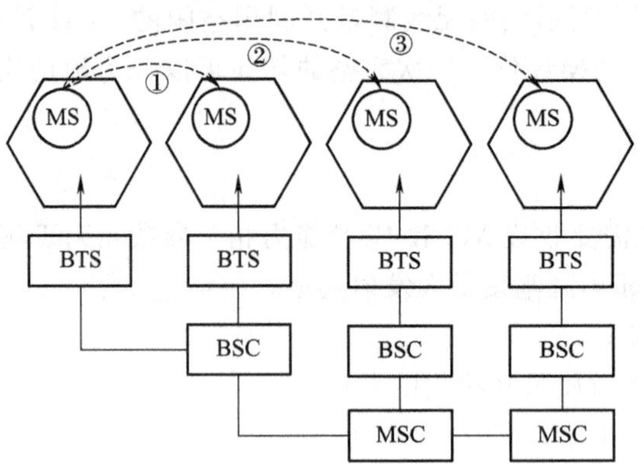


①—BSC内部切换；②—MSC内部BSC间切换；③—MSC间切换。

图 2-19　根据涉及范围的切换分类

**3. 切换后过程**

MS 成功接入新小区后，向网络发送切换完成消息，网络释放源小区内 MS 占用的无线信道和其他网络资源。

## 2.6.2　切换的分类

根据切换原因的不同，GSM-R 网络常见的切换分为功率预算切换、电平切换、质量切换、距离切换和话务切换。

**1. 功率预算切换**

为了让 MS 始终工作在接收电平最高的小区之上，当 MS 跨越小区边界时，BSC 发现相邻小区的接收电平与当前服务小区接收电平的差值满足一定条件时，会触发功率预算切换。理想情况下，大部分切换的原因均应为功率预算切换。

为了预防服务小区与相邻小区接收电平相近时引发乒乓切换，GSM-R 引入了切换容限(HoMargin)参数，以增加切换难度，如图 2-20 所示，当相邻小区与服务小区接收电平的差值(通常是多个测量报告周期的平均值)大于 HoMargin 时，触发一次功率预算切换。

**2. 电平切换**

若当前小区的上/下行接收电平过低，很有可能导致 MS 掉话。为了尽量避免掉话，网络设置了上/下行电平切换门限，当 BSC 检测到上/下行接收电平低于预设门限时，选择一个合适的相邻小区作为目标小区触发切换，因此，电平切换也被称为救援性电平切换。

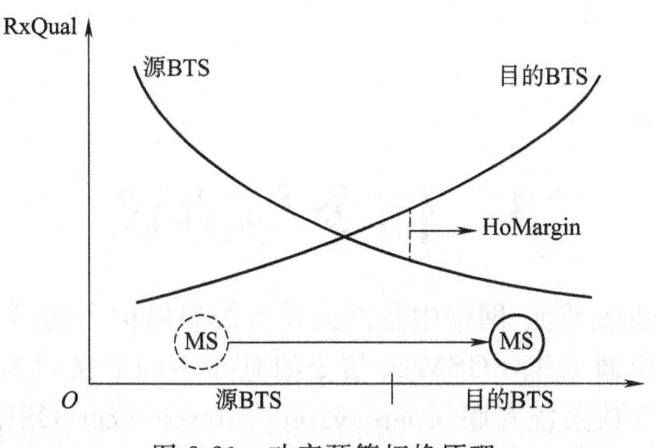


图 2-20 功率预算切换原理

**3. 质量切换**

若当前小区的上/下行误码率过高,可能影响双方通话甚至掉话。为了尽量避免掉话,网络设置了上/下行质量切换门限,当 BSC 检测到上/下行接收质量低于预设门限时,选择一个合适的相邻小区作为目标小区触发切换,因此,质量切换也被称为救援性质量切换。

**4. 距离切换**

为了防止 MS 进入距离当前基站覆盖范围较远的小区,可以开启距离切换,当 BSC 检测到 MS 上报的 TA 值大于某个预设门限时,可以触发距离切换。

**5. 话务切换**

MS 在呼叫建立过程中,网络首先分配 SDCCH 进行鉴权、加密、TMSI 再分配、呼叫接续等操作,随后为 MS 指配 TCH,若此时小区 TCH 资源不足,网络可以触发话务切换,将通话接入相邻小区。

# 3 信令与协议

GSM-R是一个复杂的系统，网络中各网元设备需要以信令的形式彼此交换一些必要的信息，以便各设备彼此协调工作。GSM-R信令消息在不同的接口有不同的形式，使用不同的信令协议，但都遵循开放系统互联(open system interconnect，OSI)参考模型的基本概念，采用分层的架构和统一的接口定义，支持业务开放和系统互联。

## 3.1 OSI参考模型

OSI参考模型是国际标准化组织提出的一个分层网络框架，是描述电信系统或计算系统通信功能的通用标准。OSI参考模型把一个网络系统分成若干层，每层实现一个由协议控制的特定网络功能，而协议定义了设备之间端到端通信的规则，每层协议与上下一层的协议交互，形成一组协议栈。GSM-R系统各接口以及CTCS-3/ETCS-2级列车控制系统安全通信参考模型均采用了分层协议结构，符合OSI参考模型。

### 3.1.1 分层结构

如图3-1所示，OSI参考模型将通信过程分解，由下到上划分为物理层、数据链路层、网络层、传输层、会话层、表示层和应用层七个层次。由于每一层只实现一种相对独立的功能，因而可将复杂问题分解为若干个较容易处理的问题。

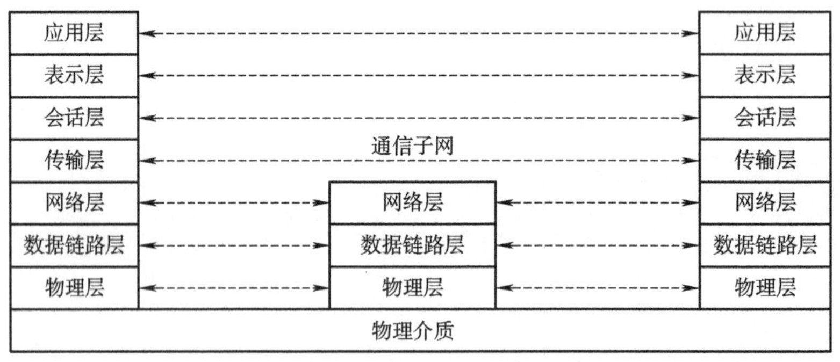


图3-1 OSI参考模型

OSI参考模型中相邻两层相互独立，每一层接受下一层提供的服务，并向上一层提供服务。下层无需关心接收信息的具体内容，上层也无需知道下一层的具体实现方式，仅需要知道该层通过层间的接口所提供的服务。同一节点内每一层仅直接与相邻层通过接口通信，与网络中其他节点对等层通信。如果通信过程涉及两个以上的网络节点，则中间网络节点只需提供第一层到第三层的功能，即通信子网的功能。

**1. 物理层**

物理层为数据的实际传输提供必要设施，所传数据的单位是 bit。物理层定义了传输媒质的电气、机械、功能和过程特性，包括信号的发送电平、码元宽度、线路码型、物理数据速率等。在 GSM-R 中 $U_m$ 接口定义的 GMSK 调制和射频设备、在地面接口上常用的 PCM 链路均属于物理层的范畴。

**2. 数据链路层**

两个主机或网元传输数据时可能经过一段或多段链路，数据链路层在相邻两个通信实体间建立数据链路连接，将要传输的数据打包成数据包或帧，然后交给物理层进行同步或异步传输。数据链路层定义了帧的格式、帧的类型、比特填充技术方法等，实现封装成帧、帧定界、帧同步，以供通信实体正确识别帧的开始比特和结束比特。比特流在传输介质上传输时难以避免出现错误或丢失，数据链路层采用差错检测、差错控制和流量控制等方法，保障相邻节点之间数据可靠、按序传输。

GSM-R 中常用的数据链路层协议是高级数据链路控制（high-level data link control，HDLC）协议或其子集，这是一种面向比特的传输控制规程，为数据帧和格式提供了一种通用结构，这也是 No. 7 协议和 LAPD 协议的基础。数据链路层仅与两个相邻网络节点相关，因此，数据在网络传输时，数据链路层协议可能会因接口而异。例如，一条数据由 MS 发送至 MSC 时，在 $U_m$ 接口使用 LAPDm 协议，在 BTS 转换为 LAPD 传送至 BSC，在 BSC 转换为 MTP-2 传送至 MSC。

**3. 网络层**

网络层主要实现逻辑寻址和路由两个功能，为数据在节点之间传输创建逻辑链路，对数据进行传输和重新组装。例如，在 GSM-R 网络中 MS、BTS、BSC 和 MSC 之间的无线资源管理（radio resource management，RR）协议属于网络层。

**4. 传输层**

传输层主要为用户提供端到端的数据传输服务，处理数据报错误、乱序等问题，确保数据无误、有序地到达目的地。传输层可实现分割和排序、连接建立和终止、确认、流量控制等功能。传输层是 OSI 参考模型中高低层衔接的接口层，物理层、数据链路层和网络层组成公共网络，它可被很多设备共享，而传输层使用网络层提供的网络连接，为高层提供透明的通信服务。

**5. 会话层**

网络中通信双方使用会话层来协调彼此之间的通信过程，包括会话建立、会话维护和会话终止。在 GSM-R 网络中，MSC 和 MS 之间的移动主叫（mobile originating call，MOC）、移动被叫（mobile terminating call，MTC）和位置更新等过程就属于会话层的功能。会话层的另外一个例子是 No. 7 中的事务处理能力应用部分（transaction capabilities application part，TCAP）层。

**6. 表示层**

表示层通过在应用程序和网络格式之间转换，提供独立于数据表示的功能，一般来说，表示层的主要工作是定义两个设备应该如何编码、加密和压缩数据，以便在另一端正确接收数据。GSM-R $U_m$接口上传递的补充业务内容字段采用的抽象语法标记 1(abstract syntax notation 1,ASN.1)是表示层的一个典型示例。

**7. 应用层**

应用层直接面向用户，提供了用户应用程序和网络之间的接口，并不包含应用程序。应用层采用不同的应用协议来解决不同类型的应用要求。例如，在 CTCS-3 级列控系统中列车位置报告、移动授权等信息包便属于应用层。

图 3-2 说明了 OSI 参考模型中的数据基本封装方法以及数据在各层之间传递过程中的处理方式。

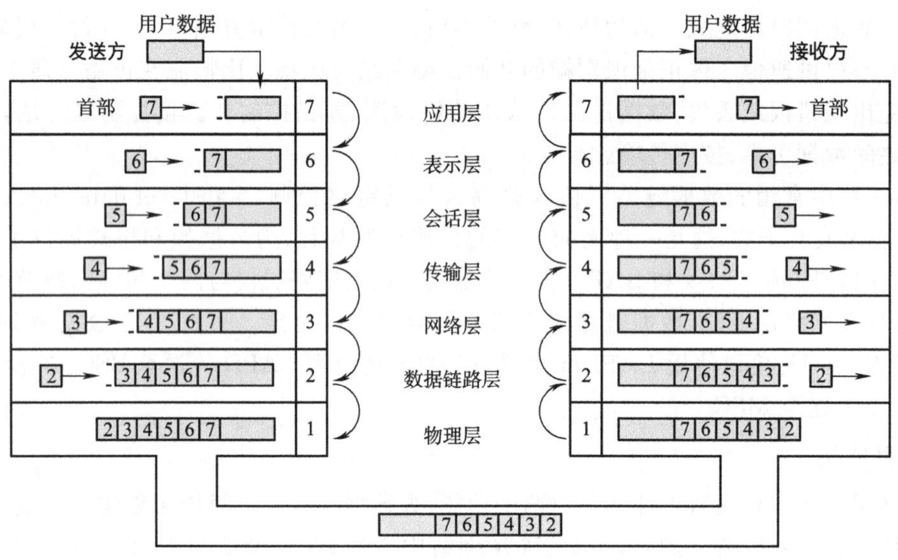


图 3-2　OSI 参考模型中的数据流

在发送方，应用程序创建最终用户将发送的数据，并将数据传递给表示层；表示层添加第 6 层首部信息并将新数据传递给会话层；会话层遵循相同的过程添加第 5 层首部信息，例如管理数据流的信息等，并将该数据传递给传输层；传输层增加第 4 层首部信息，例如源端口和目的端口等，以识别不同的应用进程；网络层增加第 3 层首部信息，例如源地址和目的地址等，以便网络层确定数据包的传递路径，并将该数据传递到数据链路层；数据链路层添加一个包含源和目标物理寻址和其他硬件特定信息的首部及尾部信息，并将新数据传递给物理层；最后，在物理层上以 1 和 0 的形式传输比特流。在接收方，采用相反的流程对数据进行解封装操作，直到应用层接收到数据。

### 3.1.2　相关概念

**1. 实体与对等实体**

在 OSI 参考模型中，每一层中用于发送或接收信息的硬件或软件进程，被称为“实体”，使用定义的协议与其他实体进行通信。不同主机之间相同的层次称为“对等层”，如 BTS 与 BSC 之间的数据链路层互为对等层。不同主机对等层中完成相同功能的实体被称为“对等实体”，如 BTS 与 BSC 之间数据链路层中的实体为对等实体。

**2. 协议与服务**

控制对等实体之间通信规则的集合称为“协议”，它定义了对等实体之间交换数据或通信时必须遵守的约定，例如，BTS 与 BSC 之间使用的 D 通道链路接入规程(link access protocol d-channel，LAPD)就是数据链路层对等实体之间的协议。

语法、语义和时序是协议的三要素，可以与自然语言对比，如图 3-3 所示。“请问现在几点？”这句话所遵循的行文法则即是“语法”，而其蕴含的意义就是“语义”，语言的逻辑次序即为“时序”。

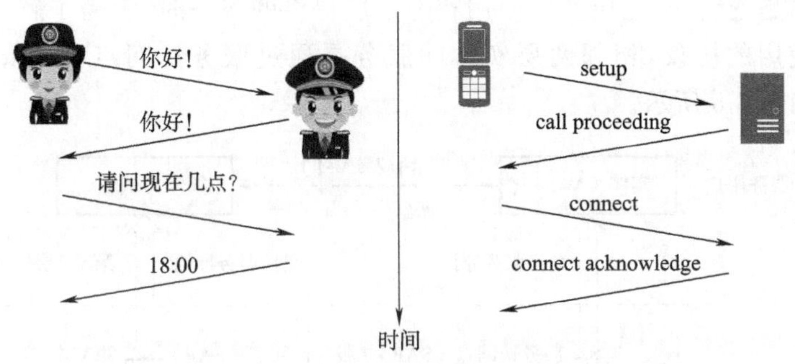


图 3-3　自然语言和网络协议

在通信网络中，语法定义了数据或控制信息的结构和格式，语义解释了控制信息每个字段的含义，规定了需要发出何种控制信息及需要完成的动作或做出的响应，时序则定义了数据或控制信息应该在何时发送，以及发送速度有多快。

以移动台发起呼叫时，MS 向 MSC 发送的 setup 消息为例(图 3-4)，语法是指其消息结

```
NAS Message:
13 0........      TI flag = 0: sent from the side that originates the TI
    .001....      TIO 1: TI value 1
    ....0011      Protocol Discriminator = 3: Call Ctrl and Call Related SS message
                   Call Ctrl and Call Related SS message:
45 01........      SSN = 01b
    ..00.....      Message Category = 0: Call establishment message
    ....0101        Message Type = 5: Setup
                     Setup (Uplink):
                     (3 GPP TS24.0089.3.23.2)
                     BC Repeat Indicator (IEI=Dh): Absent
04 00000100          Bearer Capability1 IEI(4h) = 04h: Present
                      Bearer Capability:
                       (3 GPP TS24.00810.5.4.5)
07 00000111            Length of Bearer Capability = 7 byte
                       Octet 3 Group:
A1 1........            Ext Bit = 1: Next Octet of this octet isn't present
    .01.....            Radio Channel Requirement = 1: full rate support only MS
    ...0.....           Coding standard = 0: GSM standardized coding
    ....0....           Transfer Mode = 0: circuit mode
    .....001            information transfer capability = 1: unrestricted digital information
                       Octet 4 Group:
B8 1........            Ext Bit = 1
    .0.......           Compression = 0: not allowed
    ..11....            Structure = 3: unstructured
                                    ...... ......
```

图 3-4　MS 向 MSC 发送的 setup 解码示例

构及各字段的格式。setup 的含义是发起呼叫建立请求，其中“called party BCD number”提供了被叫号码，这就代表了 setup 消息的语义。MSC 收到 setup 消息后，应立刻向 MS 发送“call proceeding”消息，通知移动台呼叫正在接续，消息之间的逻辑关系及定时关系构成了协议的时序。

**3. 服务与接口**

协议是“水平的”，对等实体之间通过协议实现相互通信，进而保证了能够向上一层提供服务。下层实体为相邻的上层实体提供的通信功能称为服务，服务是“垂直的”，下层的协议对上层的实体是透明的，上层实体使用相邻下层提供的服务时，无需了解下面各层服务的实现方式和所使用的协议，相邻两层实体间服务是通过服务访问点(service access point，SAP)完成的，如图 3-5 所示。

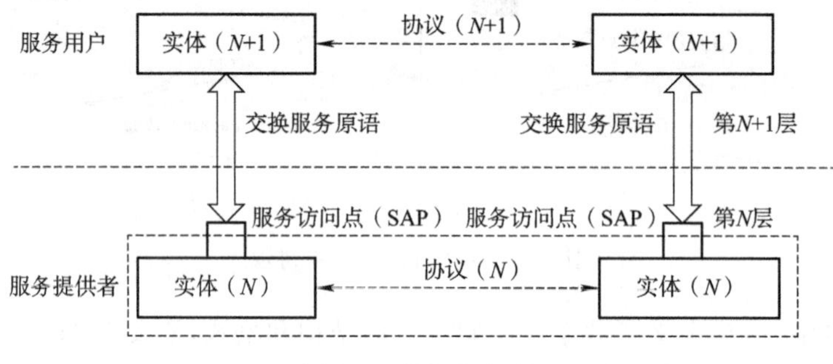


图 3-5 协议与服务

第 $N$ 层实体之间通过协议通信，通过 SAP 向第 $N+1$ 层实体提供服务，从第 $N+1$ 层角度看，第 $N$ 层相当于服务提供者，从第 $N$ 层角度看，第 $N+1$ 层为服务用户。服务是通过一组服务原语来描述的，OSI 参考模型中定义了请求(request)、指示(indication)、响应(response)和证实(confirm)四种服务原语，如图 3-6 所示。

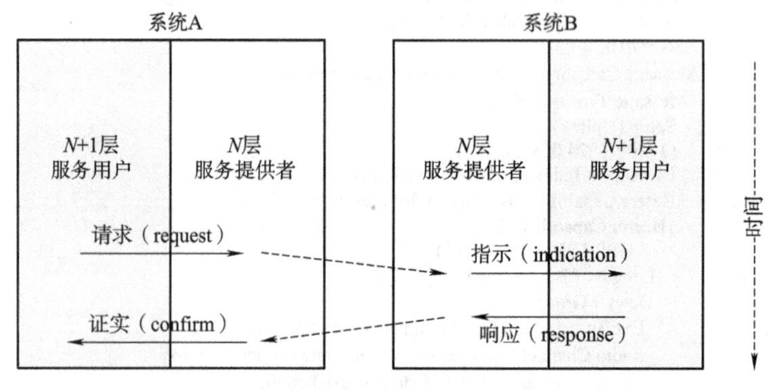


图 3-6 服务原语

①请求：由第 $N+1$ 层发送到第 $N$ 层，用于调用服务并传递任意必需的参数。

②指示：由第 $N$ 层返回第 $N+1$ 层的原语，用于通知所请求服务的激活或由第 $N$ 层服务发起的操作。

③响应：第 $N+1$ 层提供的一个原语，用于响应指示原语。它可以确认或完成指示原语之前调用的操作。

④证实：由第 $N$ 层返回给第 $N+1$ 层的原语，以确认或完成请求原语之前调用的操作。

**4. 数据单元**

在 OSI 参考模型中，层与层之间交换的数据称为服务数据单元（service data unit，SDU），对等实体交换的信息单元称为协议数据单元（protocol data unit，PDU），SDU 和 PDU 之间的关系如图 3-7 所示。

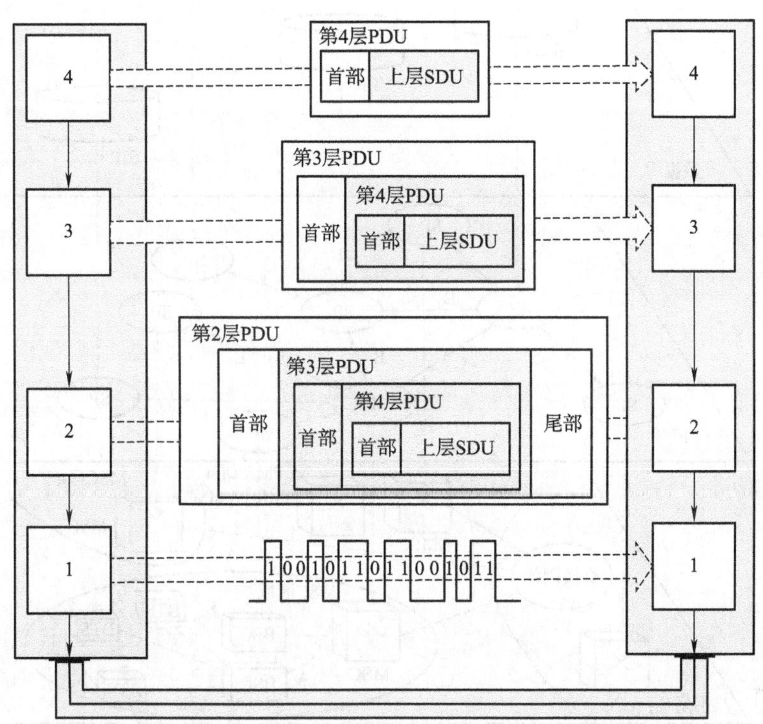


图 3-7 SDU 与 PDU 封装

PDU 在第 $N$ 层对等实体之间传送时保持不变，但发送给第 $N-1$ 层时，将第 $N+1$ 层作为 SDU 封装到其 PDU 之中，也就是说第 $N$ 层 PDU 对应着第 $N+1$ 层的 SDU。需要注意的是，多个 SDU 可以合成为一个 PDU，一个 SDU 也可以划分为几个 PDU。例如，在 CTCS-3/ETCS-2 级列车控制系统安全通信参考模型中第 4 层的 PDU 所能封装的 SDU 长度最大为 123 B，如果上层数据长度超过此限制，需要将一个 SDU 拆分封装到多个 PDU 中分别发送。

## 3.2 GSM-R 信令系统结构

通信网络的基本用途是为用户传递各类信息，由交换设备、传输设备和终端设备构成，各个设备之间需要交换控制信息，从而协调一致运行，这些控制信息被称为信令。

### 3.2.1 信令与协议

3GPP 协议针对 GSM 定义了一系列标准接口，对网络各功能实体之间的信令与协议进行了严格和完备的规定，定义了特定的消息格式并能够被接口两端实体识别，以实现不同厂家设备之间的互联互通。GSM 09.02 给出了 PLMN 中所有可能的接口，如图 3-8 所示，但每个网络中的具体实现可能有差异，有些特定的功能可能集成在同一个设备之中，这些相关的接口称为内部接口，如 GSM-R 网络中 MSC 与 VLR 一般合设，B 接口为内部接口。

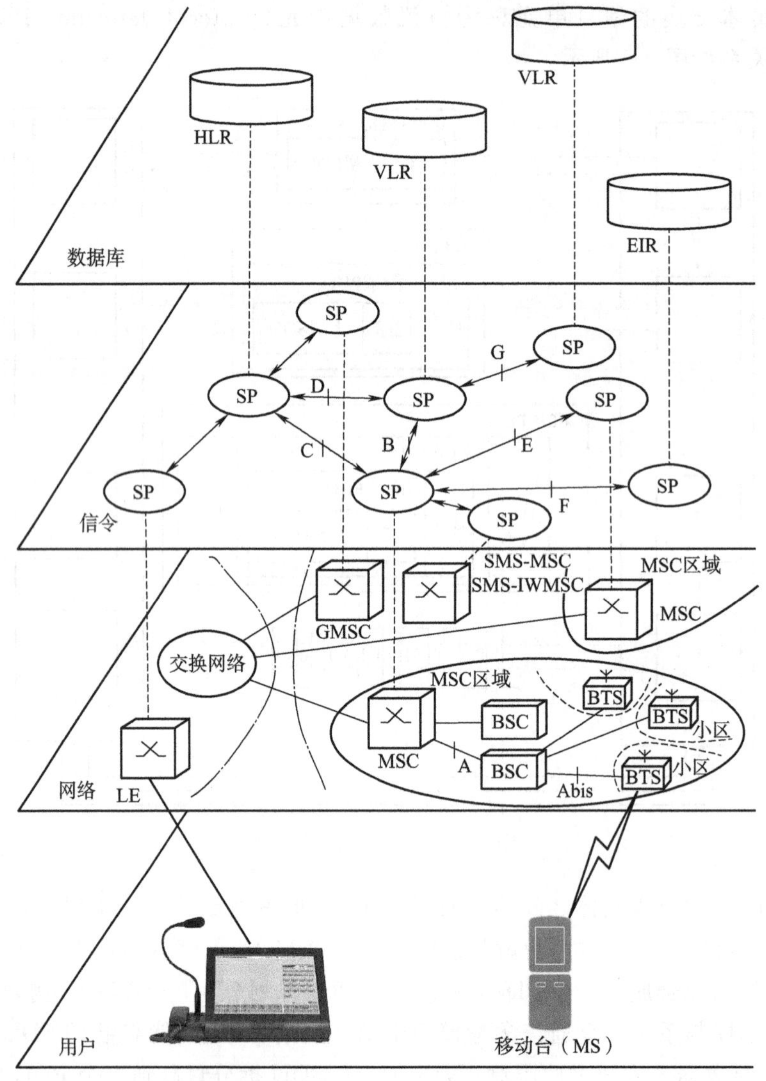


图 3-8　GSM-R 网络中的主要接口

GSM-R 各接口采用分层协议结构，符合 OSI 参考模型，总体而言，可以分为 GSM 专有的协议和基于 No.7 信令的协议，前者包括 $U_m$ 和 Abis 接口，后者包括 A、C/D、E/G 接口等。

### 3.2.2　移动台、网络子系统与交换子系统间接口

GSM 系统信令模型如图 3-9 所示，MS 与 BTS 之间的 $U_m$ 接口、BTS 与 MSC 之间的 A 接口是标准接口，需要支持不同厂家设备间的互联互通，BTS、BSC 之间的 Abis 接口在 3GPP TS 08.58 中做了建议性的规定，但具体实现与设备供应商相关。

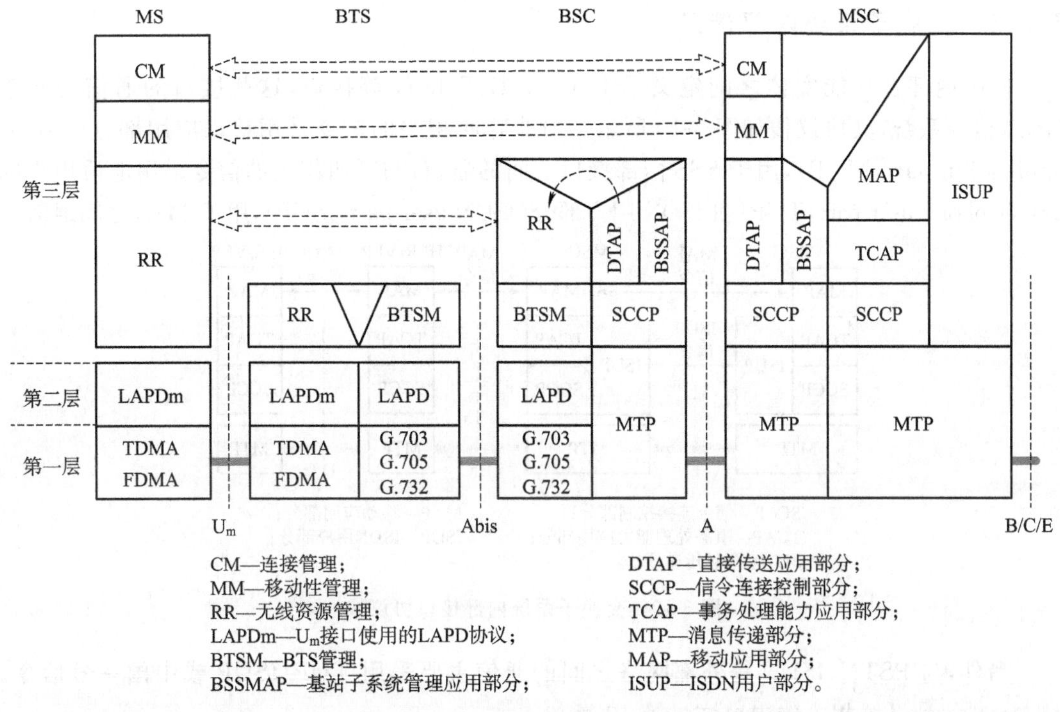


图 3-9　GSM 系统信令模型

**1. 第一层(物理层)**

$U_m$接口的物理层为逻辑信道，参见 2.3 节，Abis 接口和 A 接口的物理层采用标准的 2.048 Mbit/s PCM 数字传输链路，传输速率符合 ITU-T G.703，帧结构、同步和定时符合 ITU-T G.705，故障管理符合 ITU-T G.732。

**2. 第二层**

Abis 接口的第二层协议基于 ISDN 的 D 信道链路接入协议(LAPD)，这是 CCITT 建议 Q.921 的简化，在 3GPP TS 08.56 中做了详细规定。$U_m$接口第二层协议使用的 LAPDm 由 LAPD 演化而来，在帧定界方法和透明机制等方面做了调整，协议细节参见 3GPP TS 04.05，LAPDm 主要用于在 BCCH、AGCH、NCH、PCH、FACCH、SACCH 和 SDCCH 上发送的信息。A 接口的第二层遵循 No.7 信令系统，详见第 7 章。

**3. 第三层**

第三层是实际负责控制和管理的协议层，包括三个子层：无线资源管理(radio resource management，RR)、移动性管理(mobility management，MM)和连接管理(connection management，CM)。其中，RR 主要完成频率和信道的管理；MM 完成移动性相关的所有任务；CM 进一步细分为呼叫控制(call control，CC)、补充业务(supplementary service，SS)管理和短消息业务(short message service，SMS)管理三个协议实体，分别完成呼叫处理、补充业务和短消息业务。MS 与网络之间的 RR 至 BTS 终止，MM 和 CM 都至 MSC 终止，BSS 透明传递 MM 和 CM 消息。

### 3.2.3 交换子系统内部接口

SSS内部各功能实体之间定义了B、C、D、E、F和G等接口,这些接口的通信均基于No.7信令系统,其协议栈如图3-10所示。与非呼叫相关的信令采用移动应用部分(mobile application part,MAP),用于SSS内部接口之间的通信;与呼叫相关的信令采用电话用户部分(telephone user part,TUP)和ISDN用户部分(ISDN user part,ISUP),用于MSC之间通信。

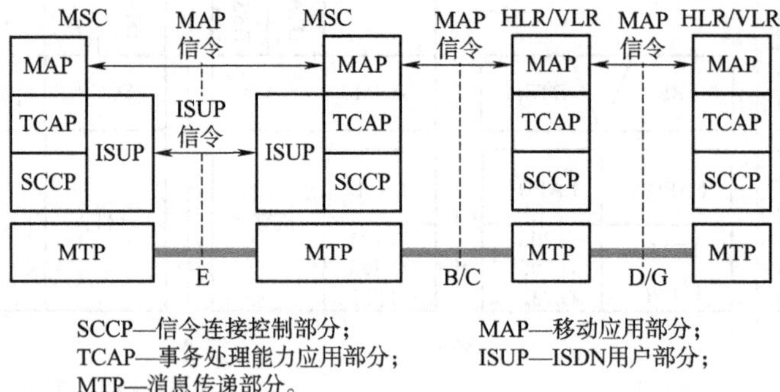


图3-10 交换子系统内部接口协议栈

另外,与PSTN、ISDN等外部网络之间的通信主要采用TUP/ISUP或中国一号信令。与No.7信令系统相关的内容详见第10章。

### 3.2.4 GSM-R内部接口汇总

GSM-R网络内部接口汇总见表3-1。

表3-1 GSM-R网络内部接口汇总

| 接口 | | 描述 |
|---|---|---|
| Sm | SIM卡与移动终端设备(ME) | 符合GSM 11.11规定 |
| $U_m$ | 移动台(MS)与基站(BTS) | 符合GSM 04和GSM 05系列规范 |
| Abis | BTS与BSC | 通常为2.048 Mbit/s数字接口,私有协议 |
| Ater | BSC与TRAU | 通常为2.048 Mbit/s数字接口,私有协议 |
| A | TRAU与MSC | 符合GSM 08.08规定 |
| B | MSC与VLR | 私有协议 |
| C | MSC与HLR | 使用No.7信令系统 |
| D | VLR与HLR | 使用No.7信令系统 |
| E | MSC与其他MSC | 使用No.7信令系统 |
| F | EIR与MSC之间 | 使用No.7信令系统 |
| G | VLR与其他VLR | 使用No.7信令系统 |
| H | HLR和AuC之间 | 私有协议 |
| I | GCR与MSC之间 | 私有协议 |
| L | gsmSSP/IP(智能外设)与SCP之间 | 使用No.7信令系统 |
| MSC与AC之间 | | MSC与AC合设时采用内部接口,分设时采用PRI接口 |

续上表

| 接　口 | 描　述 |
| --- | --- |
| SMSC 与 HLR 之间 | 使用 No.7 信令系统 |
| 冗余 HLR 之间 | 私有协议 |
| 主备 MSC/VLR/GCR 之间 | MSC 使用 R99 网络架构时采用内部接口，使用 R4 架构时采用 H.248 协议和 M3UA 协议 |
| 主备 SMSC 之间 | 私有协议 |
| MSC 与 gsmSSP 之间 | 私有协议 |
| gsmSSP 与 IP(智能外设)之间 | gsmSSP 与 IP 合设时采用内部接口，分设时采用 No.7 信令系统 |
| SCP 与 HLR 之间 | 使用 No.7 信令系统 |
| SCP 与 MSC 之间 | 使用 No.7 信令系统 |
| SCP 与 SMP 之间 | SCP 与 SMP 合设时采用内部接口，分设时采用 TCP/IP 协议 |
| SCP 与 IP(智能外设)之间 | 使用 No.7 信令系统 |
| SMP 与 SMAP 之间 | SMP 与 SMAP 合设时采用内部接口，分设时采用 TCP/IP 协议 |
| HLR 与 MSC/VLR/SSP/IP(智能外设)之间 | 使用 No.7 信令系统 |
| 外部数据库与 SCP 之间 | 采用 TCP/IP 协议 |
| SCP 与 SMSC 之间 | 采用 TCP/IP 协议 |
| SCEP 和 SMP 之间 | 采用 TCP/IP 协议 |
| 主备 SCP 之间的接口 | 私有协议 |
| 网络设备与 OMC 之间 | 私有协议 |

### 3.2.5 与外部系统接口

(1)与铁路调度通信网互联要求

GSM-R 网络通过 MSC 与铁路调度通信网互联，实现有线、无线调度电话互通功能，MSC 与铁路调度交换机之间采用 PRI 接口、DSS1 信令方式。

(2)与铁路专用 PSTN 互联要求

GSM-R 网络应通过 GMSC 与铁路专用 PSTN 互联，通常采用多关口局互联方式，GMSC 与铁路 PSTN 的关口局之间采用 2.048 Mbit/s 数字接口、优选 No.7 信令(ISUP)方式。

(3)与铁路电路域应用系统互联要求

GSM-R 系统通过 MSC/VLR/IWF 与应用系统地面节点设备进行互联，为应用系统车载设备与地面节点设备之间或车载设备之间双向信息传输提供无线通道，采用 PRI 接口、DSS1 信令方式。

# 3.3　CSD 业务协议结构

## 3.3.1　连接类型

电路交换数据(CSD)业务是 GSM-R 最重要的业务之一，为了实现 CSD 业务并减少对网络的影响，GSM-R 网络两端增加了两个通用功能：

①网络互通功能(interworking function，IWF)：位于 GSM-R 网络边界点，完成 GSM-R 网络与外部网络适配。

②终端适配功能(terminal adaptation function，TAF)：位于用户侧，在移动台中完成特定 TE 和通用无线传输单元之间适配。

TAF 和 IWF 是 GSM-R 两端的接入点，GSM-R 之间的实体提供相应数据流传输所需的承载能力，应用业务功能依赖于端到端的具体实现，如图 3-11 所示，CSD 数据的传输经过端到端层，TAF—IWF 层和 GSM 传输层三个层次。

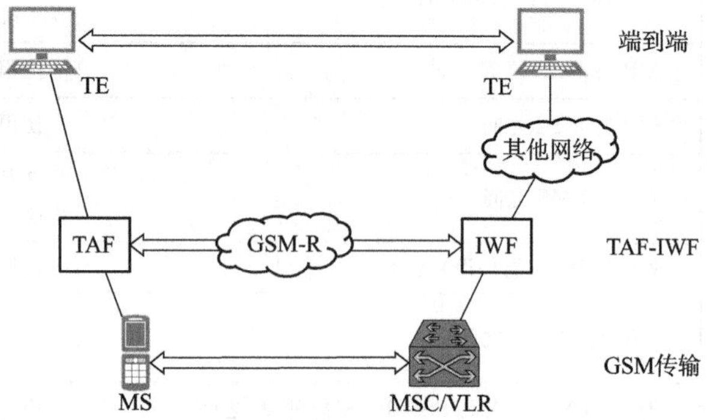

图 3-11　CSD 数据传输平面

无线信道难以避免因干扰等问题产生的突发错误，因此，按照是否提供差错重传机制，CSD 的连接类型又可以分为透明模式和非透明模式两种。

(1)透明模式

透明模式通过跨空中接口的前向纠错码(forward error correcting codes，FECs)来保护用户数据不受传输错误的影响，提供恒定的吞吐量和恒定的传输延迟，TAF 和 IWF 之间的路径被看作同步电路，相关协议架构如图 3-12 所示。然而，由于前向纠错的纠错能力有限，残留误差率随信道质量而变化，对于上层的应用业务而言，会出现传输干扰。

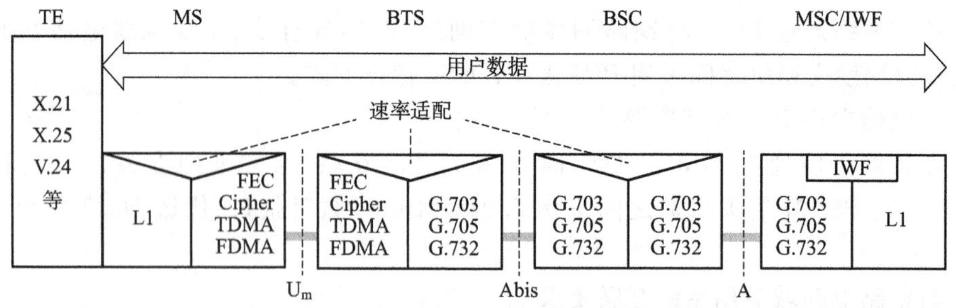


图 3-12　透明模式数据传输协议架构

注：在 CTCS-3 级列控系统中 TE 处接口物理特性符合 ITU-T V.24 的规定，在 $U_m$ 接口未开启加密。

(2)非透明模式

非透明模式提供了一个附加方案，当另一端未正确收到数据时，能重发信息，此时 GSM-R 电路连接上的传输被看作是分组数据流，因此吞吐量和传输时延随着基本传输链路的质量动态变化。如图 3-13 所示，非透明模式使用了无线链路协议（radio link protocol，RLP），传输的信息包含监测差错的冗余位，以便接收方在需要时要求发送方重发，故障数据的错误检测方案使用自动重复请求（automatic repeat request，ARQ）机制。

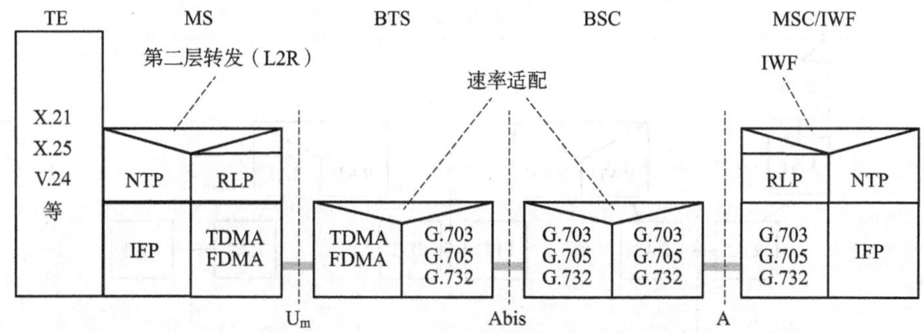

图 3-13　非透明模式数据传输协议架构

RLP 协议工作在数据链路层，其端点分别在 MS 和 IWF 实体终止。在与数据终端 TE 的接口处，根据数据终端接口的性质定义了非透明协议（nontransparent protocol，NTP）和接口协议（interface protocol，IFP）。

GSM-R 的 CSD 业务使用异步透明数据传输模式（下文所说的 CSD 业务均特指异步透明数据传输模式），下面将对其工作机制做进一步的介绍。

## 3.3.2　CSD 业务工作原理

### 1. 移动台对 CSD 业务的处理

GSM-R 移动台由移动终端（MT）、终端设备（terminal equipment，TE）和终端适配器（terminal adaptor，TA）组成。MT 是与用户直接接触的设备，TE 功能可以包含在 MT 中；TE 为 $U_m$ 接口上的连接提供所有必要功能；TA 用于将一个或多个非 ISDN 设备连至 ISDN 网络。移动台可以有不同的功能形态，如图 3-14 所示。

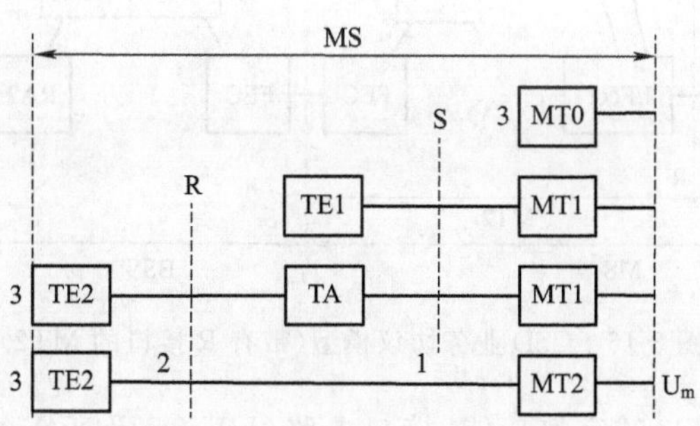

图 3-14　移动台的功能形态

其中，TE1 是 ISDN 终端，TE2 是 V 系列或 X 系列非 ISDN 终端。MT0 集成了业务终端，MT1 可以直接连接到 ISDN 终端或者通过 TA 连接到非 ISDN 终端，MT2 可以直接连接到非 ISDN 终端，列控车载设备通常采用 MT2。MT1 与 TE1 或 TA 之间是 ISDN S 参考点，物理形态通常是一个 4 线数字连接；MT2 与 TE2 之间是 ISDN R 参考点，提供了非

ISDN 标准终端的入网接口，其物理形态可以是 RS-232 串行通信接口、V. 24 接口等。

不同形态的移动台对 CSD 业务的处理方式略有差异，图 3-15 是带有 S 接口的 MT1 进行 CSD 业务传输的协议模型。

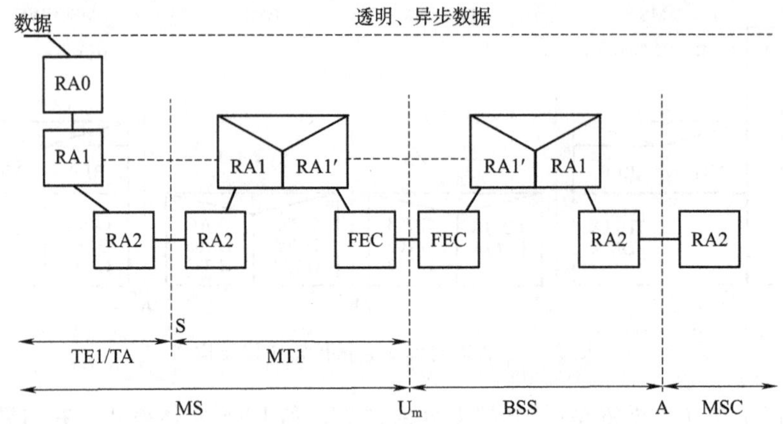


图 3-15　CSD 业务协议模型（带有 S 接口的 MT1）

由移动台向网络发送 CSD 数据时，业务数据首先通过 RA0 模块进行异步数据与同步数据转换，然后通过 RA1 模块将输入数据转换为中间速率，再经过 RA2 模块将中间速率数据转换为 ISDN 标准的 64 kbit/s 数据流。经过 S 接口后在 MT1 中经过 RA2、RA1 和 RA1′ 模块转换到 $U_m$ 接口的信道比特率。

图 3-16 是带有 R 接口的 MT2 进行 CSD 业务传输的协议模型。

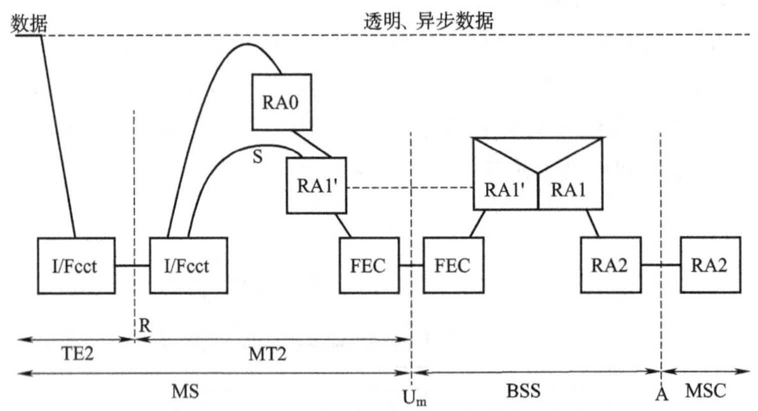


图 3-16　CSD 业务协议模型（带有 R 接口的 MT2）

此时，串行 V 系列接口的完整功能、接口电路（I/Fcct）及所需的适配单元集成在一起。由移动台向网络发送 CSD 数据时，业务数据在 MT2 的 RA0 模块被转换为同步数据，与来自 V 系列接口的状态信息（S）经过 RA1′模块转换到 $U_m$ 接口的信道比特率，再经过 FEC 传输到空中接口。

**2. BSS 对 CSD 业务的处理**

BSS 中的 BTS 和 BSC（TRAU）需要对 CSD 业务进行处理，其流程如图 3-17 所示。

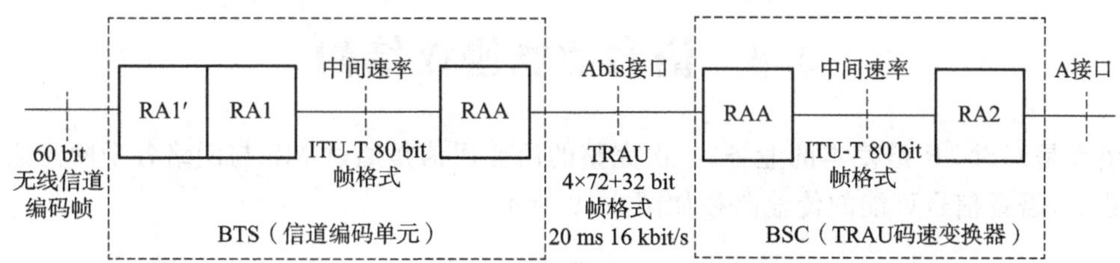


图 3-17 BSS 中 CSD 业务处理流程

由移动台向网络发送 CSD 数据时，BTS 通过 RA1′将无线接口数据速率转换为同步用户数据速率，然后通过 RA1 模块转换为中间速率，再通过 RAA 模块转换为 TRAU 的数据帧格式并通过 Abis 接口发送给 BSC。在 BSC 中，经过 RAA、RA2 模块转换为 ISDN 标准的 64 kbit/s 数据流发送给 MSC。

**3. MSC 对 CSD 业务的处理**

在 GSM-R 中，MSC 与 RBC、机车同步操控应用节点之间直接通过 V. 110 帧进行互连，无需调制解调器参与，如图 3-18 所示。由于 GSM 中采用的也是 V. 110 适配协议，理论上，CSD 业务可以不需要 IWF 处理，但通过 IWF 处理 V. 110 帧中端到端附加控制信息，根据 V. 110 规范完成两个网络 V. 110 帧间速率适配，有助于提高数据传输的稳定性和可靠性。

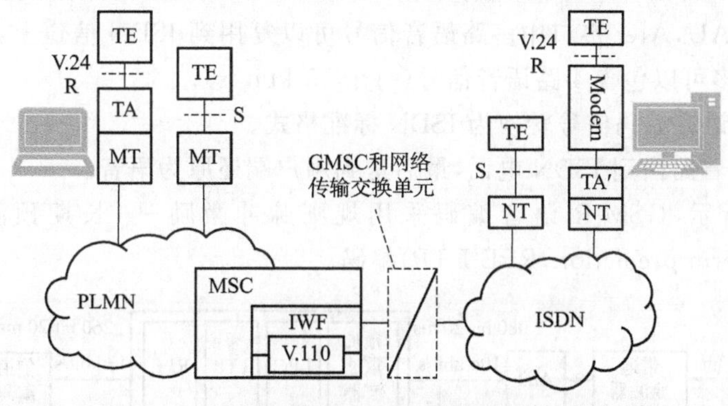


图 3-18 MSC 对 CSD 业务的处理

移动台、BSC 及 MSC 对 CSD 业务处理的主要功能模块见表 3-2，具体实现细节详见第 8 章。

**表 3-2 速率适配功能描述**

| 速率适配功能模块 | 功能描述 | 涉及网元 |
| --- | --- | --- |
| RA0 | 异步数据与同步数据转换 | MS |
| RA1 | 用户速率与中间速率转换 | MS、BTS |
| RA1′ | $U_m$接口速率与同步数据速率转换 | MS、BTS |
| RAA | V. 110 帧格式与 TRAU 帧格式转换 | BTS、BSC（TRAU） |
| RA2 | 中间速率与 ISDN 标准的 64 kbit/s 速率转换 | BSC、MSC |

# 3.4 语音业务协议结构

语音是 GSM-R 最基本的业务，一次完整的语音通信是通过 MS 与网络各个网元之间配合完成的，语音信号可能的传输路径如图 3-19 所示。

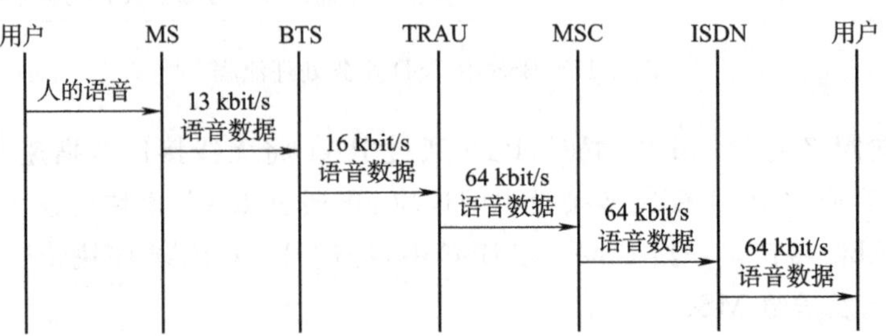


图 3-19　语音信号的传输路径

移动台向 ISDN 电话发送语音的过程如下：

①移动台包含一个用于语音编码的语音编解码器，生成 13 kbit/s 的语音编码，再经过信道编码、交织和加密等操作后通过 $U_m$ 接口发送到 BTS。

②BTS 解码后得到 13 kbit/s 的源数据，增加 3 kbit/s 的带内数据（包括同步和控制信息）后发送给 TRAU，Ater 接口中多路语音信号可以复用到 ISDN 信道上，每个 ISDN B 信道（64 kbit/s）最多可以包含 4 路语音信号（每个 13 kbit/s）。

③TRAU 将语音编码信号转换为 ISDN 标准格式。

④MSC 将语音路由到 ISDN 电话，最后送到用户端还原为语音。

如图 3-20 所示，GSM-R 语音编码采用规则脉冲激励——长期预测（regular pulse excitation-long term prediction，RPE-LTP）编码。

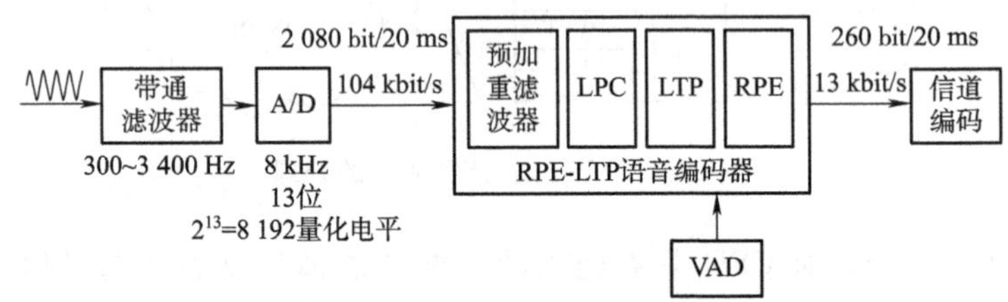


图 3-20　GSM-R 语音编码原理

语音信号采用 8 kHz 抽样，使用 13 位 A/D 转换器均匀量化为 104 kbit/s 数据流，再送入 RPE-LTP 语音编码器，经过预处理、线性预测编码（linear predictive coding，LPC）、长时预测（long term prediction，LTP）和 RPE 编码，输出帧时长为 20 ms、每帧包含 260 bit 的码流，速率为 13 kbit/s。经信道抗误码编码后变为 22.8 kbit/s，再经过交织、加密和突发脉冲格式化后转换为 33.8 kbit/s 的码流，经调制后发送出去。

TRAU 是 BSS 内部设备，用于完成 BSC 和 MSC 之间 13 kbit/s RPE-LTP 语音编码和 64 kbit/s ISDN A 律（A-law）语音编码之间的转换，TRAU 的物理位置可以有几种不同的选择：BTS 内、BSC 侧、MSC 侧，TRAU 的设置很大程度上影响了网络的结构。在 GSM-R

中，TRAU 一般作为一个独立的网元放置在 MSC 侧，其协议结构如图 3-21 所示。

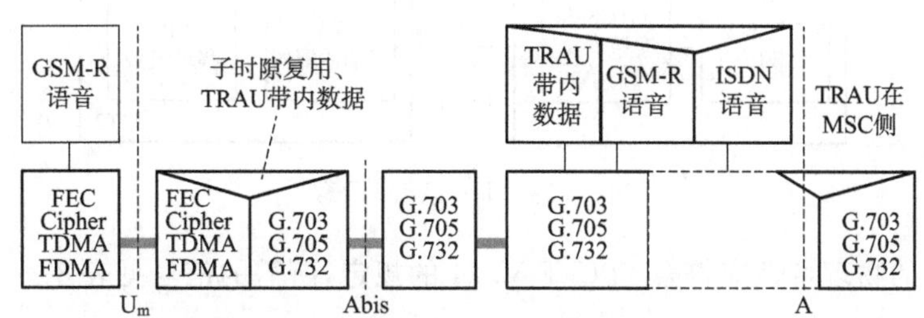


图 3-21 GSM-R 语音业务协议结构

BSC 与 TRAU 之间 Ater 接口的一个 PCM 时隙包含 4 个 16 kbit/s 的子时隙，每个子时隙对应一个 A 接口的 64 kbit/s 语音信息，因此 Ater 接口与 A 接口的数量之比为 1∶4，TRAU 放置在 MSC 侧可以减少 BSC 至 MSC 的 2M 链路数量。

## 3.5 CTCS-3 级列控系统与 GSM-R 接口

GSM-R 网络为 CTCS-3 级列控系统安全数据传输提供车—地双向数据传输通道，CTCS-3 级列控系统与 GSM-R 系统间接口如图 3-22 所示，包含 $I_{FIX}$ 接口、$I_{GSM-R}$ 接口。

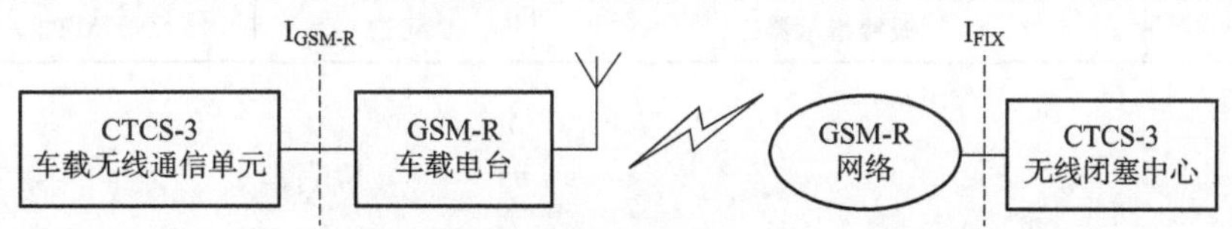


图 3-22 CTCS-3 级列控系统与 GSM-R 系统接口示意

$I_{FIX}$ 接口为 CTCS-3 级列控系统 RBC 与 GSM-R 系统 MSC 间的 PRI 接口，实现 RBC 与 GSM-R 系统间的呼叫建立、数据传输、呼叫清除等过程，$I_{FIX}$ 接口速率适配和协议栈结构如图 3-23 所示。

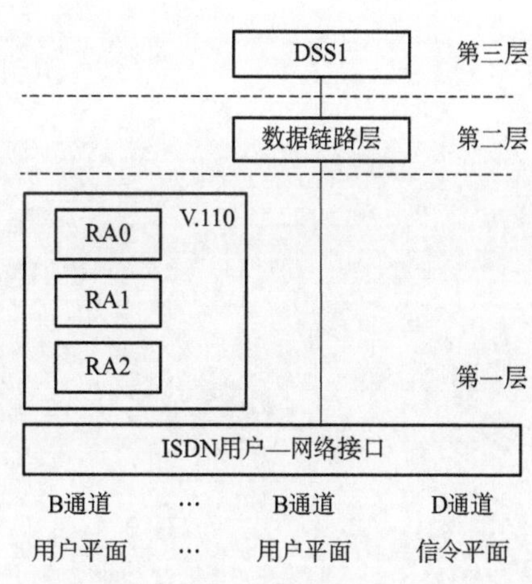


图 3-23 $I_{FIX}$ 接口速率适配和协议栈

$I_{FIX}$ 接口用户平面上的数据传输需经过 RA0、RA1、RA2 三个速率适配步骤，车—地之间通信协议参照 UNISIG Subset-037 规范；信令平面上的信令协议栈分为第一层、第二层和第三层，采用 DSS1（一号数字用户信令系统）。

$I_{GSM-R}$ 接口为 CTCS-3 级列控系统车载无线通信单元（TE）与 GSM-R 车载电台（MT）间接口，如图 3-24 所示，其中 MT 采用 MT2，实现车载无线通信单元对 GSM-R 车载电台呼叫建立、数据传输、呼叫清除等过程的控制。TE 对应于 ITU-T 系列规范中的 DTE，MT2 对应于 ITU-T 系列规范中的 DCE。

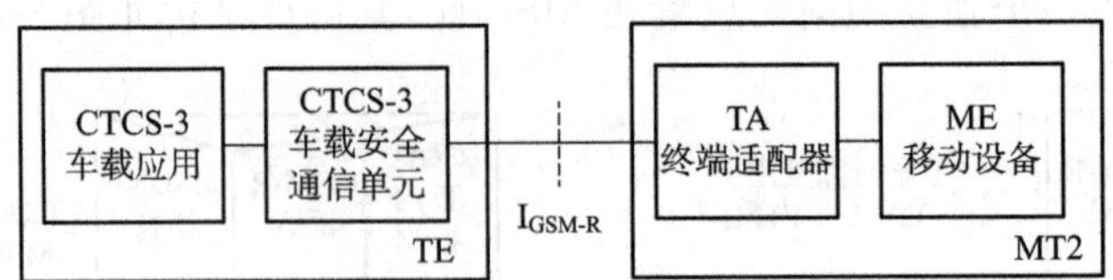


图 3-24　$I_{GSM-R}$接口示意

$I_{GSM-R}$接口的物理特性应符合 ITU-T V.24 的规定，所需的信号见表 3-3。

**表 3-3　$I_{GSM-R}$接口所需信号**

| 电路号码 | 电路名称 | 异步业务 | 方　向 |
|---|---|---|---|
| CT102 | 接地 | 必选 | — |
| CT103 | 发送数据 | 必选 | — |
| CT104 | 接收数据 | 必选 | — |
| CT105 | 请求发送 | 必选 | TE→MT2 |
| CT106 | 准备发送 | 必选 | MT2→TE |
| CT107 | 数据设备就绪 | 可选 | MT2→TE |
| CT108/2 | 数据终端就绪 | 必选 | TE→MT2 |
| CT109 | 数据信道接收链路信号检测器 | 必选 | MT2→TE |
| CT125 | 振铃指示器 | 可选 | MT2→TE |

# 4 信令流程分析

在 GSM-R 网络的一个通信过程中，参与通信的网元设备除了需要传送语音及数据之外，还需要按照一定规则传递信令。跟踪和分析信令流程是 GSM-R 网络异常事件诊断、网络优化必不可少的手段之一。本章将详细分析基本呼叫处理、位置更新、IMSI 分离、切换、呼叫重建、直接重试、功能寻址、基于位置的寻址、语音组呼、语音广播和增强多优先级与强拆的信令流程。

## 4.1 基本呼叫处理

一次完整的呼叫流程可以分为初始信道分配，鉴权、加密、身份识别、TMSI 再分配，TCH 指配，移动台(MS)主叫/被叫，呼叫连接释放，信道释放六个部分。

### 4.1.1 初始信道分配

MS 主动发起呼叫或者作为被叫方响应网络的寻呼，首先需要为 MS 分配信令信道，在 $U_m$ 接口建立移动台到网络之间的无线连接，即 RR 连接，此处执行的是立即指配程序，具体流程如图 4-1 所示。

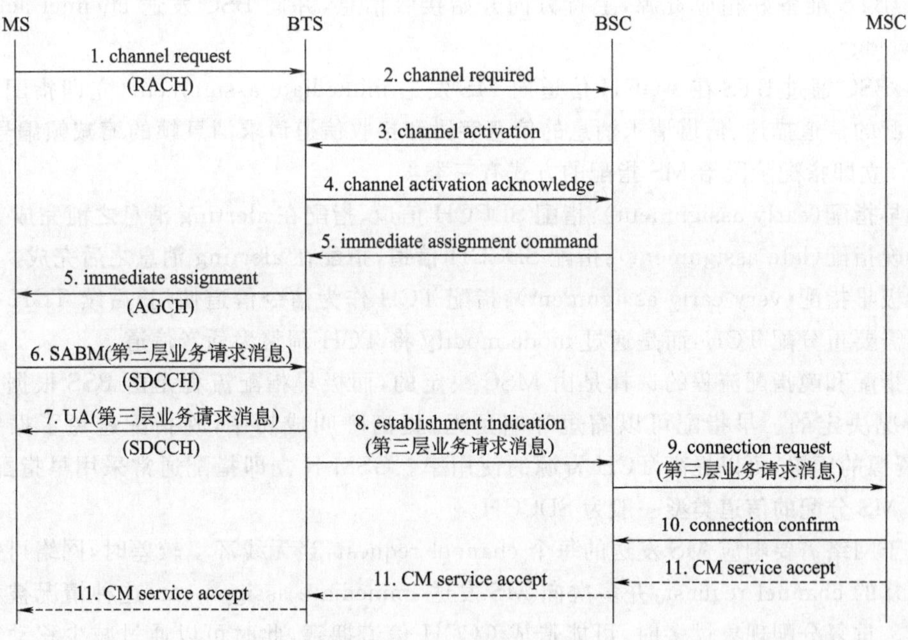


图 4-1 初始信道分配流程

(1)MS 向 BTS 发送 channel request(信道申请)

在 MS 需要与网络建立通信时，首先需要在 RACH 信道上发送 channel request，此信令不遵循 $U_m$ 接口信令的通用结构，只有 8 bit 长度，分为接入网络原因的最小指示(长度 3～6 bit)和移动台随机选择的鉴别符(长度 2～5 bit)两个字段。其中，接入网络原因包括紧急呼叫、呼叫重建、寻呼响应、主叫请求、位置更新等，网络据此识别移动台信道请求的目的并选择分配合适的信道。鉴别符用于识别 MS，网络向 MS 发送的 immediate assignment 命令中会包含此鉴别符，MS 通过比较网络发送的鉴别符判断该信令是否为网络发送给自己的(因为此时 $U_m$ 接口移动台与网络直接连接的第二层链路尚未建立)。

不同的 MS 独立、随机地发起信道申请过程，当网络比较繁忙时可能出现两个移动台在同一个 RACH 时隙发送 channel request 的情况，导致信令因冲突引起相互干扰而丢失。为解决此问题，从移动台开始信道申请程序到发送第一条 channel request 之间的时隙数是一个随机数，即移动台随机接入过程。channel request 发送后启动定时器 T3120，当定时器超时但尚未达到“最大重传次数”(此参数在 BCCH 信道广播)，MS 重新发送 channel request，任意两次相邻的 channel request 之间的时隙数以均匀分布概率方式从一个预先配置的取值范围内均匀取出。当 T3120 超时且达到最大重传次数时，MS 启动定时器 T3126，当 T3126 超时仍未收到网络的应答，MS 放弃信道申请程序，执行小区重选。

(2)BTS 向 BSC 发送 channel required 消息，其中携带由 BTS 测量的 TA 值。

(3)BSC 分配信令信道并向 BTS 发送 channel activation(信道激活)，确定需要激活的信道，并在 BTS 启动该信道。此消息携带激活原因(立即指配、指配、异步/同步切换、附加分配、多时隙配置中辅助信道的激活)，要使用信道的标识(信道编号)和信道的完整描述(全/半速率、语音/数据、编码/速率自适应、跳频序列、加密密钥等)。

(4)BTS 准备好相应资源，上行方向开始接收信息，并向 BSC 发送 channel activation acknowledge。

(5)BSC 通过 BTS 在 AGCH 信道向 MS 发送 immediate assignment(立即指配)，其中携带指配的信道描述、信道请求消息的信息字段和接收信道请求消息帧的缩减帧编号、初始 TA 等。立即指配阶段给 MS 指配的方式有三类：

①早指配(early assignment)：指配 SDCCH 信道，指配在 alerting 消息之前完成。

②晚指配(late assignment)：指配 SDCCH 信道，指配在 alerting 消息之后完成。

③极早指配(very early assignment)：指配 TCH 作为信令信道使用，后续 TCH 分配过程中不需要再分配 TCH，而是通过 mode modify 将 TCH 调整为话音信道。

早指配和晚指配流程的选择是由 MSC 决定的，而极早指配流程是由 BSS 根据无线资源等情况决定的。早指配可以缩短呼叫延迟，提高呼叫成功率，晚指配避免了振铃期间 TCH 资源的闲置，可以提高 TCH 资源的使用率。GSM-R 立即指配通常采用早指配流程，因此给 MS 分配的信道类型一般为 SDCCH。

由于网络需要响应 MS 发送的每个 channel request，当无线环境较差时，网络可能收到多个重复的 channel request，并多次向 MS 发送 immediate assignment，这种情况被称为重复分配。重复分配现象过多时，可能造成 CCCH 信道拥塞，此时可以通过减少移动台的最大重发次数或降低定时器 T3101 解决，但相应地也可能降低 MS 接入的成功率。

(6)当 MS 接收到与其最后 3 次发送的 channel request 之一相对应的 immediate

assignment 时，移动台停止 T3126（如果正在运行），停止发送 channel request，转换到网络指配的信道，将信道模式设置为仅信令，并激活分配的信道。然后，向 BTS 发送包含信息字段的 SABM（设置异步平衡模式）消息建立主信令链路，即 MS 尝试在第二层建立 LAPDm 连接，SABM 的信息字段包含"第三层业务请求消息"。

根据 MS 发起无线链路建立原因的不同，常见的"第三层业务请求消息"有以下四种：

①CM service request，包括主动发起呼叫建立、短消息服务、补充业务激活、语音组呼呼叫建立、语音广播呼叫建立等，其中携带 MS 标识（根据网络配置的不同，可能为 IMSI 或 TMSI）等字段。

②location updating request，包括正常位置更新、周期性位置更新、IMSI 附着等业务，其中携带 MS 标识、LAI 等主要字段。

③IMSI detach indication，如果移动台被停用，或者如果 SIM 卡从移动台分离会触发此消息，其中携带 MS 标识等字段。

④paging response，MS 作为被叫时对 paging request 消息的响应，其中携带 MS 标识等字段。对于 MS 主叫"第三层业务请求消息"为 CM service request，对于 MS 被叫"第三层业务请求消息"为 paging response。

(7)BTS 向 MS 返回 UA 确认 LAPDm 连接建立成功，UA 帧的信息字段应与 SABM 一致，通过比较收到的 UA 信息字段与发送的 SABM 信息字段是否一致，判断 UA 是不是网络发给自己的。

(8)BTS 向 BSC 发送 establishment indication，内含 SABM 携带的"第三层业务请求消息"，BTS 使用此信令向 BSC 指示已经在 $U_m$ 接口建立 LAPDm 连接，BSC 可以使用此指示建立与 MSC 的 SCCP 连接。

(9)BSC 向 MSC 发送 SCCP 的 connection request（请求建链）消息，其中包含了 BSSMAP 的 complete layer 3 information 消息，而此消息中又携带了小区 ID 及来自 $U_m$ 接口的"第三层业务请求消息"。

(10)MSC 向 BSC 发送 SCCP 的 connection confirm 消息，至此 MS 与 MSC 之间成功建立信令链路，MS 完成无线链路建立过程。

(11)若步骤(6)中 MS 发送的"第三层业务请求消息"为 CM service request，MSC 向 MS 发送 CM service accept，指示请求的服务已被接受。

### 4.1.2 鉴权、加密、身份识别、TMSI 再分配

鉴权的目的有两个：一是网络检查 MS 身份的合法性，防止非法用户接入网络以及合法用户的信息被泄露；二是提供必要参数，使得 MS 能够计算新的加密密钥。加密程序用于网络设置加密模式（加密/不加密）和加密算法。身份识别程序用于请求 MS 向网络提供特定的识别参数，例如 IMSI、IMEI 等。

TMSI 再分配程序的目的是提供身份保密性，即保护用户不被入侵者识别和定位。如果开启 IMSI 身份保密服务，则在 $U_m$ 接口信令过程中使用 TMSI 标识用户身份，TMSI 仅在一个位置区域内具有意义，移动台在一个位置区内注册时，网络会分配给 MS 一个 TMSI，当 MS 离开这个位置区时，网络释放该 TMSI。通常，在位置区域变更需要时执行 TMSI 再分配，此时，除了使用显式的 TMSI 再分配程序，也可以通过位置更新过程隐式执行。如果

MS 提供的 TMSI 在网络中未知，则网络可能要求 MS 提供 IMSI，在这种情况下，应在启动 TMSI 再分配程序之前使用身份识别程序。另外，当网络和 MS 之间存在 RR 连接时，网络可以随时启动 TMSI 再分配。

在一次呼叫流程中，鉴权、加密、身份识别、TMSI 再分配程序是可选的，主要取决于网络的设置，如我国 GSM-R 通常未开启加密程序，有些网络未开启 IMSI 身份保密服务，也就不使用 TMSI 再分配程序。

鉴权的具体流程如图 4-2 所示。

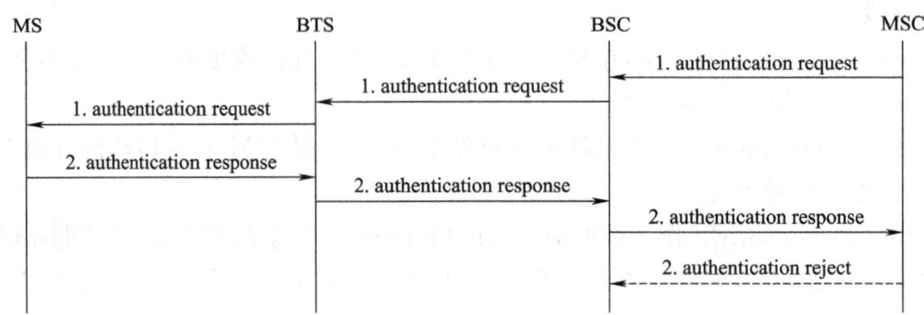


图 4-2　鉴权流程

（1）MSC 通过 $U_m$ 接口传输 authentication request 来启动鉴权过程，其中携带一个随机数（RAND）和一个密钥序列号码（AUTN）。

（2）当存在 RR 连接时，MS 应随时准备响应 authentication request，MS 根据 RAND 和存储在 SIM 卡中的用户密钥 Ki 使用 A3 算法计算响应数 SRES，通过 authentication response 发送给 MSC。与此同时，MS 根据 RAND 和 Ki 使用 A8 算法计算密钥 Kc，连同 AUTN 一起存储在 SIM 卡。网络侧比较此消息中的 SRES 和自身保存的 SRES 是否一致，若一致则通过鉴权，进入其他后续程序。

加密模式设置的具体流程如图 4-3 所示。

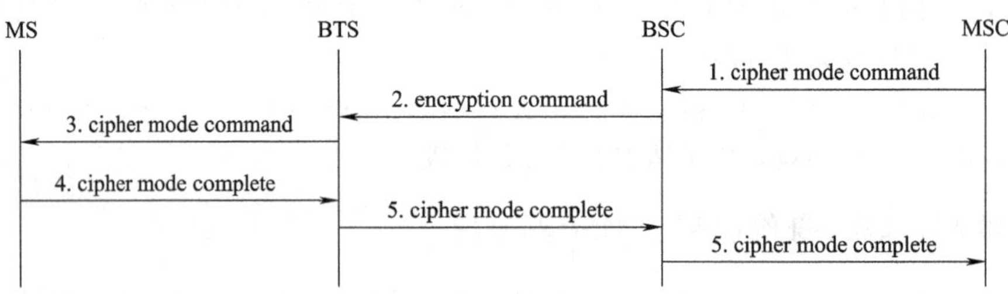


图 4-3　加密流程

（1）MSC 通过向 BSC 发送 cipher mode command 启动加密模式设置程序，该消息指示是否采用加密，如果加密，该消息包含使用的加密算法和密钥 Kc，以及是否要求 MS 在 cipher mode complete 中包含 IMEI。

（2）BSC 根据 cipher mode command 指示的加密算法、BSC 允许的加密算法和 MS 支持的加密算法确定最终采用的加密算法，与密钥 Kc 一起通过 encryption command 发送给 BTS。

（3）BTS 向 MS 发送 cipher mode command，指示是否采用加密，如果加密，该消息包含使用的加密算法，以及是否要求 MS 在 cipher mode complete 中包含 IMEI。

(4)MS根据 cipher mode command 的指示执行相应动作，向 BSC 发送 cipher mode complete。若采用加密，MS 和网络分别根据 TDMA 帧号和 Kc 使用 A5 算法生成加解密序列，启动加密模式的发送和接收。

(5)BSC 将 cipher mode complete 消息发送给 MSC。

身份识别的具体流程如图 4-4 所示。

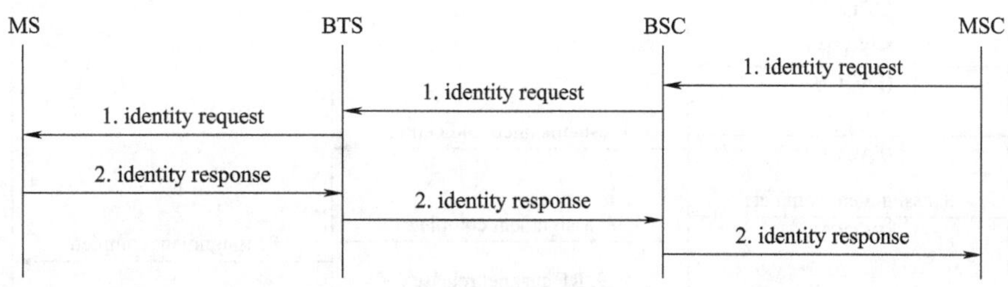


图 4-4　身份识别流程

(1)MSC 通过向 MS 发送 identity request 启动身份识别程序，该消息携带请求的标识参数，如 IMSI 或 IMEI。

(2)当存在 RR 连接时，MS 应随时准备响应 identity request，MS 向 MSC 发送 identity response，其中携带网络请求的标识参数。

TMSI 再分配的具体流程如图 4-5 所示。

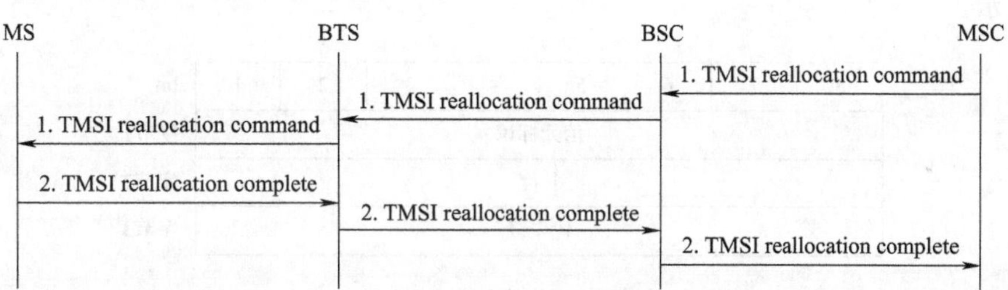


图 4-5　TMSI 再分配流程

(1)MSC 通过向 MS 发送 TMSI reallocation command 来启动 TMSI 再分配过程，该消息携带由网络分配的 TMSI 和 LAI 的新组合，如果需要删除当前使用的 TMSI，则携带 LAI 和 IMSI 的新组合。

(2)在收到 TMSI reallocation command 后，MS 将 LAI 存储在 SIM 卡中。如果接收到的标识是 TMSI，则移动台将 TMSI 存储在 SIM 卡中；如果接收到的标识是 IMSI，则 MS 删除指配的 TMSI。在这两种情况下，移动台均向网络发送 TMSI reallocation complete。网络收到此消息后会认为新的 TMSI 有效或者旧的 TMSI 已删除。

### 4.1.3　TCH 指配

当网络向 MS 发送 call proceeding 消息(对应移动台主叫流程，参见 4.1.4 节)或 MS 向网络发送 call confirmed(对应移动台被叫流程，参见 4.1.5 节)时，网络将启动 TCH 指配流程，为本次呼叫指配 TCH 信道，详细流程如图 4-6 所示。

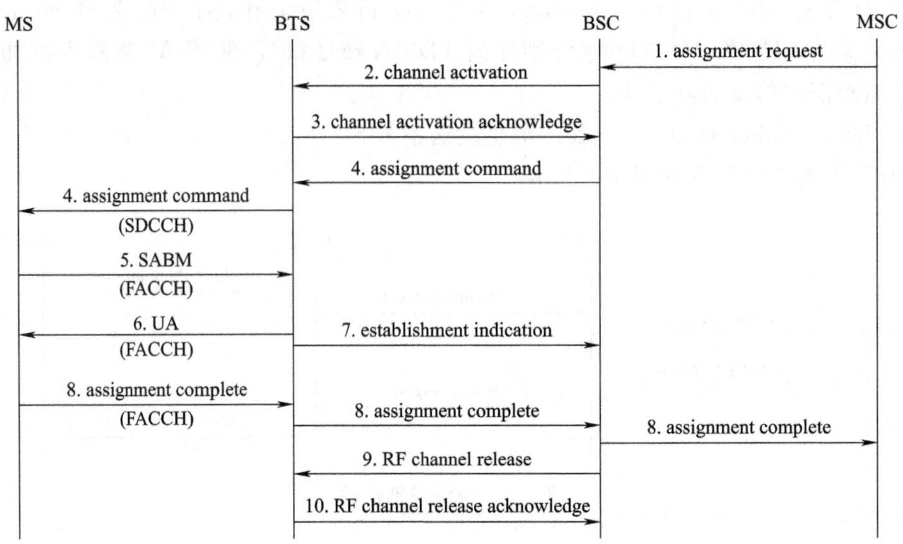


图 4-6　TCH 指配流程

(1)MSC 向 BSC 发送 assignment request，其中携带所需资源的详细信息，如信道速率、信道类型、数据自适应、优先级、MSC 和 BSS 之间应使用的 A 接口电路识别码（circuit identification code，CIC）。优先级信元的编码如图 4-7 所示，其中字节 3“优先级”编码如图 4-8 所示。

| 8 | 7 | 6 | 5 | 4 | 3 | 2 | 1 | bit |
|---|---|---|---|---|---|---|---|---|
| 信元标识 | | | | | | | | 字节1 |
| 长度 | | | | | | | | 字节2 |
| 优先级 | | | | | | | | 字节3 |

图 4-7　优先级信源编码

| 8 | 7 | 6 | 5 | 4 | 3 | 2 | 1 |
|---|---|---|---|---|---|---|---|
| 空闲 | PCI | 优先级别 | | | | QA | PVI |

图 4-8　字节 3“优先级”编码

①若“QA”位为 0，表示 MSC 不允许排队，若 BSS 中没有空闲无线资源，BSS 应根据本次指配请求的 PCI 和优先级别来决定是否释放已存在的低优先级连接，若新的请求不能马上得到服务，应拒绝该请求。

②若“QA”位为 1，表示 MSC 允许排队，若 BSS 中没有空闲无线资源，BSS 应根据本次指配请求的 PCI 和优先级别来决定是否释放已存在的低优先级连接，若新的请求不能马上得到服务，应按照优先级将其放进排队队列里。

③优先级别和 PCI(单独或结合使用)用于决定指配是否必须立即无条件执行。若需要立即执行，则应启动抢占程序，此时若没有空闲资源就有可能引起较低级别呼叫的释放或切换。

eMLPP 优先级、指配请求中的优先级别与抢占能力指示之间的关系定义见表 4-1。

**表 4-1 eMLPP 优先级、指配请求中的优先级别与抢占指示之间的关系定义**

| eMLPP 优先级 | 指配请求中的优先级别 | 抢占能力指示(PCI) | 抢占易损性指示(PVI) |
|---|---|---|---|
| 0 | 3 | 1 | 0 |
| 1 | 5 | 1 | 1 |
| 2 | 7 | 1 | 1 |
| 3 | 9 | 1 | 1 |
| 4 | 11 | 0 | 1 |

抢占能力指示和抢占易损性指示定义如下：

①若 PCI 位为 1,则此指配请求可启动抢占程序；

②若 PCI 位为 0,则此指配请求不能启动抢占程序；

③若 PVI 位为 1,则此连接在抢占程序中可能被强制释放或强制切换；

④若 PVI 位为 0,则此连接在抢占程序中不能被强制释放或强制切换。

(2)BSC 向 BTS 发送 channel activation,与初始信道分配过程类似,BSC 确定需要激活的信道,并在 BTS 启动该信道,此消息携带激活原因、要使用信道的标识和信道的完整描述。不同的是,此时 BSC 需要分配的是 TCH 信道。

(3)BTS 准备好相应资源,上行方向开始接收信息,并向 BSC 发送 channel activation acknowledge 消息。

(4)BSC 通过 BTS 向 MS 发送 assignment command,其中携带信道描述(包括信道类型、时隙、ARFCN 等)和 MS 使用的功率等级等。

(5)MS 收到 assignment command 后,除此过程和异常情况所需的 RR 消息外,所有信令层消息的传输都将暂停。MS 调整到指配的 TCH 信道上,通过 FACCH 信道(实际利用的是 TCH 信道,使用偷帧方式将 TCH 转化为 FACCH)向 BSC 发送 SABM 消息,尝试在指配的 TCH 信道上接入。

(6)BTS 向 MS 返回 UA,确认 LAPDm 连接建立成功。

(7)BTS 向 BSC 发送 establishment indication。

(8)MS 在接入网络分配的 TCH 信道后,向 MSC 发送 assignment complete,原因值为 normal event,此后 MS 和网络之间允许恢复传送除 RR 管理之外的信令。

(9)BSC 向 BTS 发送 RF channel release,指示 BTS 释放以前占用的 SDCCH 信道资源。

(10)BTS 完成信道释放后向 BSC 发送 RF channel release acknowledge。

### 4.1.4 移动台主叫

MS 主叫包括 MS 拨打 MS、MS 拨打外部固定电话等,其详细流程如图 4-9 所示。

(1)初始信道分配流程参见 4.1.1 节。

(2)鉴权、加密、身份识别、TMSI 再分配流程参见 4.1.2 节。

(3)MS 向 MSC 发送 setup 信令,其中携带网络处理呼叫所需的所有信息,如被叫号码、

MS提供的承载能力(包括无线信道要求、信息传递能力、编码标准、信息传递速率、传递方式等)。

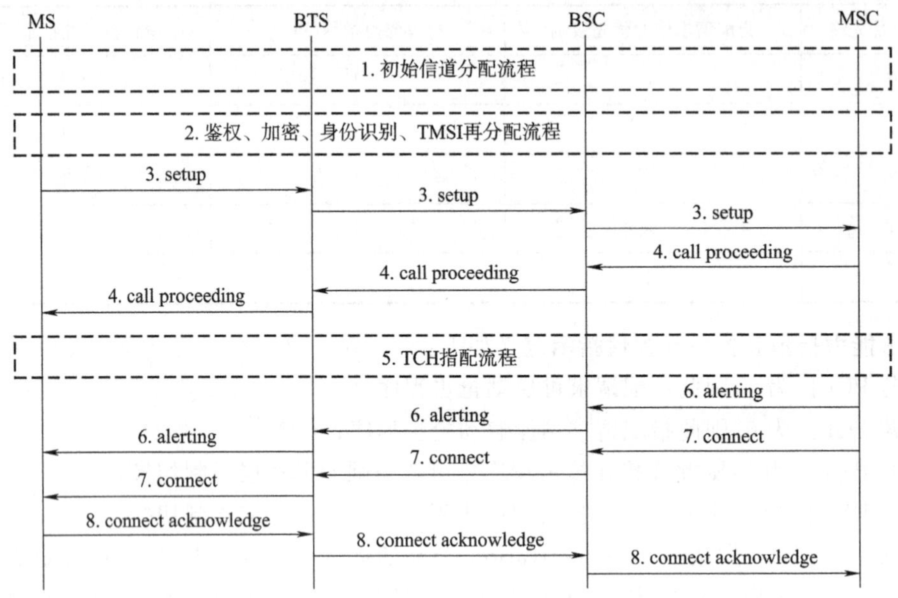


图4-9　MS主叫流程

(4)当网络收到实现呼叫建立所需的所有呼叫信息时，MSC向MS发送call proceeding，以指示正在处理呼叫且不需要再接收其他消息。如果网络支持eMLPP，call proceeding中应携带呼叫的优先级，支持eMLPP的MS应向更高的子层指示该优先级，并在呼叫期间存储该信息，以便采取进一步行动。

(5)TCH指配流程参见4.1.3节。

(6)MSC向MS发送alerting，MS可以听到回铃声。对于MS呼叫RBC等需要自动接听的呼叫，可以不发送alerting。

(7)若被叫用户摘机，MSC向MS发送connect，以指示被叫用户已接收呼叫。

(8)MS向MSC发送connect acknowledge对连接进行确认。

### 4.1.5　移动台被叫

MS在PCH信道监听网络发送的寻呼消息，若发现是对自己的呼叫，则响应此寻呼，其详细流程如图4-10所示。

(1)若被叫MS在MSC的服务区内，MSC向相应BSC发送paging，其中携带被叫MS的IMSI、寻呼小区列表等。

(2)BSC向BTS发送paging command来启动MS寻呼，其中携带被叫MS的IMSI或TMSI、所属寻呼子信道组的号码、所占用的时隙号以及可选的呼叫eMLPP优先级指示等。

(3)BTS在相应寻呼子信道上广播paging request来启动寻呼过程，其中携带被叫用户的IMSI或TMSI。

(4)MS对paging request进行解码，发现是对自己的呼叫，则发送channel request触发初始信道分配过程，参见4.1.1节。

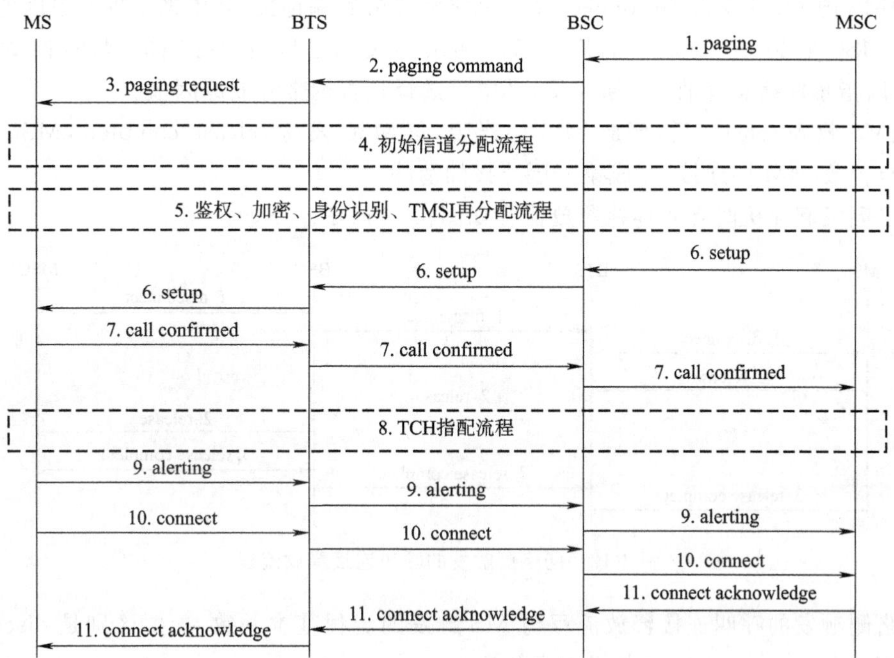


图 4-10　MS 被叫流程

(5)鉴权、加密、身份识别、TMSI 再分配流程参见 4.1.2 节。

(6)MSC 向 MS 发送 setup 信令,其中携带网络处理呼叫所需的所有信息,如主叫号码、MS 提供的承载能力。

(7) 当 MS 收到实现呼叫建立所需的所有呼叫信息时,向 MSC 发送 call confirmed。

(8)TCH 指配流程参见 4.1.3 节。

(9)MS 振铃并向 MSC 发送 alerting。

(10)若 MS 摘机,则 MS 向 MSC 发送 connect,以指示 MS 已接受呼叫。

(11)MSC 向 MS 发送 connect acknowledge 对连接进行确认。

### 4.1.6　呼叫连接释放

当通信的任一方挂机后,网络及 MS 需要清除通信连接,首先需要清除第三层 CC 子层的连接,MS 主动发起挂机时呼叫连接释放流程如图 4-11 所示。

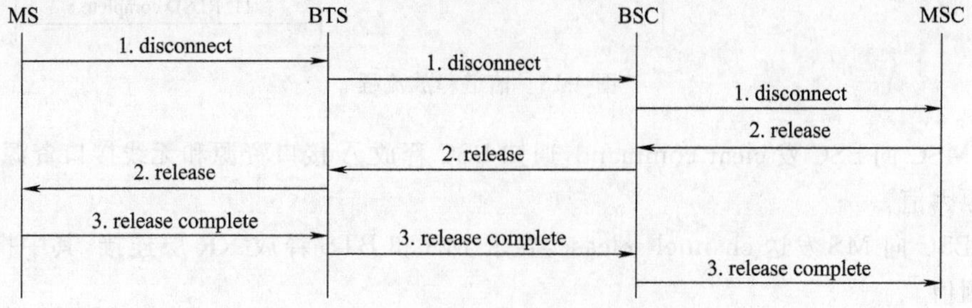


图 4-11　MS 触发的呼叫连接释放流程

(1)MS 向 MSC 发送 disconnect 请求网络清除端到端连接，其中携带拆线原因值。

(2)MSC 收到 disconnect 后启动清除网络连接和远程用户呼叫的程序，向 MS 发送 release，以指示网络将释放 CC 层连接，其中可选择是否携带释放原因值。

(3)MS 收到 release 后，释放 MM 层连接，向 MSC 发送 release complete，MSC 收到该消息后也释放 MM 层连接，完成第三层连接的清除。

网络侧发起挂机时呼叫连接释放流程如图 4-12 所示。

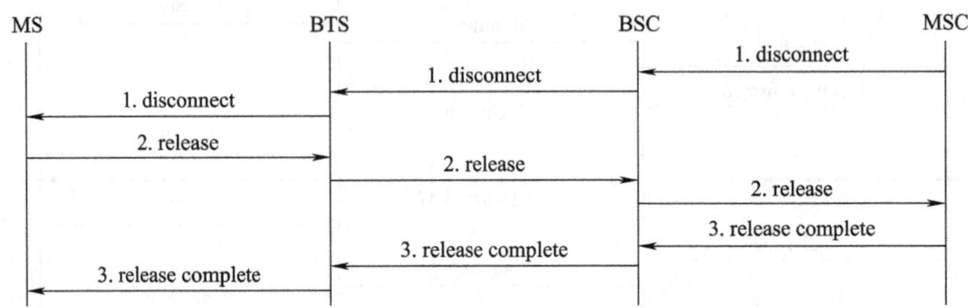


图 4-12　网络侧触发的呼叫连接释放流程

网络侧触发的呼叫连接释放流程与 MS 触发的流程基本一致，主要区别是 disconnect、release 及 release complete 的传送方向相反。

### 4.1.7　信道释放

当呼叫连接释放程序执行完毕后，需要清除第二层的连接，释放占用的信道资源，详细流程如图 4-13 所示。

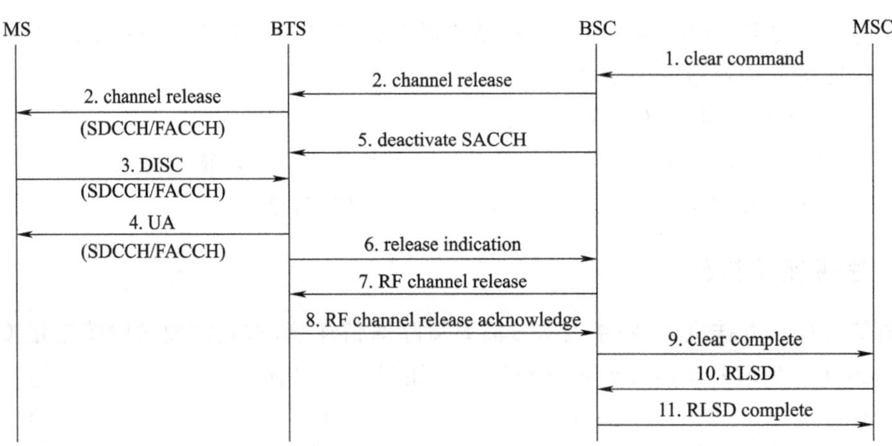


图 4-13　信道释放流程

(1)MSC 向 BSC 发 clear command，通知 BSC 释放 A 接口资源和无线接口资源，其中携带清除原因值。

(2)BSC 向 MS 发送 channel release，要求 MS 和 BTS 释放 RR 层连接，其中携带信道释放原因值。

(3)MS 向 BTS 发 DISC 帧，请求释放第二层连接。

(4)BTS 向 MS 发送 UA 帧，确认对 DISC 进行证实，MS 收到后认为 RR 连接已经释放，转为 CCCH 空闲模式。

(5)在发送 channel release 的同时，BSC 也向 BTS 发送 deactivate SACCH，指示 BTS 释放 SACCH。

(6)BTS 收到 DISC 后，向 BSC 发送 release indication，指示无线路径上的第二层已由 MS 主动释放。

(7)BSC 向 BTS 发 RF channel release，释放占用的 TCH 信道。

(8)BTS 释放相应无线资源后，向 BSC 发送 RF channel release acknowledge。

(9)BSC 向 MSC 发送 clear complete，指示无线链路已经清除完毕。

(10)MSC 向 BSC 发送 RLSD，释放 SCCP 连接。

(11)BSC 向 MSC 发送 RLSD complete，表示已释放 SCCP 连接。

## 4.2 位置更新

在 GSM-R 网络中，MS、VLR、HLR 需要保存 MS 的位置信息，且三者应保持一致，否则可能导致 MS 无法正常工作。例如，当 MS 作为被叫时，网络在 MS 所在的 LAI 内发起寻呼，如果网络保存的 LAI 与 MS 实际位置不一致，会导致呼叫失败。为此，MS 需要发起位置更新流程，可分为三类：

①正常位置更新：当 MS 执行小区重选后，若发现自己进入一个新的 LAI，会发起位置更新流程，在网络中登记自己的实际位置。

②周期性位置更新：MS 发起周期性位置更新，通知网络 MS 当前状态，避免当 MS 在进入盲区、意外断电等情况下与网络失去联系时，网络无法掌握 MS 的可用性。当一定时间内，MS 未发起位置更新操作，网络可以将其标识为隐含关机状态，避免占用网络资源。周期性位置更新的执行周期受定时器 T3212 控制，T3212 超时后启动位置更新流程。

③IMSI 附着：MS 开机时执行 IMSI 附着程序，向网络通知其激活状态。需要注意的是，MS 开机时未必一定触发 IMSI 附着流程，在网络覆盖区或 MS 由非覆盖区进入覆盖区，update status 标志为 UPDATED，且 MS 存储的 LAI 和当前 LAI 相同时，才会触发 IMSI 附着流程；其他情况下，MS 将触发正常位置更新流程。

正常位置更新、周期性位置更新和 IMSI 附着的流程基本一致，如图 4-14 所示。

图 4-14 位置更新流程

（1）初始信道分配流程参见 4.1.1 节，与语音呼叫的主要差异是：channel request 携带的接入网络原因为位置更新；$U_m$ 接口 SABM、UA，Abis 接口 establishment indication，A 接口 complete layer 3 information 中包含的“第三层业务请求消息”为 location updating request，其中携带位置更新类型（正常位置更新、周期性位置更新流程或 IMSI 附着）、当前的 LAI、MS 标识等。

（2）鉴权、加密、身份识别、TMSI 再分配流程参见 4.1.2 节。

（3）网络完成位置更新后，向移动台发送 location updating accept，其中携带 LAI，如果网络开启了 TMSI，还可以携带网络分配的 TMSI。

（4）信道释放流程参见 4.1.7 节。

# 4.3 IMSI 分离

如果 MS 停用或者 SIM 卡与 MS 分离，则 MS 可以执行 IMSI 分离程序。在 GSM-R 中，网络用在 BCCH 上广播的系统消息 3 中携带的附着/分离（attach-detach，ATT）标识来指示是否需要执行分离程序，详细流程如图 4-15 所示。

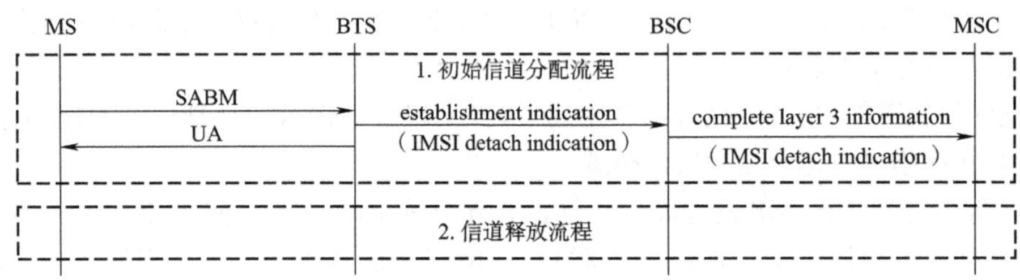


图 4-15　IMSI 分离流程

（1）如果 MS 与网络不存在 RR 连接，MS 内的 MM 子层将请求 RR 子层建立 RR 连接，其流程参见 4.1.1 节，其中“第三层业务请求消息”为 IMSI detach indication，其中携带 MS 标识等信息。

（2）当网络接收到 IMSI detach indication 时，将 IMSI 设置一个非活动指示，并在本地释放任何正在进行的 MM 连接，启动正常 RR 连接释放程序，参见 4.1.7 节。

# 4.4 切　　换

GSM-R 是一种蜂窝移动通信系统，每个基站覆盖一定范围，为了保证 MS 能够驻留在最优的小区，引入越区切换的概念。处于专用模式的 MS 在由一个小区向另外一个小区移动过程中，会触发越区切换流程。根据切换涉及范围的不同，可分为小区内部切换流程、BSC 内部小区间切换流程、MSC 内部 BSC 间切换流程以及 MSC 间切换流程。

## 4.4.1 小区内部切换

在小区内部切换场景下，MS 切换前后占用的 TCH 信道属于同一个小区，此切换可由 BSC 独立控制，详细流程如图 4-16 所示。

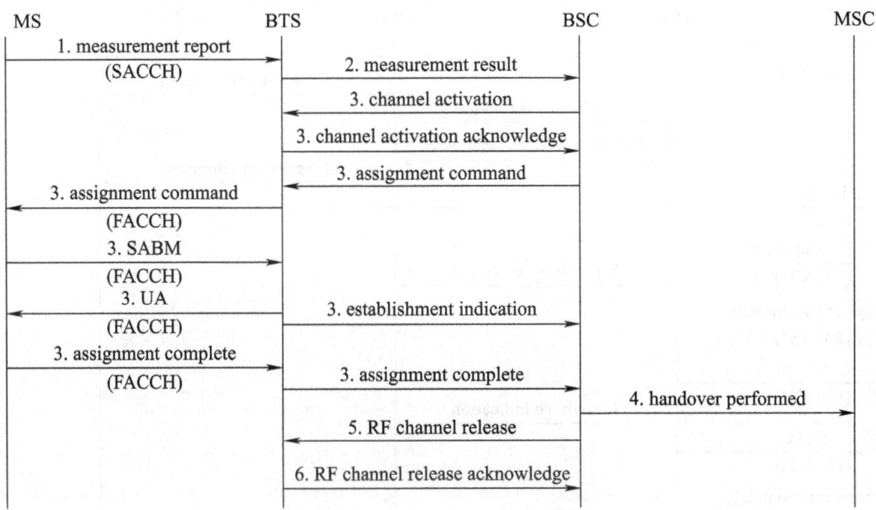


图 4-16 小区内部切换流程

(1)MS 向 BTS 发送 measurement report，其中包含了当前服务小区以及最多六个邻区的接收电平和接收质量。

(2)BTS 收到 measurement report 后，在其基础上增加当前服务小区上行方向的接收电平和接收质量，向 BSC 发送 measurement result。

(3)BSC 接收 BTS 发送的 measurement result 消息，若判决发现达到小区内部切换门限时，向 BTS 发送 channel activation，请求在小区内部为 MS 分配新的 TCH 资源，其流程与 4.1.3 节 TCH 指配流程相应步骤类似。

(4)当 BSC 收到来自 MS 的 assignment complete 后，向 MSC 发送 handover performed，通知 MSC 成功进行了一次越区切换，其中包含切换原因值、目标小区的 ID(小区内部切换为当前小区)以及可能的资源类型变化(如信道速率变化、语音版本变化、加密算法变化等)。

(5)BSC 向 BTS 发送 RF channel release，释放旧的 TCH 信道。

(6)BTS 释放相应无线资源后，向 BSC 发送 RF channel release acknowledge。

当 TCH 载频或时隙因受干扰等原因导致通话质量较差时，开启小区内部切换有可能改善通话质量，避免掉话。但 GSM-R 频率资源有限，可供选择的载频较少，开启小区内部切换能避开无线干扰的概率较小且会增加网络负荷，因此，GSM-R 通常不开启小区内部切换。

### 4.4.2 BSC 内部小区间切换

在 BSC 内部小区间切换场景下，MS 切入的目标小区是同一个 BSC 下的不同小区，此切换可由 BSC 独立控制，详细流程如图 4-17 所示。

(1)BSC 接收 measurement report，经过切换判决后判定是否需要向同一个 BSC 下的另外一个小区发起切换。

(2)若判定需要发起切换，BSC 向目标小区所属的 BTS2 发送 channel activation，确定需要激活的信道，并在 BTS2 启动该信道，此消息携带激活原因、要使用信道的标识、信道的完整描述及切换参考号等。

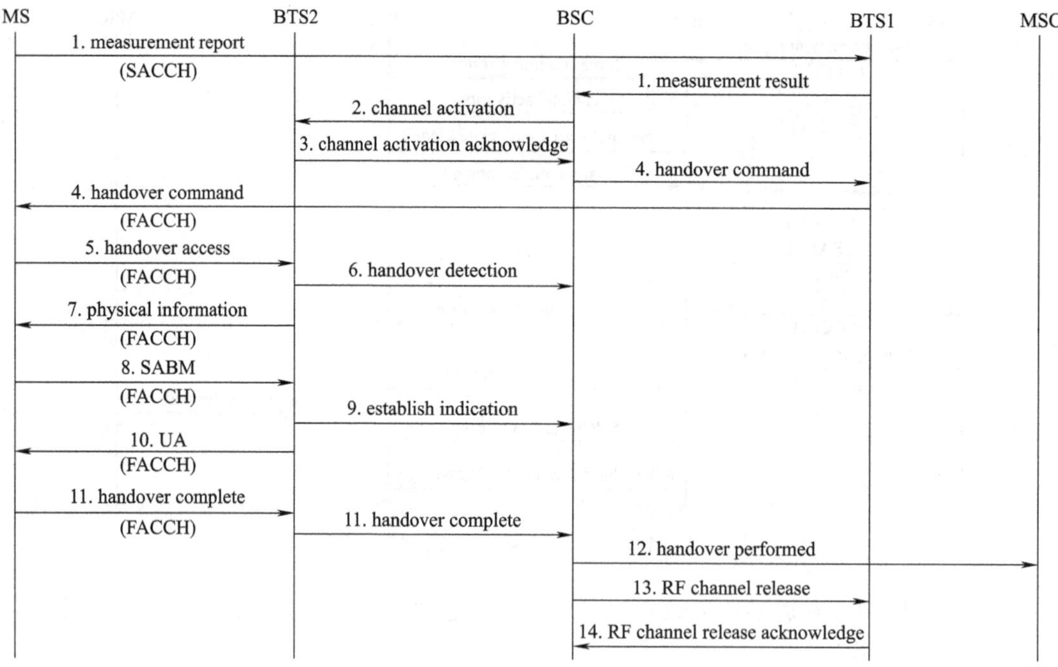


图 4-17　BSC 内部小区间切换流程

(3)BTS2 准备好相应资源，向 BSC 发送 channel activation acknowledge 消息。

(4)BSC 通过源小区所属的 BTS1 向 MS 发送 handover command，指示移动台接入目标小区。当在网络侧发送此消息，以及在 MS 侧接收此消息时，除此过程和异常情况所需的 RR 消息外，所有信令层消息的传输都将暂停，直到指示恢复为止。此信令需要携带目标小区的描述(包括 BSIC、BCCH ARFCN)、目标小区信道描述(包括信道类型、时隙、ARFCN 等)、切换参考号以及可选的同步指示等。

(5)MS 向 BTS2 发送 handover access，尝试接入 BTS2。handover access 在 AB 脉冲中发送，不遵循 $U_m$ 接口信令的通用结构，长度为 8 bit，取值为 handover command 中携带的切换参考号。

(6)BTS2 在切换激活信道上正确接收到来自 MS 的信息时，向 BSC 发送 handover detection，通知 BSC 已收到切换接入消息。

(7)对于异步切换(源小区和目标小区不同步，MS 和 BTS2 需要同时计算新的 TA 值，通常对应于 BTS1 和 BTS2 是不同基站的场景)，BTS2 发送 handover detect 的同时向 MS 发送 physical information，其中携带 BTS2 计算所得的新的 TA 值。对于同步切换(源小区和目标小区是同步的，MS 可以计算新的 TA，通常对应于源小区和目标小区是同一个基站不同小区的场景，即 BTS1 和 BTS2 是同一个基站)，BTS2 不会发送 physical information。

(8)MS 在 handover command 指示的新 TCH 上向 BTS2 发送 SABM。

(9)收到第一个 SABM 帧后，BTS2 向 BSC 发送 establish indication，通知 BSC 已在无线链路建立第二层连接。

(10)与此同时，BTS2 向 MS 发送 UA，确认第二层连接建立成功。

(11)MS 通过 BTS2 向 BSC 发送 handover complete，通知 BSC 已经切换至目标小区，

其中携带 RR 原因值。

(12)BSC 向 MSC 发送 handover performed,通知 MSC 成功进行了一次越区切换。

(13)BSC 向 BTS1 发送 RF channel release,释放旧的 TCH 信道。

(14)BTS1 释放相应无线资源后,向 BSC 发送 RF channel release acknowledge。

### 4.4.3 MSC 内部 BSC 间切换

在 MSC 内部 BSC 间切换场景下,MS 切入的目标小区是另外一个 BSC 下的小区,但切换前后的两个 BSC 同属一个 MSC,此切换需要两个 BSC 及 MSC 共同控制,详细流程如图 4-18 所示。

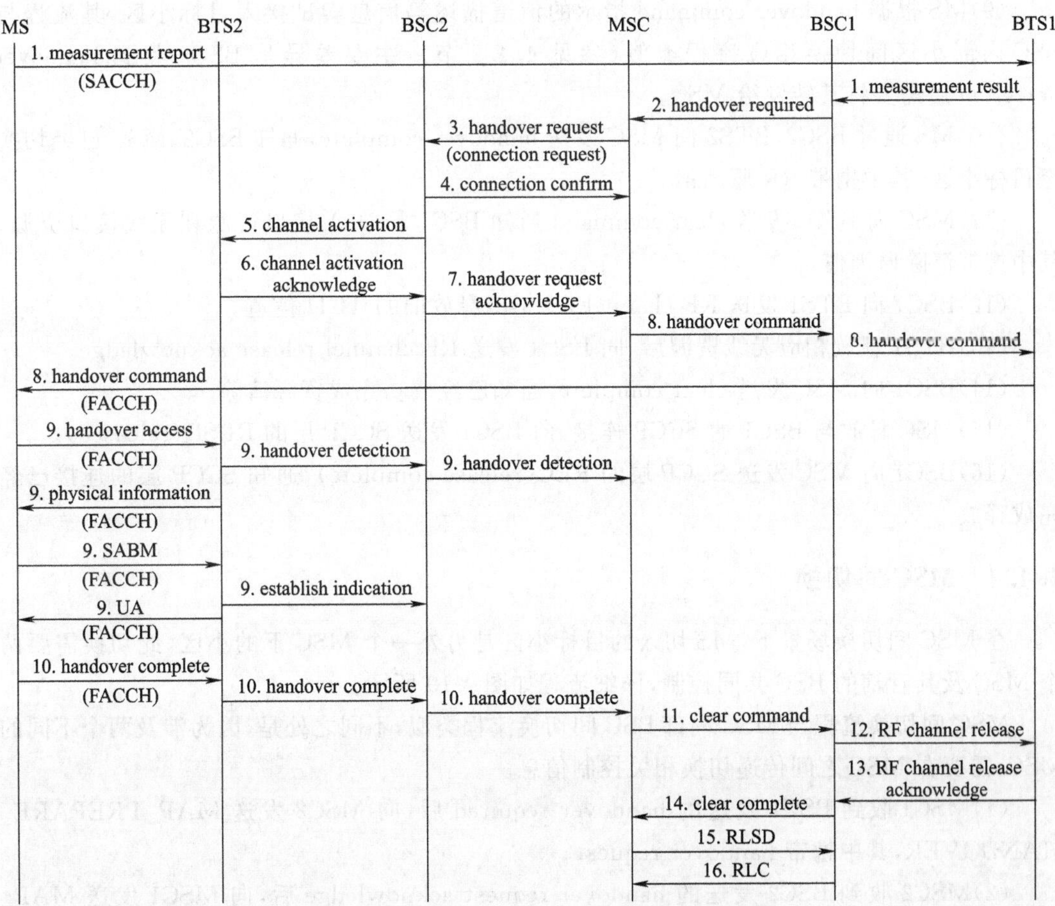


图 4-18 MSC 内部 BSC 间切换流程

(1)BSC1 接收 measurement report,经过切换判决后判定是否需要向另外一个 BSC2 下的小区发起切换。

(2)若判定需要发起切换,则 BSC1 向 MSC 发送 handover required,请求发起切出 BSC1 的切换,其中携带切换原因、目标小区 ID 等。

(3)MSC 向 BSC2 发送 handover request,其中携带源小区和目标小区 ID、加密信息等切换所需的无线资源信息。handover request 包含在 SCCP 层的 connection request 之中,

MSC使用此消息请求建立与BSC2之间的SCCP连接。

(4)BSC2向MSC发送SCCP层的connection confirms通知SCCP连接已经成功建立。

(5)BSC2向BTS2发送channel activation，确定需要激活的信道，并在BTS2启动该信道。

(6)BTS2准备好相应资源，向BSC2发送channel activation acknowledge消息。

(7)BSC2向MSC发送handover request acknowledge，表明BSC2侧切换相关资源准备完毕，结束切换资源分配过程，该信令携带将要发送给BSC1的handover command。

(8)MSC通过BSC1、BTS1向MS发送handover command，其中携带目标小区的描述、目标小区信道描述和切换参考号等。

(9)MS根据handover command指示的信道描述等信息尝试接入目标小区，其流程与BSC内部小区间切换相应流程类似(参见4.4.2节)，主要差异是BSC2收到handover detection后需要将其转发给MSC。

(10)MS通过BSC2、BTS2向MSC发送handover complete，通知BSC2、MSC已经切换至目标小区，其中携带RR原因值。

(11)MSC向BSC1发送clear command通知BSC1释放A接口资源和无线接口资源，其中携带清除原因值。

(12)BSC1向BTS1发送RF channel release，释放旧的TCH信道。

(13)BTS1释放相应无线资源后，向BSC1发送RF channel release acknowledge。

(14)BSC1向MSC发送clear complete，通知已经成功完成资源清除。

(15)MSC释放与BSC1的SCCP连接，向BSC1发送SCCP层的RLSD(released)。

(16)BSC1向MSC发送SCCP层的RLC(release complete)，通知SCCP层的连接已经完成释放。

### 4.4.4 MSC间切换

在MSC间切换场景下，MS切入的目标小区是另外一个MSC下的小区，此切换需要两个MSC及其管辖的BSC共同控制，详细流程如图4-19所示。

MSC间切换流程与MSC内部BSC间切换流程类似，不同之处是，因为涉及两个不同的MSC，需要在MSC之间传递切换相关控制信息。

(1)MSC1收到BSC1发送的handover required后，向MSC2发送MAP_PREPARE_HANDOVER，其中携带handover request。

(2)MSC2收到BSC2发送的handover request acknowledge后，向MSC1发送MAP_PREPARE_HANDOVER证实，其中携带切换号码及handover request acknowledge。

(3)MSC1收到MAP_PREPARE_HANDOVER证实后，向MSC2发送IAM(initial address message)，其中携带切换号码。

(4)MSC2收到IAM后，向MSC1发送ACM(address complete message)，MSC1收到此消息后便可发送handover command，通知MS接入目标小区。

(5)MSC1可选地接收MAP_PROCESS_ACCESS_SIGNALLING，其中包括需要发送给MSC1的MSC1与BSC2之间A接口的BSSAP信息。

(6)MSC2收到handover complete后，向MSC1发送MAP_SEND_END_SIGNAL，指

示切换已完成，MSC1 收到此信令后，向 BSC1 发送 clear command，通知 BSC1 释放 A 接口资源和无线接口资源。

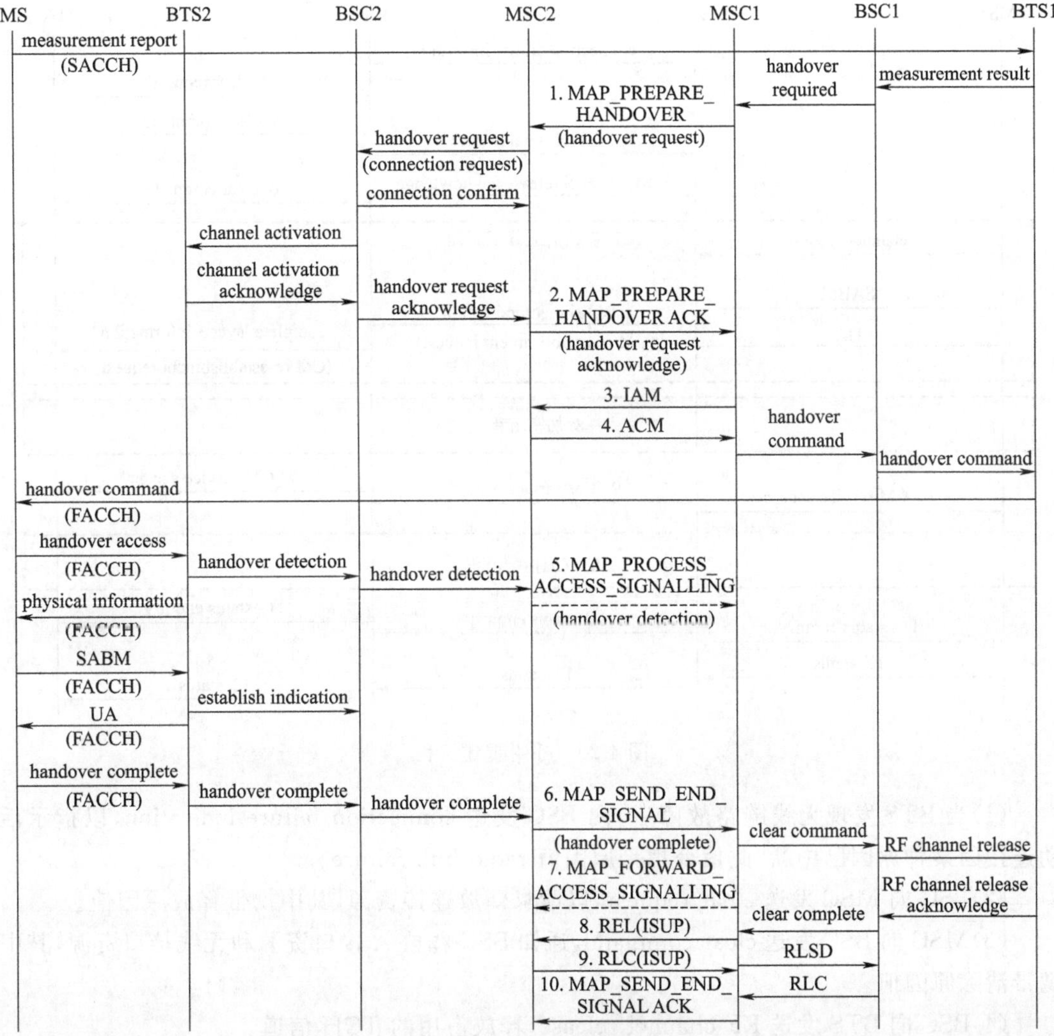

图 4-19 MSC 间切换流程

(7)如果需要，MSC1 请求调用 MAP_FORWARD_ACCESS_SIGNALLING，其中包括传到 MSC2 A 接口的消息(例如：呼叫控制信息)。

(8)MSC1 向 MSC2 发送 ISUP REL 消息，请求中断 MSC1 与 MSC2 之间的中继链路。

(9)MSC2 向 MSC1 发送 ISUP RLC，表示中继电路已释放。

(10)切换程序执行成功后，MSC1 向 MSC2 发送 MAP_SEND_END_SIGNAL ACK，证实已关闭 MAP 对话。

## 4.5 呼叫重建

呼叫重建允许 MS 在无线链路故障后恢复连接，呼叫重建可能在新小区中，也可能在新位置区中。是否尝试呼叫重建取决于呼叫控制状态，以及是否找到了允许呼叫重建的小区，详细流程如图 4-20 所示。

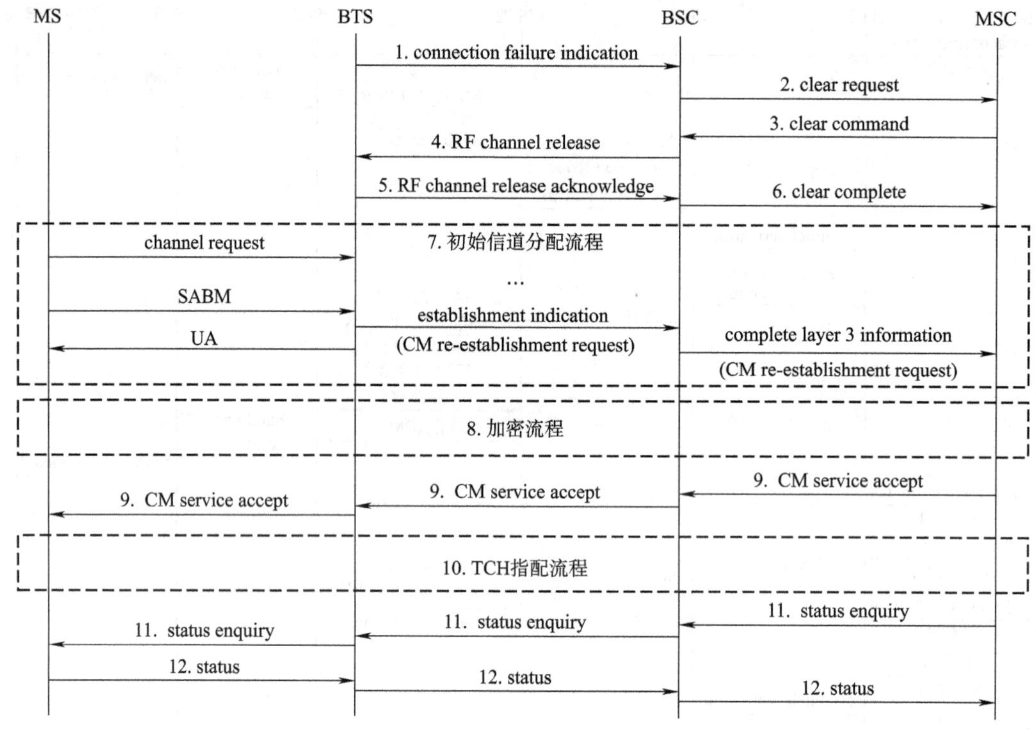


图 4-20　呼叫重建流程

(1)当 BTS 发现无线链路故障后，向 BSC 发送 connection failure indication，以指示活动连接因某种原因已中断，此信令携带原因值 radio link failure。

(2)BSC 向 MSC 发送 clear request，以请求释放连接资源，其中携带释放原因值。

(3)MSC 向 BSC 发送 clear command，通知 BSC 释放 A 接口资源和无线接口资源，其中携带清除原因值。

(4)BSC 向 BTS 发送 RF channel release，释放占用的 TCH 信道。

(5)BTS 释放相应无线资源后，向 BSC 发送 RF channel release acknowledge。

(6)BSC 向 MSC 发送 clear complete，指示无线链路已经清除完毕。

(7)若 MS 找到可以发起呼叫重建的小区，则向该小区的 BTS 发送 channel request，原因值为呼叫重建，申请建立 RR 连接，其流程参见 4.1.1 节，其中“第三层业务请求消息”为 CM re-establishment request，此信令携带 MS 标识、加密序列号等。

(8)MSC 向 MS 发送 cipher mode command，启动加密设置过程，详细流程参见 4.1.2 节。

(9)来自 RR 子层的安全模式设置过程已完成或收到 MSC 发送的 CM service accept，MS 的 MM 子层连接被激活。

(10)MSC 向 BSC 发送 assignment request，其中 TCH 指配流程参见 4.1.3 节。

(11)MSC 向 MS 发送 status enquiry 消息，启动状态查询过程。

(12)MS 向 MSC 回复 status，报告当前呼叫状态和原因值“response to status enquiry”。

## 4.6 直接重试

直接重试可以看作一种特殊的切换，在 TCH 指配阶段，如果服务小区内没有符合条件的 TCH 资源，MS 可以发起直接重试流程尝试切换到相邻小区，按涉及范围的不同，可分为 BSC 内部直接重试，MSC 内部 BSC 间直接重试以及 MSC 间直接重试。直接重试的流程与切换流程类似，下面以 BSC 内部直接重试为例，说明直接重试流程，如图 4-21 所示。

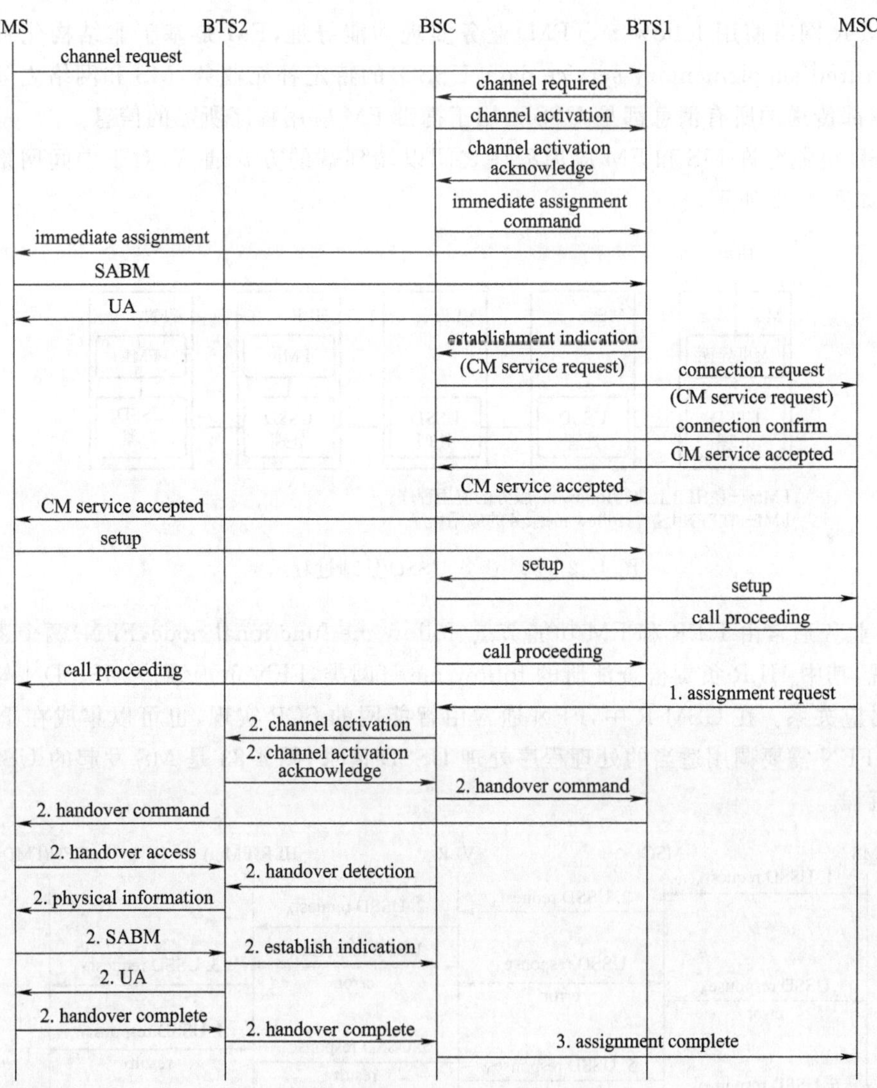


图 4-21 BSC 内部直接重试流程

(1)在进入 TCH 指配阶段后，MSC 向 BSC 发送 assignment request，其中携带所需资源的详细信息，请求分配 TCH 无线资源。此时，若当前小区(BTS1)没有满足条件的 TCH 信道，BSC 尝试发起切换，将 MS 切换至相邻的小区(BTS2)。

(2)切换流程与 4.4.2 节对应流程类似，网络通过切换为 MS 分配话音信道以及 A 接口电路等资源，主要区别是切换成功后 BSC 不会向 MSC 发送 handover performed。

(3)BSC 收到 MS 发送的 handover complete 后，向 MSC 发送 assignment complete，MS 在 BTS2 内继续进行呼叫流程。

## 4.7 功能寻址

### 4.7.1 USSD 处理流程

GSM-R 网络使用 follow me(FM)业务实现功能寻址，FM 是基于非结构化补充数据(unstructured supplementary service data，USSD)的特定补充业务，MS 和网络之间以及移动网络内部传递的所有消息都是 USSD，用于携带 FM 应用程序所需的信息。

USSD 机制允许 MS 和 FM 应用程序之间以端到端的方式通信，对于中间网络实体是透明的，如图 4-22 所示。

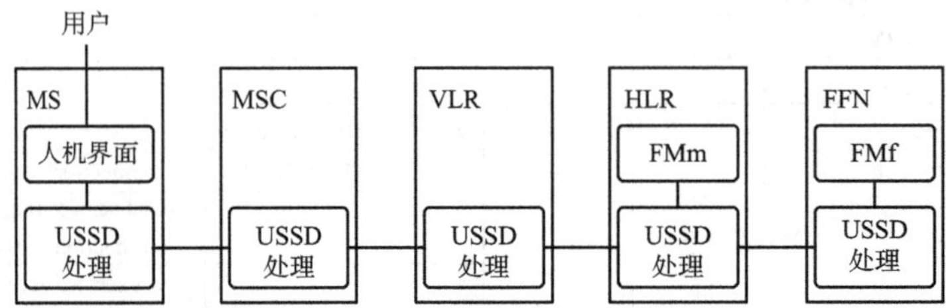


图 4-22 FM 业务 USSD 处理过程示意

FM 业务通常由 HLR 和 FM 功能节点(follow me functional node，FFN)两个逻辑设备共同实现，其中 HLR 负责检查注册的 follow me 订阅类，FFN 负责维护 MSISDN 与功能号之间的对应关系。在 GSM-R 中，FFN 通常由智能网的 SCP 实现，也可以集成在 HLR 中。HLR 和 FFN 需要调用适当的处理程序处理 USSD 请求，图 4-23 是 MS 发起的 USSD 请求的处理流程。

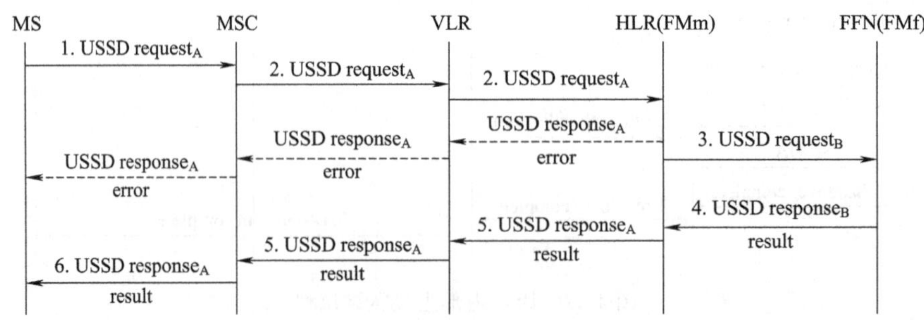


图 4-23 MS 发起的 USSD 请求的处理流程

注：MSC 和 VLR 以透明的方式传递消息。

(1)用户发起功能号注册等请求时,MS 构造 USSD $request_A$ 字符串并发送给 MSC,其中包含过程类型标识(注册、注销、查询)、FM 业务代码(SC)和功能号等。

(2)MSC 将 USSD $request_A$ 转发给 HLR。

(3)HLR 根据 USSD $request_A$ 和存储在 HLR 中的用户 profile 构造 USSD $request_B$,发送给 FFN。

(4)FFN 根据 USSD 请求指示的内容完成相应操作,构造 USSD $response_B$ 发送给 HLR,其中包含结果代码,对于 FM 查询,可能还包含 MSISDN 号码。

(5)HLR 根据 USSD $response_B$ 生成 USSD $response_A$,发送给 MSC。

(6)MSC 将 USSD $response_A$ 发送给 MS。

当用户的功能号被强制注销时,FFN 生成 USSD 通知,并发送给被强制注销的 FM 终端,图 4-24 是功能号强制注销的处理流程。

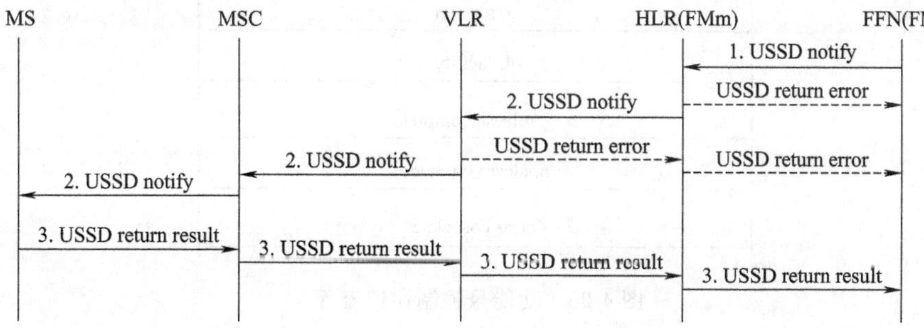


图 4-24 功能号强制注销处理流程

(1)当网络管理人员或其他移动用户强制解除某个用户注册的功能号时,FFN 解除 MSISDN 与该功能号的对应关系,生成 USSD notify 发送给 HLR。

(2)HLR 将 USSD notify 发送给 MS。

(3)MS 返回空响应消息,并更新 SIM 卡上的功能号码表。

## 4.7.2 功能号注册、注销、查询流程

MS 发起功能号注册、注销、查询时需要发送 USSD 请求并接收 USSD 响应,相应 USSD 字符串通过 $U_m$ 接口第三层消息承载,详细流程如图 4-25 所示。

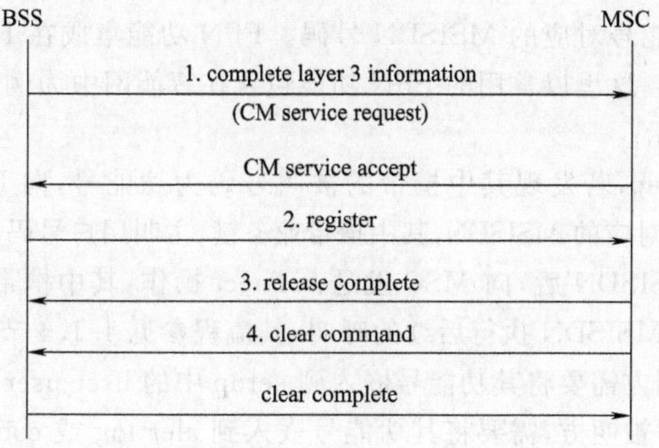


图 4-25 功能号注册、注销、查询流程

(1)初始信道建立流程参见 4.1.1 节，其中“第三层业务请求消息”为 CM service request，类型为补充业务激活。

(2)MS 向 MSC 发送 register，其中携带 USSD request。

(3)MSC 向 MS 发送 release complete，其中携带 USSD response。

(4)MSC 向 BSC 发送 clear command，通知 BSC 释放 A 接口资源和无线接口资源，参见 4.1.7 节。

功能号强制注销详细流程如图 4-26 所示。

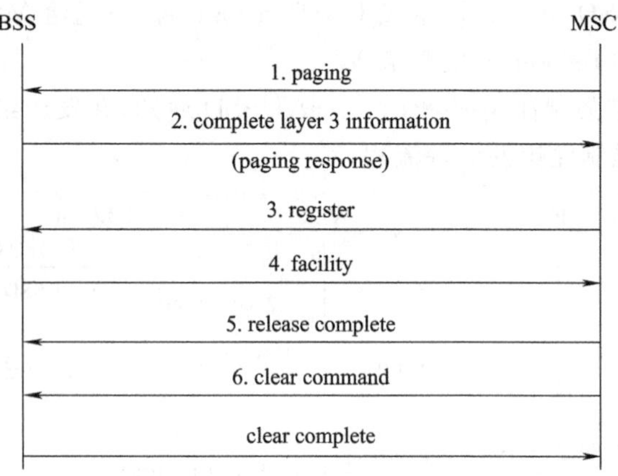


图 4-26　功能号强制注销流程

(1)MSC 发送 paging，发起寻呼过程，BSC 向 BTS 发送 paging command 来启动 MS 寻呼。

(2)MS 响应寻呼，启动初始信道分配过程，参见 4.1.1 节，其中“第三层业务请求消息”为 paging response。

(3)MSC 向 MS 发送 register，其中携带 USSD notify。

(4)MS 向 MSC 发送 facility，其中携带 MS 对 USSD 操作的响应消息。

(5)MSC 向 MS 发送 release complete，释放用于补充业务的事务。

(6)MSC 向 BSC 发送 clear command，通知 BSC 释放 A 接口和无线接口资源，参见 4.1.7 节。

### 4.7.3　语音呼叫功能寻址

在 $U_m$/Abis/A 接口语音呼叫功能号码的流程与基本呼叫处理流程基本一致，不同的是，MSC 需要查询功能号对应的 MSISDN 号码。FFN 功能集成在 HLR 内部或智能网中，其信令流程略有差异。这里以常用的 FFN 功能包含在智能网中为例，介绍语音呼叫功能寻址流程，如图 4-27 所示。

(1)MSC 收到 setup，若发现其中携带的被叫号码为功能号，向 FFN 发送 CAP 操作的 initial DP，查找功能号对应的 MSISDN，其中携带业务键、主叫用户号码、被叫用户功能号等。

(2)FFN 找到 MSISDN 后，向 MSC 发送 connect 操作，其中携带将要接续到的被叫号码，MSC 根据收到的 MSISDN 执行后续的呼叫，其流程参见 4.1.4 节和 4.1.5 节。

发起呼叫时，主叫方需要将其功能号嵌入到 setup 中的 user-user 字段，网络将其透明地发送给被叫方；而对于被叫方，需要将其功能号嵌入到 alerting 或 connect(被叫方若启动自动应答机制，则不发送 alerting)中的 user-user 字段，网络将其透明地发送给主叫方。

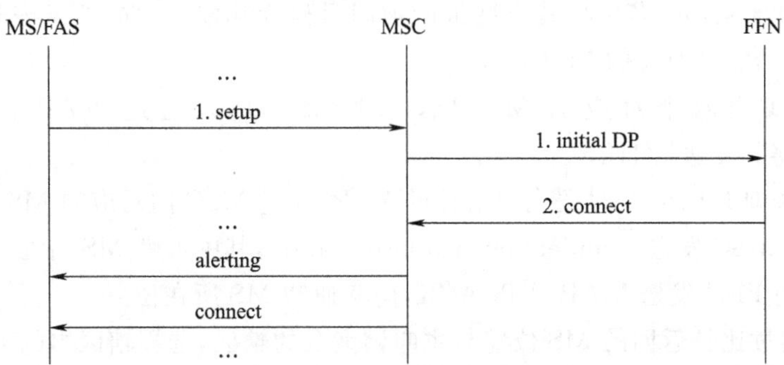


图 4-27 语音呼叫功能寻址

### 4.7.4 基于位置的呼叫限制

在铁路运营中，有些列车的运行时间会超过 24 h，这就有可能导致 GSM-R 网络中有两个相同的车次功能号，即一个功能号对应多个 MSISDN。此时，有线终端用户发起功能号呼叫会出现呼叫失败的情况。为了解决这一问题，GSM-R 使用了基于主叫用户位置的呼叫限制。

图 4-28 所示为一个基于位置的呼叫限制流程示例，MSISDN1 和 MSISDN2 对应同一个车次功能号，其中 MSISDN1 在主叫调度台的辖区而 MSISDN2 不在主叫调度台的辖区。调度台发起该车次功能号呼叫时，能够成功接通 MSISDN1。

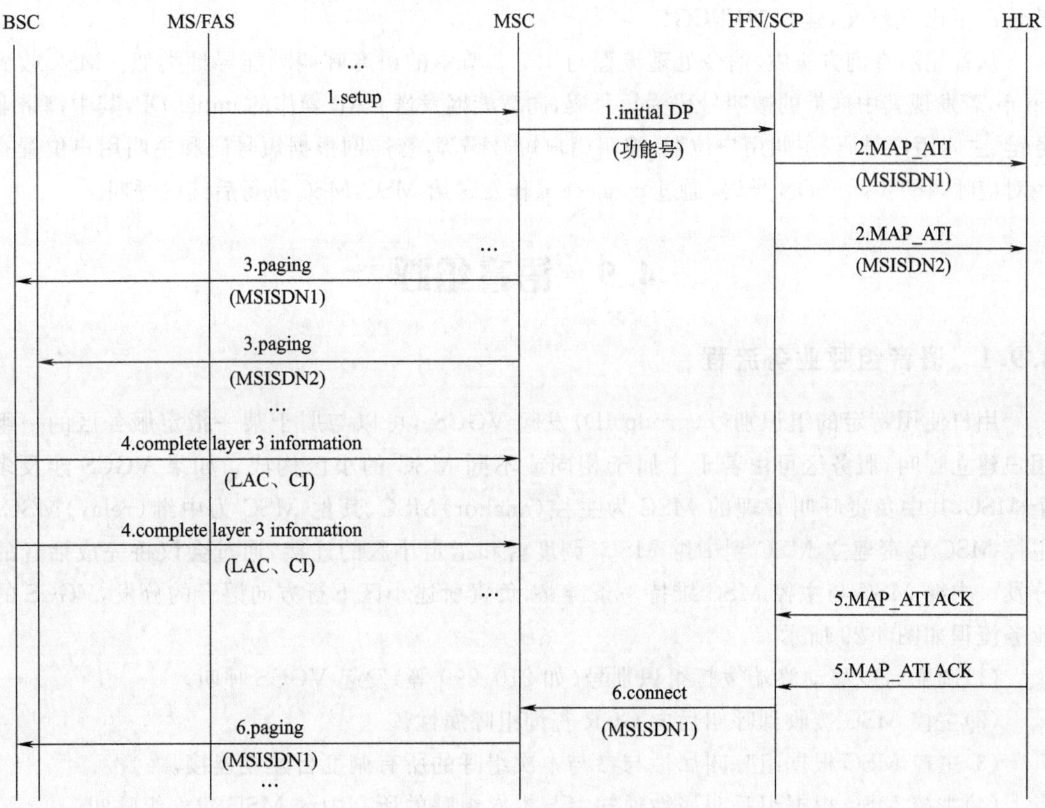


图 4-28 基于位置的呼叫限制

(1)MSC 收到 setup,若发现其中携带的被叫号码为功能号,向 FFN 发送 CAP 操作的 initial DP,查找功能号对应的 MSISDN。

(2) FFN 找到两个对应的 MSISDN1 和 MSISDN2,通过 MAP _ ATI(any time interrogation)将其发送给 HLR。

(3)HLR 查询 MSISDN 号码当前所在的 VLR,通过 MSC 向对应的 MS 发起寻呼。

(4)BSC 向 MSC 发送 complete layer 3 information,其中携带 MS 所在位置信息。

(5)HLR 向 FFN 发送 MAP_ATI ACK,向其通知 MS 所在位置。

(6)FFN 通过比较返回的 MS 位置与主叫调度台的辖区,选择辖区内的 MS 再次发起寻呼,后续流程参见 4.1.5 节。

## 4.8 基于位置的寻址

基于位置的寻址根据被叫短号码和主叫 MS 所在小区 ID 确定实际的被叫调度台或车站值班台,其实现方法分为特定小区路由和从智能网查询两种。

特定小区路由方法由 MSC 根据短号码和主叫用户小区 ID 寻找正确的路由,其流程与基本呼叫流程一致,主要区别如下:

(1)setup 中携带的被叫号码为短号码,如 1200。

(2)A 接口 complete layer 3 information 中必须携带小区 ID,为了避免在不同网络配置的情况下出现歧义,建议使用 CGI。

从智能网查询方法中,信令处理流程与 4.7.3 节中的语音呼叫功能寻址类似。MSC 收到 setup,若发现其中携带的被叫号码为短号码,向智能网发送 CAP 操作的 initial DP,其中携带业务键、主叫用户号码、主叫用户位置、被叫用户短号码等,智能网根据短号码和主叫用户位置查找对应呼叫的实际 ISDN 号码,通过 connect 操作发送给 MSC,MSC 执行后续的呼叫。

## 4.9 语音组呼

### 4.9.1 语音组呼业务流程

用户使用特定的组识别号(group ID)发起 VGCS ,可以与属于某一指定服务区的一组用户建立呼叫,服务区可由若干个属于相同或不同 MSC 的小区构成。如果 VGCS 涉及多个 MSC,其中负责呼叫管理的 MSC 为主控(anchor)MSC,其他 MSC 为中继(relay)MSC。主控 MSC 负责建立 MSC 到中继 MSC、调度台和指定小区的连接,通过会议桥完成话音的分发。中继 MSC 与主控 MSC 维持一条链路,负责所述小区下行方向语音的分发,VGCS 的业务流程如图 4-29 所示。

(1)调度台或移动终端拨打组识别号(如 210、299 等)发起 VGCS 呼叫。

(2)主控 MSC 接收到呼叫后向 GCR 查询组呼属性。

(3)主控 MSC 根据组呼叫属性与参与本次组呼的所有调度台建立连接。

(4)主控 MSC 根据组呼叫属性通知参与本次组呼的所有中继 MSC 建立组呼叫。

(5)主控 MSC 与中继 MSC 通知组呼叫区域中的所有小区建立组呼通道。

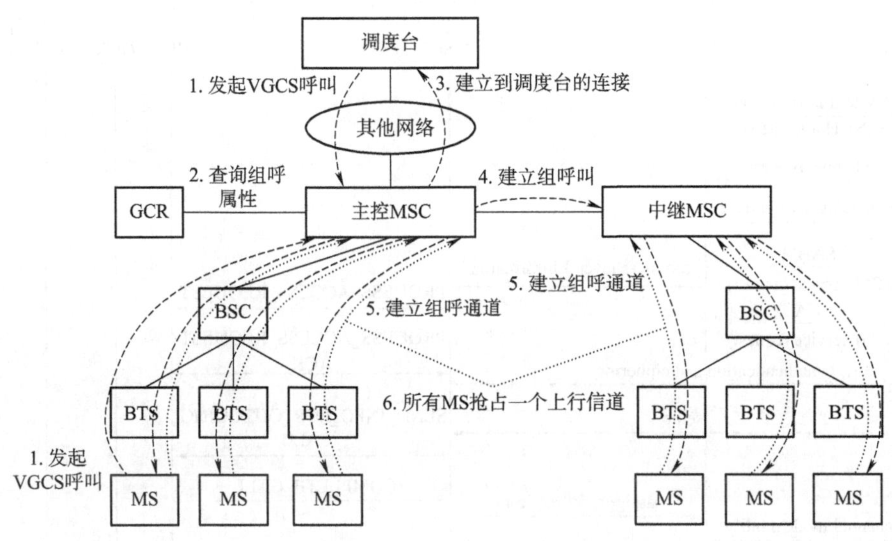


图 4-29 VGCS 的业务流程

(6)组呼建立成功,所有调度员随时可以讲话,其他用户抢占一个上行通道获取发言的权限。

每个 VGCS 涉及的小区均需建立一个组呼通道,当前讲话用户处于组发射模式,在上行方向发送语音数据,所有收听用户处于组接收模式,守候在下行方向。在 GSM-R 中还定义了 NCH(notification channel),配置为 BCCH 的一部分,用于广播 VGCS/VBS 相关的通知消息。

为了支持 VGCS 业务,GSM-R 设置了组呼寄存器(group call register,GCR)用于保存组识别号、组呼区域、组呼参考、调度员列表、eMLPP 优先级和呼叫确认标志等关键信息,GCR 一般设置在 MSC 内部。

## 4.9.2 主控 MSC 的组呼流程

GSM 03.68 标准对 VGCS 业务的信令流程做了详细规定,在主控 MSC 区域的业务用户建立语音组呼所需的信令流程如图 4-30 所示。

(1)system information (NCH allocated):用于指示小区内 CCCH 上是否分配了 NCH。

(2)channel request:GSM 标准消息,在 RACH 信道上发送信道接入申请。

(3)immediate assignment:GSM 标准消息,为 MS 指配专用信道。

(4)SABM(CM service request):在分配的信道上发送的当前呼叫请求消息 L3-MM CM service request (voice group call)的修改形式,其中指示了语音组呼电信业务。

(5)UA(CM service request):此消息用于确认第二层链路并提供服务请求的竞争解决方案。

(6)complete layer 3 information:向 MSC 提供语音组呼相关的初始信息。此处没有包含鉴权加密流程,相关内容参见 4.1.2 节。

(7)PROCESS_ACCESS_REQUEST:向 VLR 发送此消息,以根据订阅数据检查请求的 VGCS 服务。

(8)PROCESS_ACCESS_REQUEST ACK:对请求服务的确认。

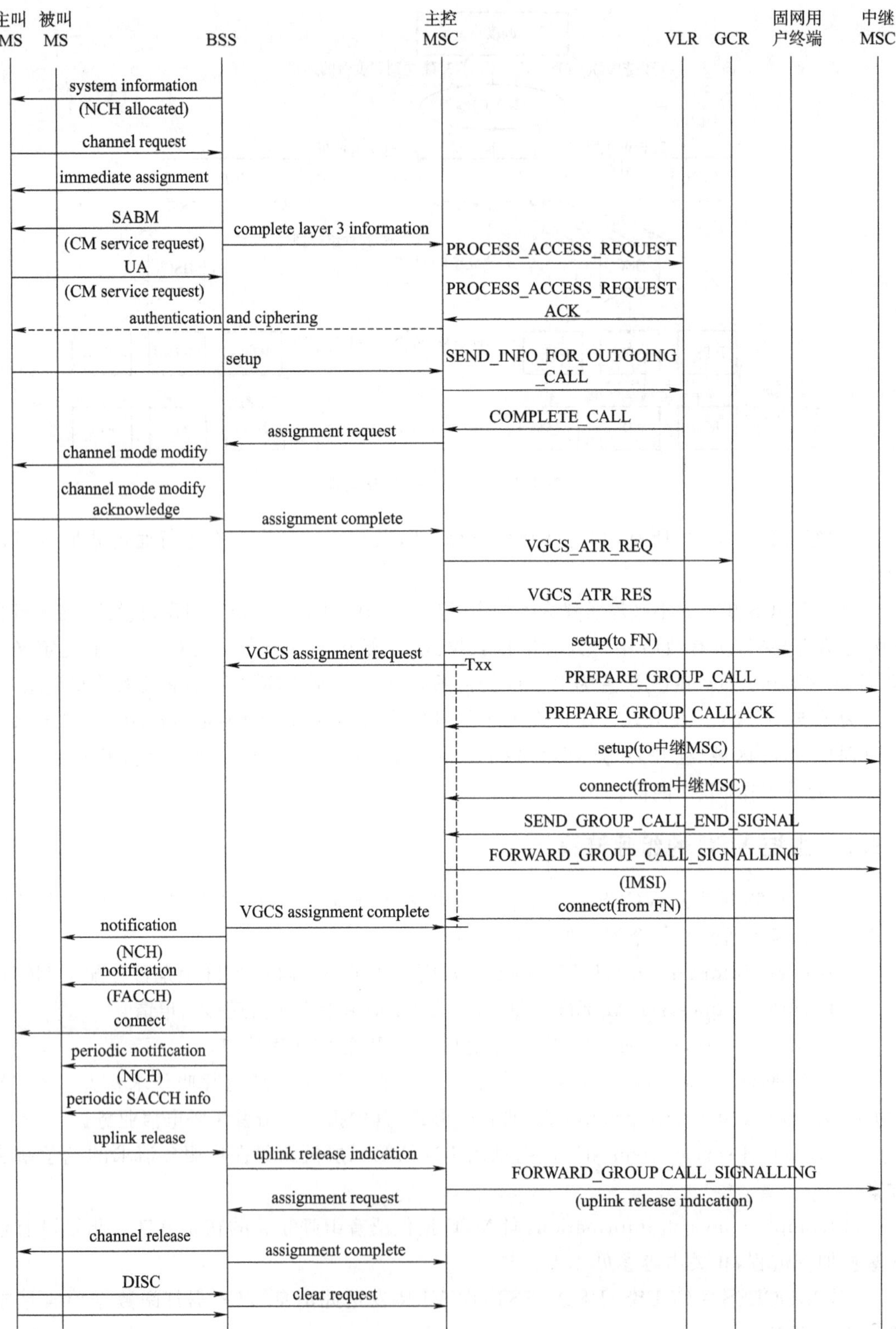


图 4-30　主控 MSC 区域内语音组呼建立信令流程

(9)authentication and ciphering:可以执行鉴权和加密,也可以通过发送 CM SERVICE ACCEPT 确认服务请求。

(10)setup:向 MSC 提供语音组呼的详细信息。也可以发送包含组呼详细信息的 immediate setup,此时无需发送 setup。

(11)SEND_INFO_FOR_OUTGOING_CALL:向 VLR 传送请求的组 ID。

(12)COMPLETE_CALL:VLR 返回此消息,确认使用了请求的组 ID。

(13)assignment request:GSM-R 标准消息,用于请求 BSS 分配无线资源。

(14)channel mode modify:在极早指配的情况下,修改所指示信道模式的 GSM 标准消息。

(15)channel mode modify acknowledge:确认信道模式修改请求的 GSM 标准消息。

(16)assignment complete:GSM 标准消息,用于指示移动台已成功建立主信令链路。指配过程也可以采用早指配或晚指配,相应信令流程略有差异,参见 4.1.1 节相关描述。

(17)VGCS_ATR_REQ:向 GCR 请求组呼属性。

(18)VGCS_ATR_RES:由 GCR 返回的所请求的组呼属性。

(19)setup(to FN):如果此 VGCS 包含了外部固定网络用户的信息,MSC 应根据这些用户与 MSC 的连接方式,向这些用户发起正常的呼叫,并将其连接到会议桥。如果调度员包含了 GSM-R 用户,则向这些 GSM-R 用户发起正常呼叫(图 4-30 中未包含此部分信令,相关流程可参考 4.1.5 节)。

(20)VGCS assignment request:由 MSC 发送到所有相关的 BSC,请求 BSS 分配小区中的无线电资源以支持 VGCS 呼叫(小区内每个请求信道发送一条专用消息),携带组呼参考、信道类型以及可选的呼叫优先级和加密算法等。VGCS assignment reguest 作为一种运营商选项,可以预先建立并永久保留语音组呼信道链路和至调度员的链路,以加快紧急语音组呼的呼叫建立。

(21)PREPARE_GROUP_CALL:使用此信令将组呼属性发送给每个中继 MSC,并请求一个用于呼叫建立的组呼号码。

(22)PREPARE_GROUP_CALL ACK:向主控 MSC 返回用于呼叫建立的组呼号码。

(23)setup(to 中继 MSC):与中继 MSC 建立 ISUP 连接,此过程使用的是 ISUP 初始化地址消息(initial address message,IAM)。

(24)connect(from 中继 MSC):确认到中继 MSC 的连接已建立,此过程使用的是 ISUP ANM(answer message)。

(25)SEND_GROUP_CALL_END_SIGNAL:中继 MSC 向主控 MSC 指示 VGCS 信道已经在中继 MSC 区域内建立,可以开始会话。

(26)FORWARD_GROUP_CALL_SIGNALLING (IMSI):向每个中继 MSC 发送建立语音组呼且允许终止呼叫的业务用户的 IMSI。

(27)connect(from FN):确认到外部固定网络的连接已建立。

(28)VGCS assignment complete:来自相关 BSC 指配请求的确认消息,如果分配不成功,则应发送 VGCS assignment failure 消息。

(29)notification(NCH):该消息由网络在 NCH 上发送,以通知 MS 当前小区中的 VGCS 呼叫,其中携带组呼参考、呼叫的优先级(如果使用了 eMLPP),以及 MS 应侦听的语音组呼信道的信道描述以及用于加密的组密钥编号。

(30)notification(FACCH):通过 FACCH 向当前参与其他呼叫的 MS(如处于专用模式、正在进行 VBS 或其他 VGCS 通话的 MS)发送通知消息,其中携带组呼参考和优先级,还可包括信道描述和组密钥编号。

(31)connect:通知主叫 MS 以相应组呼参考作为连接号码的 VGCS 已建立。

(32)periodic notification(NCH):在 NCH 上周期性发送 notification,以便移动到该区域的 MS 加入语音组呼。

(33) periodic SACCH info:在 SACCH 上周期性发送的消息,此消息可以包含 notification 消息改变、小区重选相关的信息。在 SACCH 上广播的系统消息包括 system information type 5、5bis、5ter、6、10。

(34)uplink release:当主叫用户第一次成为侦听用户时,需要从 MS 向 BSS 发送此消息,指示上行链路释放以便将上行链路设置为空闲。呼叫建立期间,从主叫用户第一次成为讲话用户到网络决定将其加入语音组呼信道前,主叫用户具有专用连接,主叫用户加入语音组呼信道后,专用连接被释放。

(35)uplink release indication:BSS 通知 MSC 语音组呼的上行链路已被释放。

(36)FORWARD_GROUP_CALL_SIGNALLING (uplink release indication):向每一个中继 MSC 发送此信令,指示上行链路空闲。

(37)assignment request:MSC 请求 BSC 为主叫移动用户分配组呼信道,其中应携带组呼参考。

(38)channel release:BSS 向主叫业务用户的 MS 发送此消息,其中携带 MS 应调整到的语音组呼信道的信道描述。

(39)assignment complete 和 clear request:当 MS 调整到组呼信道后,BSS 依次发送这两条消息。如果 MS 没有向网络发送 uplink release 消息,网络可以通过信道模式修改过程、分配过程或切换过程将 MS 转移到语音组呼信道。

(40)DISC:MS 需向网络发送两条第二层的 DISC 消息。

(41)Txx:主控 MSC 内实现的定时器,从收到 VGCS setup 消息开始计时,至发出寻呼消息后停止计时。如果在 Txx 超时之前,MSC 收到来自 BSC 的所有预期的 channel activation acknowledge、来自外部网络的 connect 消息以及来自中继 MSC 的 SEND_GROUP_CALL_END_SIGNAL,MSC 应建立到所有可用组呼区域的 VGCS。

### 4.9.3 中继 MSC 的组呼流程

在中继 MSC 区域的业务用户建立语音组呼所需的信令流程如图 4-31 所示。

(1)～(16)与主控 MSC 的组呼流程相应步骤一致,参见 4.9.2 节。

(17)VGCS_ATR_REQ:从 GCR 请求组呼属性。

(18)VGCS_ATR_RES:由 GCR 返回的所请求的组呼属性(主控 MSC 地址)。

(19)setup(to 主控 MSC):根据从 GCR 收到的信息,中继 MSC 为主叫业务用户与主控 MSC 建立专用连接。

(20)PREPARE_GROUP_CALL:携带从主控 MSC 收到的组呼属性。

(21)VGCS_ATR_REQ:向 GCR 请求组呼属性。

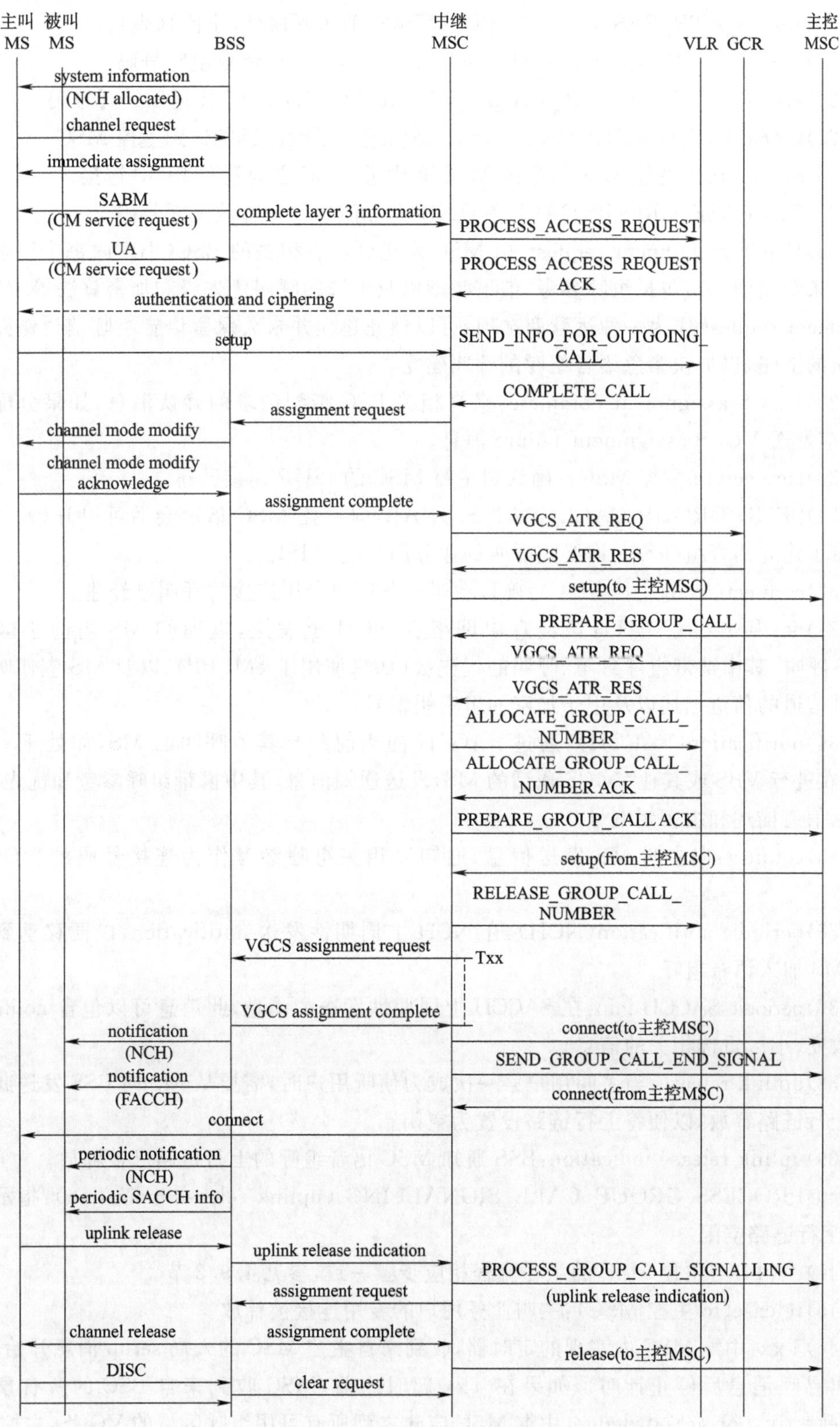


图 4-31　中继 MSC 区域内语音组呼建立信令流程

(22)VGCS_ATR_RES:由 GCR 返回的所请求的组呼属性(小区列表)。

(23)ALLOCATE_GROUP_CALL_NUMBER:向 VLR 请求组呼号码。

(24)ALLOCATE_GROUP_ CALL_NUMBER ACK:由 VLR 返回组呼号码。

(25)PREPARE_GROUP_CALL ACK:确认组呼号码已经发送到主控 MSC。

(26)setup(from 主控 MSC):主控 MSC 和中继 MSC 之间建立 ISUP 连接。

(27)RELEASE_GROUP_CALL_NUMBER:请求 VLR 释放组呼号码。

(28)VGCS assignment request:由 MSC 发送到所有相关的 BSC(小区内每个请求信道发送一条专用消息),包括组呼参考、信道类型以及可选的呼叫优先级和加密算法等。VGCS assignment request 作为一种运营商选项,可以预先建立并永久保留语音组呼信道链路和至调度员的链路,以加快紧急语音组呼的呼叫建立。

(29)VGCS assignment complete:来自相关 BSC 指配请求的确认消息,如果分配不成功,则应发送 VGCS assignment failure 消息。

(30)connect(to 主控 MSC):确认到主控 MSC 的 ISUP 连接已建立。

(31)SEND_GROUP_CALL_END_SIGNAL:向主控 MSC 指示会话可以开始。此外,还携带了建立语音组呼和允许终止呼叫的业务用户的 IMSI。

(32)connect(from 主控 MSC):确认主叫业务用户专用连接的呼叫已经建立。

(33)notification(NCH):该消息由网络在 NCH 上发送,以通知 MS 当前小区中的 VGCS 呼叫,其中携带组呼参考、呼叫的优先级(如果使用了 eMLPP),以及 MS 应侦听的语音组呼信道的信道描述以及用于加密的组密钥编号。

(34)notification(FACCH):通过 FACCH 向当前参与其他呼叫的 MS(如处于专用模式、正在进行 VBS 或其他 VGCS 通话的 MS)发送通知消息,其中携带组呼参考和优先级,还可包括信道描述和组密钥编号。

(35)connect:向主叫 MS 发送信息,通知以相关组呼参考作为连接号码的 VGCS 已建立。

(36)periodic notification(NCH):在 NCH 上周期性发送 notification,以便移动到该区域的 MS 加入语音组呼。

(37)periodic SACCH info:在 SACCH 上周期性发送的消息,此消息可以包含 notification 消息改变、小区重选相关的信息。

(38)uplink release:当主叫用户第一次成为侦听用户时,需要从 MS 向 BSS 发送此消息指示上行链路释放,以便将上行链路设置为空闲。

(39)uplink release indication:BSS 通知 MSC 语音组呼的上行链路已被释放。

(40)PROCESS_GROUP_CALL_SIGNALLING (uplink release indication):指示主控 MSC 上行链路空闲。

(41)~(44)与主控 MSC 的组呼流程相应步骤一致,参见 4.9.2 节。

(45)release(to 主控 MSC):主叫业务用户的专用连接被释放。

(46)Txx:中继 MSC 内实现的定时器,收到来自主控 MSC 的入局 setup 消息开始计时,至发出寻呼消息后停止计时。如果在 Txx 超时之前,MSC 收到来自 BSC 的所有预期的 channel activation acknowledge,中继 MSC 应建立到所有可用组呼区域的 VGCS,主控 MSC 应通知可以开始会话。

### 4.9.4 主控 MSC 的上行接入流程

处于收听状态的业务用户可以通过按 PTT(push to talk)键进行抢占上行的操作，尝试获得讲话权，抢占上行的操作按照“先到先得”的方式进行，成功占用了上行链路后便可以讲话，其他业务用户只有等到上行空闲时才可以再次进行抢占上行的操作。主控 MSC 中语音组呼上行链路接入所需的信令流程如图 4-32 所示。

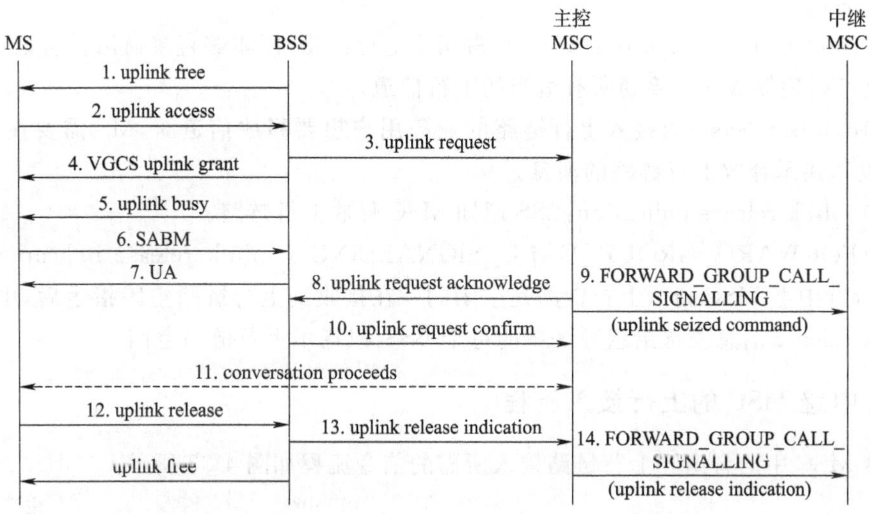


图 4-32 主控 MSC 中语音组呼上行链路接入信令流程

(1)uplink free：该无连接 RR 消息由 BSS 在主信令链路(FACCH)上重复发送，以通知语音组呼成员的所有 MS 上行链路是空闲的。

(2)uplink access：MS 使用随机接入过程在组呼信道的上行链路发送此消息，与信道请求(channel request)类似，但在组呼信道上行链路上发送，其中携带建立原因“subsequent talker uplink request(后续讲话者上行链路请求)”，MS 可以重复发送此消息。

(3)uplink request：向 MSC 指示上行链路请求，每个 BSC 只能转发一次请求。

(4)VGCS uplink grant：对上行链路请求的应答，在语音组呼下行信道上发送，其中包含 MS 与网络同步的信息和上行链路接入争用解决方案。此消息需携带请求参考(与 uplink access 消息中的一致)和语音组呼信道上行链路传输所需的物理信息。一旦收到此消息，相关 MS 可以开始直接发送语音。uplink free 消息应立刻停止发送。

(5)uplink busy：该无连接 RR 消息在下行 FACCH 信道上发送，以通知所有 MS 上行链路忙。uplink busy 与 SABM 消息相互独立，即发送次序可以交换。

(6)SABM(第三层业务请求消息)：请求建立第二层连接，其中包含第三层消息，该消息携带类别标记(classmark)及 MS 识别等信息。

(7)UA(第三层业务请求消息)：确认第二层连接建立成功，其包含的第三层消息与 SABM 一致，以解决争用问题。

(8)uplink request acknowledge：主控 MSC 向一个 BSC 确认上行链路。如果多个 BSC 或中继 MSC 已经发出了上行链路请求，则所有其余的上行链路请求都将使用 UPLINK_REJ 消息拒绝(图 4-32 中未给出)。在收到 UPLINK_REJ 时，BSS 应向发出上行链路请求的 MS 发送 uplink release，随后发送 uplink busy 指示上行链路正在使用中。MSC 应向未发送上行链路请求的其他 BSC 发送 UPLINK_SEIZED 消息（图 4-32 中未给出）。BSS 收到 UPLINK_SEIZED 后，应向 MS 发送 uplink busy 指示上行链路正在使用中。

（9）FORWARD_GROUP_CALL_SIGNALLING（uplink seized command）：此消息发送给所有中继 MSC，以通知中继 MSC 控制的组呼区域内的所有 MS 上行链路忙。

（10）uplink request confirm：BSS 向 MSC 确认上行链路的使用，其中包含关于 MS 识别的第三层消息。

（11）conversation proceeds：MS 一旦占用了上行链路，便能够直接通话。会议桥双向传输的特点可以确保 MS 连接到所有适当的下行信道。

（12）uplink release：当接入上行链路的业务用户想要释放信道时，MS 需要在 FACCH 向 BSS 发送指示释放上行链路的消息。

（13）uplink release indication：BSS 通知 MSC 释放上行链路。

（14）FORWARD_GROUP_CALL_SIGNALLING（uplink release indication）：主控 MSC 向所有中继 MSC 指示上行链路是空闲的。在接收到上行链路空闲指示后，中继 MSC 将 uplink release 消息发送给组呼区域的每个 BSS，以指示上行链路空闲。

### 4.9.5 中继 MSC 的上行接入流程

中继 MSC 中语音组呼上行链路接入所需的信令流程如图 4-33 所示。

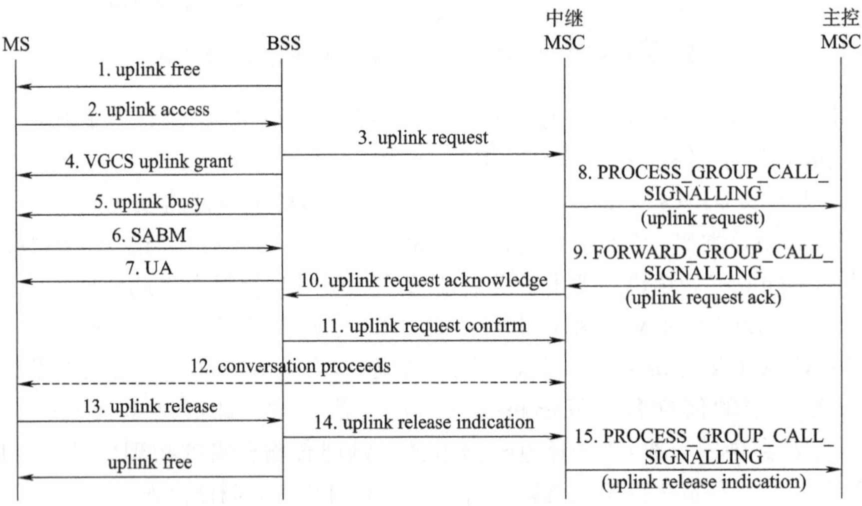


图 4-33　中继 MSC 中语音组呼上行链路接入信令流程

（1）～（7）与主控 MSC 内上行接入流程相应步骤一致，参见 4.9.4 节。

（8）PROCESS_GROUP_CALL_SIGNALLING（uplink request）：该消息发送到主控 MSC，以指示在中继 MSC 区域中的用户请求上行链路。

（9）FORWARD_GROUP_CALL_SIGNALLING（uplink request ack）：该消息发送到中继 MSC，以指示中继 MSC 控制的组呼区域内的 MS 被授予上行链路。

（10）uplink request acknowledge：中继 MSC 向一个 BSC 确认上行链路，该消息功能参见 4.9.4 节。

（11）～（14）与主控 MSC 内上行接入流程相应步骤一致，参见 4.9.4 节。

(15)PROCESS_GROUP_CALL_SIGNALLING (uplink release indication):中继 MSC 指示主控 MSC 上行链路空闲。

### 4.9.6 网络侧释放语音组呼上行链路流程

网络可以主动释放 MS 占用的上行链路,信令流程如图 4-34 所示。

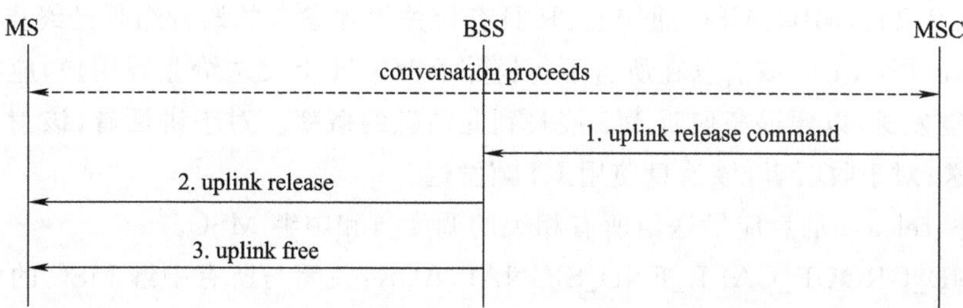


图 4-34 网络侧释放语音组呼上行链路信令流程

(1)uplink release command:当网络出于某种原因想要释放上行链路时,向 BSS 发送此消息,要求释放 MS 占用的上行链路。

(2)uplink release:BSS 在 FACCH 向 MS 发送该消息,指示释放上行链路。

(3)uplink free:通知语音组呼成员所有 MS 上行链路是空闲的。

### 4.9.7 语音组呼终止流程

主叫用户、授权的调度员或非活动定时器超时后,可以终止一次语音组呼,授权终止呼叫的调度员还可以直接使用信令(如使用 DTMF 发送"* * *")终止一次语音组呼。GCR 内置一个定时器,当 MSC 发现下行链路非活动时间超过了定时器预置的时长后,网络将主动释放此次语音组呼。语音组呼释放所需的信令流程如图 4-35 所示。

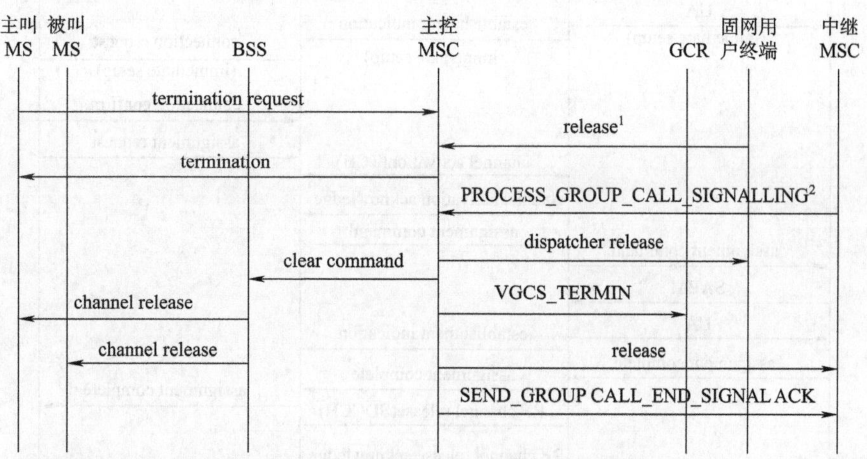


1—授权的调度员也可以终止语音组呼,此时将从外部网络接收到释放消息。

2—位于中继 MSC 范围内的授权 MS 也可以释放整个语音组呼。此时,主控 MSC 从中继 MSC 收到 PROCESS_GROUP_CALL_SIGNALLING 消息指示,释放呼叫。

图 4-35 组呼终止流程

(1)termination request：授权的 MS 可以发送此消息来清除整个语音组呼。为此，MS 需要已经接入上行链路，网络检查 IMSI 以验证其是否为主叫用户。如果网络不知道当前接入上行链路 MS 的 IMSI，则网络向 MS 发送身份请求。

(2)clear command：此消息从 MSC 发送到所有相关小区，以断开呼叫与会议网桥的连接，并停止所有要释放的语音组呼的周期性通知消息。

(3)VGCS_TERMIN：MSC 通知 GCR 具有相关组呼参考的语音组呼已终止。

(4)channel release：该消息在所有下行链路 FACCH 上发送给业务用户，应在预定义的时间段内重复发送，以便提高侦听 MS 接收到此消息的概率。对于讲话者，该消息使用第二层的 I 帧发送；对于收听者，该消息使用 UI 帧发送。

(5)此外，release 消息应发送给所有相关的调度员和中继 MSC。

(6)SEND_GROUP_CALL_END_SIGNAL ACK：关闭与所有中继 MSC 的对话。

### 4.9.8 紧急语音组呼建立流程

业务用户可以使用 immediate setup 快速建立语音组呼，即发起铁路紧急呼叫，所需的信令流程如图 4-36 所示。

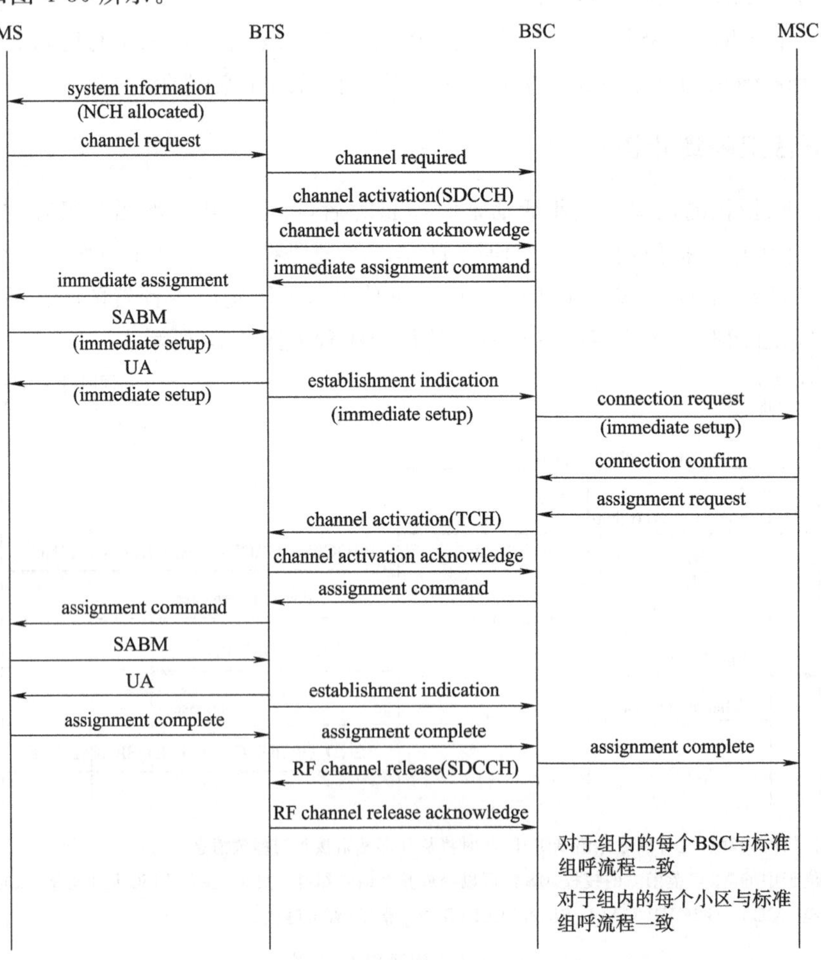


图 4-36 紧急语音组呼建立流程

紧急语音组呼与普通语音组呼的信令流程类似。

(1)system information (NCH allocated):用于指示小区内 CCCH 上是否分配了 NCH。

(2)channel request:GSM 标准消息,在 RACH 信道上发送信道接入申请。

(3)immediate assignment:GSM 标准消息,为 MS 指配专用信道。

(4)immediate setup:此消息携带建立语音组呼所需的详细信息,由 MS 发送到网络,以便立即建立组呼,而无需预先建立 MM 连接。

(5)UA (immediate setup):此消息用于确认第二层链路并提供 immediate setup 的争用解决方案。

可以在发送 connect 消息之前或之后执行鉴权和/或加密激活。如果在发送 connect 消息之前未激活加密,则 MSC 可以在 connect 消息之前发送 CM service accept,但这并不是强制要求。

### 4.9.9 确认呼叫流程

GSM-R 系统设置了一个名为确认中心(acknowledgement center,AC)的网元,用于记录服务区域内所有用户的 VGCS/VBS 呼叫的参与情况,业务用户在呼叫结束或退出呼叫后向 AC 发送确认信息,主要包括:

(1)发送确认信息的用户的 MSISDN 号码、组呼持续时间、收到确认信息的时间。

(2)铁路紧急呼叫发起方和接收方的 MSISDN、组呼参考、组呼发起时间、结束时间、优先级、结束原因、用户功能号等。

确认呼叫使用了补充业务(user-to-user signalling service type 1,UUS1),允许在呼叫的建立和清除阶段传输用户到用户的信息,用户到用户的信息嵌入在呼叫控制消息中。该服务允许每条消息传输 32 B。

setup 消息中可以包含用户信息元素(user-user information,UUI),业务用户使用此 UUI 将确认消息传输到 AC,进而隐式调用 UUS1 补充服务。除了 setup 消息外,alerting、connect、disconnect、release 和 release complete 均可包含 UUI。可以使用 release complete 或 disconnect 传送确认消息的响应,其中使用 setup/release complete 是最便捷的方式,无需指配任何业务信道。确认呼叫的信令流程如图 4-37 所示。

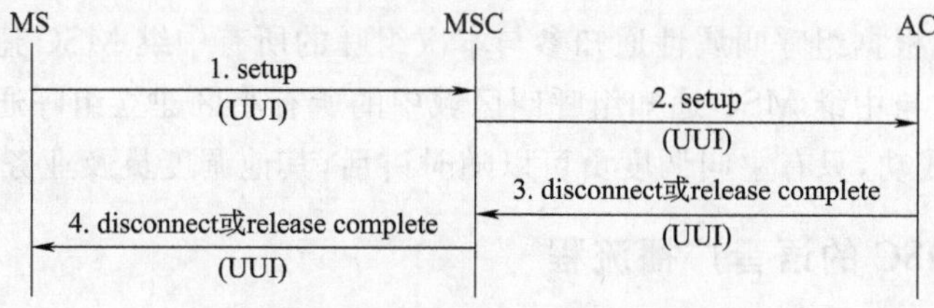


图 4-37 确认呼叫的信令流程

(1)VGCS/VBS 呼叫结束或业务用户退出呼叫后,MS 判断需要确认该呼叫,则向 MSC 发起 setup 消息,其中包含了一个 UUI,将确认消息传送到 AC 并调用 UUS1 业务。

(2)MSC 根据所配置的 AC 号码判断呼叫类型是 AC 确认,则解析 setup 消息中的 UUI,补充交换机当前时间和主叫号码信息后,发给 AC。

(3)AC 构造 disconnect 或 release complete 消息并发送给 MSC,其中包含对确认消息

响应的 UUI。

(4)MSC 将 disconnect 或 release complete 发送给 MS,结束本次确认呼叫。

# 4.10 语音广播

## 4.10.1 语音广播业务流程

VBS 在业务特性、信令流程等方面与 VGCS 基本类似,主要不同是 VBS 通话期间只有呼叫发起者可以讲话,其他成员始终处于接收状态,VBS 的业务流程如图 4-38 所示。

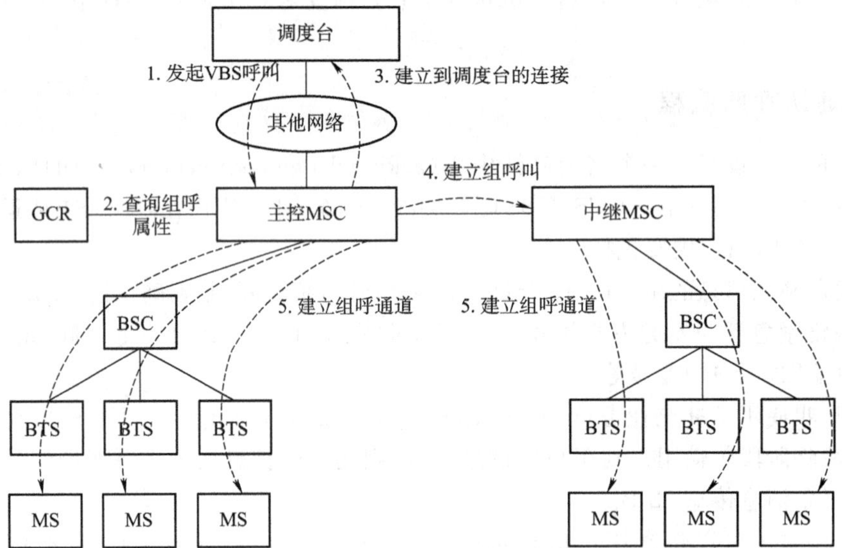


图 4-38　VBS 的业务流程

(1)调度台发起 VBS 呼叫。

(2)主控 MSC 接收到呼叫后向 GCR 查询组呼属性。

(3)主控 MSC 根据组呼叫属性与参与本次组呼的所有调度台建立连接。

(4)主控 MSC 根据组呼叫属性通知参与本次组呼的所有中继 MSC 建立组呼叫。

(5)主控 MSC 与中继 MSC 通知组呼叫区域中的所有小区建立组呼通道。

(6)组呼建立成功,只有主叫调度员可以随时讲话,其他调度员及业务用户只能聆听。

## 4.10.2 主控 MSC 的语音广播流程

GSM 03.69 标准对 VBS 业务的信令流程做了详细规定,其中,在主控 MSC 区域的业务用户建立语音广播所需的信令流程如图 4-39 所示。

(1)system information (VBS supported):用于指示小区中是否支持 VBS 建立,以及小区中是否支持语音广播频道和相应的寻呼/通知消息。

(2)channel request:GSM 标准消息,在 RACH 信道上发送信道接入申请。

(3)immediate assignment:GSM 标准消息,为 MS 指配专用信道。

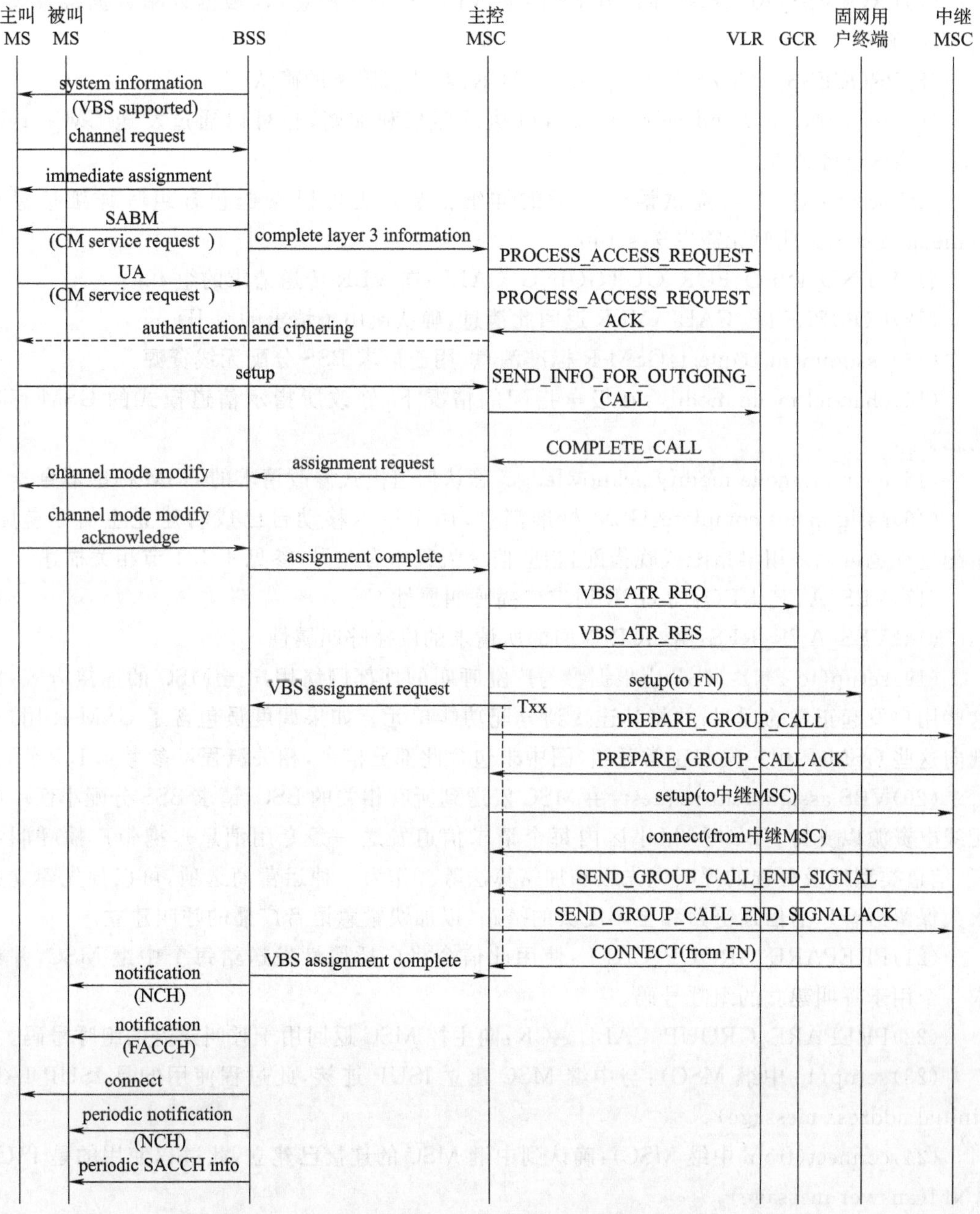


图 4-39　主控 MSC 区域内语音广播建立信令流程

(4)SABM(CM service request):在分配的信道上发送的当前呼叫请求消息 L3-MM CM service request(broadcast call)的修改形式,其中指示了语音广播电信业务。

(5)UA (CM service request):此消息用于确认第二层链路并提供服务请求的竞争解决方案。

(6)complete layer 3 information:向 MSC 提供语音广播相关的初始信息。此处没有包含鉴权加密流程,相关内容参见 4.1.2 节。

(7)PROCESS_ACCESS_REQUEST：向 VLR 发送此消息，以根据订阅数据检查请求的 VBS 服务。

(8)PROCESS_ACCESS_REQUEST ACK：对请求服务的确认。

(9)authentication and ciphering：可以执行鉴权和加密，也可以通过发送 CM service accept 确认服务请求。

(10)setup：向 MSC 提供语音广播的详细信息。也可以发送包含组呼详细信息的 immediate setup，此时无需发送 setup。

(11)SEND_INFO_FOR_OUTGOING_CALL：向 VLR 传送请求的组 ID。

(12)COMPLETE_CALL：VLR 返回此消息，确认使用了请求的组 ID。

(13)assignment request：GSM-R 标准消息，用于请求 BSS 分配无线资源。

(14)channel mode modify：在极早指配的情况下，修改所指示信道模式的 GSM 标准消息。

(15)channel mode modify acknowledge：确认信道模式修改请求的 GSM 标准消息。

(16)assignment complete：GSM 标准消息，用于指示移动台已成功建立主信令链路。指配过程也可以采用早指配或晚指配，相应信令流程略有差异，参见 4.1.1 节相关描述。

(17)VBS_ATR_REQ：向 GCR 请求广播呼叫属性。

(18)VBS_ATR_RES：由 GCR 返回的所请求的广播呼叫属性。

(19)setup(to FN)：MSC 应根据参与广播呼叫的外部网络用户与 MSC 的连接方式，向这些用户发起正常的呼叫，并将其连接到分配功能单元。如果调度员包含了 GSM-R 用户，则向这些 GSM-R 用户发起正常呼叫(图中未包含此部分信令，相关流程可参考 4.1.5 节)。

(20)VBS assignment request：由 MSC 发送到所有相关的 BSC，请求 BSS 分配小区中的无线电资源以支持 VBS 呼叫(小区内每个请求信道发送一条专用消息)，携带广播呼叫参考、信道类型以及可选的呼叫优先级和加密算法等。作为一种运营商选项，可以预先建立并永久保留语音广播信道链路和至调度员的链路，以加快紧急语音广播的呼叫建立。

(21)PREPARE_GROUP_CALL：使用此信令将广播属性发送给每个中继 MSC，并请求一个用于呼叫建立的组呼号码。

(22)PREPARE_GROUP_CALL ACK：向主控 MSC 返回用于呼叫建立的组呼号码。

(23)setup(to 中继 MSC)：与中继 MSC 建立 ISUP 连接，此过程使用的是 ISUP IAM (initial address message)。

(24)connect(from 中继 MSC)：确认到中继 MSC 的连接已建立，此过程使用的是 ISUP ANM(answer message)。

(25)SEND_GROUP_CALL_END_SIGNAL：中继 MSC 向主控 MSC 指示 VBS 信道已经在中继 MSC 区域内建立，可以开始会话。

(26)SEND_GROUP_CALL_END_SIGNAL ACK：到中继 MSC 的 MAP 会话已关闭。

(27)VBS assignment complete：来自相关 BSC 指配请求的确认消息，如果分配不成功，则应发送 VBS assignment failure 消息。

(28)connect(from FN)：确认到外部固定网络的连接已建立。

(29)notification(NCH)：该消息由网络在 NCH 上发送，以通知 MS 当前小区中的 VBS 呼叫，其中携带组呼参考、呼叫的优先级(如果使用了 eMLPP)、MS 应侦听的语音广播信道的信道描述以及用于加密的组密钥编号。

(30)notification(FACCH):通过 FACCH 向当前参与其他呼叫的 MS(如处于专用模式、正在进行 VGCS 或其他 VBS 通话的 MS)发送通知消息,其中携带组呼参考和优先级,还可包括信道描述和组密钥编号。

(31)connect:通知主叫 MS 以相应广播呼叫参考作为连接号码的 VBS 已建立。

(32)periodic notification(NCH):在 NCH 上周期性发送 notification,以便移动到该区域的 MS 可以加入语音广播。

(33) periodic SACCH info:在 SACCH 上周期性发送的消息,此消息可以包含 notification 消息改变、小区重选相关的信息。

(34)Txx:主控 MSC 内实现的定时器,从收到 VBS setup 消息开始计时,至发出寻呼消息后停止计时。如果在 Txx 超时之前,MSC 收到来自 BSC 的所有预期的 channel activation acknowledge、来自外部网络的 connect 消息以及来自中继 MSC 的 SEND_GROUP_CALL_END_SIGNAL,MSC 应建立到所有可用组呼区域的 VBS。

### 4.10.3 中继 MSC 的语音广播流程

在中继 MSC 区域的业务用户建立语音广播所需的信令流程如图 4-40 所示。

(1)～(16)与主控 MSC 的语音广播流程相应步骤一致,参见 4.10.2 节。

(17)VBS_ATR_REQ:向 GCR 请求广播呼叫属性。

(18)VBS_ATR_RES:由 GCR 返回的所请求的广播呼叫属性(主控 MSC 地址)。

(19)setup(to 主控 MSC):根据从 GCR 收到的信息,中继 MSC 为主叫业务用户与主控 MSC 建立专用连接。

(20)PREPARE_GROUP_CALL:携带从主控 MSC 收到的组呼属性。

(21)VBS_ATR_REQ:向 GCR 请求广播呼叫属性。

(22)VBS_ATR_RES:由 GCR 返回的所请求的广播呼叫属性(小区列表)。

(23)ALLOCATE_GROUP_CALL_NUMBER:向 VLR 请求组呼号码。

(24)ALLOCATE_GROUP_CALL_NUMBER ACK:由 VLR 返回组呼号码。

(25)PREPARE_GROUP_CALL ACK:确认组呼号码已经发送到主控 MSC。

(26)setup(from 主控 MSC):主控 MSC 和中继 MSC 之间建立 ISUP 连接。

(27)RELEASE_GROUP_CALL_NUMBER:请求 VLR 释放组呼号码。

(28)VBS assignment request:由 MSC 发送到所有相关的 BSC(小区内每个请求信道发送一条专用消息),包括广播呼叫参考、信道类型以及可选的呼叫优先级和加密算法等。VBS assignment request 作为一种运营商选项,可以预先建立并永久保留语音广播信道链路和至调度员的链路,以加快紧急语音广播的呼叫建立。

(29)VBS assignment complete:来自相关 BSC 指配请求的确认消息,如果分配不成功,则应发送 VBS assignment failure 消息。

(30)connect(to 主控 MSC):确认到主控 MSC 的 ISUP 连接已建立。

(31)SEND_GROUP_CALL_END_SIGNAL:向主控 MSC 指示会话可以开始。

(32)SEND_GROUP_CALL_END_SIGNAL ACK:MAP 会话已结束。

(33)connect(from 主控 MSC):确认主叫业务用户专用连接的呼叫已经建立。

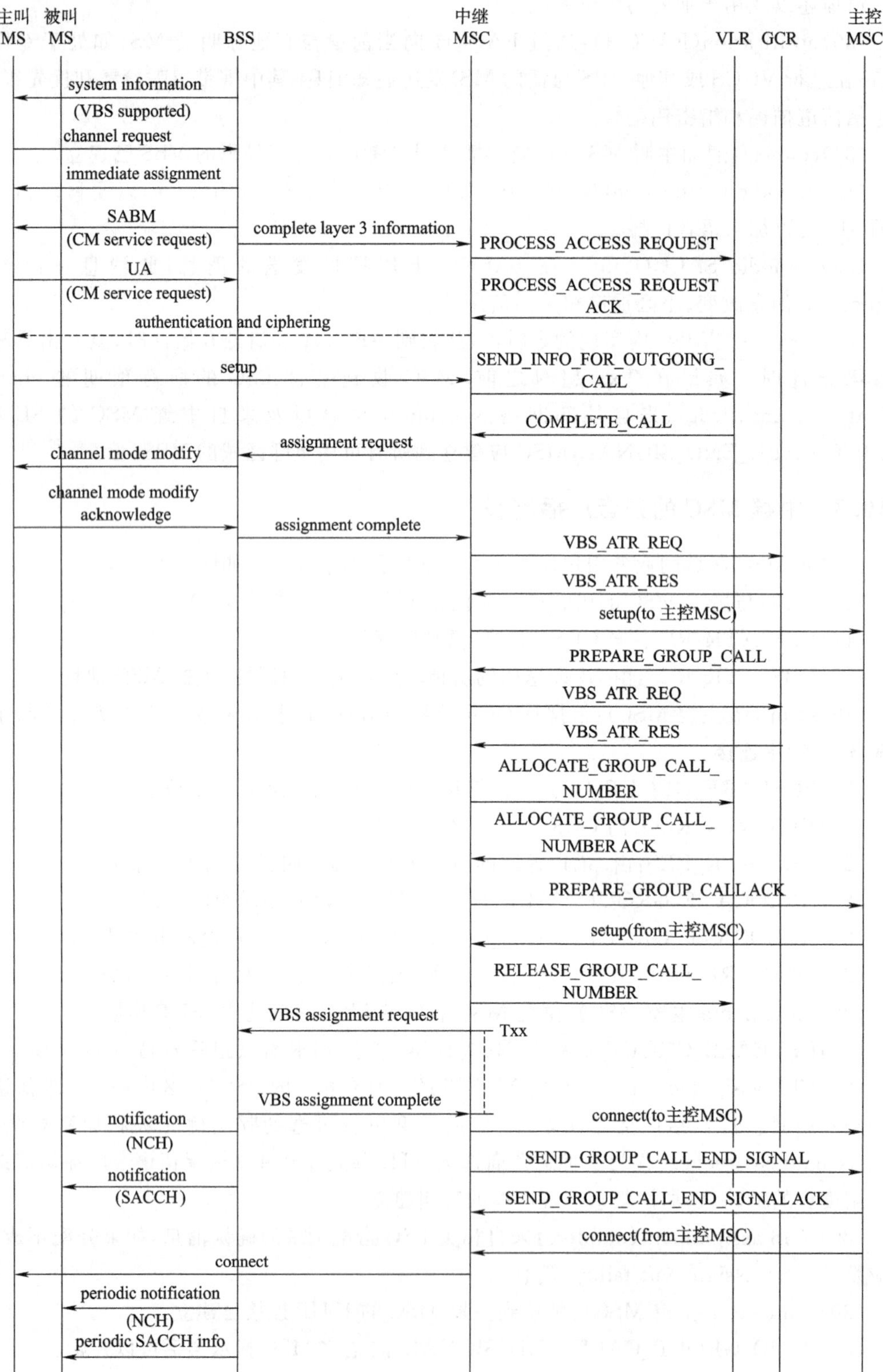


图 4-40　中继 MSC 区域内语音广播建立信令流程

(34)notification(NCH):该消息由网络在 NCH 上发送,以通知 MS 当前小区中的 VBS 呼叫,其中携带广播呼叫参考、呼叫的优先级(如果使用了 eMLPP)、MS 应侦听的语音广播呼叫信道的信道描述以及用于加密的组密钥编号。

(35)notification(SACCH):通过 SACCH 或 FACCH 向当前参与其他呼叫的 MS(如处于专用模式、正在进行 VBS 或其他 VGCS 通话的 MS)发送通知消息,在 SACCH 上的 notification 只包含广播呼叫参考和优先级,在 FACCH 上的 notification 还可包括信道描述和组密钥编号。

(36)connect:向主叫用户的 MS 发送信息,通知以相关广播呼叫参考作为连接号码的 VBS 已建立。

(37)periodic notification(NCH):在 NCH 上周期性发送 notification,以便移动到该区域的 MS 可以加入语音广播。

(38)periodic SACCH info:在 SACCH 下行链路上周期性发送的消息,此消息可以包含 notification 消息改变、小区重选相关的信息。

(39)Txx:中继 MSC 内实现的定时器,从收到来自主控 MSC 的入局 setup 消息开始计时,至发出寻呼消息后停止计时。如果在 Txx 超时之前,MSC 收到来自 BSC 的所有预期的 channel activation acknowledge,中继 MSC 应建立到所有可用广播呼叫区域的 VBS,主控 MSC 应通知可以开始会话。

## 4.10.4 语音广播终止流程

语音广播的发起者或有终止权限的调度员可以终止一个语音广播,其信令流程如图 4-41 所示。

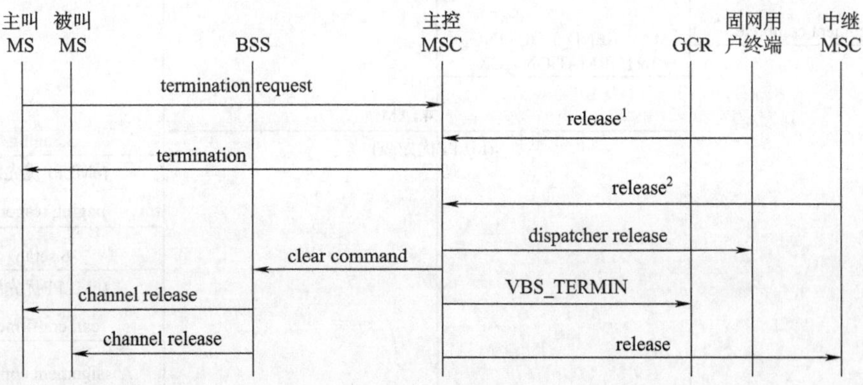


1—授权的调度员也可以终止语音广播呼叫,此时将从外部网络接收释放消息。

2—位于中继 MSC 范围内的主叫用户可以释放语音广播呼叫。此时,主控 MSC 在专用连接上从中继 MSC 收到一个释放消息。

图 4-41 语音广播终止流程

(1)termination request:主叫 MS 可以发送此消息清除整个语音广播呼叫。

(2)clear command:该消息从 MSC 发送到所有相关 BSC,以断开呼叫与分配功能单元的连接,并停止所有要释放的语音广播呼叫的周期性通知消息。

(3)VBS_TERMIN:MSC 通知 GCR 具有相关语音广播参考的语音广播呼叫已终止。

(4)channel release:该消息发送给主叫用户,并在所有下行 FACCH 上发送给业务用户,应在预定义的时间段内重复发送,以便提高侦听 MS 接收到此消息的概率。对于主叫用户,该消息使用第二层的 I 帧发送;对于收听者,该消息使用 UI 帧发送。

(5)此外,release 消息应发送给所有相关的调度员和中继 MSC。

## 4.11 增强多优先级与强拆

eMLPP 是 GSM-R 的重要特性之一,每个 GSM-R 用户被分配一个或多个优先级,用户可以依据自己的权限选择每个特定呼叫所使用的优先级。在呼叫建立和越区切换期间,系统根据优先级采取不同的网络资源占用策略。另外,高优先级的呼叫还可以抢断正在进行的低优先级呼叫。

eMLPP 优先级通过信令消息在网络中传递,以 MS 之间的呼叫为例,优先级的传递流程如图 4-42 所示。

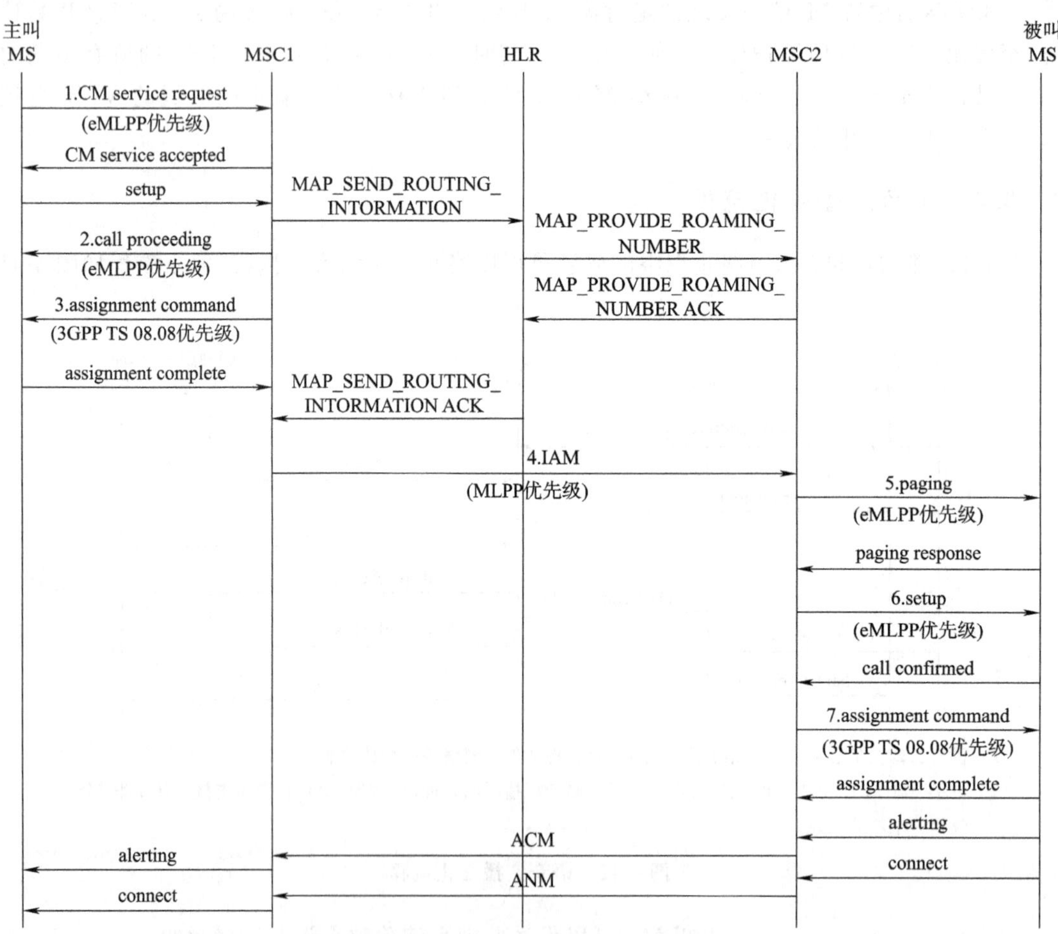


图 4-42　eMLPP 优先级的传递流程

(1)主叫 MS 发起呼叫时,在发给 MSC1 的 CM service request 消息中上报 eMLPP 优先级。MSC1 根据主叫 MS 上报的优先级和用户在 HLR 中签约的优先级,确定本次呼叫的优先级。

(2)MSC 通过 call proceeding 消息通知主叫 MS 本次呼叫的优先级。

(3)MSC1 将 eMLPP 优先级转换为 3GPP TS 08.08 标准中定义的指配优先级,通过 assignment command 消息发送给主叫 MS。指配优先级包含以下字段:

①抢占能力指示,是否允许指配请求抢占现有连接;

②优先级,定义了 1～14 共 14 个优先级,其中优先级 1 为最高优先级;

③允许排队指示,是否允许排队;

④被抢占能力指示,是否允许此连接被另一个分配请求抢占。

(4)MSC1 将 eMLPP 优先级转换为局间 ISDN MLPP 优先级,通过 IAM 消息传递给被叫 MS 所在的 MSC2。MLPP 与 eMLPP 类似,eMLPP 的优先级 A、B 映射为 MLPP 优先级 0,eMLPP 的优先级 0～4 与 MLPP 优先级一一对应。

(5)MSC2 在对被叫 MS 的寻呼中携带 eMLPP 优先级。

(6)MS2 响应寻呼后,MSC2 通过 setup 消息通知被叫 MS 本次呼叫的优先级。

(7)MSC2 将 eMLPP 优先级转换为 3GPP TS 08.08 标准中定义的指配优先级,通过 assignment command 消息发送给被叫 MS。

# 5 $U_m$ 接口协议分析

GSM-R 网络中 MS 与 BTS 之间的无线接口称为 $U_m$ 接口，也可以称为空中接口，$U_m$ 接口协议可分为物理层、链路层和网络层。物理层是 $U_m$ 接口的第一层，提供用于传输比特流的物理链路，为上层提供不同功能的逻辑信道。链路层是 $U_m$ 接口的第二层，用于在 MS 与 BTS 之间建立可靠的专用数据链路，其协议基于 ISDN 的 D 信道链路接入规程，并对其进行了修改，使之更适合在无线链路上使用，因此，链路层协议被称为 LAPDm。网络层是 $U_m$ 接口的第三层，实现无线资源管理、移动性管理和接续管理等功能。

## 5.1 第一层协议

$U_m$ 接口第一层对应 OSI 参考模型的物理层，定义了通过无线信道传输比特流所需的所有功能。GSM-R 中定义了物理信道和一系列逻辑信道，参见 2.3 节。上层协议在第一层服务接口访问这些服务，第一层提供的接口如图 5-1 所示。

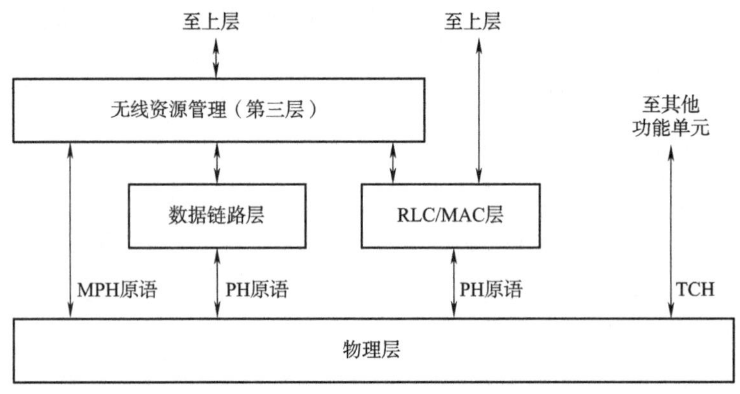


图 5-1 $U_m$ 接口第一层服务接口

(1)与数据链路层的接口：在此接口上支持控制通道，物理层和数据链路层之间通过 PH 原语以抽象的方式通信，用于传输第二层 LAPDm 帧以及指示建立到第二层的通道，每个逻辑控制通道定义单独的服务访问点(SAP)。

(2)与无线链路控制层(RLC)和媒体访问控制层(MAC)的接口：该接口支持分组数据控制信道和分组数据业务信道，物理层和 RLC/MAC 层之间通过 PH 原语以抽象的方式通信，用于交换 RLC/MAC 块以及指示建立到 RLC/MAC 层的分组数据物理信道。

(3)与无线资源管理(RR 管理)的接口：与第三层无线资源管理实体的接口，通过 MPH 原语以抽象的方式通信，交换信道分配、物理层系统(包括测量结果)等信息。

(4)与其他功能单元接口：连接 MS 和网络中的其他功能单元，以支持业务信道，使用业务信道承载用户数据(有效载荷)。

第一层提供的服务可以分为访问能力、错误检测和加密三类。第一层为逻辑信道提供比特传输服务,逻辑信道采用不同的组合方式映射到物理信道,部分物理信道用于提供网络运行所需的公共服务(如 BCCH 和 CCCH),其他信道作为专用物理信道分配给 MS,专用物理信道由第三层 RR 管理建立和控制。GSM-R 第一层提供错误检测和纠正机制,保证故障帧不会被传递到第二层。此外,第一层还可以实现用户数据加密等安全相关功能。

## 5.2 第二层协议

### 5.2.1 LAPDm 帧格式

$U_m$ 接口信令信道的第二层(即数据链路层)使用了 LAPDm 协议,是 LAPD 协议的修改版本。LAPDm 专用于 $U_m$ 接口,负责在 MS 和 BTS 之间承载上层信令消息的传输。

(1)LAPDm 与 LAPD 的主要区别

①LAPDm 仅支持"模 8"帧格式,控制字段的长度为 1 B。因此,*N*(S)和 *N*(R)的取值范围为 0~7,理论上未确认的 I 帧的最大数量为 7 个。

②LAPDm 的地址字段长度为 1 B,其中不包含 TEI(终端设备识别)字段。因为 MS 分配信道后,$U_m$ 接口上的连接为点对点方式,一个连接中不会同时存在多个用户,也就不需要使用 TEI 标识不同用户在链路上的地址。

③LAPDm 帧不包含 FCS 字段,因为第一层的信道编码和交织已经提供了数据安全。

④LAPDm 帧没有指示帧开始和结束的标志,该功能由第一层在 $U_m$ 接口上提供。

⑤LAPDm 的 SABM 帧和 UA 帧可以承载第三层数据,可以在连接建立过程中提供竞争解决方案并节省链路建立时间。

⑥LAPDm 帧的最大长度远小于 LAPD,LAPD 帧最多可以传输 260 B 的信令数据,而 LAPDm 只允许传输 21 B 或 23 B,超过此长度需要分段。

⑦LAPDm 包含了长度指示字段。

⑧LAPDm 数据区没有完全被信令数据占用时,使用"0x2B"填充剩余字节。

(2)LAPDm 的常用帧格式

LAPDm 常用的帧格式有 format A、format B 和 format Bbis。

①format A:在 DCCH 的上下行方向发送,当没有第三层消息需要发送时,长度域设为 0,信息域为填充比特。

②format B:在 DCCH 和 ACCH 上使用的帧格式,用于传输实际的信令数据,长度域设为信息域的长度,信息域长度由常数 N201 根据信道类型(SDCCH、FACCH、SACCH)定义,如果承载的第三层消息超过 N201,需要分片,如果小于 N201,需要使用填充字节"0x2B"。

③format Bbis:在 CCCH(BCCH、PCH、AGCH)使用的帧格式,没有地址字段和控制字,因为 CCCH 仅传输点对多点消息,其中不需要寻址。

format A 和 format B 可以在上行链路和下行链路双方向使用,而 format Bbis 仅用于下行方向,详细帧结构如图 5-2 所示。

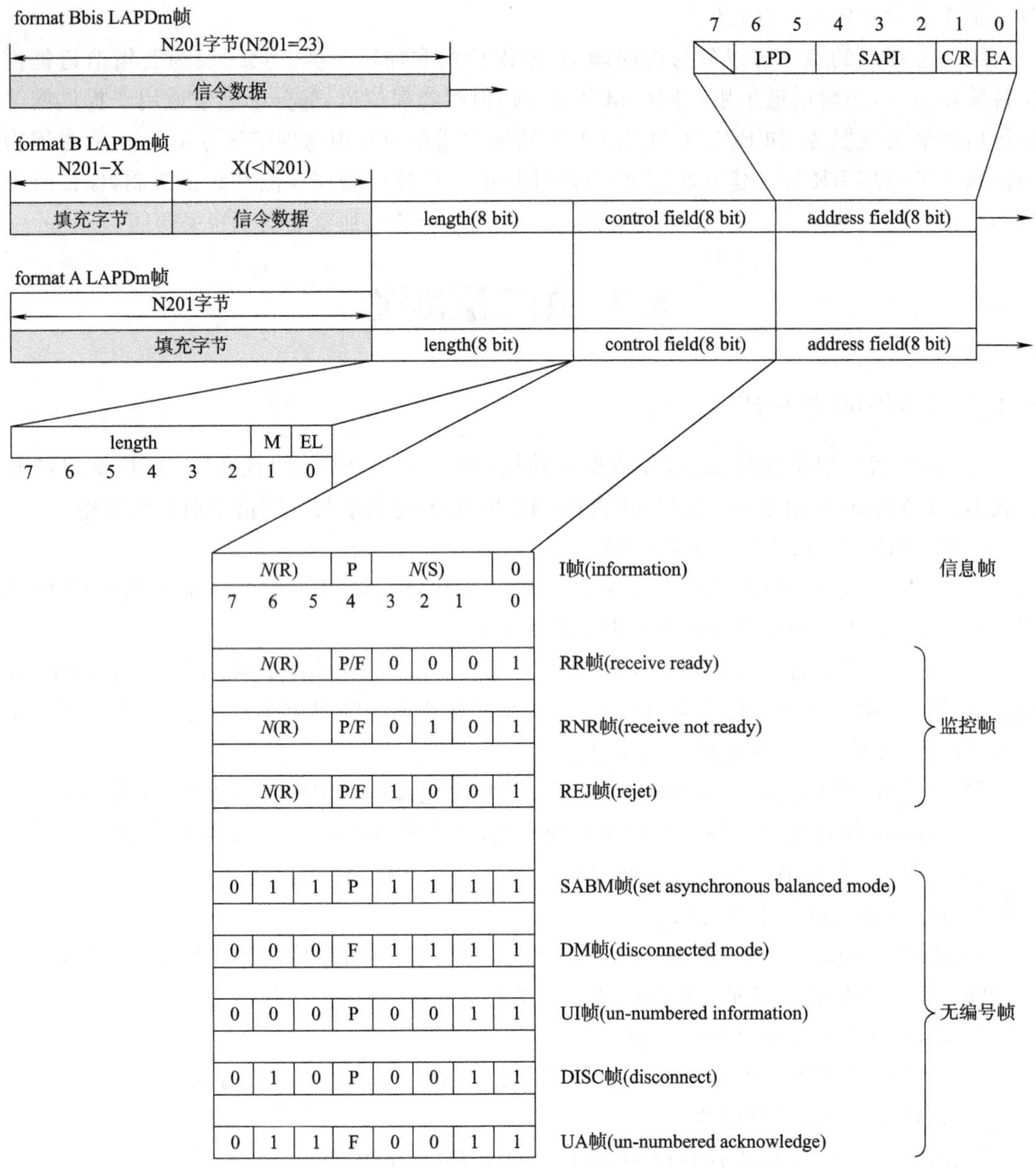


图 5-2　LAPDm 帧结构

①地址字段

地址字段包含 EA(地址扩展比特)、C/R(命令/响应)、SAPI(服务接入点标识)和 LPD(链路协议鉴别符)。在 LAPDm 中 EA 总为 1,C/R 用于区分帧为命令还是响应,具体含义见表 5-1。

**表 5-1　命令/响应对应的 C/R 值**

| 类　型 | 方　向 | C/R 值 |
|---|---|---|
| 命令 | BTS → MS | 1 |
| | MS → BTS | 0 |

续上表

| 类　型 | 方　向 | C/R 值 |
|---|---|---|
| 响应 | BTS → MS | 0 |
| | MS → BTS | 1 |

SAPI 的可能取值为 0 或 3，0 对应于 RR、MM 和 CC 消息，3 对应于补充服务和短消息。LPD 为 1 对应于小区广播短消息，其他情况 LPD 均置为 0。

②控制字段

控制字段定义了信息帧（I）、监控帧（RR、RNR、REJ）和无编号帧（SABM、DM、UI、DISC、UA）三类 LAPDm 帧类型，其中包含 P/F（探询/终结）位、发送顺序编号 $N$(S) 和接收顺序编号 $N$(R)。

在命令帧中，P/F 位为 P 位，数据链路层请求（探询）对等实体响应时 P 位设置为 1；在响应帧中，P/F 位为 F 位，F 位设置为 1 时用于指示由于收到对等实体请求（探询）命令而发送的响应帧。只有 I 帧包括发送顺序号 $N$(S)，用于标识 I 帧的发送序号；所有的 I 帧和监控帧都应包括 $N$(R)，即期望的下一个要接收 I 帧的顺序编号，同时隐含表示 $N$(R)的发送方已经正确接收到了编号小于等于 $N$(R)－1 的所有 I 帧。

③长度指示字段

长度指示字段包括 EL 位、M 位和 Length 位。EL 位指示当前字节是否为帧长度指示符字段的最后一个字节，在 LAPDm 中 EL 为总是置为 0，即长度指示字段不超过 1 B。如果上层消息的长度超过 LAPDm 帧数据字段允许的长度，则需要进行分段，M 位为分段指示。M 位为 1 表示该帧的信息字段为第三层消息的一部分；M 位为 0 且前一帧的 M 位也为 0，则表示该帧的信息字段为一个完整的第三层消息；M 位为 0 且前一帧的 M 位为 1，则表示该帧的信息字段为第三层消息的最后一部分。length 位表示信息字段的实际长度，取值范围为 0～N201。

④信息字段

信息字段包含 $U_m$ 接口第三层消息，最大长度为 N201，有效数据长度由长度指示字段确定，有效数据长度小于 N201 时，其他数据使用填充字节。

LAPDm 帧没有帧的开始和结束标志，而是使用 23 B 的固定长度块结构，不同逻辑信道的 N201 不同，见表 5-2。

**表 5-2　逻辑信道与 N201**

| 帧类型 | 逻辑信道 | N201/B |
|---|---|---|
| format A 和 format B | SACCH | 18 |
| | SDCCH、FACCH | 20 |
| format Bbis | BCCH、AGCH、NCH、PCH | 23 |

SACCH 下行链路块结构如图 5-3 所示，SACCH 上行链路块结构如图 5-4 所示。

FACCH/SDCCH/CCCH/BCCH/CBCH 下行链路块结构以及 FACCH/SDCCH 上行链路块结构如图 5-5 所示。

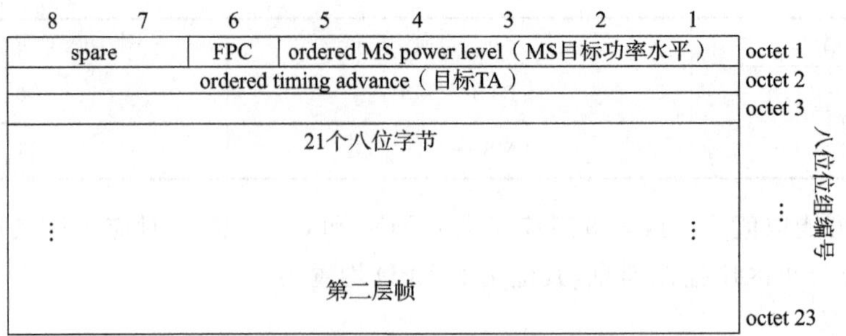


图 5-3　SACCH 下行链路块结构

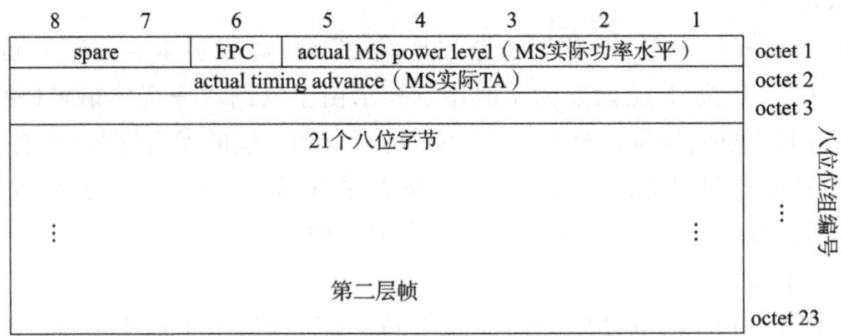


图 5-4　SACCH 上行链路块结构

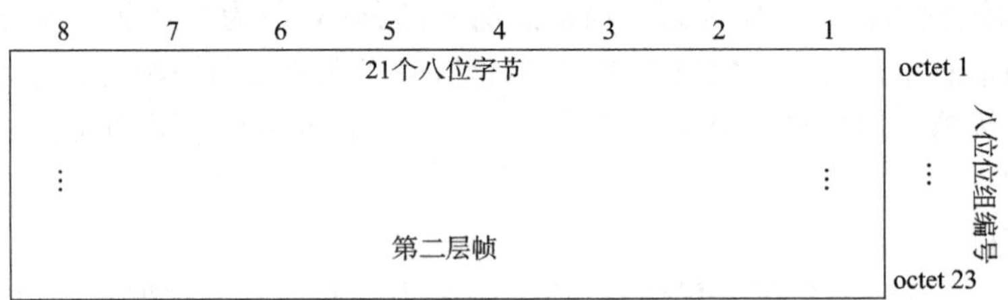


图 5-5　FACCH/SDCCH/CCCH/BCCH/CBCH 下行、FACCH/SDCCH 上行链路块结构

### 5.2.2　LAPDm 帧类型

LAPDm 支持的帧类型见表 5-3。

**表 5-3　LAPDm 帧类型**

| 格　式 | 命　令 | 响　应 | 编　码 | | | | | | | |
|---|---|---|---|---|---|---|---|---|---|---|
| | | | 8 | 7 | 6 | 5 | 4 | 3 | 2 | 1 |
| 信息传输 | I（信息） | — | N(R) | | | P | N(S) | | | 0 |
| 监控 | RR（接收准备好） | RR（接收准备好） | N(R) | | | P/F | 0 | 0 | 0 | 1 |
| | RNR（接收未准备好） | RNR（接收未准备好） | N(R) | | | P/F | 0 | 1 | 0 | 1 |
| | REJ（拒绝） | REJ（拒绝） | N(R) | | | P/F | 1 | 0 | 0 | 1 |

续上表

| 格式 | 命令 | 响应 | 编码 | | | | | | | |
|---|---|---|---|---|---|---|---|---|---|---|
| | | | 8 | 7 | 6 | 5 | 4 | 3 | 2 | 1 |
| 无编号 | SABM（置异步平衡模式） | — | 0 | 0 | 1 | P | 1 | 1 | 1 | 1 |
| | — | DM（断开方式） | 0 | 0 | 0 | F | 1 | 1 | 1 | 1 |
| | UI（无编号信息） | — | 0 | 0 | 0 | P | 0 | 0 | 1 | 1 |
| | DISC（断开） | — | 0 | 1 | 0 | P | 0 | 0 | 1 | 1 |
| | — | UA（无编号确认） | 0 | 1 | 1 | F | 0 | 0 | 1 | 1 |

(1)设置异步平衡模式(SABM)命令

MS发送SABM帧建立LAPDm链路,该帧携带信息字段,包含一条第三层消息(CM service request、location updating request、IMSI detach indication或paging response)。

(2)无编号确认(UA)响应

数据链路层实体使用UA响应来确认模式设置命令(SABM或DISC)的接收。UA响应允许包含一个信息字段,即如果接收到带有信息字段的SABM命令并确认SABM,则UA对该命令的响应应包含与SABM命令中接收到的信息字段相同的信息字段,用于提供第二层的竞争解决方案。

(3)断开(DISC)命令

DISC命令用于断开LAPDm连接。

(4)无编号信息(UI)命令

当第三层实体需要传送无需确认的信息使用UI帧,如果在命令传输期间发生数据链路异常,用UI帧可能会丢失而不会通知第三层实体。

(5)接收就绪(RR)命令/响应

数据链路层实体使用RR监控帧来指示其已准备好接收I帧,确认之前收到的编号为$N(R)-1$及之前的I帧和清除由同一数据链路层实体先前传输RNR帧所指示的繁忙状态。数据链路层实体还可以使用P位设置为1的RR命令来询问其对等数据链路层实体的状态。

(6)拒绝(REJ)命令/响应

数据链路层实体使用REJ监控帧请求重新传输从编号为$N(R)$的帧开始的I帧,确认之前收到的编号为$N(R)-1$及之前的I帧,消除先前传输RNR帧所指示的繁忙状态。数据链路层实体还可以使用P位设置为1的REJ命令来询问其对等数据链路层实体的状态。

(7)接收未就绪(RNR)命令/响应

数据链路层实体使用RNR监控帧来指示繁忙状态,即暂时无法接受额外传入的I帧。RNR帧中$N(R)$的值对编号为$N(R)-1$及之前的I帧进行了确认。数据链路层实体还可以使用P位设置为1的RNR命令来询问其对等数据链路层实体的状态。在SAPI=0或SAPI=3的控制信道上使用的协议操作不得使用RNR帧类型和相关程序,这是因为LAPDm将发送窗口限制为1,通过这种协议实体的实现方式确保接收实体永远不会达到接收器繁忙的状态。

(8)断开模式(DM)响应

数据链路层实体使用 DM 无编号响应向其对等实体报告数据链路层处于无法执行多帧操作的状态。

### 5.2.3 操作模式

LAPDm 提供非确认操作和确认操作两种模式。在非确认操作模式下，数据在无确认的情况下以 UI 帧传输，没有流量控制或第二层错误校正，该操作模式适用于除 RACH 的所有信令信道。确认操作模式提供受保护的数据服务，数据在 I 帧中传输，提供基于重传(ARQ)和流控制的错误保护机制，此模式仅用于 DCCH 信道。逻辑信道、操作模式与 SAPI 的关系见表 5-4。

**表 5-4 逻辑信道、操作模式与 SAPI 的关系**

| 逻辑信道 | SAPI | |
|---|---|---|
| | 0 | 3 |
| BCCH | 非确认模式 | — |
| CCCH | 非确认模式 | — |
| SDCCH | 非确认模式和确认模式 | 非确认模式和确认模式 |
| SACCH 伴随 SDCCH | 非确认模式 | — |
| SACCH 伴随 TCH | 非确认模式 | 非确认模式和确认模式 |
| FACCH | 非确认模式和确认模式 | — |

数据链路层为每个相关的物理/逻辑通道建立 LAPDm 实体，这些 LAPDm 实体执行数据链路过程，即第二层对等通信的功能以及相邻层之间的服务原语，必要时还需要对第三层消息进行分割和重新组装。如果多个 SAP 与一个物理/逻辑通道相关联，则需要数据链路分配程序，它将在一个信道上接收到的第二层帧分配到相应的数据链路过程，或将来自多个 SAP、具有不同优先级的第二层帧多路复用到一个信道上。图 5-6 是一种典型的链路层配置方式。

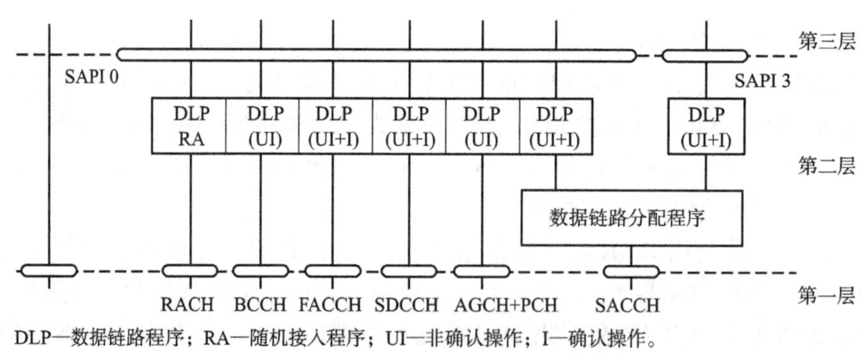


图 5-6 链路层 LAPDm 实体配置示例

在 OSI 参考模型中，每一层的服务接入点(SAP)被定义为向相邻更高层提供服务的逻辑接口。在 $U_m$ 接口物理层通过 SAP 向数据链路层提供服务，如与信道的建立和释放相关的命令、比特数据传输等。在 GSM-R 系统的物理层上，每个控制信道的物理层和数据链路层之间定义了一个 SAP。在数据链路层上，使用两个 SAPI 值可将信令消息与面向分组的用户数据(短消息等)分离。

### 5.2.4 T200 定时器与 N200

当数据链路层两端的通信实体采用确认操作模式时，若发送实体发送的 LAPDm 帧未收到对方确认，需要重新发送，重发的时间间隔由 T200 定时器确认，最大重发次数由 N200 确定，当 T200 超时次数大于 N200+1 时，数据链路层将执行非正常释放，可能导致 MS 的随机接入失败或掉话。

T200 的值依赖于具体实现，取决于第一层和第二层实体中的同步机制和处理延迟，T200 设置的一般原则是：

(1)应尽快检测到无线路径上可能的帧丢失；

(2)应尽早重新传输丢失的帧；

(3)假设对等实体有一些合理的响应延迟，在接收和处理另一方向的下一帧之前，T200 不应超时；

(4)如果 T200 超时，若没有其他帧需要优先传输，当物理层准备好后立刻发送重复帧。

N200 的取值取决于 LAPDm 状态和逻辑信道类型，以确保所有信道在判断第二层链路故障时具有公共时间。第二层链路建立和释放时的 N200 取值为 5，在"定时器恢复(I 帧丢失)"状态下，N200 的取值与逻辑信道相关：SACCH 取值为 5、SDCCH 取值为 23、FACCH/F 取值为 34。

## 5.3 第三层协议

### 5.3.1 协议架构

$U_m$ 接口的第三层是负责信令收发和处理的功能实体，分为无线资源管理(RR)、移动性管理(MM)和连接管理(CM)三个子层。CM 进一步细分为呼叫控制(CC)、补充业务(SS)和短消息业务(SMS)三个协议实体，第三层的协议架构如图 5-7 所示。

第三层需要处理与消息传输相关的复接(multiplexing)和分发功能。在 CM 子层，使用 MNSS 和 MNSMS 两个 SAP 为更高层提供与呼叫无关的 SS 和 SMS 服务；在 MM 子层，使用路由功能将 MM 本身的消息以及 CM 实体的消息传送到 RR 子层的 SAP，并在多个消息并行发送时将他们复接。RR 子层根据被传送消息首部的协议识别码(protocol discriminator，PD)和实际信道配置将消息发送出去。

$U_m$ 接口第三层的帧结构如图 5-8 所示，通常由协议识别码(PD)、事务标识符(transaction identifier，TI)或 skip indicator、消息类型编码和信息单元组成。

(1)PD

第三层消息的第一个字节的第 1～4 位为 PD，用于区分消息类别，以便在第三层为不同用户寻址，PD 编码含义见表 5-5。

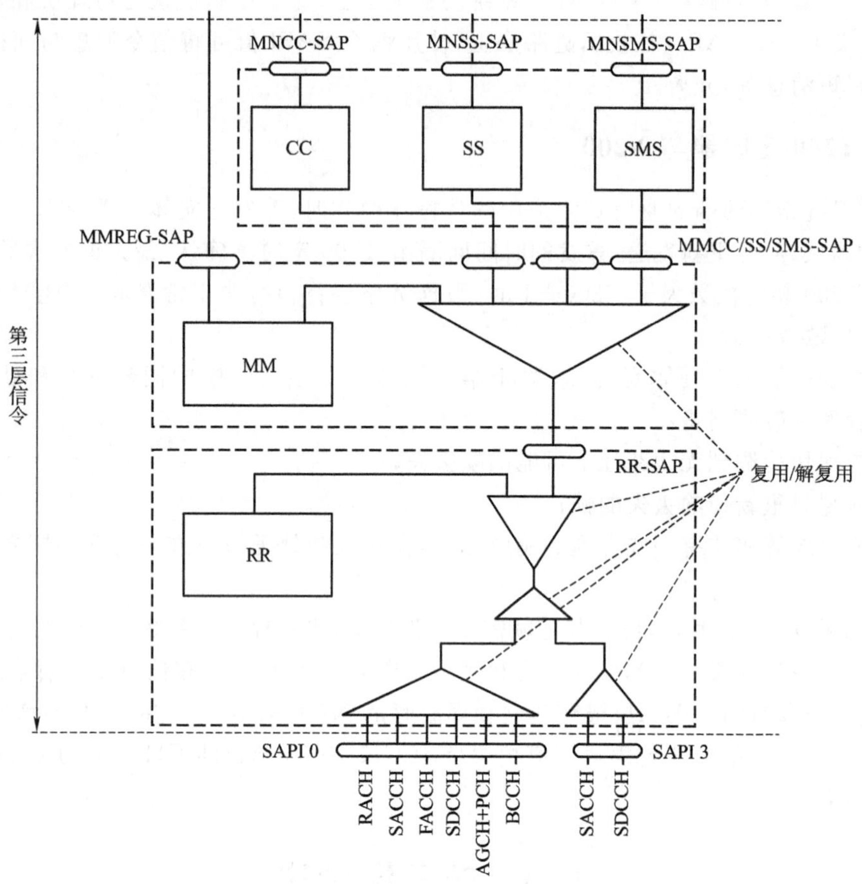


图 5-7　第三层协议架构

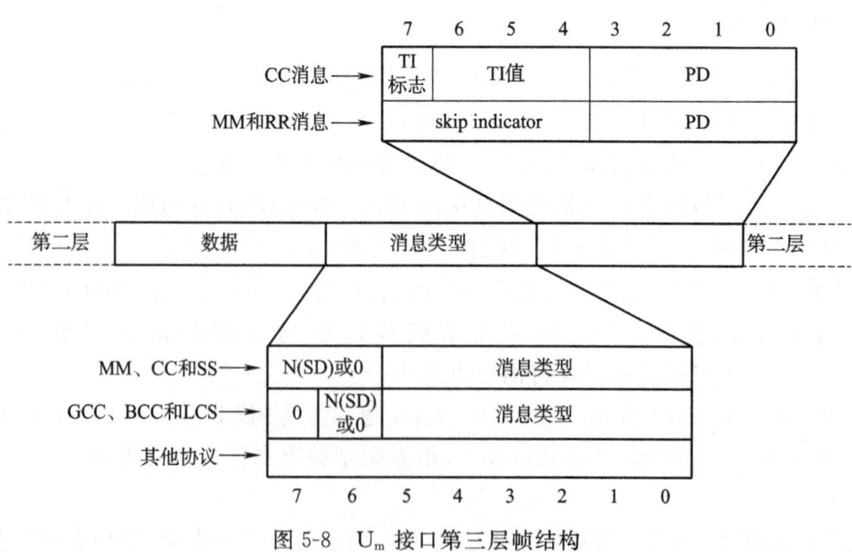


图 5-8　$U_m$ 接口第三层帧结构

表 5-5 PD 编码含义

| 比特位 | | | | 代表内容 |
|---|---|---|---|---|
| 4 | 3 | 2 | 1 | |
| 0 | 0 | 0 | 0 | 组呼控制(group call control,GCC) |
| 0 | 0 | 0 | 1 | 广播呼叫控制(broadcast call control,BCC) |
| 0 | 0 | 1 | 0 | 保留 |
| 0 | 0 | 1 | 1 | 呼叫控制(CC),与呼叫相关的 SS 消息 |
| 0 | 1 | 0 | 0 | GPRS 透明传输协议(GPRS transparent transport protocol,GTTP) |
| 0 | 1 | 0 | 1 | 移动性管理消息(MM) |
| 0 | 1 | 1 | 0 | 无线资源管理消息(RR) |
| 1 | 0 | 0 | 0 | GPRS 移动性管理消息(GMM) |
| 1 | 0 | 0 | 1 | SMS 消息 |
| 1 | 0 | 1 | 0 | GPRS 会话管理消息(SM) |
| 1 | 0 | 1 | 1 | 与呼叫无关的 SS 消息 |
| 1 | 1 | 0 | 0 | 3GPP TS 04.71 中规定的位置服务 |
| 1 | 1 | 1 | 0 | 预留,用于将 PD 扩展到一个字节长度 |
| 1 | 1 | 1 | 1 | 预留,用于 3GPP TS 04.14 和 3GPP TS 34.109 中描述的测试程序 |

(2)skip indicator

对于 RR 和 MM 消息,第三层消息的第一个字节的第 5~8 位为 skip indicator,应设置为“0000”。

(3)事务标识符(TI)

对于 CC 消息,第三层消息的第一个字节的第 5~8 位为 TI,其中第 8 位为 TI 标志,第 5~7 位为 TI 值。TI 用于区分 MS(给定 PD 和 SAP)同时存在的多个事务,在一次处理的开始,发起处理的接口侧选择一个空闲的 TI 值分配给该事务,直到事务结束。由于 TI 由通信双方在接口侧独立维护,一个 MS 可能出现两个相同的 TI 值,为了避免歧义,使用 TI 标志识别接口的哪一侧启动了事务。当消息为发送方发起的事务时,其 TI 标志设置为 0,否则设置为 1。

(4)消息类型

消息类型字段的编码与 PD 相关。对于 MM、CC 和 SS 协议,消息类型的第 7~8 位用于发送序列号(SSN);对于 GCC 和 BCC,第 7 位用于发送序列号,第 8 位设置为缺省值;对于 RR 协议,第 8 位为保留位,将来可能用作扩展比特,目前被设置为缺省值;对于其他协议,第 7~8 位设置为默认值。消息类型字段第 8 位的缺省值为 0。对于 SM 协议,消息类型字段第 7 位的缺省值为 1;对于其他协议,消息类型字段第 7 位的缺省值为 0。

消息类型决定了消息传送方向和低一层 SAP,因此,消息类型的含义取决于协议(相同的值在不同的协议中可能具有不同的含义)、方向(当从 MS 发送到网络时,以及当从网络发送到 MS 时,相同的值在相同的协议中可能具有不同的含义)和低一层 SAP(相同的值可能具有不同的含义,例如,消息在 SACCH 上发送和在主 DCCH 上发送含义不同)。

对 RR 消息的处理主要涉及 MS 和 BSS,而对 MM 和 CM 消息的处理涉及 MS 和 MSC,BTS、BSC 和 MSC 之间的功能分配见表 5-6。

**表 5-6　BTS、BSC 和 MSC 之间的功能分配**

| 功能 | | | BTS | BSC | MSC |
|---|---|---|---|---|---|
| 陆地信道管理 | MSC—BSC 信道 | 信道分配 | | | √ |
| | | 阻塞指示 | | √ | |
| | BSC—BTS 信道 | 信道分配 | | √ | |
| | | 阻塞指示 | √ | | |
| 移动性管理 | 鉴权 | | | | √ |
| | 位置更新 | | | | √ |
| 呼叫控制 | | | | | √ |
| 无线信道管理 | 信道编码/解码 | | √ | | |
| | 转码/速率适配 | | √ | | |
| | 互通功能(interworking function) | | | | √ |
| | 测量信息 | MS 上报的测量信息 | √ | √ | |
| | | 上行测量信息 | √ | √ | |
| | | 业务信息(traffic information) | | | √ |
| | 切换 | BSC 内部、小区内部切换 | | √ | |
| | | BSC 内部、小区间切换 | | √ | |
| | | MSC 内部、BSC 间切换 | | √ | √ |
| | | MSC 间切换 | | √ | √ |
| | 寻呼 | 发起寻呼 | | √ | |
| | | 执行寻呼 | √ | | |
| | 信道配置管理 | | | √ | |
| | TCH 管理 | 信道分配 | | √ | |
| | | 无线链路监督 | | √ | |
| | | 信道释放 | | √ | √ |
| | | 空闲信道监测 | √ | | |
| | SDCCH 管理 | SDCCH 分配 | | √ | |
| | | 无线链路监督 | | √ | |
| | | 信道释放 | | √ | √ |
| | BCCH/CCCH 管理 | 消息调度管理 | | √ | |
| | | 执行消息调度 | √ | | |
| | | 随机接入检测 | √ | | |
| | | 立即指配 | | √ | |
| | 定时提前(TA) | 定时提前计算 | √ | | |
| | | 随机接入阶段向 MS 发送 TA | | √ | |
| | | 通话/切换阶段向 MS 发送 TA | √ | | |
| | 无线资源指示 | 报告空闲信道状态 | √ | | |
| | LAPDm 相关功能 | | √ | | |

### 5.3.2 无线资源管理(RR 管理)

RR 子层负责完成与公共传输资源管理相关的功能,如物理信道和控制信道上的数据链路连接。RR 过程的一般功能是建立、维护和关闭 RR 连接,以实现 MS 和网络之间的点对点通信。RR 子层还负责完成空闲模式小区选择和越区切换。此外,在没有建立 RR 连接时,RR 子层还负责监控下行链路上的 BCCH 和 CCCH。

如果支持 VGCS 侦听或 VBS 侦听,RR 管理还包括分别接收语音组呼叫信道或语音广播信道的功能,以及在组接收模式下移动台的自动小区重选功能。如果支持 VGCS 通话,RR 管理还包括语音组呼叫信道的占用和释放功能。如果支持 GPRS 点到点服务,RR 管理包括与分组数据物理信道上传输资源管理相关的功能。

RR 子层在 RR-SAP 向 MM 子层提供若干服务,以建立和断开信令连接并传输信令消息。RR 子层的功能主要涉及 MS 和 BSC 的 RR 模块,主要实现以下功能:

(1)BCCH 和 PCH 监控:读取系统信息和寻呼消息;

(2)RACH 管理:MS 向 BSS 发送连接请求和寻呼响应;

(3)数据和信令信道的请求和分配;

(4)信道质量的周期性测量(质量监督);

(5)发射机功率控制和 MS 同步;

(6)由网络发起的越区切换;

(7)数据信道上加密和解密的同步。

RR 规程和相关消息定义了空闲模式以及 RR 连接的建立、维护和关闭,RR 消息列表见表 5-7。

**表 5-7 RR 消息列表**

| 消息名称 | 信道 | 方向 | 消息类型 | 功能描述 |
|---|---|---|---|---|
| RR initialisation request | DCCH | MS→N | 00111100 | 请求建立专用模式 |
| additional assignment | DCCH | N→MS | 00111011 | 分配额外的专用信道,同时保持先前分配的信道 |
| immediate assignment | CCCH | MS→N | 00111111 | 发送给处于空闲模式的 MS,以将信道配置修改为专用配置 |
| immediate assignment extended | CCCH | MS→N | 00111001 | 发送给同一小区内处于空闲模式的 2 个 MS,以将它们的信道配置修改为不同的专用配置 |
| immediate assignment reject | CCCH | N→MS | 00111010 | 指示没有信道可用于立即指配,最多可以同时发给 4 个 MS |
| DTM assignment failure | DCCH | MS→N | 01001000 | 指示 MS 未能分配到新的分组信道 |
| DTM reject | DCCH | N→MS | 01001001 | 指示没有可用的无线电资源用于相应的分配请求 |
| DTM request | DCCH | MS→N | 01001010 | 请求建立双传输模式 |
| packet assignment | DCCH | N→MS | 01001011 | 将信道配置修改为具有 CS 和 PS 连接的多时隙配置 |

续上表

| 消息名称 | 信道 | 方向 | 消息类型 | 功能描述 |
| --- | --- | --- | --- | --- |
| channel request | RACH | MS→N | — | 随机接入网络，不遵循 RR 信令基本格式 |
| ciphering mode command | DCCH | N→MS | 00110101 | 指示网络已启动解密，并且应当在 MS 中启动加密和解密，或者指示不执行加密 |
| ciphering mode complete | DCCH | MS→N | 00110010 | 指示 MS 中已启动加密和解密 |
| configuration change command | DCCH | N→MS | 00110000 | 改变多时隙配置的信道配置 |
| configuration change ack | DCCH | MS→N | 00110001 | 指示 MS 已成功地改变到请求的信道配置 |
| configuration change reject | DCCH | MS→N | 00110011 | 指示 MS 无法切换到由配置改变命令指示的信道配置，仍然使用先前的配置 |
| assignment command | DCCH | N→MS | 00101110 | 将信道配置调整为另一个独立的专用信道配置 |
| assignment complete | DCCH | MS→N | 00101001 | 指示 MS 已成功地建立了主信令链路 |
| assignment failure | DCCH | MS→N | 00101111 | 指示 MS 未能成功建立新信道 |
| handover command | DCCH | N→MS | 00101011 | 在切换过程中，修改专用信道配置 |
| handover complete | DCCH | MS→N | 00101100 | 在切换过程中，指示 MS 已成功地建立了主信令链路 |
| handover failure | DCCH | MS→N | 00101000 | 在切换过程中，指示 MS 未能成功切换到新信道 |
| physical information | DCCH | N→MS | 00101101 | MS 停止发送接入突发 |
| handover access | DCCH | MS→N | — | 在切换过程中，随机接入目标小区，不遵循 RR 信令基本格式 |
| DTM assignment command | DCCH | N→MS | 01001100 | 将信道配置修改为具有 CS 和分组连接的配置 |
| RR-cell change order | DCCH | N→MS | 00001000 | 命令 MS 重新选择小区 |
| PDCH assignment command | DCCH | N→MS | 00100011 | 将信道配置修改为 PDCH |
| channel release | DCCH | N→MS | 00001101 | 去激活所使用的专用信道 |
| partial release | DCCH | N→MS | 00001010 | 去激活部分正在使用的专用信道 |
| partial release complete | DCCH | MS→N | 00001111 | 指示部分专用信道已被去激活 |
| paging request type 1 | CCCH | N→MS | 00100001 | 发送到处于空闲模式的 MS 以触发信道接入，或发送到分组空闲模式下的 MS 以触发小区更新过程，最多可同时发送给 2 个 MS |
| paging request type 2 | CCCH | N→MS | 00100010 | 含义同上，最多可同时发送给 3 个 MS |
| paging request type 3 | CCCH | N→MS | 00100100 | 含义同上，最多可同时发送给 4 个 MS |
| paging response | DCCH | MS→N | 00100111 | 对寻呼请求消息的响应 |
| notification/NCH | NCH | N→MS | 00100000 | 通知 MS 当前小区中的 VBS 或 VGCS 呼叫 |
| notification/response | DCCH | MS→N | 00100110 | 响应 VBS 或 VGCS 呼叫的通知 |
| packet notification | DCCH | N→MS | 01001110 | 触发 MS 执行小区更新过程 |
| system information type 8 | BCCH | N→MS | 00011000 | 广播在该小区中使用的小区重选参数的信息 |

续上表

| 消息名称 | 信道 | 方向 | 消息类型 | 功能描述 |
| --- | --- | --- | --- | --- |
| system information type 1 | BCCH | N→MS | 00011001 | 广播RACH和小区分配的控制信息 |
| system information type 2 | BCCH | N→MS | 00011010 | 广播相邻小区中RACH和BCCH分配的控制信息 |
| system information type 3 | BCCH | N→MS | 00011011 | 广播RACH控制信息、位置区域标识、小区选择参数和控制信道描述等 |
| system information type 4 | BCCH | N→MS | 00011100 | 广播RACH控制信息、位置区域标识、小区选择参数和小区广播信道等 |
| system information type 5 | SACCH | N→MS | 00011101 | 广播相邻小区中BCCH分配的信息 |
| system information type 6 | SACCH | N→MS | 00011110 | 广播位置区域标识、小区标识和其他信息 |
| system information type 7 | BCCH | N→MS | 00011111 | 广播在该小区中使用的小区重选参数的信息 |
| system information type 2bis | BCCH | N→MS | 00000010 | 广播关于RACH的控制信息和相邻小区中BCCH分配的扩展信息 |
| system information type 2ter | BCCH | N→MS | 00000011 | 广播相邻小区中BCCH分配的扩展信息 |
| system information type 2quater | BCCH | N→MS | 00000111 | 广播附加测量和报告参数和/或UTRAN相邻小区信息 |
| system information type 5bis | SACCH | N→MS | 00000101 | 广播相邻小区中BCCH分配的扩展信息 |
| system information type 5ter | SACCH | N→MS | 00000110 | 广播相邻小区中BCCH分配的扩展信息 |
| system information type 9 | BCCH | N→MS | 00000100 | 广播BCCH上的部分调度信息 |
| system information type 13 | BCCH | N→MS | 00000000 | 广播与小区中的GPRS相关的信息 |
| system information type 16 | BCCH | N→MS | 00111101 | 广播小区选择和在该小区中使用的重选参数信息 |
| system information type 17 | BCCH | N→MS | 00111110 | 广播小区选择和在该小区中使用的重选参数信息 |
| system information type 18 | BCCH | N→MS | 01000000 | 广播非GSM信息 |
| system information type 19 | BCCH | N→MS | 01000001 | 广播COMPACT相邻小区的信息 |
| system information type 20 | BCCH | N→MS | 01000010 | 广播非GSM信息 |
| channel mode modify | DCCH | N→MS | 00010000 | 请求为所指示的信道设置信道模式 |
| RR status | DCCH | MS↔N | 00010010 | 报告某些错误 |
| channel mode modify acknowledge | DCCH | MS→N | 00010111 | 指示信道模式修改请求的成功或不成功执行 |
| frequency redefinition | DCCH | N→MS | 00010100 | 指示所分配信道的频率和跳变序列应改变 |
| measurement report | DCCH | MS→N | 00010101 | 向网络发送专用信道及相邻小区的测量结果报告 |
| classmark change | DCCH | MS→N | 00010110 | 指示classmark改变或作为对classmark查询的响应 |
| classmark enquiry | DCCH | N→MS | 00010011 | 请求classmark信息 |

续上表

| 消息名称 | 信道 | 方向 | 消息类型 | 功能描述 |
|---|---|---|---|---|
| extended measurement report | SACCH | MS→N | 00110110 | 报告指定载波上的信号强度的扩展测量结果 |
| extended measurement order | SACCH | N→MS | 00110111 | 使用RR短PD格式，命令MS发送扩展测量报告 |
| GPRS suspension request | DCCH | MS→N | 00110100 | 请求暂停GPRS服务 |
| DTM information | DCCH | N→MS | 01001101 | 向MS提供双传输模式下所需的操作信息 |
| VGCS uplink grant | DCCH | N→MS | 00001001 | MS停止发送接入突发，并将信道配置修改为专用配置 |
| uplink release | DCCH | MS↔N | 00001110 | 去激活组发送模式并将上行链路设置为空闲，或在语音组呼信道的下行链路拒绝已由网络授权的上行接入 |
| uplink busy | DCCH | N→MS | 00101010 | 通知MS语音组呼叫频道的上行链路状态 |
| talker indication | DCCH | MS→N | 00010001 | 当上行链路接入之后在VGCS信道上建立新的第二层连接时，给出讲话者信息 |
| application information | DCCH | MS↔N | 00111000 | 在网络和MS之间传送嵌入式应用协议数据单元(APDU)或APDU段 |
| system information type 10 | SACCH | N→MS | ＊＊＊00000 | 使用RR短PD格式，广播相邻小区信息 |
| notification/FACCH | DCCH | N→MS | ＊＊＊00001 | 使用RR短PD格式，在专用模式下、进行中的语音广播呼叫、小区中的其他语音广播呼叫或语音组呼叫中通知MS |
| uplink free | DCCH | N→MS | ＊＊＊00010 | 使用RR短PD格式，通知MS语音组呼叫信道的上行链路状态 |
| enhanced measurement report (uplink) | SACCH | MS→N | ＊＊＊00100 | 使用RR短PD格式，包含关于GSM和/或3G的测量报告 |
| measurement information (downlink) | SACCH | N→MS | ＊＊＊00101 | 使用RR短PD格式，如果一条测量报告中无法包含所有信息，则剩余信息在该消息中发送 |
| uplink access | RACH | MS→N | — | 在语音组呼叫信道上行链路随机接入，不遵循RR信令基本格式 |

RR的主要规程如下。

**1. 连接建立和释放**

MS与网络进行信令交互时需要在MS和BTS之间建立RR连接和LAPDm连接，RR连接的建立可以由网络或MS发起。MS发起RR连接时，在RACH上发送信道请求(channel request)启动立即分配过程，以便在AGCH上获得分配的信道；网络发起RR连接时，发起寻呼请求(paging request)，MS进行寻呼响应(paging response)。RR连接完成后，更高协议层(CM、MM)可以在SAPI 0接收和发送信令消息。

释放总是由网络发起(channel release)。释放信道的原因可能是信令事务结束、错误过多、为进行更高优先级呼叫(例如紧急呼叫)而释放信道或呼叫结束。在接收到信道释放命令后，MS在短暂的等待期后进入空闲状态。

一旦建立了 RR 连接，MS 获得双向的 SDCCH/TCH 以及相关联的 SACCH/FACCH。如果不需要发送其他信令消息时，MS 需要在 SACCH 上周期性地发送当前信道测量(measurement report)，BSS 则周期性地发送系统信息(system information type 5/6)。

**2. 改变信道**

对于已建立的 RR 连接，可以在小区内改变其正在使用的物理信道，如指配专用信道。改变信道的请求总是由网络发起，可以来自更高的协议层，也可以来自 RR 子层。当 MS 接收到指配命令时，暂停所有信令消息的传输，关闭业务信道(如果存在)，并且去激活旧信道，在激活新的物理信道并成功建立新的 LAPDm 连接之后，可以发送先前保留的信令消息。

**3. 越区切换**

越区切换过程也会改变所建立 RR 连接的物理信道配置，越区切换由网络侧发起，但与指配过程不同，切换命令中除了包含新信道配置外，还包含其他切换所需的目标小区信息，如 BSIC 和 BCCH 频率、功率等级以及切换参考号等。

在 FACCH 上接收到切换命令后，MS 终止旧信道上的 LAPDm 连接、去激活旧的物理信道，最后切换到新分配的信道。在 FACCH 上，MS 向基站发送接入突发(AB)中的未加密消息 handover access(参见 2.3.2 节图 2-10，在 RACCH 上编码)。即使这是 FACCH 上的消息，但因为此时 MS 还不知道完整的同步信息，仍需要使用 AB，AB 的 8 位数据中包含切换命令的切换参考。AB 的传输方式取决于两个小区是否同步了它们的 TDMA 传输。MS 使用接入突发向目标小区发送 handover access，激活新的物理信道并建立 LAPDm 连接，最后向 BSS 发送消息切换完成。

**4. 加密激活**

加密激活是由 BSS 使用 ciphering mode command 完成的，该命令指示 BTS 激活其解密功能。接收到此命令后，MS 激活加密和解密，并以加密形式发送 ciphering mode complete。如果 BTS 能够正确解密此消息，则加密模式成功建立。

**5. 系统消息**

网络通过系统消息在小区内广播 $U_m$ 接口上主要的无线网络参数，通过接收并解码系统消息，MS 能够与网络协调工作，正确地接入和选择网络。系统消息可以在 BCCH 或 SACCH 发送，MS 处于空闲模式时接收 BCCH 上的系统消息，处于专用模式时接收 SACCH 上的系统消息。

**6. 其他信令过程**

3GPP 协议规范中还定义了一些不常用的信令过程，如频率重定义、附加指配、部分释放和 classmark 改变等。

### 5.3.3 移动性管理(MM 管理)

MM 子层完成与移动性相关的功能，在 MMREG-SAP 向高层提供注册服务，如 IMSI 附着和分离过程，在 MMCC-SAP、MMSS-SAP 和 MMSMS-SAP 向 CC、SS 和 SMS 实体提供服务。根据发起方式的不同，MM 程序可以分为一般规程、特定规程和连接管理规程三类。

**1. MM 一般规程**

MM 一般规程只有在存在 RR 连接时才能发起。由网络侧发起的 MM 一般规程包括：TMSI 重分配规程、用户身份识别规程、鉴权规程、MM 信息规程和中止(abort)规程。只有在正在建立或已经建立 MM 连接的情况下，才使用中止规程。由 MS 侧发起的 MM 一般规程为 IMSI 分离规程。

TMSI 重分配规程主要用于保护用户身份，通过在 $U_m$ 接口的信令过程使用 TMSI 而不是 IMSI 防止用户被识别或定位。TMSI 仅在位置区域内具有局部意义，并且必须与 LAI 一起用于用户的唯一标识，因此，在位置区域发生变化时需要执行 TMSI 重新分配，作为网络的可选项，TMSI 重新分配过程可以在 RR 连接建立后的任何时间执行。TMSI 重分配过程可以通过发送 TMSI reallocation command 显式执行，也可以在其他规程(例如位置更新)中隐含地执行。

用户身份识别规程主要用于识别 MS 的设备标识 IMEI 或通过 SIM 卡分配给 MS 的用户标识 IMSI。网络可以在任何时候用 identity request 向 MS 请求这两个身份参数。因此，MS 需要能够在任何时候用 identity response 消息向网络提供这些身份参数。

网络使用鉴权规程检查是否允许终端接入网络并为用户分配一个新密钥，网络发送 authentication request 启动鉴权规程，MS 应能够在 RR 连接期间的任何时候处理这个请求。

如果 MS 断电或 SIM 卡已被移除，MS 无法响应寻呼请求，为了避免不必要寻呼，减轻 BSS 上的寻呼负载，网络可以要求 MS 在断电或 SIM 卡移除时从网络中显式注销(此功能为网络的可选项)，通过在系统消息 3 和系统消息 8 中设置 IMSI 附着和分离允许标识实现这一功能。MS 在断电或 SIM 卡被移除时发送 IMSI detach indication 消息，网络将 MS 标记为非活动。

**2. MM 特定规程**

MM 特定规程只有在没有其他 MM 特定规程运行或不存在 MM 连接时才能启动，包括：正常位置更新规程、周期性位置更新规程和 IMSI 附着规程。

MS 需要根据 BCCH 信道上广播的信息识别当前位置区域的任何变化并将其报告给网络，以便 HLR 和 VLR 能够保持 MS 最新的位置。通常情况下，MS 通过发送 location updating request 启动位置更新规程，在位置更新过程中，用户身份识别和鉴权规程也可以重新分配 TMSI。

**3. MM 连接管理规程**

MM 连接管理规程用于在 MS 和网络之间建立、维护和释放 MM 连接，上层 CM 层的实体可以通过该连接与其对等实体交换信息。只有在没有运行 MM 特定规程的情况下，才能执行 MM 连接建立，可以同时存在多个 MM 连接。MM 连接管理规程包括：MM 连接建立、MM 连接信息传输和 MM 连接释放。

MM 连接是根据 CM 子层的请求建立的，可以由 MS 侧或网络侧发起，用于 CM 实体之间的消息交换，其中每个 CM 实体都有自己的 MM 连接。由 MS 侧发起 MM 连接建立时必须存在 RR 连接，单个 RR 连接可由多个 MM 连接使用。除了紧急呼叫外，只有 MS 在当前位置区域中成功执行了位置更新，才能建立 MM 连接。MS 通过向网络发送 CM service request 消息建立 MM 连接，其中包含 MS 标识(IMSI 或 TMSI)以及关于所请求服务的信息(发起呼叫建立、短消息服务、补充业务激活、语音组呼叫建立、语音广播呼叫建立等)。根据这些参数，网络可以执行除了 IMSI 分离以外任何 MM 一般规程或激活用户数据加密。如果 MS 从 RR 子层接收到 CM service accept 消息或加密被激活的本地消息，则 MS 将其视为服务请求被接受，并通知 CM 实体 MM 连接已经成功建立。如果服务请求被网络拒绝，则 MS 将收到 CM service reject 消息，MM 连接建立失败。网络侧发起 MM 连接建立的场景一般存在于寻呼过程，寻呼成功后，建立 RR 连接，网络侧的 MM 子层在必要时执行一个 MM 规程(除了 IMSI 分离)，并从 RR 子层请求激活用户数据加密。如果这些事务成功，则通知 CM 实体 MM 连接已经成功建立。

MM 消息列表见表 5-8。

**表 5-8 MM 消息列表**

| 消息类别 | 消息名称 | 方向 | 消息类型 | 功能描述 |
|---|---|---|---|---|
| 注册消息 | IMSI detach indication | MS→N | * * 000001 | 在网络中设置去激活指示 |
| | location updating accept | N→MS | * * 000010 | 指示位置更新或 IMSI 附着已完成 |
| | location updating reject | N→MS | * * 000100 | 指示位置更新或 IMSI 附着失败 |
| | location updating request | MS→N | * * 001000 | MS 请求正常更新、周期性更新或 IMSI 附着 |
| 安全消息 | authentication reject | N→MS | * * 010001 | 指示 MS 的鉴权失败 |
| | authentication request | N→MS | * * 010010 | 指示 MS 发起鉴权 |
| | authentication response | MS→N | * * 010100 | 向网络发送鉴权所需的参数 |
| | authentication failure | MS→N | * * 011100 | 指示网络的鉴权失败 |
| | identity request | N→MS | * * 011000 | 请求 MS 向网络报告指定的身份 |
| | identity response | MS→N | * * 011001 | 根据网络的请求提供指定的身份 |
| | TMSI reallocation command | N→MS | * * 011010 | 重新分配或删除 TMSI |
| | TMSI reallocation complete | MS→N | * * 011011 | 指示 TMSI 的重新分配或删除已完成 |
| 连接管理消息 | CM service accept | N→MS | * * 100001 | 指示所请求的 CM 服务已被接受 |
| | CM service reject | N→MS | * * 100010 | 指示不能提供所请求的 CM 服务 |
| | CM service abort | MS→N | * * 100011 | 请求中止正在进行的第一个 MM 连接，并释放 RR 连接 |
| | CM service request | MS→N | * * 100100 | 请求用于 CM 子层实体的服务，例如电路交换连接建立、补充服务激活、短消息传输、位置服务等 |
| | CM service prompt | N→MS | * * 100101 | 请求 MS 使用指定的 SAPI 为指定的 CM 协议建立服务 |
| | CM re-establishment request | MS→N | * * 101000 | 请求在前一个连接失败的情况下重新建立连接 |
| | abort | N→MS | * * 101001 | 触发中止所有的 MM 连接并指示中止的原因 |
| 杂项消息 | MM null | — | * * 110000 | 此消息不用于 $U_m$ 接口，为解决互联互通问题而引入 |
| | MM status | MS↔N | * * 110001 | 可由 MS 或网络在任何时候发送，以报告某些错误条件 |

### 5.3.4 连接管理(CM 管理)

CM 由 CC、SS 和 SMS 三个实体组成。

**1. CC 实体**

CC 实体处理与建立、维护语音通话相关的所有任务。CC 的服务由 MNCC-SAP 提供，包括：MS 发起或终止的正常呼叫建立、MS 发起的紧急呼叫建立、通话终止、双音多频信号、与呼叫有关的补充服务和呼叫内修改(in-call modification)。

对于 MS 主叫，CC 实体首先从本地 MM 实体请求 MM 连接，同时指示是正常呼叫还是紧急呼叫，成功建立 MM 连接并激活加密后，通知请求服务的 CC 实体，MS 通过 setup 消息在此连接上请求与 MSC 建立连接。MSC 通过 call proceeding 消息来指示呼叫请求已被接受，并且呼叫建立所需的所有信息都可用，否则，MSC 使用 release complete 消息拒绝呼叫请求。当被叫方收到通信信号后，网络向 MS 发送 alerting 信令(被叫方设置为自动接听时，也可以省略 alerting 信令)，当被叫方接听呼叫后，向 MS 发送 connect 消息，MS 则回复 connect acknowledge，进而通话双方建立用户连接。对于 MS 被叫，在建立 MM 连接时还需要建立 RR 连接，成功建立 MM 连接并激活加密后，向 MS 发送 setup 消息，其中包含所请求服务相关信息。MS 检查其是否满足所请求的服务配置文件，若满足，则接受呼叫请求并通过 call confirmed 消息和 alerting 消息发送给 MSC。如果移动用户接受呼叫，通话双方通过 connect 和 connect acknowledge 消息建立用户连接。MS 或网络侧可以通过发送 disconnect 消息发起连接释放，通过 release 和 release complete 消息完成连接的释放。

在通话期间，可以使用两个以上 CC 规程：DTMF 信令和呼叫内修改。DTMF 信令是一种带内信令过程，允许 MS 与另一侧通信。DTMF 只能在语音连接期间使用，通过 FACCH 上的 start DTMF 消息告知网络按键被按下，通过 stop DTMF 消息告知网络按键被释放。start/stop 消息之间必须保持最小间隔，当 MS 按下按键时，MSC 生成与 start DTMF 信令指示的键码相对应的 DTMF 音调。使用呼叫内修改规程可以在连接过程中更改服务，例如，语音和透明/不透明数据交替、语音和传真交替等。网络或 MS 侧可以通过发送 modify 信令启动呼叫内修改，其中包含了服务和更改类型，在发送 modify 请求之后，停止用户数据的传输，如果可以执行服务更改，则用 modify complete 消息来通知，否则发送 modify reject 拒绝服务更改。服务更改可能需要改变当前物理信道配置或操作模式，为此 MSC 可能需要使用 assignment command 消息指配信道。

CC 消息列表见表 5-9。

**表 5-9 CC 消息列表**

| 消息类别 | 消息名称 | 方向 | 消息类型 | 功能描述 |
|---|---|---|---|---|
| 呼叫建立消息 | alerting | MS↔N | ＊＊000001 | 指示被叫用户开始振铃 |
| | call confirmed | MS→N | ＊＊001000 | 由被叫 MS 发送以确认呼入请求 |
| | call proceeding | N→MS | ＊＊000010 | 发送给主叫 MS，以指示已接收到所请求的呼叫建立信息，并且不再接受呼叫建立信息 |
| | connect | MS↔N | ＊＊000111 | 指示被叫用户接受呼叫 |

续上表

| 消息类别 | 消息名称 | 方向 | 消息类型 | 功能描述 |
|---|---|---|---|---|
| 呼叫建立消息 | connect acknowledge | MS↔N | * * 001111 | 确认呼叫连接 |
| | emergency setup | MS→N | * * 001110 | 发起紧急呼叫建立 |
| | progress | N→MS | * * 000011 | 带内信令互通或传输时指示呼叫的进展，如呼叫语音信箱 |
| | CC-establishment | N→MS | * * 000100 | 为 MS 尝试建立的呼叫提供信息 |
| | CC-establishment confirmed | MS→N | * * 000110 | 指示由 MS 发起的呼叫所请求的信道特性 |
| | recall | N→MS | * * 001011 | 通知 MS 发送 setup 消息或为用户通知提供信息 |
| | start CC | MS→N | * * 001001 | 启动网络请求 MS 开启的呼叫控制事务 |
| | setup | MS↔N | * * 000101 | 发起 MS 作为主叫或被叫的呼叫建立 |
| 呼叫信息状态消息 | modify | MS↔N | * * 010111 | 请求改变呼叫的承载能力 |
| | modify complete | MS↔N | * * 011111 | 指示完成改变呼叫承载能力的请求 |
| | modify reject | MS↔N | * * 010011 | 指示改变呼叫承载能力的请求失败 |
| | user information | MS↔N | * * 010000 | 向远程用户传送信息或接收来自远程用户的信息 |
| | hold | MS→N | * * 011000 | 请求保持当前呼叫 |
| | hold acknowledge | N→MS | * * 011001 | 指示已成功执行呼叫保持功能 |
| | hold reject | N→MS | * * 011010 | 拒绝呼叫保持的请求 |
| | retrieve | MS→N | * * 011100 | 重新激活先前被保持的呼叫 |
| | retrieve acknowledge | N→MS | * * 011101 | 指示 retrieve 功能已成功执行 |
| | retrieve reject | N→MS | * * 011110 | 指示网络无法执行请求的 retrieve 功能 |
| 呼叫清除消息 | disconnect | MS↔N | * * 100101 | 清除端到端连接 |
| | release | MS↔N | * * 101101 | 指示网络或 MS 将释放事务标识符 |
| | release complete | MS↔N | * * 101010 | 指示网络或 MS 已经释放了事务标识符 |
| 杂项消息 | congestion control | N→MS | * * 111001 | 建立或终止对 user information 传输的流量控制 |
| | notify | MS↔N | * * 111110 | 指示与呼叫有关的信息，例如用户挂起 |
| | status | MS↔N | * * 111101 | 报告某些错误条件 |
| | status enquiry | MS↔N | * * 110100 | 查询对等实体中呼叫控制的当前状态 |
| | start DTMF | MS→N | * * 110101 | 包含网络应重新转换回 DTMF 音调的数字，然后将其应用于远程用户 |
| | stop DTMF | MS→N | * * 110001 | 停止向远程用户发送 DTMF 音调 |
| | stop DTMF acknowledge | N→MS | * * 110010 | 指示 DTMF 音调的发送已经停止 |
| | start DTMF acknowledge | N→MS | * * 110110 | 指示成功发起由 start DTMF 消息请求的动作 |

续上表

| 消息类别 | 消息名称 | 方向 | 消息类型 | 功能描述 |
|---|---|---|---|---|
| 杂项消息 | start DTMF reject | N→MS | * * 110111 | 指示网络无法接受 start DTMF 消息 |
| | facility | MS↔N | * * 111010 | 请求或确认补充服务,要调用的补充服务及其相关参数在信元中指定 |

**2. SS 实体**

SS 规程中的消息可以分为单独消息类(separate message category)和公共信息元素类(common information element category)两种。单独消息类使用单独的消息类型来指示所需的功能,如表 5-9 中的 hold 和 retrieve 相关消息,这些规程只能在呼叫的活动阶段执行;公共信息元素类使用表 5-10 消息中的 facility 信元指示所请求的规程类型。

**表 5-10 与呼叫无关的 SS 消息列表**

| 消息类别 | 消息名称 | 方向 | 消息类型 | 功能描述 |
|---|---|---|---|---|
| 清除消息 | release complete | MS↔N | 0 * 101010 | 释放独立于呼叫的补充业务控制的事务,还可以请求或确认补充服务 |
| 杂项消息 | facility | MS↔N | 0 * 111010 | 请求或确认补充服务,要调用的补充服务及其相关参数在 facility 信元中指定 |
| | register | MS↔N | 0 * 111011 | 为独立于呼叫的补充业务控制分配新的事务标识符,并请求或确认补充业务 |

**3. SMS 实体**

为了支持短消息服务,CM 子层向短消息中继层(SM-RL)提供服务。对于使用电路域的短消息,只有在 MS 和网络之间已经建立了 MM 连接的情况下,才可以进行短消息传输。对于 RR 子层,需要在 SDCCH 或 SACCH 信道上建立 RR 连接和 LAPDm 连接。CM 子层中的 SMS 消息列表见表 5-11。

**表 5-11 SMS 消息列表**

| 消息名称 | 方向 | 消息类型 | 功能描述 |
|---|---|---|---|
| CP-DATA | MS↔N | 00000001 | 包含要在 CM 用户之间中继的用户数据以及相关参数 |
| CP-ACK | MS↔N | 00000100 | 用于确认 CP-DATA 消息的接收 |
| CP-ERROR | MS↔N | 00010000 | 用于传送错误信息 |

## 5.4 系统消息

### 5.4.1 系统消息概述

网络通过系统消息在小区范围内对 MS 广播无线网络参数,使得 MS 与网络协调工作,主要系统消息汇总见表 5-12。

表 5-12 主要系统消息

| 系统消息类型 | 发送信道 | 描 述 |
| --- | --- | --- |
| system information type 1 | BCCH | MS 访问系统所需的小区 ARFCN、RACH 参数和跳频相关信息 |
| system information type 2 | BCCH | 相邻 BCCH 频点和 PLMN 信息，MS 使用这些频点测量越区切换所需的信号强度 |
| system information type 2bis | BCCH | RACH 控制信息和相邻小区的 BCCH 频点分配的扩展信息 |
| system information type 2ter | BCCH | 提供相邻小区的 BCCH 频点分配的扩展信息，只有双频 MS 才需要读取该消息 |
| system information type 2quater | BCCH | 3G 相邻小区相关信息 |
| system information type 3 | BCCH | RACH 控制信息、位置区标识、小区标识和关于小区的各种其他信息 |
| system information type 4 | BCCH | RACH 控制信息、位置区标识、小区选择参数以及 CBCH 信道信息 |
| system information type 5 | SACCH | 相邻小区中 BCCH 频点分配信息 |
| system information type 5bis | SACCH | 相邻小区中 BCCH 频点分配的扩展信息 |
| system information type 5ter | SACCH | 相邻小区中 BCCH 频点分配的扩展信息，只有双频 MS 才需要读取该消息 |
| system information type 6 | SACCH | 位置区标识、小区标识以及其他描述小区功能的参数 |
| system information type 7 | BCCH | 需要在该小区中使用的小区重选参数信息 |
| system information type 8 | BCCH | 需要在该小区中使用的小区重选参数信息 |
| system information type 9 | BCCH | BCCH 上部分或全部信息的调度信息 |
| system information type 13 | BCCH | 提供与 GPRS 相关的信息 |

### 5.4.2 系统消息 1

系统消息 1 主要包含了小区频点分配表（CA 表）和 RACH 控制信息，此外还可能包含 NCH 上的信息状态、优先级等元素。

**1. CA 表**

CA 表为解码移动分配信道信息提供了参考的频率列表。CA 表的格式可以分为 0 位图格式、1024 范围格式、512 范围格式、256 范围格式、128 范围格式和可变长位图等 6 种，GSM-R 通常采用可变长位图格式，如图 5-9 所示。

其中，ORIG_ARFCN 是小区中的一个载频，也是位图的起点，用于生成其他载频。而对于位图中的第 $N$ 个 RRFCN（相对频率信道号），如果为 1，则载频 ARFCN＝mod（ORIG_ARFCN＋$N$，1024），属于此小区，为 0 则不属于此小区。

**2. RACH 控制信息**

RACH 控制信息提供了用于控制 RACH 利用率的参数，主要包括以下几个。

①最大重发次数（max retrans）：在初始信道分配阶段，MS 收到 immediate assignment 以前最多允许重发的 channel request 次数，取值为 1、2、4 和 7。

<table>
<tr><td>8</td><td>7</td><td>6</td><td>5</td><td>4</td><td>3</td><td>2</td><td>1</td><td></td></tr>
<tr><td>1</td><td>0</td><td>0</td><td>0</td><td>1</td><td>1</td><td>1</td><td rowspan="2">CA<br>ARFCN<br>high</td><td rowspan="2">octet 2</td></tr>
<tr><td colspan="2">FORMAT_ID</td><td>spare</td><td>spare</td><td colspan="3">FORMAT_ID</td></tr>
<tr><td colspan="8">ORIG_ARFCN<br>(middle part)</td><td>octet 3</td></tr>
<tr><td>ORIG_<br>ARFCN<br>low</td><td>RRFCN<br>1</td><td>RRFCN<br>2</td><td>RRFCN<br>3</td><td>RRFCN<br>4</td><td>RRFCN<br>5</td><td>RRFCN<br>6</td><td>RRFCN<br>7</td><td>octet 4</td></tr>
<tr><td colspan="8">…</td><td>⋮</td></tr>
<tr><td>RRFCN<br>104</td><td>RRFCN<br>105</td><td>RRFCN<br>106</td><td>RRFCN<br>107</td><td>RRFCN<br>108</td><td>RRFCN<br>109</td><td>RRFCN<br>110</td><td>CA<br>ARFCN<br>111</td><td>octet 17</td></tr>
</table>

图 5-9　可变长位图格式的 CA 表

②扩展传输时隙数目(tx-integer):MS 重复发送 channel request 时,每次发送间隔的时隙数量,取值为 3～12、14、16、20、25、32 和 50。

③小区接入禁止(CBA):指示小区是否允许 MS 接入,0 为允许接入,1 为不允许接入。

④呼叫重建允许(RE):指示 MS 是否允许呼叫重建,0 为允许重建,1 为不允许重建。

⑤紧急呼叫允许(EC):指示 MS 没有插入 SIM 卡或其接入等级被小区禁止时是否允许发起紧急呼叫,0 为允许紧急呼叫,1 为不允许紧急呼叫(接入等级为 11～15 的 MS 除外)。

⑥接入控制等级(AC):GSM-R 定义了接入等级 0～9、11～15,每个 MS 具有一个接入等级,占 1 bit,等级 11～15 的 MS 的接入优先级高于等级 0～9 的 MS。0 为允许相应接入等级的 MS 进入,1 为不允许相应接入等级的 MS 接入。

### 5.4.3　系统消息 2、2bis

系统消息 2、2bis 主要包含相邻小区频点分配表(BA1 表)、网络色码(NCC)允许和 RACH 控制信息等元素。

(1)相邻小区频点分配表(BA1 表):描述了相邻小区的 BCCH 载频 ARFCN,其格式与 CA 表类似,参见 5.4.2 节,主要不同是第 2 个字节的第 5 位是 BA 表指示(BA-IND),第 6 位是扩展指示(EXT-IND)。BA-IND 使得网络可以区分与不同 BA 表相关的无线测量结果(如空闲模式下的 BA 表和专有模式下的 BA 表)。EXT-IND 指示 BA 表是否携带了完整的 BCCH 信道列表,在系统消息 2、5 中发送,0 表明是完整的 BA 表,1 说明需要在系统消息 2 bis 和 5 bis中发送扩展相邻小区频点。

(2)NCC 允许:包含 MS 需要测量的 NCC 集合,若字段中的第 $N$ 比特($0 \leqslant N \leqslant 7$)为 0,则 MS 不测量 NCC 为 $N$ 的小区电平,否则需要进行测量。

(3)RACH 控制信息:参见 5.4.2 节。

### 5.4.4　系统消息 3

系统消息 3 包含小区标识、LAI、控制信道描述、小区选项、小区重选参数和 RACH 控制参数等元素。

(1)小区标识、LAI

MS 根据系统消息中下发的小区标识、LAI 判断是否可以在小区附着、是否需要执行位置区更新操作。

(2)控制信道描述

控制信道描述提供关于小区的各种信息，主要包括以下参数：

①MSC 版本：0 为 Release 98 及以前版本，1 为 Release 99 及以后版本。

②IMSI 附着和分离允许(ATT)：0 表示小区内不允许 MS 启用 IMSI 附着和分离程序，1 表示需要启用。

③接入允许保留块数(BS-AG-BLKS-RES)：CCCH 消息块数中保留给 AGCH 的块数，通过调整此参数可以平衡 AGCH 和 PCH 的负荷。CCCH-CONF 设置为“001”时，BS-AG-BLKS-RES 可以设置为 0～2，其他情况可以设置为 0～7。

④CCCH 配置(CCCH-CONF)：小区内 CCCH 的组合方式，在 GSM-R 中 CCCH-CONF 取值通常为“000”，即 CCCH 使用一个基本的物理信道，不与 SDCCH 共用，此时一个 BCCH 51 复帧中可以包含 9 个 CCCH 消息块。

⑤寻呼信道复帧数(BS-PA-MFRMS)：在同一个寻呼子信道中发送 paging request 消息的复帧周期，此参数确定了小区中寻呼信道划分的寻呼子信道数量，取值范围为 0～7，对应的复帧周期为 2～9。

⑥周期位置更新定时器(T3212)：MS 发起周期性位置更新的时间间隔，取值范围是 0～255，每个单位代表 6 min，0 代表不进行周期性位置更新。

(3)小区选项

①功率控制指示(PWRC)：在进行功率控制时，MS 需要测量接收电平。PWRC 为 0 时按照一般方式测量；PWRC 为 1 时，MS 在跳频过程中计算接收电平平均值时不包含 BCCH 载频上获得的接收电平值。

②非连续发送(DTX)：指示 MS 是否启用不连续发射，DTX 为 0 时 MS 可以使用 DTX；DTX 为 1 时 MS 使用 DTX；DTX 为 2 时 MS 不启用 DTX。GSM-R 中一般不启用 DTX。

③无线链路超时(RADIO-LINK_TIMEOUT)：用于通话中的 MS 监督无线信道下行链路，取值范围为 0～15，对应数值 4～64。当 MS 维持一个无线链路计数器，正确解码一个 SACCH 消息时，计数器增加 2，但最大不超过 RADIO-LINK_TIMEOUT；当应收到 SACCH 消息的时刻未能正确解码，计数器减 1，当计数器为 0 时，MS 判定无线链路失败，返回空闲模式并执行小区重选。

(4)小区重选参数

①小区重选滞后(CELL-RESELECT-HYSTERESIS)：不同位置区的小区重选滞后，MS 进行小区重选时，不同位置区的相邻小区与当前小区的电平差值大于 CELL-RESELECT-HYSTERESIS 时，MS 才能执行小区重选，取值范围为 0～7，对应 0～14 dBm。

②控制信道最大功率电平(MS-TXPWR-MAX-CCH)：MS 在访问 CCCH 时可能使用的最大发射功率电平，取值范围为 0～31，每一个值对应一个功率控制等级。

③允许接入的最小接收电平(RXLEV-ACCESS-MIN)：MS 允许接入的最小接收电平门限，取值范围为 0～31，对应－110～－48 dBm。

④附加重选参数指示(ACS)：在系统消息 3 中用于指示是否在 BCCH 上广播系统消息

16 和 17；在系统消息 4 中用于通知 MS 小区重选过程中是否采用 C2 以及相关参数位置。

⑤半速率指示(NECI)：通知 MS 当前小区是否支持半速率业务，NECI 为 0 时，不支持半速率业务；NECI 为 1 时，支持半速率业务。

(5)RACH 控制参数

RACH 控制参数参见 5.4.2 节。

### 5.4.5　系统消息 4

系统消息 4 包含 LAI、小区选择参数、RACH 控制参数和可选的 CBCH 信道信息等元素。

(1)LAI：参见 5.4.4 节。

(2)小区选择参数：参见 5.4.4 节。

(3)RACH 控制参数：参见 5.4.2 节。

(4)CBCH 信道描述：当系统开启小区广播后，CBCH 信道描述指示了信道类型、时隙、ARFCN、训练序列码等 CBCH 信道信息。

(5)CBCH 移动分配表(CBCH MA)：当 CBCH 信道描述为跳频模式时，CBCH MA 提供参与跳频的频点信息。

(6)SI4 Rest Oct 主要包含使用 C2 判决小区重选时所需的参数。

①小区重选参数指示(PI)：用于指示小区重选是否使用 C2 及计算 C2 的参数位置。PI 为 0 代表小区重选使用 C1 而非 C2 参数，PI 为 1 代表小区重选使用 C2 并从系统消息中获取参数计算 C2 值。

②小区禁止限制(CBQ)：与小区接入禁止参数组合确定小区选择优先级，见表 5-13。

**表 5-13　小区选择优先级**

| 小区禁止限制(CBQ) | 小区禁止接入(CBA) | 小区选择优先级 | 小区重选状态 |
|---|---|---|---|
| 0 | 0 | 正常 | 正常 |
| 0 | 1 | 禁止 | 禁止 |
| 1 | 0 | 低 | 正常 |
| 1 | 1 | 低 | 正常 |

③小区重选偏置(CRO)：对 C2 值进行人为修正，降低或增加小区重选难度，取值范围为 0～63，对应 0～126 dBm，每个数值代表 2 dBm。

④临时偏移(TO)：对 C2 值进行临时修正，降低或增加小区重选难度，TO 仅在一个小区的 BCCH 频点进入 MS 邻小区选择表后的一段时间有效，这个时间是由惩罚时间定义的，设置此参数是为了防止乒乓小区重选，取值为范围为 0～7，取值为 7 时表示无穷大，取值为 0～6 时对应 0～60 dB，每个数值代表 10 dB。

⑤惩罚时间(PT)：取值范围为 0～31，取值为 31 时，忽略 CRO；取值为 0～30 时对应 20～620 s，每个数值代表 20 s。

### 5.4.6　系统消息 5、5 bis

系统消息 5、5bis 主要包含相邻小区频点分配表(即 BA2 表)，与系统消息 2 不同，系统消息 5 在 SACCH 上发送，MS 可以在通话状态下读取 BA2 表，并据此在测量报告中上报相邻小区接收电平等信息，以供切换判决使用。BA2 表的格式与 5.4.3 节中 BA1 表格式相同。

### 5.4.7 系统消息 6

系统消息 6 主要包含了小区标识、LAI、小区选项和 RACH 控制信息、NCC 允许等元素，在 SACCH 上发送。相关元素的含义参见 5.4.3 节和 5.4.4 节。

### 5.4.8 系统消息 7、8

系统消息 7、8 主要包含小区重选参数信息，当系统消息 4 中不包含小区选择需要的全部信息时才需要发送系统消息 7、8。

### 5.4.9 系统消息 9

系统消息 9 指定了 BCCH 上部分或全部信息的调度信息，如系统消息在 BCCH norm 或 BCCH ext(扩展 BCCH)发送以及所在复帧位置。

### 5.4.10 系统消息 13

系统消息 13 包含了与 GPRS 相关的信息，其中几个常用的参数如下。

(1)网络控制命令( NETWORK_CONTROL_ORDER)：定义了 NC0、NC1、NC2 三种网络控制模式。NC0 为 MS 控制的小区重选，不发送测量报告；NC1 为 MS 控制的小区重选，发送测量报告；NC2 为网络控制的小区重选，发送测量报告。

(2)接入优先级阈值(PRIORITY_ACCESS_THR)：设定小区允许接入的 MS 优先级别为 1～4 级。

(3)网络操作模式(NMO)：定义了Ⅰ、Ⅱ和Ⅲ三种网络操作模式，与系统采用的寻呼信道配置方式相关。GSM-R 通常采用网络操作模式Ⅱ，即系统没有配置 Gs 接口并且没有配置分组公共控制信道(PCCCH)。

(4)定时器 T3168：定义了 MS 等待分组上行指配消息的时长，取值为 0～7，对应 500～4 000 ms，每个数值代表 500 ms。

(5)定时器 T3192：定义了 MS 接收到最后一个数据块(最后证实标志等于 1)后，等待 TBF 释放的时间，即下行 TBF 释放延迟，取值范围为 0～7，0 表示定时器不启用，最大可设置为 1 500 ms。

(6)DRX 定时器最大值(DRX_Timer_Max)：设定 MS 在从分组传输模式进入分组空闲模式时，执行非 DRX 模式时长的最大值，取值范围为 0～7，最大可设置为 64 s。增大 DRX_Timer_Max 可以缩短 TBF 建立的时间。

(7)接入脉冲类型(ACCESS_BURST_TYPE)：指示 MS 在分组信道请求消息、分组控制确认消息使用 8 bit 格式或 11 bit 格式。

(8)倒计数最大值(BS_CV_MAX)：用于 MS 计算倒计数值(CV)，该参数影响 MS 上行 TBF 释放行为。

# 6 Abis 接口协议分析

Abis 接口位于 BSC 与 BTS 之间，支持网络向移动台提供的所有服务，支持对 BTS 的控制和无线频率的分配。Abis 接口是内部接口，可由各厂商自行定义。3GPP TS 08.58 规范中给出了 Abis 接口的建议性规定，虽然不同厂商 Abis 接口协议的具体实现略有差异，但其基本协议框架和信令与 3GPP 规范基本一致。

## 6.1 连接方式及信道配置

Abis 接口采用标准的 2.048 Mbit/s PCM 数字传输链路，出于对组网健壮性和节省地面传输资源等因素的考虑，GSM-R 网络中的 BTS 通常采用环型拓扑连接的串行配置方案，如图 6-1 所示。一般情况下，1～4 个 BTS 构成一个基站环，BSC 与环头和环尾的两个 BTS 连接（如果基站环只有 1 个 BTS，此 BTS 既是环头也是环尾），单链路故障不会导致与 BTS 的连接丢失。

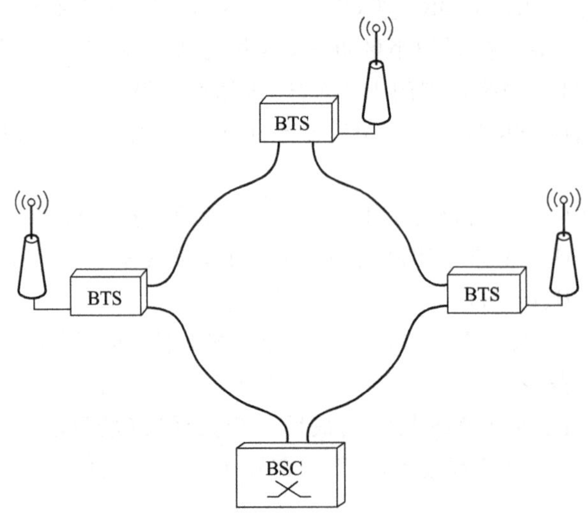


图 6-1　采用环型拓扑串行连接的 BTS 配置方案

Abis 接口的 1 个 E1 链路被划分为 32 个时隙（每个时隙 64 kbit/s），每个时隙又可以划分为 4 个 16 kbit/s 的子时隙，空中接口的业务信道、信令信道通常采用固定映射的方式与 Abis 接口时隙一一对应。图 6-2 是某铁路一个 GSM-R 基站环的 Abis 接口时隙配置示例，该基站环包含 3 个 BTS，其中 BTS1 和 BTS2 为 2 载频配置（1 个 BCCH 载频和 1 个 TCH 载频）、BTS3 为 3 载频配置（1 个 BCCH 载频和 2 个 TCH 载频）。

| | | 子时隙 | | | |
|---|---|---|---|---|---|
| | | 0 | 1 | 2 | 3 |
| Abis接口时隙 | 0 | 同步时隙 | | | |
| | 1 | BTSI-BCCH-TS2 | BTS1-BCCH-TS3 | BTS1-BCCH-TS4 | BTS1-BCCH-TS5 |
| | 2 | BTS1-BCCH-TS6 | BTS1-BCCH-TS7 | BTS1-TCH1-TS0 | BTS1-TCH1-TS1 |
| | 3 | BTS1-TCH1-TS2 | BTS1-TCH1-TS3 | BTS1-TCH1-TS4 | BTS1-TCH1-TS5 |
| | 4 | BTS1-TCH1-TS6 | BTSI-TCH1-TS7 | — | — |
| | 5 | BTS2-BCCH-TS2 | BTS2-BCCH-TS3 | BTS2-BCCH-TS4 | BTS2-BCCH-TS5 |
| | 6 | BTS2-BCCH-TS6 | BTS2-BCCH-TS7 | BTS2-TCHI-TS0 | BTS2-TCH1-TS1 |
| | 7 | BTS2-TCH1-TS2 | BTS2-TCH1-TS3 | BTS2-TCHI-TS4 | BTS2-TCH1-TS5 |
| | 8 | BTS2-TCH1-TS6 | BTS2-TCH1-TS7 | — | — |
| | 9 | BTS3-BCCH-TS2 | BTS3-BCCH-TS3 | BTS3-BCCH-TS4 | BTS3-BCCH-TS5 |
| | 10 | BTS3-BCCH-TS6 | BTS3-BCCH-TS7 | BTS3-TCHI-TS0 | BTS3-TCH1-TS1 |
| | 11 | BTS3-TCH1-TS2 | BTS3-TCH1-TS3 | BTS3-TCH1-TS4 | BTS3-TCH1-TS5 |
| | 12 | BTS3-TCH1-TS6 | BTS3-TCH1-TS7 | BTS3-TCH2-TS0 | BTS3-TCH2-TS1 |
| | 13 | BTS3-TCH2-TS2 | BTS3-TCH2-TS3 | BTS3-TCH2-TS4 | BTS3-TCH2-TS5 |
| | 14 | BTS3-TCH2-TS6 | BTS3-TCH2-TS7 | — | — |
| | 15 | — | — | — | — |
| | 16 | — | — | — | — |
| | 17 | — | — | — | — |
| | 18 | — | — | — | — |
| | 19 | — | — | — | — |
| | 20 | — | — | — | — |
| | 21 | — | — | — | — |
| | 22 | — | — | — | — |
| | 23 | — | — | — | — |
| | 24 | 操作维护(OML)时隙 | | | |
| | 25 | — | — | — | — |
| | 26 | — | — | — | — |
| | 27 | — | — | — | — |
| | 28 | BTS3 无线信令链路(RSL)时隙 | | | |
| | 29 | BTS2 无线信令链路(RSL)时隙 | | | |
| | 30 | BTS1 无线信令链路(RSL)时隙 | | | |
| | 31 | — | — | — | — |

图 6-2 Abis 接口时隙配置示例

在 GSM-R 中，BCCH 载频的 TS0 和 TS1 时隙通常用作信令信道，BCCH 载频的 TS2～TS7 和 TCH 载频的全部时隙固定映射到 Abis 接口的子时隙。Abis 接口采用信令静态复用技术将每个 BTS 所有载频的无线信令映射到一个 Abis 接口时隙之上，还应至少分配 1 个时隙作为 OML 时隙。

## 6.2 第二层协议

Abis 接口第二层采用的 LAPD 协议是 ISDN D 信道接入协议，是 ITU-T 建议 Q.920 和 Q.921 的简化版本。其主要功能是在信令链路上建立一个或多个可靠连接，实现顺序控制、差错控制及流量控制等功能，为高层提供传输服务。LAPD 有模 8 和模 128 两种实现方式，Abis 接口通常采用模 128 方式，信息帧和监控帧的控制字段长度为 2 B，$N$(S)和 $N$(R)的取值范围为 0～127，帧结构如图 6-3 所示。

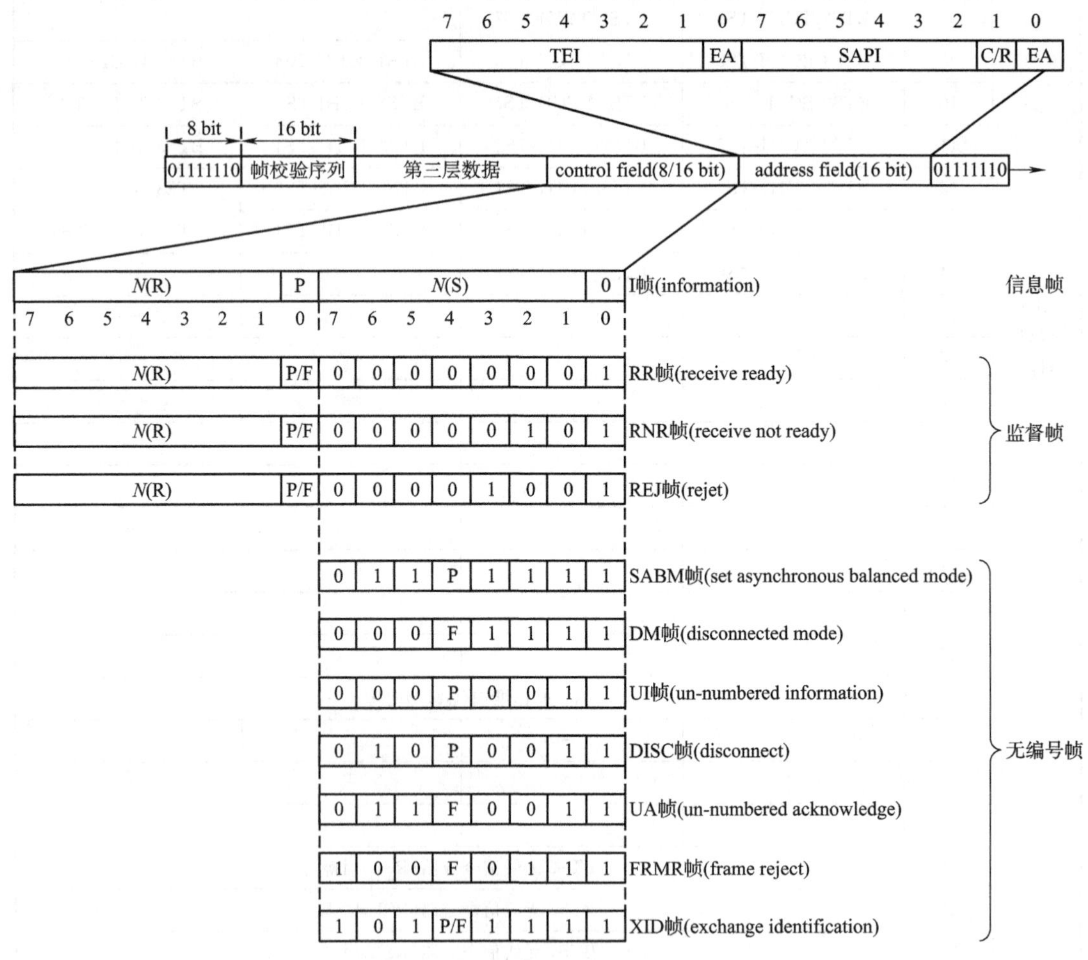


图 6-3　Abis 接口 LAPD 帧结构

(1)地址字段

地址字段包含 EA(地址扩展比特)、C/R(命令/响应)、SAPI(服务接入点标识)和终端设备标识符(terminal equipment identifier，TEI)。第一个字节的 EA 为 0，指示下一个字节仍为地址字段，第二个字节 EA 为 0，指示本字节是地址字段的最后一个字节。C/R 用于区分帧为命令还是响应，具体含义见表 6-1。

**表 6-1 不同 C/R 值对应的具体含义**

| 类　型 | 方　向 | C/R 值 |
| --- | --- | --- |
| 命令 | BSC→ BTS | 1 |
|  | BTS→BSC | 0 |
| 响应 | BSC→BTS | 0 |
|  | BTS→ BSC | 1 |

SAPI 标识了向第三层或管理实体所提供的第二层服务，指定了应处理 LAPD 帧的数据链路层实体类型，以及需要接收 LAPD 帧的第三层或管理实体，SAPI 值的分配见表 6-2。

**表 6-2 SAPI 值的分配**

| SAPI 值 | 相关的第三层或管理实体 | 优先级 |
| --- | --- | --- |
| 0 | 无线信令规程 | 2 |
| 1 | 为使用 Q. 931 呼叫控制规程的分组模式通信预留（GSM PLMN 中不使用） | — |
| 16 | 为符合 X. 25 第三层规程的分组方式的通信预留（GSM PLMN 中不使用） | — |
| 62 | 操作和维护规程 | 1 |
| 63 | 第二层的管理规程 | — |

每个 BTS 包含了 1 个或多个 TRX，TEI 主要用于在 Abis 接口上区分 TRX 的信令链路，Abis 接口定义了 TEI 分配、TEI 检查、TEI 删除和附加的 TEI 分配等一系列规程对 TEI 进行管理。

（2）控制字段

根据帧类型的不同，控制字段长度为 1 B 或 2 B，主要包含 P/F（探询/终结）位、发送顺序编号 $N$(S)和接收顺序编号 $N$(R)。控制字段的含义与 5.2 节中 LAPDm 类似，主要区别是 $N$(S)和 $N$(R)的取值范围为 0～127。

（3）主要系统参数

LAPD 的主要计数器和定时器参数见表 6-3。

**表 6-3 Abis 接口 LAPD 主要系统参数**

| 名　称 | 含　义 | 默认值 |
| --- | --- | --- |
| T200 | LAPD 链路发送命令帧至接收到相应响应或确认帧之间的最大时间 | 240 ms |
| N200 | LAPD 帧最大重发次数 | 3 次 |
| N201 | 信息字段的最大字节数 | 260 B |
| T201 | TEI identity check 消息重发最小间隔时间 | 1 s |
| T202 | TEI request check 消息重发最小间隔时间 | 15 s |
| T203 | 链路上无帧交换的最大时间 | 10 s |
| K 值 | 任何给定时间未确认的 I 帧的最大数量 | 2 个（SAPI＝0）；1 个（其他） |

# 6.3 第三层协议

## 6.3.1 协议模型

Abis 接口的 RSL 信令消息分为透明消息和非透明消息。对于透明消息，BTS 仅执行转发操作，不进行解码或更改；对于非透明消息，BSC 或 BTS 需要对其进行处理。透明和非透明消息由消息鉴别器（message discriminator）信元中的透明标志（T 位）区分。为了寻址相关的无线信道，Abis 接口消息还包括一个信道号（channel number）信元，以支持向 TRX 上的相关物理信道分发消息。Abis 接口第三层的协议模型如图 6-4 所示。

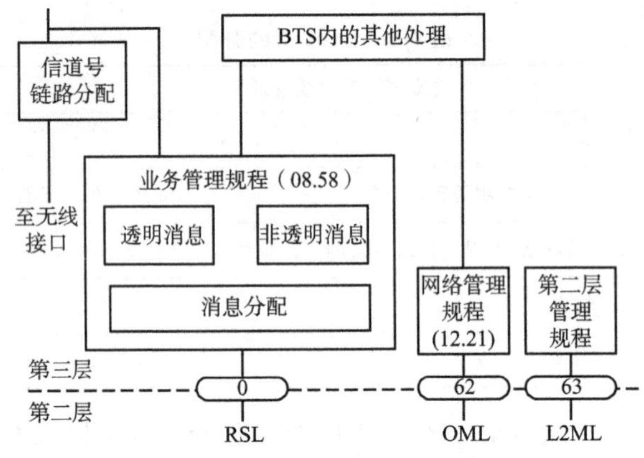


图 6-4 Abis 接口第三层协议模型

## 6.3.2 协议结构

Abis 接口第三层的 RSL 消息格式如图 6-5 所示，其中 T 比特为透明/非透明消息标识，X 比特为子信道号。

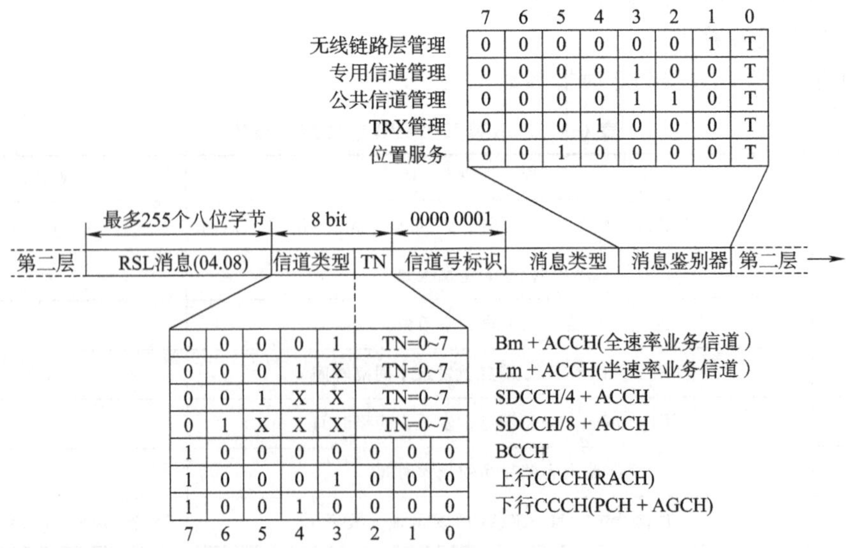


图 6-5 Abis 接口第三层 RSL 消息格式

**1. 消息鉴别器**(message discriminator)

消息鉴别器占1个字节，其中的T位用于区分透明和非透明消息，T位设置为1时，表示该消息对于BTS是透明的。其他7位将Abis信令划分为无线链路层管理、专用信道管理、公共信道管理、TRX管理和位置服务消息5个分组。

**2. 信道号**(channel number)

信道号用于标识空中接口上的信道类型、时隙和子信道号，信道号与Abis接口上使用的时隙号(图6-2)具有对应关系。

无线链路层管理消息主要完成无线路径上链路层连接的管理相关规程，具体见表6-4。

**表6-4 无线链路层管理消息**

| 消息名称 | 方　向 | 消息类型 | 功能描述 |
|---|---|---|---|
| DATA REQuest | BSC→BTS | 00000001 | 请求在无线链路层连接上以确认模式发送消息 |
| DATA INDication | BTS→BSC | 00000010 | 指示在无线链路层连接上以确认模式接收消息 |
| ERROR INDication | BTS→BSC | 00000011 | 指示无线链路层连接的异常情况 |
| ESTablish REQuest | BSC→BTS | 00000100 | 请求在无线路径上建立多帧(确认)模式链路层连接 |
| ESTablish CONFirm | BTS→BSC | 00000101 | 确认在多帧(确认)模式下建立无线链路层连接 |
| ESTablish INDication | BTS→BSC | 00000110 | 指示在多帧模式下建立无线链路层连接，由MS发起 |
| RELease REQuest | BSC→BTS | 00000111 | 请求释放无线链路层连接的多帧模式 |
| RELease CONFirm | BTS→BSC | 00001000 | 确认无线链路层连接的多帧模式的释放 |
| RELease INDication | BTS→BSC | 00001001 | 指示无线链路层连接的释放(由MS发起) |
| UNIT DATA REQuest | BSC→BTS | 00001010 | 请求在无线链路层连接上以非确认模式发送消息 |
| UNIT DATA INDication | BTS→BSC | 00001011 | 指示在无线链路层连接上以非确认模式接收消息 |

专用信道管理消息主要完成信道激活、切换检测、测量报告、无线信道释放等规程，具体见表6-5。

**表6-5 专用信道管理消息**

| 消息名称 | 方　向 | 消息类型 | 功能描述 |
|---|---|---|---|
| CHANnel ACTIVation | BSC→BTS | 00100001 | 激活无线信道，包含对请求信道的准确描述，BTS需要这些信息来激活转码器(TRAU) |
| CHANnel ACTIVation ACKnowledge | BTS→BSC | 00100010 | 确认请求的通道激活已正确完成 |
| CHANnel ACTIVation Negative ACK | BTS→BSC | 00100011 | BTS无法按要求执行信道激活，可能的原因包括过载和功能不可用 |
| CONNection FAILure | BTS→BSC | 00100100 | 表示由于某种原因，活动连接已断开 |
| DEACTIVATE SACCH | BSC→BTS | 00100101 | 去激活活动信道的SACCH |
| ENCRyption CoMmanD | BSC→BTS | 00100110 | 启动加密操作模式，消息通知BTS将使用哪种算法，此消息为透明消息，包含发送至MS的CIPHering MODe CoMmanD消息 |
| HANDOver DETection | BTS→BSC | 00100111 | 当BTS在切换激活信道上正确接收到来自MS的信息时发送此消息 |

续上表

| 消息名称 | 方　向 | 消息类型 | 功能描述 |
|---|---|---|---|
| MEASurement RESult | BTS→BSC | 00101000 | 向 BSC 报告 BTS(上行链路)进行的无线电信道测量的结果，并传送在 SACCH 和 L1 报头中接收的来自 MS 的测量报告 |
| MODE MODIFY REQuest | BSC→BTS | 00101001 | 请求改变活动信道的信道模式，如在数据和语音之间切换、打开或关闭 DTX |
| MODE MODIFY ACKnowledge | BTS→BSC | 00101010 | 确认活动信道的信道模式改变，已启动新的传输参数 |
| MODE MODIFY Negative ACKnowledge | BTS→BSC | 00101011 | 表示无法按要求执行信道模式修改 |
| PHYsical CONTEXT REQuest | BSC→BTS | 00101100 | 请求活动信道的“物理上下文”，由 BSC 使用此消息向 BTS 查询 MS 和 BTS 之间的距离、功率电平或信道类型的最新值 |
| PHYsical CONTEXT CONFirm | BTS→BSC | 00101101 | 对“物理上下文”请求消息的响应，其中包含“物理上下文”信息 |
| RF CHANnel RELease | BSC→BTS | 00101110 | 在释放空中接口上的第二层连接后，向 BTS 发送此消息，以释放物理信道 |
| MS POWER CONTROL | BSC→BTS | 00101111 | 调整 MS 功率等级或 TRX 用于控制 MS 功率的参数 |
| BS POWER CONTROL | BSC→BTS | 00110000 | 调整 TRX 传输功率等级或 TRX 用于控制其传输功率的参数 |
| PREPROCess CONFIGure | BSC→BTS | 00110001 | 修改 BTS 使用的预处理参数，只有当 BTS 负责预处理测量报告时才使用此消息，此时，向 BSC 转发经过 BTS 预处理的数据而不是测量结果 |
| PREPROCessed MEASurement RESult | BTS→BSC | 00110010 | 向 BSC 发送的测量报告预处理数据 |
| RF CHANnel RELease ACKnowledge | BTS→BSC | 00110011 | 对 RF 信道释放消息的确认，BTS 已经释放了先前占用的物理信道 |
| SACCH INFO MODIFY | BSC→BTS | 00110100 | 修改在单个 SACCH 信道上发送的 SACCH 填充信息，主要涉及系统消息 5 和 6 |
| TALKER DETection | BTS→BSC | 00110101 | 当 BTS 在为 VGCS 激活的信道上正确接收到来自 MS 的接入请求时，发送此消息，表明需要占用该信道的上行 |
| LISTENER DETection | BTS→BSC | 00110110 | 当 BTS 在为 VGCS 或 VBS 激活的通道上正确接收到来自 MS 的接入请求时，发送此消息，表明 MS 驻留在此信道 |
| REMOTE CODEC CONFiguration REPort | BTS→BSC | 00110111 | 报告在 TFO(tandem free operation)建立之前或在 TFO 中从远端 BTS 接收的编解码信息 |
| Round Trip Delay REPort | BSC→BTS | 00111000 | 报告在建立 TFO 时，BTS 与转码器之间或 BTS 与远程 BTS 之间计算的往返传输延迟 |
| PREHANDOver NOTIFication | BSC→BTS | 00111001 | 通知服务 BTS 将要执行越区切换，即使切换失败也会发送此消息 |
| MultiRate CODEC MODification REQest | BSC→BTS | 00111010 | 请求并授权 BTS 使用带内信令消息交换来更改多速率编解码配置 |

续上表

| 消息名称 | 方　向 | 消息类型 | 功能描述 |
| --- | --- | --- | --- |
| MultiRate CODEC MOD ACKnowledge | BTS→BSC | 00111011 | 确认多速率编解码配置的更改 |
| MultiRate CODEC MOD Negative ACKnowledge | BTS→BSC | 00111100 | 报告更改多速率编解码器配置失败 |
| MultiRate CODEC MOD PERformed | BTS→BSC | 00111101 | 如果BTS被授权并完成多速率编解码配置更改，通知BSC多速率编解码配置更改已执行 |
| TFO REPort | BTS→BSC | 00111110 | 通知BSC与AMR的TFO已经建立，或者不再建立 |
| TFO MODification REQuest | BSC→BTS | 00111111 | 在使用AMR操作时更改TFO的配置 |

通用信道管理消息主要完成MS随机接入、寻呼、立即指配、小区广播短消息等规程，TRX管理消息主要涉及基站载频管理的规程，具体见表6-6。

**表6-6　通用信道管理消息和TRX管理消息**

| | 消息名称 | 方向 | 消息类型 | 功能描述 |
| --- | --- | --- | --- | --- |
| 通用信道管理消息 | BCCH INFOrmation | BSC→BTS | 00010001 | 指示要在BCCH上广播的新的系统消息 |
| | CCCH LOAD INDication | BTS→BSC | 00010010 | 报告指定CCCH时隙（随机访问、RACH和寻呼、PCH）上的当前负载 |
| | CHANnel ReQuireD | BTS→BSC | 00010011 | MS接收到CHANnel REQuest消息后向BSC发送此消息 |
| | DELETE INDication | BTS→BSC | 00010100 | 指示由于下行链路CCCH过载而删除访问授权消息（立即指配） |
| | PAGING CoMmanD | BSC→BTS | 00010101 | 寻呼MS，包含IMSI和/或TMSI以及被叫MS的寻呼组 |
| | IMMEDIATE ASSIGN COMMAND | BSC→BTS | 00010110 | 请求传输立即指配消息，包含在空中接口上分配SDCCH的所有信息 |
| | SMS BroadCast REQuest | BSC→BTS | 00010111 | 发送小区广播短消息（请求操作模式） |
| | SMS BroadCast CoMmanD | BSC→BTS | 00011101 | 发送小区广播短消息（命令操作模式） |
| | CBCH LOAD INDication | BTS→BSC | 00011110 | 指示BTS中的CBCH向下/向上溢出情况，并请求BSC在BTS指示的时间段内加速或暂停小区广播 |
| | NOTification CoMmanD | BSC→BTS | 00011111 | 请求改变语音群组呼叫的通知 |
| TRX管理消息 | RF RESource INDication | BTS→BSC | 00011001 | 向BSC定期通知TRX空闲信道上的干扰水平，以避免分配质量较低的信道 |
| | SACCH FILLing | BSC→BTS | 00011010 | 指示新的系统消息将被用作下行链路SACCH上的填充信息 |
| | OVERLOAD | BTS→BSC | 00011011 | 指示CCCH、ACCH或处理器过载，接收到该消息后，BSC应降低新消息的传输速率 |
| | ERROR REPORT | BTS→BSC | 00011100 | BTS检测到协议错误并且没有其他响应消息存在时发送此消息，可能的原因包括未定义的消息类型或消息鉴别符、不能激活BSC请求的加密 |

位置服务(location services)消息用于支持GSM LCS业务，具体见表6-7。

**表6-7　位置服务消息**

| 消息名称 | 方向 | 消息类型 | 功能描述 |
| --- | --- | --- | --- |
| location information | BSC↔BTS | 01000001 | 由BSC、BTS或standalone型位置测量单元(location measurement unit,LMU)通过Abis接口发送，以传送嵌入的LLP(LMU LCS protocol)消息 |

# 7 A 接口协议分析

A 接口是 GSM-R 网络 BSS 与 MSC 之间的标准接口，不同厂商之间的 BSS 子系统和 NSS 子系统应能够互联互通，A 接口协议规范和功能的实现需要严格遵守 3GPP TS 08 系列标准。A 接口采用了 No.7 信令，传送呼叫处理、移动性管理、BTS 管理、移动台管理等消息。

## 7.1 A 接口信令分层结构

A 接口支持 GSM-R 网络向 GSM-R 用户提供的所有服务，同时允许在 PLMN 内分配合适的无线电资源并对这些资源进行操作和维护，信令的分层结构如图 7-1 所示。

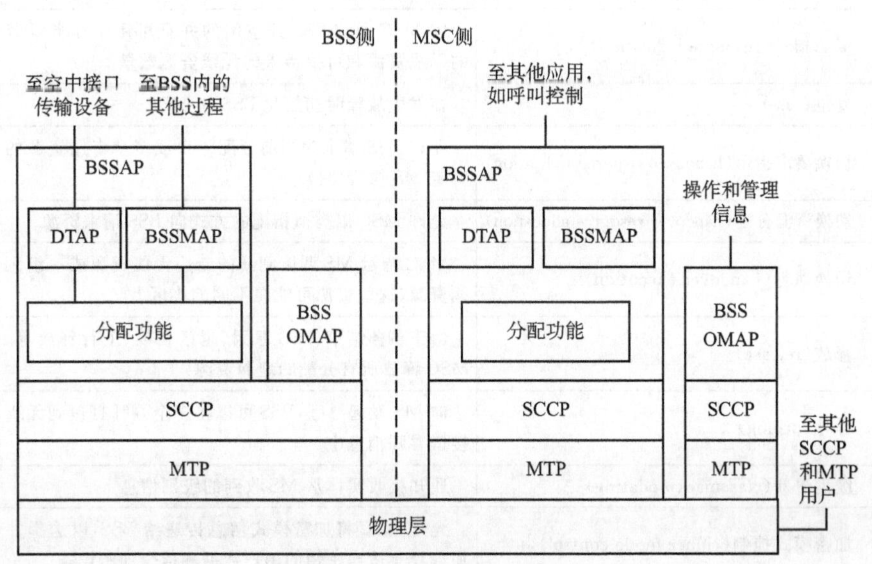


图 7-1 A 接口信令分层结构

A 接口定义了一组接口特性，包括物理和电气参数、信道结构、网络操作规程、对操作和维护信息的支持，其协议栈遵循与 ISDN 中类似的分层方法。A 接口使用 No.7 信令作为消息传送协议，第一层（物理层）使用 MTP-1；MTP-2、MTP-3 和 SCCP 构成第二层，实现消息的可靠传送；BSSAP（基站系统应用部分）可以看作是 A 接口的第三层，由 BSSMAP 和 DTAP 构成。空中接口第三层协议与 BSSAP 对应关系如图 7-2 所示，BSSMAP 包括 BSS 和 MSC 之间交换的并由 BSS 实际处理的消息，DTAP 包括 MSC 与 MS 之间交换的消息，主要是 CM 和 MM 协议消息，这些消息通常对 BSS 是透明的。

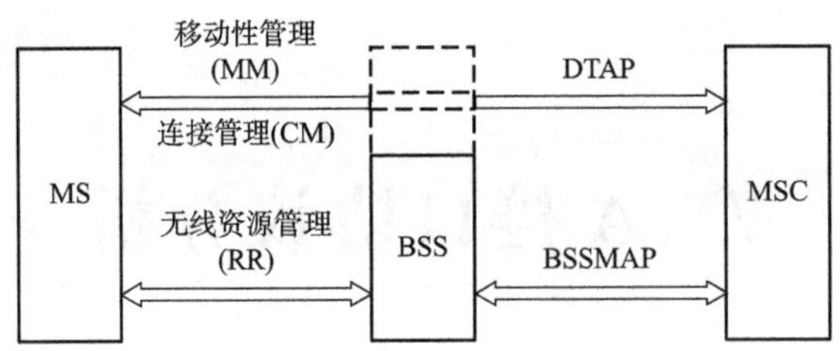


图 7-2　空中接口第三层协议与 BSSAP 对应关系

BSSMAP 实现 BSS 的资源使用、调度和负荷的控制和监视，GSM-R 中定义了 17 种主要的 BSSMAP 规程，见表 7-1。

**表 7-1　GSM-R 中定义的主要 BSSMAP 规程**

| 序号 | 名　称 | 说　明 | 备注 |
|---|---|---|---|
| 1 | 指配(assignment) | 确保可以将正确的专用无线资源分配或重新分配给需要的 MS | * |
| 2 | 阻塞和解闭(blocking and unblocking) | MSC 或 BSS 实体停止或启动某个地面电路，需要使用阻塞/解锁规程通知接口另一方的对等实体 | # |
| 3 | 资源指示(resource indication) | 向 MSC 通知 BSS 处空闲的并且可用于业务承载的无线资源和可供接入的无线资源数量 | # |
| 4 | 复位(reset) | 在发生故障时初始化 BSS 和 MSC | # |
| 5 | 切换要求指示(handover required indication) | 允许 BSS 请求为当前分配一个或多个专用资源的特定 MS 执行切换 | * |
| 6 | 切换资源分配(handover resource allocation) | 允许 MSC 以类似指配的方式向 BSS 请求资源 | * |
| 7 | 切换执行(handover execution) | MSC 指示 MS 调谐到新的专用无线资源或一组无线资源，这些资源可能在不同的小区上 | * |
| 8 | 释放(release) | 由于事务结束、BSS 原因、越区切换、上行释放等，MSC 释放所有分配的地面资源 | * |
| 9 | 寻呼(paging) | 向 MS 发起寻呼，BSS 可以将多个寻呼打包到无线接口寻呼消息中 | # |
| 10 | 级别更新(classmark updating) | 通知接收实体从 MS 收到的级别信息 | * |
| 11 | 加密模式控制(cipher mode control) | 允许 MSC 将加密模式信息传递给 BSS，以选择并加载具有适当密钥的用户数据和信令加密设备 | * |
| 12 | MS 初始消息(initial MS message) | BSS 建立 SCCP 连接时，处理从 MS 接收到的无线接口初始 L3 消息(承载在 SABM 中) | * |
| 13 | 排队指示(queuing indication) | 在指配规程或越区切换过程中没有可用的 TCH 资源，向 MSC 返回排队指示消息 | * |
| 14 | SAPI ≠ 0 的数据链路控制(data link control SAPI not equal to "0") | 指示无线接口可以支持 SAPI 不等于 0 的数据链路 | * |
| 15 | VGCS 和 VBS 呼叫建立和资源指配(VGCS and VBS call set-up and resource assignment) | 为了建立 VGCS/VBS 呼叫，MSC 向 BSS 发起 VGCS/VBS 建立过程。然后，MSC 可以通过启动 VGCS/VBS 分配过程来分配资源给 VGCS/VBS 呼叫 | * |

续上表

| 序号 | 名　称 | 说　明 | 备注 |
|---|---|---|---|
| 16 | VGCS 和 VBS 指配（VGCS and VBS assignment） | 确保在每个小区中将正确的专用无线资源分配给 VGCS/VBS 呼叫 | * |
| 17 | VGCS 上行链路控制（VGCS uplink control） | 在 VGCS 时控制分配给呼叫的上行资源，包括上行分配、上行释放和上行链路占用 | * |

注：1. "*"是有关无线接口上单个专用无线资源的专用程序，传递这些程序的消息采用 SCCP 面向连接业务。
2. "#"是有关整个 BSS、某一小区或某些特定地面电路的全局程序，这些消息由 SCCP 面向无连接服务的 UDT 信令承载。

# 7.2 消息传送协议

## 7.2.1 A 接口中的 MTP-1

A 接口的物理层使用 MTP-1，通常为 2.048 Mbit/s PCM 数字传输链路，包含 31 个可用的 64 kbit/s 时隙，通常可将其中 1 个时隙设定为信令信道，其他时隙用于业务信道。物理/电气特性遵循 CCITT 建议，G.703 中定义了 E1 接口，功能特性和故障条件遵循 G.732，语音编码遵循 G.711 中定义的 A-law。

## 7.2.2 A 接口中的 MTP-2

MTP-2 与 MTP-1 共同保证在两个直接连接的信令点之间提供可靠的信令链路，主要包含信令单元定界、信令单元定位、差错检测、差错校正、初始定位、信令链路差错率监视、第二级流量控制和处理机故障控制等八项。A 接口的 MTP-2 一般只要求实现基本的纠错协议。

## 7.2.3 A 接口中的 MTP-3

MTP-3 定义了信令网内信息传递的功能和过程，可以划分为信令消息处理和信令网管理两部分。信令消息处理功能将信令消息送往相应的信令链路或用户部分，由消息路由、消息鉴别和消息分配三部分组成；信令网管理功能控制消息路由和信令网的结构，以便在信令网故障时重组信令网结构、维持和恢复消息信令单元的正常传递，由信令业务量管理、信令链路管理和信令路由管理三部分组成。

A 接口是 BSS 与 MSC 之间的点对点连接，实现的是 MTP-3 的子集，与完整的 MTP-3 相比，具有以下特点：

(1)不支持 STP 功能，无需考虑信令传输点网络管理功能。

(2)由于 BSS 与 MSC 之间只有一个信令链路组，只需要在同一个信令链路组中实现负荷分担，完成不同链路之间的倒换/倒回，不需要在信令链路组之间实现负荷分担。

(3)在 BSS 上，只有 DPC 检查正确的消息才会被接收，其他将被丢弃。

(4)由于 BSS 与 MSC 之间只有一个信令路由，不需要信令路由管理功能，不使用强制路由更新规程。

(5)由于所有消息都是使用 SCCP 传递的，业务指示信元总是设置为 0011，子服务字段设置为 10(国家网络)或 11(本地网络)。

### 7.2.4 A 接口中的 SCCP

A 接口使用了 SCCP 功能的子集，用于 BSS 与 MSC 之间信令的传递，与完整的 SCCP 相比，具有以下特点：

(1)SCCP 提供了 0 类(基本无连接业务类)、1 类(顺序无连接业务类)、2 类(基本面向连接业务类)、3 类(流量控制的面向连接业务类)共 4 种基本协议，以满足不同质量要求的用户进行业务传递，A 接口只使用其中的 0 类和 2 类。

(2)BSS 仅与其归属的 MSC 交换信令。

(3)不使用错误检测、接收确认、流量控制功能。

(4)不使用数据证实消息(AK)、数据格式 2(DT2)、加速数据(ED)、加速数据证实(EA)、协议数据单元错误(ERR)、复位请求(RSR)、复位确认(RSC)、单位数据业务(UDTS)等消息。

(5)由于是点对点网络结构，被叫地址不使用全局码，可仅包含子系统号码一个元素，A 接口只有两个子系统号码，其 SSN 值分别为 11111110(BSSAP)和 11111101(O&MAP)。

(6)一个信令连接中只包含单一连接段，未定义中间节点，也无需 SCCP 翻译功能。

MTP 和 SCCP 用于支持 MSC 和 BSS 之间的信令消息，A 接口的第三层定义了 SCCP 的一个用户功能，称为 BSS 应用部分(BSSAP)。在点对点呼叫的情况下，每个激活的 MS 具有一个或多个活动事务，BSSAP 为 MS 分配一个 SCCP 信令连接来传输第三层消息。在 VGCS 或 VBS 的情况下，呼叫涉及的每个小区保持一个 SCCP 连接，每个 BSS 有一个附加连接，用于传输第三层消息。广播呼叫中的讲话者或语音组呼叫中的第一个讲话者还有一个附加连接，直到网络将其转移到公共信道为止。网络将 VGCS 或 VBS 中的 MS 置于专用连接上时，也可能需要附加连接。BSSMAP 使用面向连接和无连接两种程序，无连接服务采用单元数据(UDT)消息传输一些 BSSMAP 消息，面向连接服务可以分为连接建立、连接释放、传输 DTAP 和 BSSMAP 数据三种规程。DTAP 使用面向连接程序。

(1)连接建立规程

当 MS 和网络侧需要在专用无线资源上交换与通信相关的信息，而 MSC 和 MS 相关的 BSS 之间不存在 SCCP 连接时，将建立新的连接。当建立 VGCS 或 VBS 时，为每个小区建立新的 SCCP 连接，为每个 BSS 建立附加连接，并且可选地为 VGCS 或 VBS 中的特定参与者建立连接。对于点对点呼叫或者专用信道上的 VGCS 或 VBS 参与者，在 BSS 小区之间外部切换的情况下，也建立新的 SCCP 连接。

(2)连接释放规程

连接释放规程始终在 MSC 侧启动，当 MSC 认为某个信令连接不再需要时将其释放，条件如下：

①当 BSSAP 释放程序结束时；

②当切换资源分配程序失败并且建立了信令连接时；

③与原 BSS 的连接释放。

(3)传输 DTAP 和 BSSMAP 数据规程

DTAP 和 BSSMAP 第三层消息包含在 SCCP 帧的用户数据字段中，该字段对于连接请求(CR)、连接确认(CC)和连接拒绝(CREF)是可选的,对于数据帧(DT)是必选的。

# 7.3 BSSAP 协议

## 7.3.1 消息结构

BSSAP 消息位于 SCCP 消息的用户数据部分,分为 DTAP 消息和 BSSMAP 消息,其结构如图 7-3 所示。

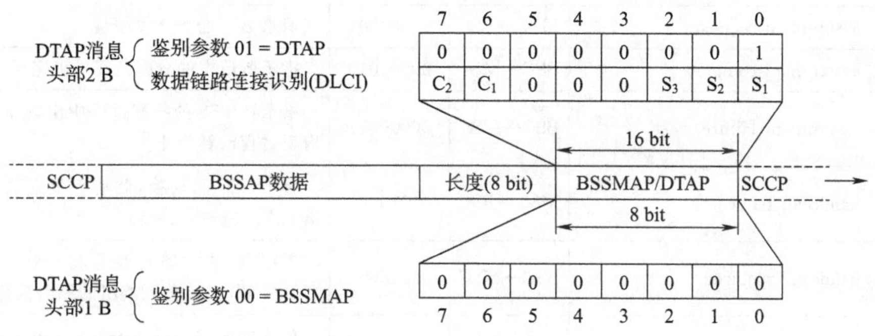


图 7-3 BSSAP 消息结构

BSSAP 消息由分配数据单元、长度指示和第三层消息数据三部分构成。DTAP 消息的分配数据单元占用 2 个字节,分别为鉴别参数和 DLCI(数据链路连接识别)参数。DTAP 消息的鉴别参数值为 1;DLCI 参数中的 $C_2C_1$ 为无线信道识别,10 表示 FACCH 或 SDCCH 传送的消息,11 表示 SACCH 传送的消息;DLCI 参数中的 $S_3S_2S_1$ 为在无线链路上使用的 SAPI 值,000 表示为 RR、MM 和 CC 消息,001 表示为短消息业务。BSSMAP 消息的分配数据单元占用 1 个字节,即鉴别参数,取值为 0。

A 接口根据分配数据单元实现分配功能;根据鉴别参数区分 DTAP 和 BSSMAP 消息,将 DTAP 在 MS 和 MSC 之间透明传送,将 BSSMAP 消息传送给 BSSMAP 单元处理;对于 DTAP 消息,根据 DLCI 将 MSC 发送的消息分配到各无线链路的第二层接入点,将各无线链路第二层接入点发送来的消息汇集到 A 接口的信令链路之中。

BSSMAP 消息的一般格式如图 7-4 所示。

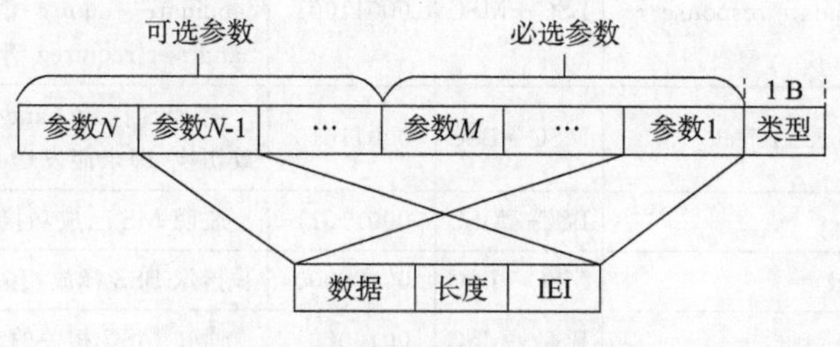


图 7-4 BSSMAP 的一般格式

BSSMAP 消息由长度为 1 B 的消息类型、一个或多个信息单元构成,每个 BSSMAP 消息的信息单元又分为必选和可选,均由信息单元名称、长度和内容组成。

### 7.3.2 BSSMAP 消息

一部分 BSSMAP 消息用于支持无线接口上单个呼叫相关的信息以及资源管理过程，使用 SCCP 面向连接业务传送，这些过程通常由空中接口的 RR 消息触发或是触发 RR 消息；另一部分 BSSMAP 消息用于支持整个 BSS、某个小区或某些特定地面电路的全局程序，使用 SCCP 无连接业务传送。BSSMAP 消息见表 7-2。

**表 7-2 BSSMAP 消息**

| 消息类别 | 消息名称 | 方向 | 消息类型 | 功能描述 |
|---|---|---|---|---|
| 指配消息 | assignment request | MSC→BSC | 00000001 | 请求 BSS 分配无线资源 |
| | assignment complete | BSC→MSC | 00000010 | 指示所请求的分配已经正确完成 |
| | assignment failure | BSC→MSC | 00000011 | 指示在 BSS 的指配过程中出现了故障，并且指配过程已经中止 |
| 切换消息 | handover request | MSC→BSC | 00010000 | 对于 BSC 间切换，此消息发送到目标 BSC，指示 MS 将被切换到该 BSS |
| | handover required | BSC→MSC | 00010001 | 表明指定的 MS 已经分配了专用无线资源，需要根据 cause 信元给出的原因执行切换 |
| | handover request acknowledge | BSC→MSC | 00010010 | 包含空中接口的 handover command 消息，该消息由目标 BSC 生成，并通过源 BSC 发送给 MS |
| | handover command | MSC→BSC | 00010011 | 在切换过程中向 MS 提供有关新无线资源的详细信息 |
| | handover complete | BSC→MSC | 00010100 | 指示 MS 已经成功切换至目标小区 |
| | handover succeeded | MSC→BSC | 00010101 | 发送给源 BSC，指示 MS 已经成功切换至目标小区 |
| | handover failure | BSC→MSC | 00010110 | 向 MSC 表明越区切换的资源分配过程中出现故障，切换已中止 |
| | handover performed | BSC→MSC | 00010111 | 指示已执行 BSC 内部切换 |
| | handover candidate enquire | MSC→BSC | 00011000 | 在某些情况下，可能需要降低一个或多个小区的流量负载。为此，MSC 向 BSC 发送此消息，其中标识了应减少负载的小区和可能的相邻小区，以及可以转移活跃呼叫的小区 |
| | handover candidate response | BSC→MSC | 00011001 | 向 MSC 确认收到并处理了 handover candidate enquire 消息，其中包含已发送 handover required 消息的 MS 数量 |
| | handover required reject | MSC→BSC | 00011010 | 向 BSS 指示 handover required 消息未能导致切换(即未能发送 handover command 消息) |
| | handover detect | BSC→MSC | 00011011 | 表明 MS 已成功接入目标小区 |
| 释放消息 | clear command | MSC→BSC | 00100000 | 指示 BSS 释放相关的专用资源 |
| | clear complete | BSC→MSC | 00100001 | 通知 MSC 相关的专用资源已成功清除 |
| | clear request | BSC→MSC | 00100010 | 向 MSC 表明 BSS 希望释放相关的专用资源 |
| | SAPI "N" reject | BSC→MSC | 00100101 | 向 MSC 表明 SAPI 值为 0 的消息已被拒绝 |
| | confusion | BSC↔MSC | 00100110 | 响应由于某种原因无法正确处理且无法用另一条失败消息替代的消息 |

续上表

| 消息类别 | 消息名称 | 方向 | 消息类型 | 功能描述 |
|---|---|---|---|---|
| 其他连接相关消息 | suspend | BSC→MSC | 00101000 | 向接收实体表明，发送 BSS 在相应的连接中检测到过载情况 |
| | resume | BSC→MSC | 00101001 | 向接收实体表明，相应连接中的过载情况不再存在 |
| | connection oriented information | BSC↔MSC | 00101010 | 向接收实体指示需要执行与位置服务相关的操作 |
| | perform location request | BSC↔MSC | 00101011 | 向接收实体请求执行与位置服务相关的操作 |
| | LSA information | MSC→BSC | 00101100 | 通知 BSS 移动用户订购的本地服务区列表 |
| | perform location response | BSC↔MSC | 00101101 | 对 perform location request 的响应，包含与目标 MS 定位结果相关的信息 |
| | perform location abort | BSC↔MSC | 00101110 | 向接收实体指示需要中止与位置服务相关的操作 |
| | common ID | MSC→BSC | 00101111 | 通知 BSS 与此 SCCP 连接相关联的 IMSI |
| 通用消息 | reset | BSC↔MSC | 00110000 | 向接收实体指示发送实体已经发生了故障，并且已经丢失了正在进行的呼叫、呼叫建立和呼叫参考等信息 |
| | reset acknowledge | BSC↔MSC | 00110001 | 向接收实体指示发送实体已经清除了所有呼叫并重置了所有呼叫参考，并且准备好恢复服务 |
| | overload | BSC↔MSC | 00110010 | 指示发送实体出现过载，如整个 BSS 的处理器过载或 CCCH 下行链路过载、MSC 处理器过载等 |
| | reset circuit | BSC↔MSC | 00110100 | 向接收实体表明，由于故障，消息中指示的电路状态未知 |
| | reset circuit acknowledge | BSC↔MSC | 00110101 | 接收实体指示发送实体已经清除了呼叫可能使用的电路，并准备好恢复服务 |
| | MSC invoke trace | MSC→BSC | 00110110 | 指示 BSS 开始生成跟踪记录 |
| | BSS invoke trace | BSC→MSC | 00110111 | 指示切换至目标 BSS 后开始生成跟踪记录 |
| | connectionless information | BSC↔MSC | 00111010 | 业务移动定位中心（SMLC）之间使用此消息透明地传送信息 |
| 地面资源消息 | block | BSC↔MSC | 01000000 | 指示特定的地面资源（即 2M 链路中的特定时隙）必须在电路主设备上远程阻塞，而不能用于通信 |
| | blocking acknowledge | BSC↔MSC | 01000001 | 确认收到先前的 block 消息，并指示相关电路已停止服务 |
| | unblock | BSC↔MSC | 01000010 | 指示在接收侧不再远程阻塞特定的地面资源 |
| | unblocking acknowledge | BSC↔MSC | 01000011 | 确认收到先前的 unblock 消息 |
| | circuit group block | BSC↔MSC | 01000100 | 指示一组地面资源必须在电路主设备上远程阻塞，而不能用于通信 |
| | circuit group blocking acknowledge | BSC↔MSC | 01000101 | 确认收到先前的 circuit group block 消息，并指示电路标识码（CIC）列表中指示的电路已被远程阻塞 |

续上表

| 消息类别 | 消息名称 | 方向 | 消息类型 | 功能描述 |
|---|---|---|---|---|
| 地面资源消息 | circuit group unblock | BSC↔MSC | 01000110 | 指示一组地面资源可在电路主设备上恢复服务 |
| | circuit group unblocking acknowledge | BSC↔MSC | 01000111 | 确认收到先前的 circuit group unblock 消息，并指示电路标识码列表(CIC)中指示的电路已远程解锁 |
| | unequipped circuit | BSC↔MSC | 01001000 | 向对等实体表明其正在使用一个或多个未知的电路标识码，应立即在本地阻止并停止服务 |
| | change circuit | MSC→BSC | 01001110 | 请求更改分配给连接的电路 |
| | change circuit acknowledge | BSC→MSC | 01001111 | 指示按要求分配了新的电路 |
| 无线资源消息 | resource request | MSC→BSC | 01010000 | 请求特定小区当前可用的无线资源 |
| | resource indication | BSC→MSC | 01010001 | 对 resource request 的响应，包括相关的小区无线资源信息 |
| | paging | MSC→BSC | 01010010 | 支持在正确的小区、正确的时间发送寻呼消息 |
| | cipher mode command | MSC→BSC | 01010011 | 更新有关 MS 的加密参数 |
| | classmark update | BSC↔MSC | 01010100 | 更新相关 MS 的 classmark 参数 |
| | cipher mode complete | BSC→MSC | 01010101 | 表明已通过无线接口成功实现密钥同步 |
| | queuing indication | BSC→MSC | 01010110 | 如果当前没有可用的无线资源，指示延迟指配所需的 TCH |
| | complete layer 3 information | BSC→MSC | 01010111 | 用于承载建立连接时的第三层初始消息，如 paging response、location updating request、CM service request、IMSI detach 等 |
| | classmark request | MSC→BSC | 01011000 | 请求更新相关 MS 的 classmark 参数 |
| | cipher mode reject | BSC→MSC | 01011001 | 表明 BSS 无法执行请求的加密 |
| | load indication | BSC→MSC | 01011010 | BSC 向 MSC 发送此消息，以便转发给所有相邻的 BSC，此消息可用于指示 BTS 的过载情况，并旨在影响相邻小区的切换判决 |
| VGCS/VBS | VGCS/VBS setup | MSC→BSC | 00000100 | 请求 BSS 支持 VGCS/VBS 呼叫 |
| | VGCS/VBS setup ack | BSC→MSC | 00000101 | 确认 BSS 将支持 VGCS/VBS 呼叫 |
| | VGCS/VBS setup refuse | BSC→MSC | 00000110 | 拒绝 VGCS/VBS 呼叫的 setup 消息 |
| | VGCS/VBS assignment request | MSC→BSC | 00000111 | 请求 BSS 在小区中指配无线资源以支持 VGCS/VBS 呼叫 |
| | VGCS/VBS assignment result | BSC→MSC | 00011100 | 指示在指定小区内指配/取消指配无线资源 |
| | VGCS/VBS assignment failure | BSC→MSC | 00011101 | 表明 BSS 的指配过程中出现故障，相关小区的 VGCS/VBS 指配过程已中止 |
| | VGCS/VBS queuing indication | BSC→MSC | 00011110 | 如果当前没有可用的无线资源，指示指配将被延迟 |
| | uplink request | BSC→MSC | 00011111 | 指示 MS 已请求接入上行语音组呼叫信道 |
| | uplink request acknowledge | MSC→BSC | 00100111 | 向 BSS 指示 MSC 已指配完成上行语音组呼叫信道 |

续上表

| 消息类别 | 消息名称 | 方向 | 消息类型 | 功能描述 |
| --- | --- | --- | --- | --- |
| VGCS/VBS | uplink request confirmation | BSC→MSC | 01001001 | 向 MSC 证实上行语音组呼叫信道已成功建立 |
| | uplink release indication | BSC→MSC | 01001010 | 向 MSC 指示上行语音组呼叫已释放 |
| | uplink reject command | MSC→BSC | 01001011 | 向 BSS 指示上行语音组呼叫信道无法指配给请求使用上行的 MS |
| | uplink release command | MSC→BSC | 01001100 | 向 BSS 指示上行语音组呼叫信道可供指配 |
| | uplink seized command | MSC→BSC | 01001101 | 向 BSS 指示上行语音组呼叫信道不再可用于指配 |

# 8 PRI 接口与 V.110 协议

PRI 接口是 GSM-R 网络重要的外部接口，GSM-R 网络与 CTCS-3 级列控系统 RBC（无线闭塞中心）之间的接口、GSM-R 网络与铁路有线调度通信系统（FAS）之间的接口均使用 PRI 接口。在 CTCS-3 级列控系统中，车—地之间的用户数据传输则使用了 ITU-T V.110 协议及其修改格式。

## 8.1 PRI 接口协议

### 8.1.1 协议模型

基群速率接口（primary rate interface，PRI）是 MSC 作为 ISDN 网络部分与 ISDN 用户部分的接口，在 GSM-R 网络中，MSC 与 RBC 的接口、MSC 与 FAS 系统的接口均为 PRI 接口，如图 8-1 所示。

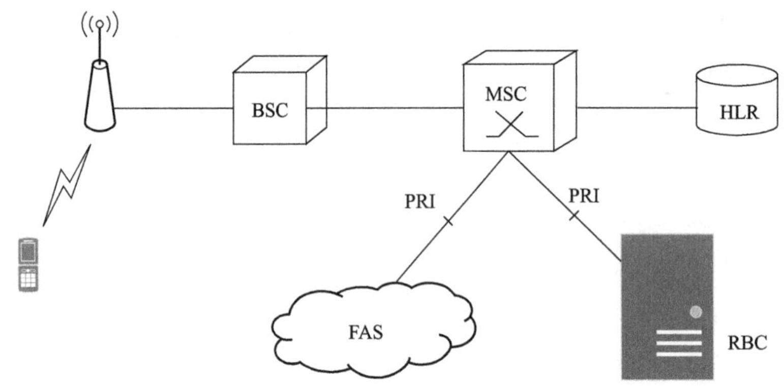


图 8-1 PRI 接口的应用示意

PRI 接口协议栈符合 OSI 参考模型，第一层是物理层，信令结构为"30B+D"，其中 B 信道为 64 kbit/s 的用户信息通路，包括符合 ITU-T G.711、ITU-T G.722 标准的语音通路和符合 V.110 的数据通路；D 信道是 64 kbit/s 的信令信道。第二层是数据链路层，使用 LAPD（D 信道上的链路接入规程），遵循 ITU-T Q.920/Q.921 规范。第三层是网络层，提供呼叫控制功能，遵循 ITU-T Q.920/Q.921 规范，规定了 B 信道连接的建立过程及 D 信道信令业务的过程。

### 8.1.2 LAPD 协议

PRI 接口 LAPD 协议允许经过 ISDN 用户—网络接口，采用 D 通路在第三层实体之间传递信息，包括以下功能：

(1)提供一个或多个 D 通路上的数据链路连接。数据链路连接之间的鉴别借助于包含在每个帧中的数据链路连接标识符(DLCI)。

(2)支持帧的定界、定位及透明传输,从而允许识别在D通路上以帧形式发送的数据。

(3)支持顺序控制,以保持经过数据链路连接的帧的次序。

(4)支持数据链路连接上的传输、格式以及操作差错的检测。

(5)支持被检测出的传输、格式以及操作差错的恢复。

(6)支持将不可恢复的差错通知管理实体。

(7)支持流量控制。

LAPD帧的格式参见6.2节,命令/响应字段含义见表8-1,SAPI值的分配见表8-2,其余字段可参见6.2节。

**表8-1 命令/响应字段含义**

| 类型 | 方向 | C/R值 |
|---|---|---|
| 命令 | 网络侧→用户侧 | 1 |
| | 用户侧→网络侧 | 0 |
| 响应 | 网络侧→用户侧 | 0 |
| | 用户侧→网络侧 | 1 |

**表8-2 SAPI值的分配**

| SAPI值 | 相关的第三层或管理实体 |
|---|---|
| 0 | 呼叫控制过程 |
| 1~15 | 保留 |
| 16 | 符合X.25第三层规程的分组方式的通信(GSM PLMN中不使用) |
| 17~31 | 保留 |
| 63 | 第二层的管理规程 |
| 其他 | 不可用 |

### 8.1.3 第三层协议

第三层协议是为了实现建立与控制电路交换而设计的,支持基本呼叫控制程序,支持与网络提供的补充性能有关的呼叫控制程序,包括以下功能:

①处理与数据链路层通信的原语。

②产生和解释对等通信的第三层消息。

③管理呼叫控制程序中使用的定时器和逻辑实体。

④管理接入资源,包括对B通路和分组层逻辑通路的管理。

⑤检查保证提供的业务(如承载能力、地址、底层和高层兼容性)与用户要求一致。

第三层消息由协议鉴别语、呼叫参考(包括呼叫参考值的长度、标记和呼叫参考值)、消息类型和需要的其他信息单元(可选)组成,如图8-2所示。

(1)协议鉴别语(protocol discriminator)

协议鉴别语用于区分用户—网络接口呼叫控制的消息与其他消息,对于PRI接口,协议鉴别语的值为00001000(二进制)。

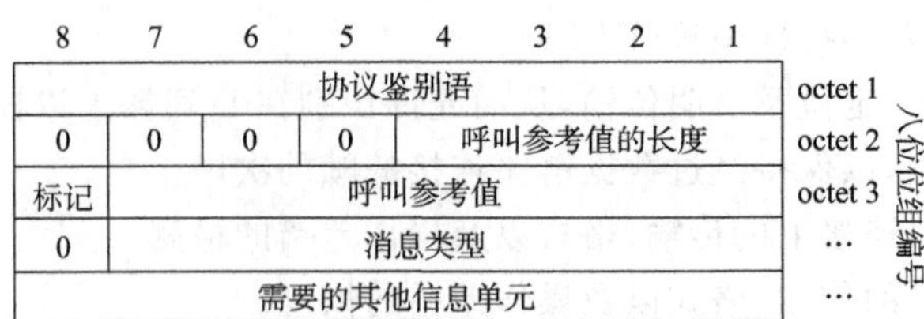


图 8-2 PRI 接口第三层消息格式

(2)呼叫参考(call reference)

呼叫参考用于在本地用户—网络接口上识别消息所涉及的呼叫或设施登记/撤销的请求，呼叫参考不具有跨越 ISDN 的端到端的含义。

第一个字节的第 1～4 bit 表示呼叫参考值的长度。呼叫参考信息单元的最大长度为 3 B。接收设备的动作仅与呼叫参考的数值有关，而与呼叫参考信息单元的长度无关。

呼叫参考信息单元包括呼叫参考值和呼叫参考标记。呼叫参考值是由呼叫的发端接口分配的。这些值在一个特定的 D 通路二层逻辑链路连接内仅对发端侧是唯一的。呼叫参考值在呼叫开始时分配，并且保持到呼叫结束(除呼叫暂停的情况之外)。在呼叫结束或成功地暂停以后，相关的呼叫参考值可以重新分配给以后新的呼叫。在同一个 D 通路二层逻辑链路上，对于不同方向的两个呼叫可以使用两个相同的呼叫参考值。呼叫参考标记为第 2 个字节的第 8 位，取值为 0 或 1。呼叫参考标记用于识别呼叫参考是第二层逻辑链路的哪一端发出的。发端侧总是置呼叫参考标记为 0，终端侧则总是置呼叫参考标记为 1。设置呼叫参考标记的目的是解决同时尝试分配同一呼叫参考值的问题。

(3)消息类型

消息类型用于识别正在发送的消息，适用于以电路方式连接控制的消息，见表 8-3。

**表 8-3 电路方式连接控制的消息**

| 消息类别 | 消息名称 | 方向 | 消息类型 | 功能描述 |
|---|---|---|---|---|
| 用于呼叫建立的消息 | alerting | U↔N | 00000001 | 表示被叫用户已经开始振铃 |
| | call proceeding | U↔N | 00000010 | 表示所请求的呼叫已经开始建立，并且将不再接收任何呼叫建立信息 |
| | connect | U↔N | 00000111 | 表示被叫用户已经接受呼叫 |
| | connect acknowledge | U↔N | 00001111 | 表示用户已被授予呼叫 |
| | progress | U↔N | 00000011 | 表示在互通事件中的呼叫进展情况或者提供带内信息/码型相关的呼叫进展情况 |
| | setup | U↔N | 00000101 | 指示起始呼叫 |
| | setup acknowledge | U↔N | 00001101 | 表示呼叫建立已经开始，但可能需要更多信息 |
| 用于呼叫信息阶段的消息 | resume | U→N | 00100110 | 请求网络恢复一个暂停的呼叫 |
| | resume acknowledge | N→U | 00101110 | 表示已经完成了对暂停呼叫的恢复 |
| | resume reject | N→U | 00100010 | 表示恢复一个暂停呼叫的请求不成功 |
| | suspend | U→N | 00100101 | 请求网络暂停一个呼叫 |
| | suspend acknowledge | N→U | 00101101 | 表示暂停呼叫的请求已完成 |
| | suspend reject | N→U | 00100001 | 表示呼叫暂停的请求不成功 |

续上表

| 消息类别 | 消息名称 | 方向 | 消息类型 | 功能描述 |
|---|---|---|---|---|
| 用于呼叫清除的消息 | disconnect | U↔N | 01000101 | 请求网络拆除端到端连接或表示端到端的连接被拆除 |
| | release | U↔N | 01001101 | 表示发送该消息的设备已经拆除了通路，并准备释放通路和呼叫参考 |
| | release complete | U↔N | 01011010 | 表示发送该消息的设备已经释放了通路和呼叫参考，该通路可以重新被使用，并且接收设备将释放呼叫参考 |
| 其他消息 | information | U↔N | 01111011 | 用于提供附加的信息，可以用来提供呼叫建立信息(如重叠发送)或其他呼叫相关信息 |
| | notify | U↔N | 01101110 | 指示与呼叫相关的信息，如用户已暂停等 |
| | status | U↔N | 01111101 | 由用户或网络在响应 status enquiry 消息时发送，或者在呼叫的任何时候报告某些差错情况时发送 |
| | status enquiry | U↔N | 01110101 | 由用户或网络在任何时间向对端第三层实体询问一个 status 消息时发送 |

## 8.1.4 呼叫控制过程

通常情况下，一个简单的电路交换呼叫过程及呼叫控制消息流程如图 8-3 所示。

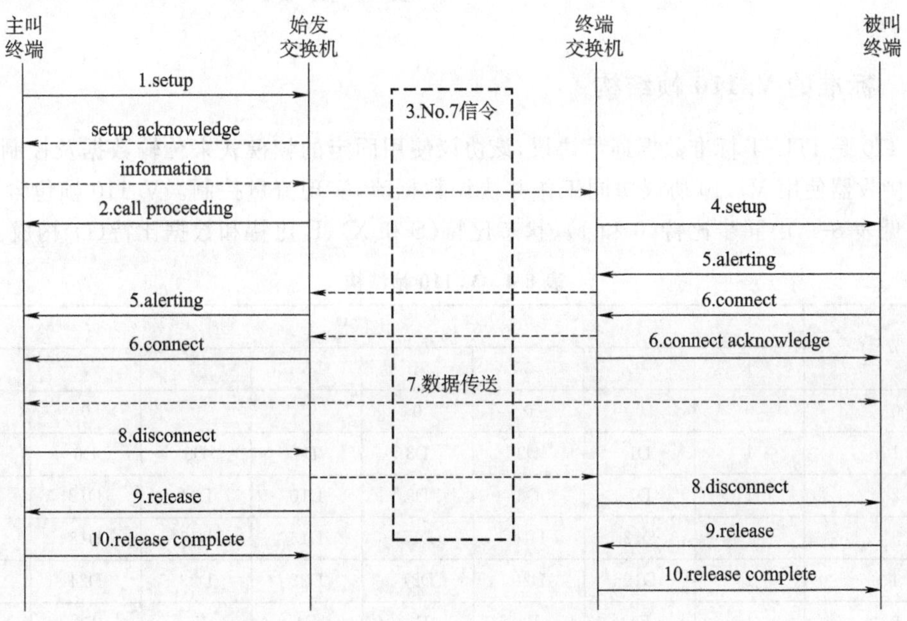


图 8-3 电路交换呼叫过程及呼叫控制消息流程

(1)主叫用户使用 setup 消息发出呼叫请求，这条消息及后续所有消息在一条已经建立的数据链路上传送。

(2)网络侧收到 setup 消息后，在第三层实体检查其中的被叫地址是否完全，如果地址完全，则回送 call proceeding 消息通知用户等待；如果地址不完全，则发送 setup acknowledge 向用户请求后续信息，主叫用户使用 information 补全被叫号码。

(3)如果呼叫跨越交换机，始发交换机和终端交换机之间需要通过 No. 7 信令交互与本呼叫有关的信息。

(4)完成路由选择、资源分配等操作后，终端交换机向被叫用户发送 setup，其中包含来自发端的承载业务能力、终端的低层性能、高层性能和端到端信息等，以及终端交换机选择的用户信息通路。

(5)被叫终端向网络回送 alerting 消息，并且向用户振铃(如果被叫终端设置为自动接听，也可以不发送 alerting 消息)，alerting 消息最终发送到主叫终端，使主叫终端向用户送回铃音。

(6)被叫终端应答后向网络发送 connect，终端交换机将此消息传送给主叫侧，同时向被叫终端发送 connect acknowledge。

(7)交换机为用户选择的 B 通道接通，从主叫用户到被叫用户的电路连接建立成功，可以用来传送用户信息。

(8)若主叫终端需要拆除通话，向网络侧发送 disconnect 消息，此消息最终发送给被叫终端。

(9)被叫终端向网络发送 release 消息，指示其已经拆除了通路并准备释放通路和呼叫参考，此消息最终发送给主叫终端。

(10)主叫终端向网络发送 release complete 消息，指示其已经释放了通路和呼叫参考，此消息最终发送给被叫终端，被叫终端释放呼叫参考，最终完成本次呼叫的拆除。

## 8.2　V. 110 接口协议

### 8.2.1　标准的 V. 110 帧结构

V. 110 是 ITU-T 标准数据通信协议，该协议使用固定的帧模式来传输数据及控制位。发送器和接收器使用 V. 110 协议协同工作并协调数据流，实现流量控制。V. 110 帧包含 80 bit，帧结构见表 8-4，由同步比特(0 和 1)、状态比特(S 和 X)、E 比特和数据比特(D)构成。

表 8-4　V. 110 帧结构

| 字节号 | 比特号 | | | | | | | |
|---|---|---|---|---|---|---|---|---|
| | 1 | 2 | 3 | 4 | 5 | 6 | 7 | 8 |
| 0 | 0 | 0 | 0 | 0 | 0 | 0 | 0 | 0 |
| 1 | 1 | D1 | D2 | D3 | D4 | D5 | D6 | S1 |
| 2 | 1 | D7 | D8 | D9 | D10 | D11 | D12 | X |
| 3 | 1 | D13 | D14 | D15 | D16 | D17 | D18 | S3 |
| 4 | 1 | D19 | D20 | D21 | D22 | D23 | D24 | S4 |
| 5 | 1 | E1 | E2 | E3 | E4 | E5 | E6 | E7 |
| 6 | 1 | D25 | D26 | D27 | D28 | D29 | D30 | S6 |
| 7 | 1 | D31 | D32 | D33 | D34 | D35 | D36 | X |
| 8 | 1 | D37 | D38 | D39 | D40 | D41 | D42 | S8 |
| 9 | 1 | D43 | D44 | D45 | D46 | D47 | D48 | S9 |

**1. V.110 同步和失步**

V.110 协议使用 80 位中的 17 位作为同步位，V.110 同步位的对齐模式如图 8-4 所示。

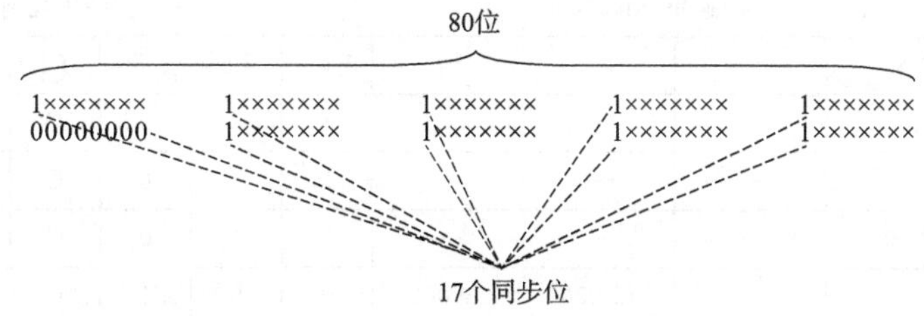


图 8-4 V.110 同步位的对齐模式

为了确保同步可靠，需要至少在连续 2 帧中检测到 17 个正确的同步位才认为实现了 V.110 同步。在数据通信过程中需要持续的监控帧同步状态，如果检测到连续 3 个及以上的帧，每个帧至少有一个帧比特错误，则认为出现了 V.110 失步。

**2. 状态比特**

S 和 X 比特用于在数据传输状态下传送与数据位相关联的信道控制信息，状态比特通用映射方案见表 8-5。S 位分为 SA 和 SB 两组，SA 包含 S1、S3、S6 和 S8 比特，对应于电路 107(DCE 准备好)和电路 108(把 DCE 接至线路或 DTE 准备好)；SB 包含 S4、S9 比特，对应于电路 105(请求发送)和电路 109(数据信道接收线路信号检测器)。X 比特用于承载电路 106(发送准备好)的状态，此外，还用于承载 TA 之间帧同步状态的信号。作为可选项，X 比特还可以在支持异步终端设备的 TA 之间传输流量控制信息。

**表 8-5 状态比特通用映射方案**

| DTE/TA 接口的 X.24 交换电路 | 状态位映射(TA→ISDN) | 状态位映射(ISDN→TA) |
|---|---|---|
| 105① | 映射到 SB | — |
| 106② | — | 从 X 映射 |
| 107 | — | 从 SA 映射 |
| 108 | 映射到 SA | — |
| 109 | — | 从 SB 映射 |
| 133① | 映射到 X③ | — |

①电路 105 和 133 被分配到标准化 25 和 26-pole 连接器(ISO 2110 和 ISO/IEC 11569)上的同一连接器引脚。因为电路 133 仅用于双工操作，而电路 105 仅用于半双工操作，所以没有冲突。在数据传输状态期间，对应于未分配电路的状态位应设置为 ON 状态。

②如果支持端到端流控制，电路 106 的状态也可能受到 TA 中任意传输缓冲器的状态的影响。

③如果支持端到端流控制，则 ISDN 的状态位 X 的状态也可能受到 TA 中任意接收缓冲器的状态的影响。

**3. E 比特**

E 比特用于携带以下信息：

①比特流重复信息：E1、E2、E3 比特与中间速率一起，提供了用户数据速率(同步)标识，编码规格见表 8-6。

②网络独立时钟信息：E4、E5 和 E6 比特传输与网络无关的时钟相位信息。

③E7 比特用于多帧信息。

**表 8-6 E 比特编码规则**

| | 中间速率/kbit/s | | | | 编码规则 | | | | | | |
|---|---|---|---|---|---|---|---|---|---|---|---|
| | 8 | 16 | 32 | 64 | E1② | E2 | E3③ | E4 | E5 | E6 | E7 |
| 用户速率①/bit/s | 600 | — | — | — | 1 | 0 | 0 | C | C | C | 1/0④ |
| | 1 200 | — | — | — | 0 | 1 | 0 | C | C | C | 1 |
| | 2 400 | — | — | — | 1 | 1 | 0 | C | C | C | 1 |
| | — | — | 12 000 | 24 000 | 0 | 0 | 1 | C | C | C | 1 |
| | — | 7 200 | 14 400 | 28 800 | 1 | 0 | 1 | C | C | C | 1 |
| | 4 800 | 9 600 | 19 200 | 38 400 | 0 | 1 | 1 | C | C | C | 1 |

①600 bit/s、2 400 bit/s、4 800 bit/s 和 9 600 bit/s 的数据信号传输速率也是 X. 1 用户服务等级(另见 ITU-T X. 30)。

②同步速率信息由 El、E2 和 E3 携带。异步速率信息必须通过带外信令(D 信道中的第三层消息)或带内参数交换提供。

③C 表示使用 E4、E5 和 E6 传输网络独立时钟信息。未使用时,这些位应设置为 1。

④为了保持与 ITU-T X. 30 的兼容性,600 bit/s 用户速率的 E7 被编码为支持 4×80 bit 多帧同步。为此,第 4 个 80 bit 帧中的 E7 被设置为二进制 0。

#### 4. 数据比特

数据通过 D 比特传输,每 80 bit 的 V. 110 帧包含 48 个 D 比特。需要注意的是,在 V. 110 协议中,未定义用户数据流的字节边界。

在 GSM-R 中比较常用的用户速率为 4 800 bit/s 和 9 600 bit/s,分别适配到 8 kbit/s 和 16 kbit/s 的中间速率,适配方式如图 8-5 所示。

| 0 | 0 | 0 | 0 | 0 | 0 | 0 | 0 |
|---|---|---|---|---|---|---|---|
| 1 | D1 | D2 | D3 | D4 | D5 | D6 | S1 |
| 1 | D7 | D8 | D9 | D10 | D11 | D12 | X |
| 1 | D13 | D14 | D15 | D16 | D17 | D18 | S3 |
| 1 | D19 | D20 | D21 | D22 | D23 | D24 | S4 |
| 1 | E1 | E2 | E3 | E4 | E5 | E6 | E7 |
| 1 | D25 | D26 | D27 | D28 | D29 | D30 | S6 |
| 1 | D31 | D32 | D33 | D34 | D35 | D36 | X |
| 1 | D37 | D38 | D39 | D40 | D41 | D42 | S8 |
| 1 | D43 | D44 | D45 | D46 | D47 | D48 | S9 |

图 8-5 4 800 bit/s 或 9 600 bit/s 用户速率适配到 8 kbit/s 或 16 kbit/s 中间速率

业务数据采用异步字符格式打包到单独的“启动—停止”字符中,如图 8-6 所示,格式为:1 个开始位、8 个数据位、1 个停止位,无校验位。

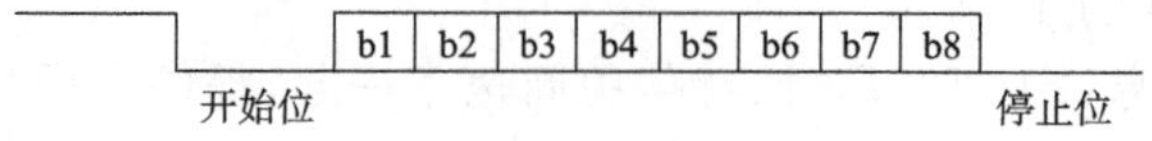


图 8-6 异步字符格式

### 8.2.2 空中接口修改的 V.110 帧结构

空中接口全速率数据业务信道的编码速率为 12 kbit/s，当传送用户速率为 9.6 kbit/s 的数据流时，如果采用标准的 V.110 帧结构，所需的中间速率为 16 kbit/s，显然空中接口无法承载。因此，空中接口对标准的 V.110 帧结构进行了修改，GSM-R 的信道编码已经保证了信号的同步，标准 V.110 帧结构中的 17 个同步比特可以取消，而用户速率的信息已经包含在呼叫建立阶段的信令消息中(在 MT 的 setup 消息或在 BSS 的 assignment request 消息中)，提供用户速率标识的 E1、E2、E3 比特也可以取消，最终形成修改后的 60 bit V.110 帧结构，如图 8-7 所示。

| | | | | | | |
|---|---|---|---|---|---|---|
| D1 | D2 | D3 | D4 | D5 | D6 | S1 |
| D7 | D8 | D9 | D10 | D11 | D12 | X |
| D13 | D14 | D15 | D16 | D17 | D18 | S3 |
| D19 | D20 | D21 | D22 | D23 | D24 | S4 |
| E4 | E5 | E6 | E7 | D25 | D26 | D27 |
| D28 | D29 | D30 | S6 | D31 | D32 | D33 |
| D34 | D35 | D36 | X | D37 | D38 | D39 |
| D40 | D41 | D42 | S8 | D43 | D44 | D45 |
| D46 | D47 | D48 | S9 | | | |

图 8-7 修改后的 60 bit V.110 帧结构(透明模式)

### 8.2.3 TRAU 帧中的 V.110 帧结构

TRAU 将来自 BSS 的 4 路用户数据复用到一个 PCM 时隙中，TRAU 数据帧的格式见表 8-7，其中的 C 比特定义了帧类型、中间速率适配比特率等。

表 8-7 TRAU 数据帧格式

| 字节号 | 比特号 | | | | | | | |
|---|---|---|---|---|---|---|---|---|
| | 1 | 2 | 3 | 4 | 5 | 6 | 7 | 8 |
| 0～1 | 0 | 0 | 0 | 0 | 0 | 0 | 0 | 0 |
| 2 | 1 | C1 | C2 | C3 | C4 | C5 | C6 | C7 |
| 3 | C8 | C9 | C10 | C11 | C12 | C13 | C14 | C15 |
| 4～12 | 1 | 数据帧位置区 1，63 bit (包括同步比特，共 72 bit) | | | | | | |
| 13～21 | 1 | 数据帧位置区 2 | | | | | | |
| 22～30 | 1 | 数据帧位置区 3 | | | | | | |
| 31～39 | 1 | 数据帧位置区 4 | | | | | | |

每个数据帧位置区可以存放修改后的 72 bit V.110 帧格式，该帧格式是在标准的 80 bit V.110 帧中去掉 8 个 0 位形成的。

### 8.2.4 速率适配

GSM-R 用户侧设置了终端适配功能(TAF)，网络侧设置了互联功能(IWF)，实现用户数据流的速率适配，在 3.3 节介绍了 CSD 业务工作原理，本节进一步介绍其中的速率适配过程，主要包括 RA1/RA1′、RAA 和 RA2。

**1. RA1/RA1′功能**

RA1/RA1′功能完成中间速率和无线接口速率之间的透明转换。

当无线接口速率为 6 kbit/s(用户速率为 4 800 bit/s)时，空中接口每 10 ms 发送/接收一个修改后的 60 bit V. 110 帧，RA1/RA1′功能可添加 17 个同步位和 E1、E2、E3 比特，形成 80 bit 标准 V. 110 帧。

当无线接口速率为 12 kbit/s(用户速率为 9 600 bit/s)时，空中接口每 5 ms 发送/接收一个修改后的 60 bit V. 110 帧，RA1/RA1′功能可添加 17 个同步位和 E1、E2、E3 比特，形成 80 bit 标准 V. 110 帧。

RA1/RA1′还提供 V. 110 帧同步的监视和恢复功能，当接收不到数据帧时，还应向数据终端设备发送空闲帧。

**2. RAA 功能**

RAA 功能将标准的 80 bit V. 110 帧格式修改为 72 bit V. 110 帧格式，并放置在 TRAU 帧的数据帧位置区，或将 V. 110 帧从 TRAU 中取出。

当中间速率为 8 kbit/s(用户速率为 4 800 bit/s)时，RAA 将 2 个数据帧填入 1 个 TRAU 帧中，其中第一个数据帧放置在位置区 1、第二个数据帧放置在位置区 3、位置区 2 和 4 的所有比特位都填 1。如果数据帧在 TRAU 帧之前结束，TRAU 帧剩余位置区的所有比特位均填 1。

当中间速率为 16 kbit/s(用户速率为 9 600 bit/s)时，RAA 将 4 个数据帧依次填入 1 个 TRAU 帧中的位置区 1～4。如果数据帧在 TRAU 帧之前结束，TRAU 帧剩余位置区的所有比特均填 1。

**3. RA2 功能**

RA2 功能实现 S 接口使用的 64 kbit/s 速率与中间速率之间的转换，S 接口的 64 kbit/s 数据流由字节(1～8 位，首先传送第 1 位)构成，对于 64 kbit/s 的中间数据速率和用户数据速率 RA2，按原样传输比特流，对于其他中间速率，按下列规则进行速率适配：

①8 kbit/s 数据流占用 8 个数据位中的第 1 位；

②16 kbit/s 数据流占用 8 个数据位中的第 1、2 位；

③32 kbit/s 数据流占用 8 个数据位中的第 1、2、3、4 位；

④速率适配前后，子数据流比特的传输顺序相同；

⑤64 kbit/s 流中所有未使用的位都设置为二进制 1。

# 9 CTCS-3 车—地信息传输协议

CTCS-3 级列车运行控制系统是我国铁路时速 300～350 km 客运专线的重要技术装备，是我国铁路技术体系和装备现代化的重要组成部分，是保证高速列车运行安全、可靠、高效的核心技术之一。CTCS-3 级列控系统是基于 GSM-R 无线通信实现车—地信息双向传输、无线闭塞中心(RBC)生成行车许可的列控系统，系统采用先进的技术手段对高速列车的运行速度、运行间隔等进行实时监控和超速防护，以目标距离连续速度控制模式、设备制动优先的方式监控列车安全运行，并可满足列车跨线运营的要求。

在 CTCS-3 级列控系统模式下，车载设备通过 GSM-R 无线通信系统向 RBC 发送司机选择输入和确认的数据(如车次号、列车长度)，列车固有性质数据(列车类型、列车最大允许速度、牵引类型等)，车载设备在 RBC 的注册、注销信息，定期向 RBC 报告列车位置、列车速度、列车状态(正常时)和车载设备故障类型(非正常时)信息、列车限制性信息以及文本信息等。同时，车载设备接收 RBC 发送的行车许可(包括车载设备识别号、目标距离、目标速度以及可能包括的延时解锁相关信息、防护区相关信息、危险点相关信息)、紧急停车(无条件紧急停车和有条件紧急停车)、临时限速、外部报警信息以及文本信息等。可见，GSM-R 在 CTCS-3 级列车运行控制系统中发挥着重要作用，了解 CTCS-3 的基本原理，掌握 CTCS-3 车—地信息传输协议，对于分析和处置 CTCS-3 无线超时等故障十分必要。

## 9.1 CTCS-3 级列控系统概述

### 9.1.1 系统组成

TB/T 3530—2018《CTCS-3 级列车运行控制系统系统需求规范》中详细描述了 CTCS-3 级列控系统的构成，主要包括地面设备和车载设备两个部分，其构成及接口示意如图 9-1 所示。

CTCS-3 级列控系统地面设备包括无线闭塞中心、应答器、地面电子单元、轨道电路、列控中心(TCC)和临时限速服务器。车载设备包括安全计算机、轨道电路信息读取器、应答器传输模块及应答器天线、无线传输模块、人机界面、列车接口单元、测速测距单元和司法/数据记录器。CTCS-3 级列控系统的外部环境包括列车、司机、GSM-R 无线通信系统(含 GSM-R 固定网络和车载电台)、其他车载设备接口和联锁、调度集中(CTC)等地面外部设备。

RBC 根据轨道电路、联锁进路等信息生成行车许可，并通过 GSM-R 无线通信系统将行车许可、线路参数、临时限速传输给 CTCS-3 级车载设备，同时通过 GSM-R 无线通信系统接收车载设备发送的位置和列车数据等信息。

TCC 接收轨道电路的信息，并通过联锁系统传送给 RBC；同时，TCC 具有轨道电路编码、应答器报文储存和调用、站间安全信息传输、临时限速功能，满足后备系统需要。

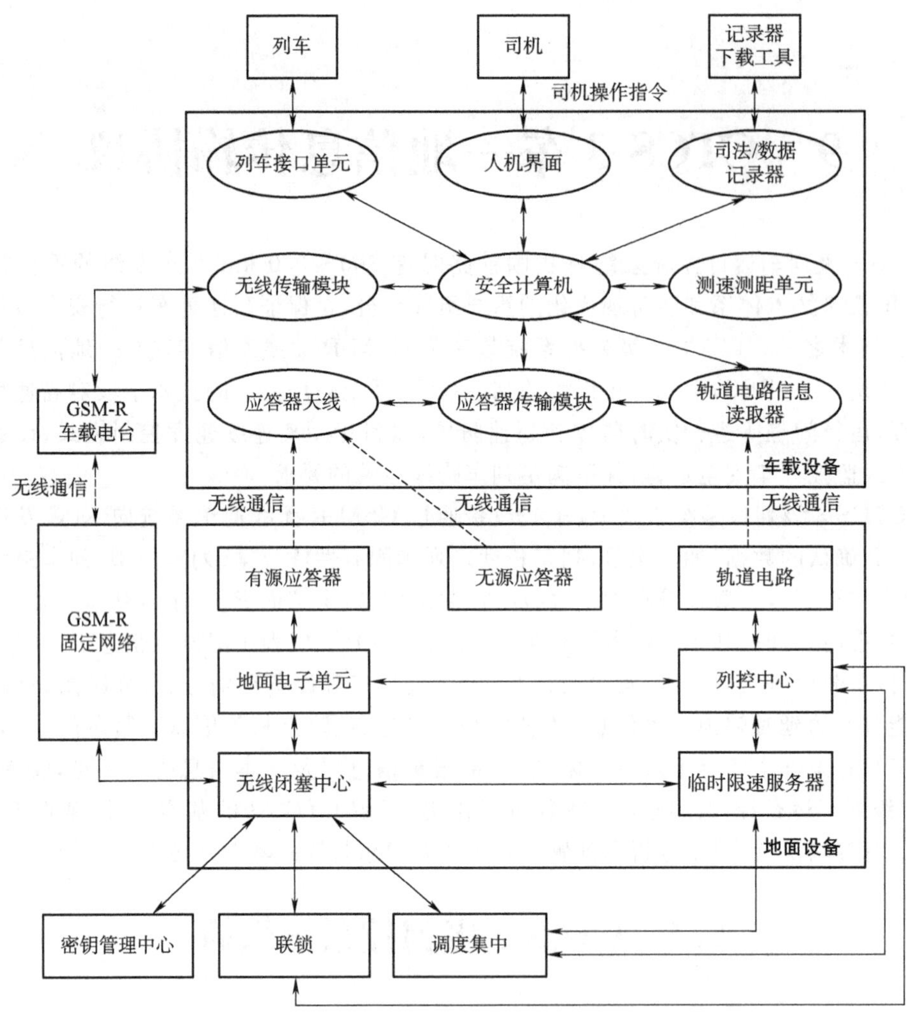


图 9-1　CTCS-3 级列控系统构成及接口示意

应答器向车载设备传输定位和等级转换等信息，同时，向车载设备传送线路参数和临时限速等信息，满足后备系统需要。应答器传输信息与无线传输信息的相关内容含义保持一致。

车载安全计算机根据地面设备提供的行车许可、线路参数、临时限速等信息和动车组参数，按照目标距离连续速度控制模式生成动态速度曲线，监控列车安全运行。

### 9.1.2　与 GSM-R 相关的主要运营场景

TB/T 3581—2022《CTCS-3 级列控系统总体技术要求》中详细规定了 CTCS-3 级列控系统主要运营场景，包括注册与启动、注销、进出动车段、等级转换、行车许可、RBC 切换、自动过分相、重联与摘解、临时限速、降级情况、灾害防护、调车作业、人工解锁进路、特殊进路等十四个运营场景，本节主要介绍与 GSM-R 操作密切相关的运营场景。

**1. 注册与启动**

注册与启动描述停在车站股道或线路上的列车，从车载设备上电、司机开启驾驶台、具备发车条件至列车启动时信号系统的工作过程，包括设备上电、列车唤醒、列车注册、输入列车数据、准备发车和启动列车等步骤。在列车注册时，若车载设备转入 CTCS-3 级工作状态，将通过 GSM-R 网络呼叫 RBC，呼叫成功后，车载设备与 RBC 交互位置报告、行车许可等参数信息。

**2. 注销**

注销描述了列车停车后，从注销列车信息至关闭车载设备电源的工作过程，包括 RBC 注销列车信息和关闭电源两个步骤。在 RBC 注销列车信息时，如果列车工作在 CTCS-3 级，系统需要进行如下操作：

①车载设备向 RBC 报告任务结束。

②RBC 通知 CTC 列车进入待机模式(SB)，并命令车载设备关闭与 RBC 的通信会话。

③车载设备关闭与 RBC 的通信会话，此时车载设备需要发起挂机。

④通信会话被关闭后，RBC 注销该列车的注册信息。

**3. 等级转换**(CTCS-2 级转换至 CTCS-3 级)

等级转换描述了列车在 CTCS-3 级区段和 CTCS-2 级区段边界，列控系统应遵守的原则和车载设备等级转换过程。

在 CTCS-2 级转换至 CTCS-3 级前，应完成的工作包括 GSM-R 车载电台注册到 GSM-R 网络、车载设备与 RBC 建立通信会话、车载设备从 RBC 获得系统配置参数和行车许可等信息。如果在转换边界不具备 CTCS-3 级控车条件时，列车将继续按 CTCS-2 级运行，直至具备 CTCS-3 级控车条件，车载设备将自动转入 CTCS-3 级工作。

此外，在 CTCS-3 级控制区域，各车站反向进站信号机处的应答器组均设有与 RBC 进行连接所需要的报文，如果工作在 CTCS-2 级，当列车前端经过该应答器组时，车载设备开始呼叫 RBC 并建立连接。一旦连接成功并获得 CTCS-3 级行车许可，系统将在下一闭塞分区边界自动转入 CTCS-3 级工作。

①列车与 GSM-R 建立连接

从 CTCS-2 级控车转换为 CTCS-3 级控车，首先应建立车载设备与 GSM-R 的通信连接，一般情况下，当 GSM-R 网络为唯一网络时，车载设备中的无线电台检测到 GSM-R 网络后，自动连接并注册到 GSM-R 网络。当 GSM-R 网络与其他 GSM 网络存在互联互通时，为避免车载设备错误注册到其他网络，应设置 GSM-R 网络连接注册信息应答器组(GRE)，该应答器组应向接近的列车发送用于 GSM-R 连接并注册的信息。

为满足等级转换要求，车载设备应在 40 s 内注册 GSM-R 并建立可靠连接。

②列车与 RBC 建立连接

车载设备与 GSM-R 网络建立连接后，应建立车载设备与 RBC 的通信会话，为此在转换区入口处设置 RBC 连接应答器组(RE)，该应答器组应向接近的列车发送用于建立通信会话的命令，如图 9-2 所示。

RE(RBC 连接点)：在转换开始处设置该点，当列车前端通过该点时，车载设备根据应答器信息呼叫 RBC 并进行注册。

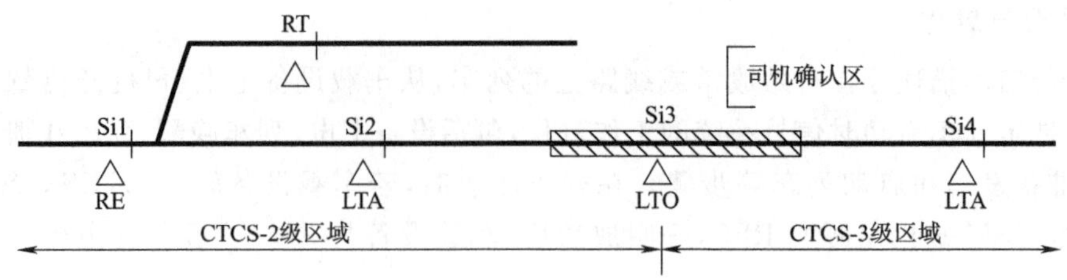


图 9-2 等级转换边界应答器布置和确认区设置示意

LTA(转换预告点)：在至转换点唯一进路入口处设置该点，当列车前端通过该点时，车载设备将向 RBC 报告所在位置，RBC 判断为唯一进路时向车载设备提供行车许可及等级转换命令。

LTO(转换执行点)：当列车前端通过 LTO 点时，本务端的车载设备执行 CTCS-2 级至 CTCS-3 级或 CTCS-3 级至 CTCS-2 级的控车转换，非本务端处于休眠模式(SL)的车载设备记录等级转换信息。

RT(转换取消点)：对于不进入 CTCS-3 级区域的列车，取消已与 RBC 建立的连接及注册。

车载设备接收到应答器组 RE 传送的与 RBC 建立连接的命令后，开始与 RBC 进行无线通信连接。呼叫连接成功后车载装置注册到 RBC，并与 RBC 交互位置报告、行车许可请求、配置参数等信息。根据无线网络连接距离要求，从应答器组 RE 开始进行与 RBC 的连接到完全具备转换 CTCS-3 级系统条件，列车至少需要走行 40 s。

③获得行车许可

CTCS-3 级系统应只向真正进入 CTCS-3 级区域的列车提供行车许可。由于 CTCS-3 级系统不对 CTCS-2 级线路进行控制，无法确切掌握 CTCS-2 级线路实际进路情况，为此在至转换边界前唯一进路的线路上设置用于向车载设备提供准确列车位置进路的等级转换预告应答器组(LTA)。当列车前端通过应答器组 LTA 时，车载设备向 RBC 报告列车所处进路位置，RBC 就可以知道列车接近的准确进路，然后根据 CTCS-3 级控制区域联锁进路条件，向车载设备提供包括线路参数的行车许可及等级转换命令。列车在到达转换边界前始终由 CTCS-2 级系统控车，车载设备将储存此前获得的 CTCS-3 级行车许可并在其通过转换边界并转换到 CTCS-3 级系统控车时使用。

应答器组 LTA 距转换边界的最小距离应大于车载设备与 RBC 通信(15 s)＋司机确认(5 s)过程中列车走行的距离。

④执行等级转换

CTCS-2 级至 CTCS-3 级等级转换边界一般应是闭塞分区和 RBC 控制范围的边界，在转换边界设置转换执行应答器组(LTO)。当列车前端通过 CTCS-2 至 CTCS-3 级边界时，根据 RBC 的命令，且具备 CTCS-3 级系统控车条件时，车载设备将自动转为 CTCS-3 级控车，等级转换命令由 RBC 通过 GSM-R 发送给列车。

**4. 等级转换**(CTCS-3 级转换至 CTCS-2 级)

当 CTCS-3 级至 CTCS-2 级转换开始时，RBC 提前一定距离开始给列车发送等级转换预告信息，同时在转换分界点设置应答器组发送无条件等级转换命令，强制车载设备在通过分界点后转换为 CTCS-2 级控车。

①等级转换预告

当列车需要驶离 CTCS-3 级线路并进入 CTCS-2 级区域时，RBC 在列车前端距 CTCS-3 级至 CTCS-2 级转换边界一定距离时，使用等级转换命令向车载设备发送在 CTCS-3 至 CTCS-2 级转换边界转换为 CTCS-2 级控车的等级转换预告命令。转换预告点(LTA)距转换边界的最小距离应大于车载设备与 RBC 通信(5 s)+司机确认(5 s)过程中列车走行的距离。

②等级转换执行

CTCS-3 级至 CTCS-2 级等级转换边界一般应是闭塞分区和 RBC 控制范围的边界，当列车前端通过 CTCS-3 级至 CTCS-2 级边界时，车载设备根据 RBC 命令转为 CTCS-2 级系统控车。在 CTCS-3 级至 CTCS-2 级边界处设置转换执行应答器组(LTO)，当列车前端通过该应答器组还未转换为 CTCS-2 级控车时，将命令车载设备转为 CTCS-2 级系统控车。当列车尾部越过 CTCS-3 级至 CTCS-2 级边界后，车载设备向 RBC 报告列车位置，RBC 接收到位置报告后，将命令车载设备断开与 RBC 的连接并注销列车注册信息，车载关闭与 RBC 的连接。

**5. RBC 切换**

RBC 切换描述了在不同 RBC 边界处，实现列车在两个 RBC 间行车许可控制的安全切换过程。在 RBC 切换过程中，RBC1(移交 RBC)负责向 RBC2(接收 RBC)发送切换预告信息、进路请求信息、切换通告信息、切换确认信息、切换取消信息。RBC2 负责向 RBC1 发送进路信息、接管列车信息，切换示意如图 9-3 所示。

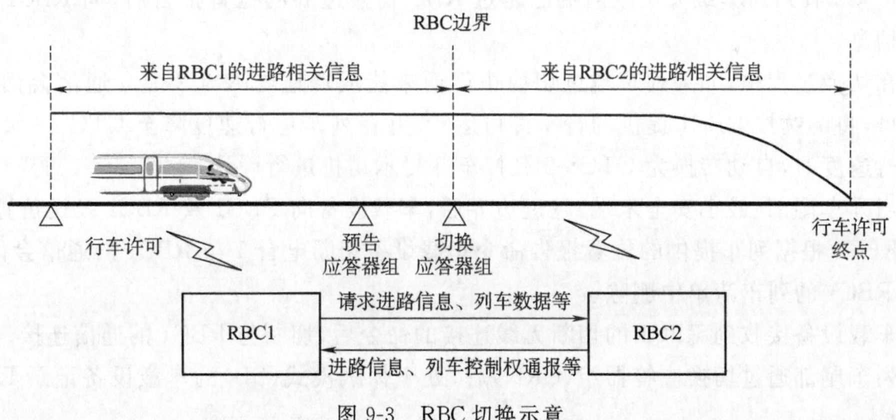


图 9-3 RBC 切换示意

为消除 RBC 切换对列车正常运行的影响，车载设备设置两个独立 GSM-R 通信电台，当列车距 RBC 切换边界一定距离(列车走行 40 s 所需要的距离)时，在 RBC1 控制下通过另一部电台开始呼叫 RBC2 并进行连接注册。当其中一部 GSM-R 通信电台故障时，车载设备仍能用正常电台进行 RBC 切换，但如果切换时间超过车—地间允许的通信中断时间，列车正常运行会受到一定影响。

(1)两部电台都正常的 RBC 切换

两部 GSM-R 无线电台(定义为电台 1 和电台 2)都正常时，RBC1 至 RBC2 的切换流程如下：

①列车在 RBC1 的控制区域内正常运行并接近 RBC1 至 RBC2 边界(假定车载设备使用电台 1 与 RBC1 通信)。列车通过了 RBC 切换预告应答器组后,车载设备向 RBC1 发送列车位置报告。

②RBC1 接收到位置报告后,将向车载设备发送 RBC 切换命令,该命令包括到 RBC1 至 RBC2 切换点的距离、RBC2 的 ID 以及 RBC2 的电话号码。同时 RBC1 向 RBC2 发送移交列车预告信息和进路请求信息。

③RBC2 接收到 RBC1 的进路请求信息后,根据联锁系统的信号授权向 RBC1 发送进路信息。RBC1 根据 RBC2 提供的进路信息,向车载设备发送延伸至 RBC2 区域内的行车许可。

④根据 RBC1 提供的电话号码,列控车载设备使用电台 2 开始呼叫 RBC2。呼叫成功后,列控车载设备通过电台 2 向 RBC2 发送通信初始化信息(M155),RBC2 向列车发送通信版本信息(M32),车载设备向 RBC2 发通信建立信息(M159)。至此,车载设备与 RBC2 建立了通信会话。

⑤列车继续前行,在到达切换边界前,车载设备保持使用 RBC1 提供的行车许可监控列车运行,并向 RBC1、RBC2 发送位置报告。

⑥当列车头部(最大安全前端)越过边界后,车载设备向 RBC1 及 RBC2 发送位置报告。从此,车载设备只使用从 RBC2 接收到的消息,并拒绝接受 RBC1 除终止会话信息之外的其他消息。

⑦RBC1 接到列车最大安全前端越过切换边界的位置报告后,向 RBC2 转发列车位置信息。

⑧RBC2 收到列车最大安全前端已越过 RBC 切换边界的位置报告后,向 RBC1 发送接管列车信息。

⑨在切换过程中,如果列车越过切换边界而未能成功地与 RBC2 建立通信会话并获得行车许可,将继续按 RBC1 提供的行车许可运行,并在列车运行速度降至 CTCS-2 级系统允许的运行速度时,自动转换为 CTCS-2 级控车并提示司机进行确认。

⑩当列车尾部(最小安全末端)越过边界后,车载设备向 RBC1 及 RBC2 发送位置报告。

⑪RBC1 根据列车提供的位置报告命令车载设备切断电台 1 与 RBC1 的通信会话,同时将其从 RBC1 的列车清单中删除。

⑫车载设备接收到 RBC1 的切断无线连接的命令后,切断与 RBC1 的通信连接。

⑬列车尾部通过切换应答器组(CRN)后,处于休眠模式(SL)的车载设备记录 RBC2 的呼叫信息。

⑭车载设备通过电台 2 继续保持与 RBC2 的通信会话并接收行车许可,监控列车安全运行,至此完成 RBC1 到 RBC2 的切换。

(2)只有一部电台正常的 RBC 切换

当只有一部 GSM-R 无线电台正常时,RBC1 至 RBC2 的切换流程如下：

①列车在 RBC1 的控制区域内正常运行并接近 RBC1 至 RBC2 边界。列车通过了 RBC 切换预告应答器组后,车载设备向 RBC1 发送列车位置报告。

②RBC1 接收到位置报告后,将向车载设备发送 RBC 切换命令,该命令包括到 RBC1 至 RBC2 切换点的距离、RBC2 的 ID 以及 RBC2 的电话号码。同时 RBC1 向 RBC2 发送移交

列车预告信息和进路请求信息。

③RBC2 接收到 RBC1 的进路申请信息后，根据联锁系统的信号授权向 RBC1 发送进路信息。RBC1 根据 RBC2 提供的进路信息，向车载设备发送延伸至 RBC2 区域内的行车许可。

④当列车头部(最大安全前端)越过边界后，车载设备向 RBC1 发送位置报告。从此，车载设备拒绝接受 RBC1 除终止会话信息之外的其他消息。

⑤RBC1 接到列车最大安全前端越过切换边界的位置报告后向 RBC2 转发列车位置信息。

⑥RBC2 收到列车最大安全前端已越过 RBC 切换边界的位置报告后向 RBC1 发送接管列车信息。

⑦当列车尾部(最小安全末端)越过边界后，车载设备向 RBC1 发送位置报告。处于休眠模式(SL)的车载设备记录 RBC2 的呼叫信息。

⑧RBC1 根据列车提供的位置报告命令车载设备切断电台 1 与 RBC1 的通信会话，同时将其从 RBC1 的列车清单中删除。

⑨车载设备接收到 RBC1 的切断无线连接的命令后，切断与 RBC1 的通信连接。车载设备根据 RBC1 先前下达的切换命令，开始呼叫 RBC2。呼叫成功后，列控车载设备向 RBC2 发送通信初始化信息(M155)，RBC2 向列车发送通信版本信息(M32)，车载设备向 RBC2 发送通信建立信息(M159)。至此，车载设备与 RBC2 建立了通信会话。

⑩RBC2 根据联锁的信号授权生成行车许可(MA)并发送给列控车载设备，RBC2 监控列车的运行。至此 RBC1 到 RBC2 的切换完成。

如果 RBC 切换时间超过系统允许车—地连接通信中断时间(T_NVCONTACT)，将导致列车常用制动。当列车运行速度降至 CTCS-2 级系统允许运行速度时，系统将自动转换为 CTCS-2 级进行控车并提示司机进行确认。

**6. 降级情况**

降级情况描述了地面设备或者车载设备故障后，列控系统采取的处理措施。降级情况包括区间轨道非正常占用、站内轨道非正常占用、道岔失去表示故障、信号机灯丝断丝故障、RBC 设备故障、车站联锁设备通信故障、车载设备故障、应答器设备故障、无线通信设备故障等，这里主要介绍与 GSM-R 操作相关的场景。

(1)RBC 设备故障

RBC 采用双套冗余设备。当两套设备均故障后，受其控制的列车将中断与 RBC 之间的通信连接，通信超时(T_NVCONTACT)后，由于列车不能从 RBC 收到任何消息，将实施制动。列车运行速度降至满足 CTCS-2 级系统运行所允许的速度时，自动转为 CTCS-2 级系统继续运行。车载设备关闭与 RBC 的通信连接，删除故障 RBC 的呼叫信息。

故障 RBC 设备区域内所有 CTCS-3 级列车注册信息将在 5 min 后自动删除。列车经过 RBC 连接应答器(RE)，将呼叫 RBC 并重新进行注册并申请行车许可。列车在获得 CTCS-3 级列控系统的行车许可后，自动由 CTCS-2 级转换到 CTCS-3 级系统控车。

(2)车站联锁设备通信故障

当车站联锁设备与 RBC 通信发生故障时，RBC 将无法获得该联锁管辖范围内各进路状态信息，系统将参照 RBC 设备故障的反应进行相应处理。RBC 应停止向行车许可在该联锁区域内的所有列车发送任何应用消息。

(3)车载设备故障

当车载设备中涉及 GSM-R 无线通信的设备单元故障时，列车运行速度降至 CTCS-2 级允许速度后，自动转为 CTCS-2 级系统工作。

车载设备采用双套冗余，当其中一套设备故障时，将立即触发紧急制动。列车停车后，司机将转换冗余切换开关，启动冗余设备。在冗余设备上电后，将执行启动程序。当两套设备均故障后，将立即触发紧急制动。根据行车规定，司机可打开车载设备隔离开关，切断车载设备，触发列车制动的条件，将设备与列车隔离并进入隔离模式行车。

(4)无线通信设备故障

GSM-R 无线通信主要用于 CTCS-3 级系统车—地间列控信息的双向传输。当无线通信单元故障后，RBC 与列车中断通信连接，列车降低到 CTCS-2 级允许速度后将自动转入 CTCS-2 级系统工作。具体过程如下：

①区域内工作在 CTCS-3 级状态的列车将使用原有的行车许可继续运行，直至行车许可结束或与 RBC 通信超时(T_NVCONTACT)。

②当与 RBC 通信超时(T_NVCONTACT)后，工作在 CTCS-3 级状态的列车将实施最大常用制动，速度降到 CTCS-2 级系统允许的运行速度后自动转换到 CTCS-2 级系统继续工作。车载设备关闭与 RBC 的通信连接，删除故障 RBC 的呼叫信息。

③通信中断 5 min 后，RBC 删除相关列车的注册信息。

④转换到 CTCS-2 级系统继续工作的列车，当经过了带有与 RBC 建立通信连接会话命令的应答器组时，如果无线通信单元故障已经修复，车载设备开始尝试与 RBC 重新建立新的连接。

⑤当列车与 RBC 重新建立新的连接并获得行车许可后，将自动由 CTCS-2 级转到 CTCS-3 级系统进行控车。

### 9.1.3 CTCS-3 无线超时的概念

CTCS-3 系统需求规范中定义了 T_NVCONTACT 参数，规定了无线通信中允许两个“安全”报文的最大间隔时间。当车载设备最新收到的“安全”消息的时间戳与当前时间的差大于 T_NVCONTACT 参数时，则出现了 CTCS-3 无线超时，车载设备应根据参数配置(M_NVCONTACT)执行。在 CTCS-3 中，T_NVCONTACT 的取值范围为 7～20 s，M_NVCONTACT 的操作定义为常用制动。

车载设备根据图 9-4 所示原理进行无线链路监控。

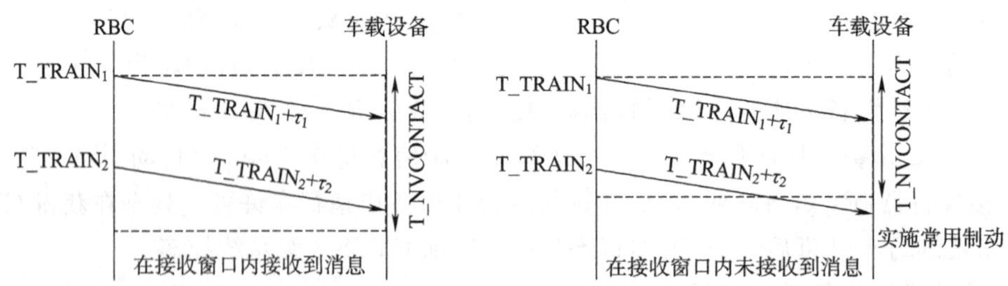


图 9-4　无线链路监控原理

发生无线超时后，车载设备应保持通信会话，先释放安全无线连接，然后再重新建立。

在无线超时后，实施常用制动过程中，一旦接收到一个有效的新无线消息，应立即缓解常用制动。若一直未收到一个有效的新无线消息，且列车速度降低到 CTCS-2 级的允许速度时，将要求司机确认，若司机确认，自动转入 CTCS-2 级控车，并终止与 RBC 的连接；若司机不确认，则实施常用制动直到停车。为了避免车载定时器超时，如果无新信息准备发送，RBC 会发送一个空消息。

## 9.2 车载设备与 RBC 安全通信参考模型

CTCS-3 车载设备与 RBC 之间的通信使用了 EN 50159-2 定义的使用开放式传输系统的安全相关系统参考模型，如图 9-5 所示。

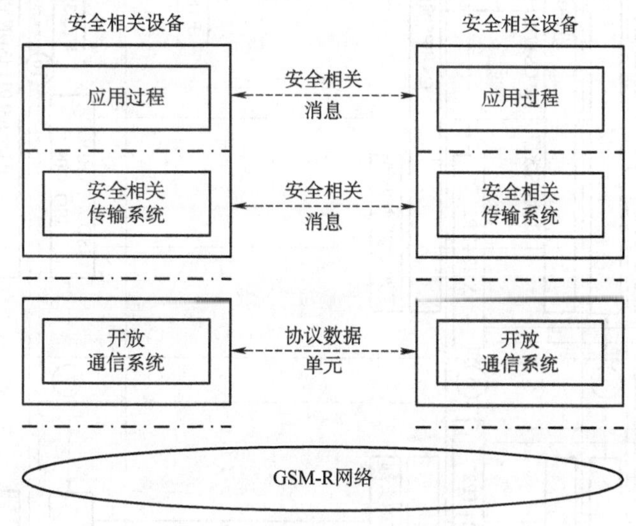


图 9-5　安全相关系统参考模型

“开放通信系统”划分为两部分：通信系统和开放网络（即 GSM-R）。无线通信系统可以划分为安全功能模块（SFM）和通信功能模块（CFM）。SFM 提供安全相关传输系统的功能，主要包括安全层；CFM 提供基于 GSM-R 网络电路交换承载业务的通信系统功能，包括 OSI 参考模型第四层（传输层）、第三层（网络层）和第二层（数据链路层）。

应用层在车载安全设备与轨旁安全设备之间交换应用数据；安全层验证对等通信实体之间消息的真实性和完整性，能够检测并防护铁路通信信号信息传输安全通信标准中列出的损坏、插入、伪装等安全威胁；传输层实现传输 2 类协议服务，为对等通信实体之间提供面向连接、可靠的字节流服务；网络层提供 B/Bm 信道协议栈与信令协议栈之间的同步机制；数据链路层提供数据的可靠传输，实现建立、维护、释放连接和传输数据。

完整的 CTCS-3 级列控系统车—地安全通信参考模型如图 9-6 所示。

接口 1 是无线通信系统和所选传输媒介之间的接口，由用于传输用户数据的用户平面和用于连接管理的控制平面组成。接口 1a 是车载设备侧 GSM/GPRS 接口。接口 1b 是固定网络的接口，对于 CS 模式是 ISDN PRI 接口，对于 PS 模式是以太网接口。接口 1c 是无线通信系统和 MT 之间的车载接口。

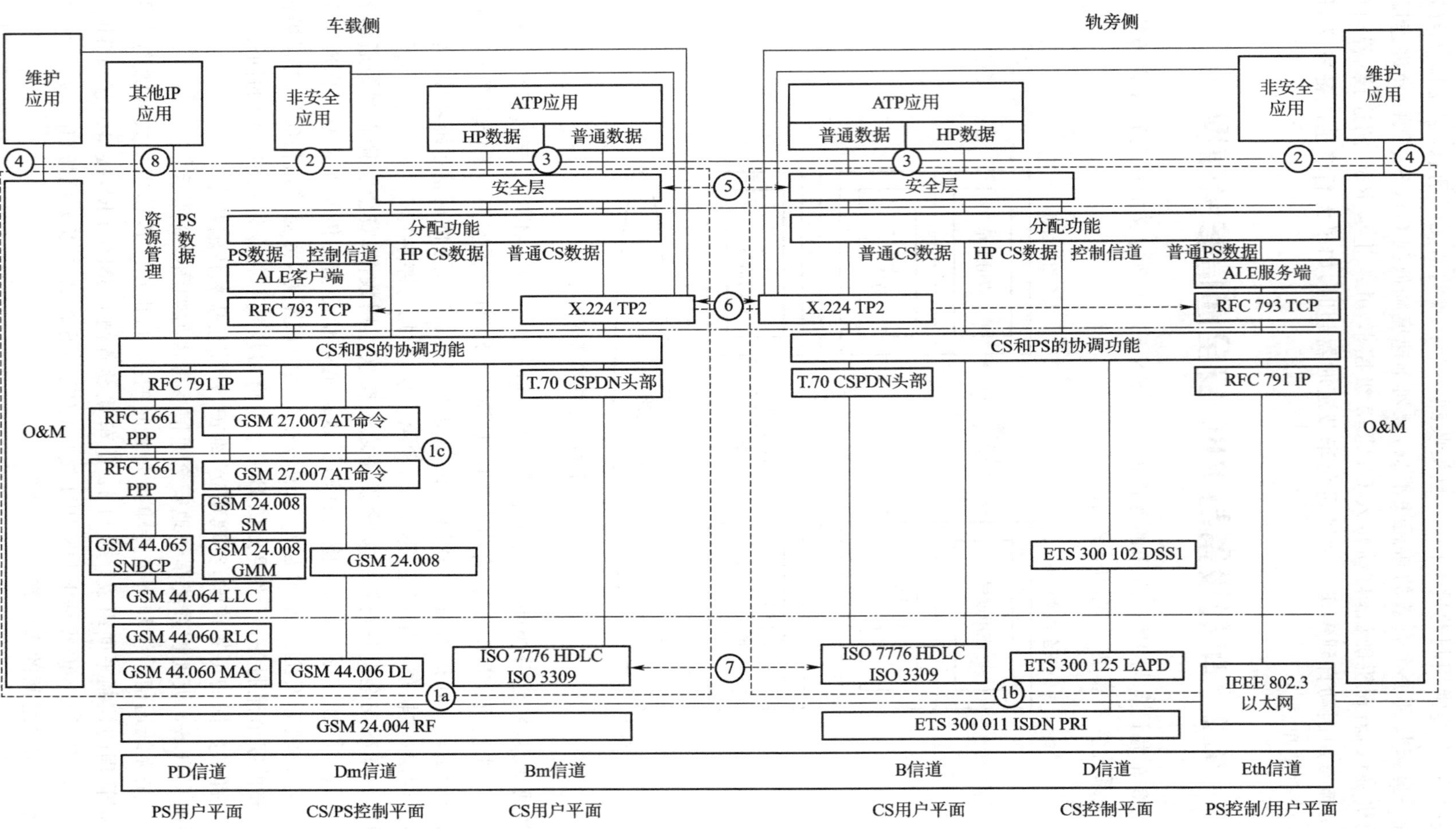


图 9-6　CTCS-3级列控系统车—地安全通信参考模型

接口 2 是非安全应用或维护应用与通信功能模块之间的服务接口，该接口为可选。接口 3 是安全应用程序（如 ATP）和安全功能模块（安全层）之间的服务接口。服务接口 2 和接口 3 只提供了功能定义，对互联互通不做强制性要求。

运维平面涵盖所有运营和管理方面，接口 4 为维护应用与 O&M 协议栈之间的本地服务接口。

接口 5、接口 6、接口 7 为逻辑对等实体间的协议接口，接口是通过协议数据单元和通信相关模块功能进行定义的。其中接口 6 是指传输级对等实体的逻辑接口（在 CS 模式下为 X. 224 实体，在 PS 模式下为 TCP 实体），接口 7 仅适用于 CS 模式。

接口 8 是其他车载 IP 应用程序使用分组交换通信的服务接口，该接口由 MT 共享功能和一个发送/接收 IP 数据包的数据接口组成。

在 CTCS-3 级列控系统中，CTCS-3 车载设备与 RBC 安全通信采用 CS 模式，这里仅对 CS 模式的协议栈进行详细介绍。车—地通信协议栈从下至上依次为物理层（GSM-R 网络）、数据链路层（HDLC，符合 ISO 7776 和 ISO 3309 标准）、网络层（NPDU，符合 T. 70 协议）、传输层（TPDU，符合 X. 224 协议）、安全层（SaPDU，符合 UIC subset 037 标准）和应用层（APDU，由 CTCS-3 级列车运行控制系统系统需求规范定义）。

## 9.3 数据链路层（HDLC）

### 9.3.1 适用条件

数据链路层提供数据的可靠传输，CTCS-3 车—地通信协议栈使用高级数据链路控制（high-level data link control，HDLC）。HDLC 帧结构、HDLC 规程要素符合 ISO 相关标准，并使用 HDLC 规程类型汇编中的多重选择拒绝（SREJ）、无编号信息（UI）、扩展序列编号（SABME）和开始/停止传输选项。除了如下特别规定外，远程通信和信息交换的数据链路规程及选择应符合 ISO/IEC 7776：

①采用单链路规程。

②每个 B/Bm 信道使用独立的 HDLC 协议。

③数据链路层同时存在多个传输请求时，UI 帧应以较高的优先级进行传输。

④不使用“未经请求 DM”帧。

⑤在收到 FRMR 的情况下不允许连接重建，FRMR 的接收端应发送 DISC 帧作为响应。

⑥应忽略信息传输状态下收到的“未经请求 UA 响应帧”。

⑦不使用“基本操作模式”。

⑧使用扩展序列编号（模 128）。

⑨主叫系统作为 DTE，被叫系统作为 DCE，DTE/DCE 包含第二层寻址，发起业务信道连接建立请求的系统为主叫系统，在 CTCS-3 中总是由 ATP 作为主叫。

⑩充当 DTE 的终端负责第二层连接的建立和释放，只有充当 DTE 的终端可以发送 SABME 帧（建立链路），其他各端也可以主动释放连接。

⑪连接释放时，应先释放第二层连接，后释放业务信道。

⑫帧间时间填充应为“mark”（实际帧传输之间的时间称为帧间时间填充，通过在帧之间传输连续标志来实现，即填充“01111110”）。

⑬第二层协议不应插入字节间时间填充。

⑭只采用控制转义的透明传输。

## 9.3.2 帧结构

HDLC 使用扩充(模 128)操作的帧格式，如图 9-7 所示。

| 12345678 | 12345678 | 1～8/16 | N | 16～1 | 12345678 |
|---|---|---|---|---|---|
| 标志 | 地址 | 控制 | 信息 | FCS | 标志 |
| F<br>01111110 | A<br>8 bit | C<br>8/16 bit | I<br>N bit | FCS<br>16 bit | F<br>01111110 |

图 9-7　扩充(模 128)操作帧格式

### 1. 地址字段

地址字段由 1 个字节组成，用于标识一帧是命令还是响应。命令帧包括该命令要发往的站地址，响应帧包括发送该帧的站的地址。由于只采用单链路规程，地址字段只有 A(值为"11000000")和 B(值为"10000000")两个地址，使用规则如下：

①从 DCE 向 DTE 传输的包含命令的帧，应包含地址 A。

②从 DCE 向 DTE 传输的包含响应的帧，应包含地址 B。

③从 DTE 向 DCE 传输的包含命令的帧，应包含地址 B。

④从 DTE 向 DCE 传输的包含响应的帧，应包含地址 A。

### 2. 控制字段

控制字段由 1 或 2 个字节组成，用于指示命令或响应的类型，并在适用的命令或响应中包括顺序号。控制字段格式有三种类型：信息传输(I 格式)、有编号的监控功能(S 格式)和无编号的控制功能(U 格式)，见表 9-1。

**表 9-1　控制字段格式**

| 格式 | 命令 | 响应 | 编码 | | | | | | | | | |
|---|---|---|---|---|---|---|---|---|---|---|---|---|
| | | | 1 | 2 | 3 | 4 | 5 | 6 | 7 | 8 | 9 | 10～16 |
| 信息传输(I) | I(信息) | — | 0 | N(S) | | | | | | | P | N(R) |
| 监控(S) | RR(接收准备好) | RR(接收准备好) | 1 | 0 | 0 | 0 | 0 | 0 | 0 | 0 | P/F | N(R) |
| | RNR(接收未准备好) | RNR(接收未准备好) | 1 | 0 | 1 | 0 | 0 | 0 | 0 | 0 | P/F | N(R) |
| | — | SREJ(选择拒绝) | 1 | 0 | 1 | 1 | 0 | 0 | 0 | 0 | P/F | N(R) |
| 无编号(U) | SABME(置扩展异步平衡方式) | — | 1 | 1 | 1 | 1 | P | 1 | 1 | 0 | — | |
| | DISC(断开) | — | 1 | 1 | 0 | 0 | P | 0 | 1 | 0 | | |
| | — | UA(无编号确认) | 1 | 1 | 0 | 0 | F | 1 | 1 | 0 | | |
| | — | DM(断开方式) | 1 | 1 | 1 | 1 | F | 0 | 0 | 0 | | |
| | — | FRMR(帧拒绝) | 1 | 1 | 1 | 0 | F | 0 | 0 | 1 | | |
| | UI(无编号信息) | — | 1 | 1 | 0 | 0 | P | 0 | 0 | 0 | | |

I帧用于实现信息传输；S帧实现数据链路监控功能，包括RR、RNR和SREJ帧；U帧用于提供附加的数据链路控制功能，包括SABME、DISC、UA、FRMR帧，此外，作为一个可选项，CTCS-3还可以使用UI帧传输高优先级数据，UI帧丢失时不需要重传。

(1)发送顺序编号$N(S)$

只有I帧包括发送顺序号$N(S)$，表示发送方当前要发送的I帧的顺序编号，在0～127范围内取值。每发送一个I帧，$N(S)$的值应增加1，但$N(S)$与最后接收到的$N(R)$(来自I帧或S帧)的差值不得大于未被确认的I帧最大数目$k$。

(2)接收顺序编号$N(R)$

所有的I帧和S帧都应包括$N(R)$，即期望的下一个要接收I帧的顺序编号，$N(R)$的值表示$N(R)$的发送方已经正确地接收到了包括编号$N(R)-1$在内的所有I帧。

(3)探询/终结(P/F)位

所有的帧都包括探询/终结(P/F)位。在命令帧中，P/F位称为P位；在响应帧中，P/F位称为F位。置"1"的探询(P)位由DTE用来请求(探询)DCE/远程DTE的响应。置"1"的终结(F)位由DTE来指示由于DTE收到来自DCE/远程DTE的请求(探询)命令而发送的响应帧，具体使用规程如下：

①对P位置"1"的SABME或DISC命令，由DTE返回的响应帧应为F位置"1"的UA或DM响应。

②对在信息传输阶段收到的P位置"1"的I帧，DTE返回的响应帧应为F位置"1"的RR、REJ、RNR或FRMR响应。

③在信息传输阶段收到的P位置"1"的监控命令帧，DTE返回的响应帧应为F位置"1"的RR、REJ、RNR或FRMR响应。

④在断开阶段收到的P位置"1"的监控命令或P位置"1"的I命令帧，DTE返回的响应帧应为F位置"1"的DM响应。

### 9.3.3 帧类型

**1. I帧**

I帧的功能是通过数据链路顺序地传送含有信息字段的编号帧。

**2. RR帧**

RR帧由DTE来指示DTE已准备好接收I帧，以及确认前面接收的编号最大为$N(R)-1$在内的所有I帧。RR帧可用来指示清除由同一站(DTE或DCE/远程DTE)前面发送RNR帧而建立的忙状态。除了指示DTE的状态外，P位置"1"的RR命令可由DTE来询问DCE/远程DTE的状态。

**3. RNR帧**

RNR帧由DTE来指示忙状态，即暂时无能力接受新添加的I帧。编号最大到$N(R)-1$而且包括$N(R)-1$在内的I帧均认为已被确认。除指示DTE状态外，P位置为"1"的RNR命令可用来询问DCE/远程DTE的状态。

**4. SREJ帧**

SREJ帧由DTE来请求重传编号为$N(R)$的I帧，编号为$N(R)-1$以及在此之前的I帧均认为已被确认。对于一个给定的信息传输方向，任何时刻只能建立一个 SREJ 异常状态，当收到一个 $N(S)$ 等于 SREJ 帧的 $N(R)$ 的 I 帧时，该 SREJ 异常状态应被清除（复位）。SREJ 可用来指示由同一站前面传输的 RNR 帧而报告的忙状态被清除。除了指示 DTE 状态外，P 位置为"1"的 SREJ 命令可用来询问 DCE/远程 DTE 的状态。在 CTCS-3 中，SREJ 仅作为响应帧使用。

**5. SABME 帧**

SABME 无编号命令用来将被寻址的 DCE 或 DTE 置成异步平衡方式的信息传输阶段。传输 SABME 命令，表示发送方因传输 RNR 帧而报告的忙状态被清除。DTE 通过在第一个响应机会传输 UA 响应来证实对 SABME 的接受。

**6. DISC 帧**

DISC 无编号命令由 DTE 发送，用来结束前面设置的方式。它应通知接收 DISC 命令的 DCE/远程 DTE，发送 DISC 命令的 DTE 要暂停操作。DISC 命令中不允许有信息字段。接收 DISC 命令的 DCE/远程 DTE 在实现该命令前，应通过发送 UA 响应确认接受 DISC 命令。发送 DISC 命令的 DTE，在收到确认的 UA 响应时，应进入断开阶段。尚未确认的前面发送的 I 帧保持未确认（即链路建立后，它们不重发）。

**7. UA 帧**

UA 响应由 DTE 发送，用来确认它已收到并接受了 SABME 和 DISC 无编号命令，传输 UA 响应表示同一站由于前面发送 RNR 帧而报告的忙状态被清除。

**8. DM 帧**

DM 响应由 DTE 来报告它在逻辑上与链路呈断开状态，并处于断开阶段。在此阶段，可以发送 DM 响应用以请求置方式命令。如果根据收到的置方式命令而发送 DM 响应，则通知 DCE/远程 DTE，该 DTE 仍处于断开阶段，不能实现该置方式命令。在断开阶段中，DTE 应监视收到的命令，除 SABME 命令外，对接收的 P 位置"1"的任何其他命令，用 F 位置"1"的 DM 响应来应答。

**9. FRMR 帧**

FRMR 响应由 DTE 发送，用来报告 DCE/远程 DTE 通过重传相同帧仍无法恢复的差错状态，即由于收到有效帧引起的下述状态之一：

（1）收到未定义的或不能实现的命令或响应控制字段。

（2）收到信息字段超过设定的最大长度的 I 帧。

（3）收到无效的 $N(R)$。无效 $N(R)$ 定义为它所指的 I 帧前面已经发送和确认，或它所指的 I 帧尚未发送而且不是等待发送的按顺序的下一个 I 帧，有效 $N(R)$ 应处于仍未确认帧的最低发送顺序号 $N(S)$ 到 DTE 当前发送变量之间。

（4）收到不允许具有信息字段但却包括信息字段的帧，或收到具有不正确长度的监控帧。

紧跟在控制字段后面的 5 个字节提供 FRMR 响应的原因，FRMR 信息字段格式如图 9-8 所示。

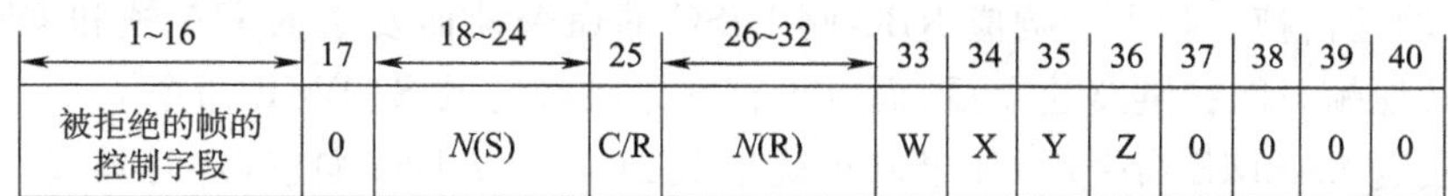

| 1~16 | 17 | 18~24 | 25 | 26~32 | 33 | 34 | 35 | 36 | 37 | 38 | 39 | 40 |
|---|---|---|---|---|---|---|---|---|---|---|---|---|
| 被拒绝的帧的控制字段 | 0 | *N*(S) | C/R | *N*(R) | W | X | Y | Z | 0 | 0 | 0 | 0 |

图 9-8 FRMR 信息字段格式——扩充(模 128)操作

图 9-8 中字段的功能如下：

①被拒绝的帧的控制字段为所接收的引起帧拒绝的帧的控制字段。当被拒绝帧为无编号帧时，被拒绝的帧的控制字段应位于 1～8 位，而 9～16 位置为“1”。

②*N*(S) 为报告拒绝状态的 DCE 或 DTE 的当前发送状态变量值(18 位为低阶比特)。

③C/R 置为“1”表示被拒绝的帧是响应帧，置为“0”表示被拒绝的帧是命令帧。

④*N*(R)是报告拒绝状态的 DCE 或 DTE 的当前接收状态变量值(26 位为低阶比特)。

⑤ W 置“1”表示所接收的并在 1～16 位内送回的控制字段没有定义或不能实现。

⑥ X 置“1”表示所接收的并在 1～16 位内送回的控制字段被认为无效，因为该帧包括了不允许的信息字段，或该帧是具有不正确长度的监控帧。W 位与该位一起置“1”。

⑦ Y 置“1”表示所接收的信息字段超过了报告拒绝状态的 DTE 或 DCE 的最大设定容量。

⑧ Z 置“1”表示所接收的并在 1～16 位内送回的控制字段包括了无效的 *N*(R)。

⑨ 17 位和 37～40 位应置为“0”。

FRMR 响应的信息字段中 W、X、Y 和 Z 位可都置为“0”，用以指示上面未列出的一种或多种状态所引起的帧拒绝。

### 9.3.4 链路建立规程

在 CTCS-3 级列控系统中，链路建立总是由 ATP 侧发起，ATP 发送 SABME 命令并启动定时器 T1 来初始化链路，如图 9-9 所示。如果 RBC 侧能进入信息传输阶段，则应送回 UA 响应，并认为链路建立完成。ATP 正确地收到 UA 响应，应停止 T1，并认为链路建立完成。如果 RBC 侧不能进入信息传输阶段，应送回 DM 响应，作为对链路建立初始化的否定应答。ATP 正确收到 DM 响应时应停止定时器 T1，并认为链路建立未成功。为避免在链路建立期间误解收到的 DM 响应，RBC 总是发送 P 位置“1”的 SABME 命令。这样做便有可能区分来自 RBC 侧的下述两种 DM 响应：一种是作为对链路建立否定应答的响应(F 位置“1”)；另一种是在非请求意义下发送的请求置方式命令的响应(F 位置“0”)。

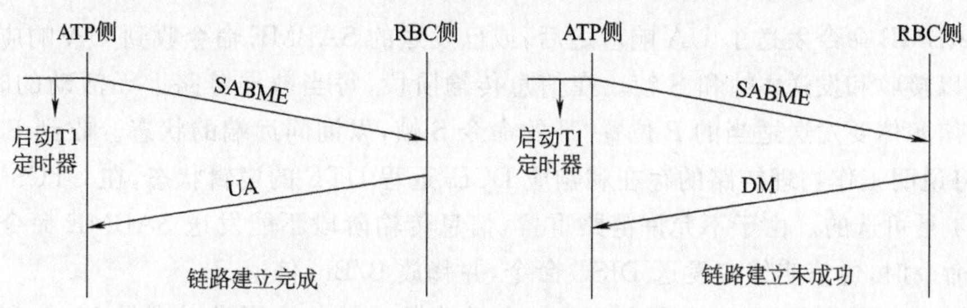


图 9-9 HDLC 链路建立过程

ATP 侧发送 SABME 命令后应不响应并丢弃来自 RBC 侧的 SABME、DISC、UA 和

DM 帧以外的任何帧。除了为响应 RBC 侧 DISC 的命令帧而发送的 UA 帧和 DM 帧之外，ATP 侧的其他帧只能在链路建立后，而且不存在未被确定的 SABME 命令下发送。

ATP 发送 SABME 命令后，如果未正确地收到 UA 或 DM 响应，定时器 T1 将在 DTE 中超时。随后 DTE 可以重发 SABME 命令并重新启动定时器 T1。在 N2 次试图建立该链路之后，若 HDLC 链路建立仍然失败，ATP 将启动适当的较高层级的恢复动作。

### 9.3.5 链路断开规程

ATP 侧和 RBC 侧均可以启动链路断开规程，通信实体发送 DISC 命令启动断开数据链路，并启动定时器 T1，如图 9-10 所示。当发送实体收到来自远端的 UA 响应时，它应停止定时器 T1，并进入断开阶段；当发送实体收到来自远端已处于断开阶段指示的 DM 响应时，应停止定时器 T1，并进入断开阶段。为了避免在链路断开阶段误解接收的 DM 响应，DTE 总是在 P 位置为“1”的状态下发送 DISC 命令，这样做便有可能区分来自远端的下述两种 DM 响应：一种是作为远端已经处于断开阶段指示而发送的响应（F 位置“1”）；另一种是在非请求意义下，作为请求置方式命令而发送的响应（F 位置“0”）。

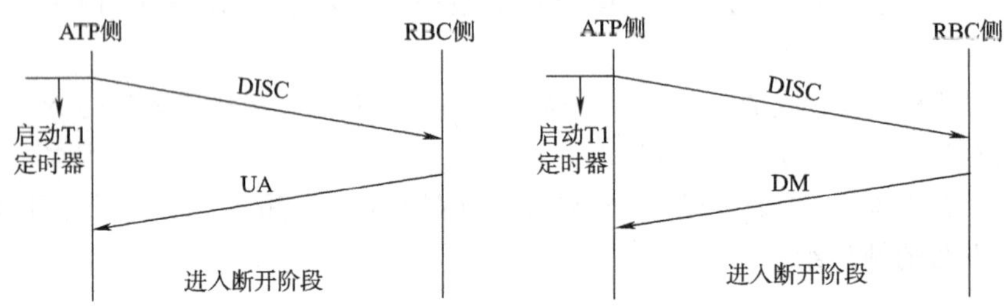


图 9-10　HDLC 链路断开规程

发送了 DISC 命令的通信实体，应不响应并丢弃接收的来自远端的除了 SABME、DISC、UA 或 DM 以外的任何帧。通信实体发送 DISC 命令后，如果未正确收到 UA 或 DM 响应，定时器 T1 将会在 DTE 中超时。随后，DTE 可以重发 DISC 命令并重新启动定时器 T1。若连续 N2 次试图断开数据链路仍未成功，发送实体应启动适当的较高层级恢复动作。

DTE 收到 DISC 命令并送回 UA 响应，或发送的 DISC 命令收到 UA 响应后，便进入断开阶段。在 CTCS-3 级列控系统中，在断开阶段，DTE 不能重新建立链接。

### 9.3.6 信息传输规程

对 SABME 命令发送了 UA 响应之后，或已发送的 SABME 命令收到 UA 响应之后，通信实体可以接收和发送 I 帧和 S 帧。在信息传输阶段，每当数据链路上无活动的时间达到 T4 时，通信实体要发送适当的 P 位置“1”的命令 S 帧，以询问远端的状态。收到 F 位置“1”的响应，将说明工作物理链路的存在和响应 DCE/远程 DTE 的逻辑状态，在 CTCS-3 级列控系统中 T4 是可选的。由于不允许链路重置，信息传输阶段不能发送 SABME 命令，接收到 SABME 命令时，通信实体应发送 DISC 命令，并释放 B/Bm 信道。

除高优先级数据外，HDLC 层使用 I 帧发送数据，I 帧包含了发送序号 $N$(S)字段，取值范围为 0～127。接收实体收到 I 帧后，需要对该信息帧进行确认，如果此时接收实体有数据要发送可以使用 I 帧捎带应答，否则使用 S 帧应答。I 帧和 S 帧都包含接收序号 $N$(R)，

$N$(R)表示期望接收帧的序号，同时暗含序号小于等于 $N$(R)−1 的帧都已正确无误的接收。HDLC 采用滑动窗口协议，发送实体不必等待确认便可连续发送数据，接收实体可以对多个 I 帧累积确认，正常数据传送过程如图 9-11 所示。

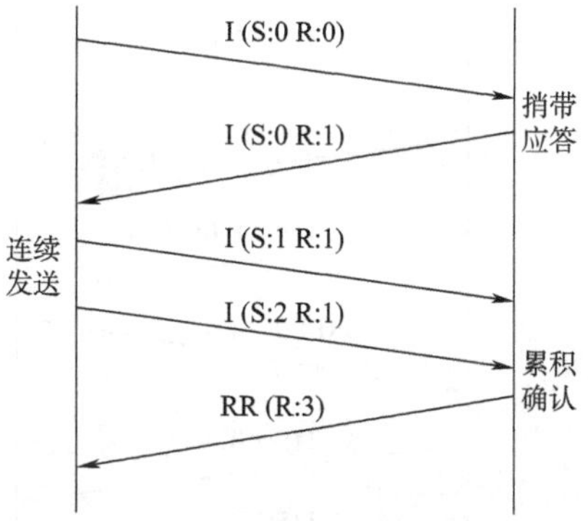

图 9-11 正常数据传送过程

当有下列情况之一时，发送实体不应发送 I 帧：

①发送实体未被确认的 I 帧的最大数目大于参数 $k$ 时，不应发送任何新的 I 帧，但可以重发原来的 I 帧。

②为确保信息传输的安全性，如果发送实体将要发送的 I 帧的发送序号等于它收自远端的 $N$(R)的最后值加 127，不应发送任何 I 帧。

③当发送实体处于帧拒绝状态时，应停止发送 I 帧。

若接收实体处于忙状态，它应发送 RNR 帧，并可以不响应任何接收的 I 帧中所包含的信息字段。

### 9.3.7 异常状态的报告和恢复

**1. $N$(S)顺序差错**

当出现 I 帧丢失等情况时，可能出现 $N$(S)顺序异常状态，即接收实体收到的 I 帧所包含的 $N$(S)不等于当前期望接收的帧序号。此时，接收实体使用 SREJ 帧启动恢复(重传)，数据传送过程如图 9-12 所示。

“发送 SREJ 异常”状态的通信过程一次只能建立一个。当收到所要求的 I 帧时，“发送 SREJ 异常”状态应被清除。如果传输 SREJ 帧后，在超时 T1 范围内未清除 SREJ 异常状态，SREJ 帧可以重发(最多重传 N2 次)。

收到 SREJ 帧的通信实体，应该重传 SREJ 帧中的 $N$(R)所指示的 I 帧，重发的 I 帧包含的 $N$(R)和 P 位可以是更新过的，因此与原来发送的 I 帧的 $N$(R)和 P 位可能不同。

**2. 超时恢复**

如果通信实体由于传输差错未收到(或收到但丢弃了)单个 I 帧或一系列 I 帧中的最后一帧，它便检测不到 $N$(S)顺序差错状态，因而也不会发送 SREJ 帧。发送了未确认 I 帧的通信实体，在完成了系统规定的超时周期(T1 定时器)之后，应采取适当的恢复动作，以决定重传从哪一个 I 帧开始，数据传送过程如图 9-13 所示。

如果发送实体等待它已发送的 I 帧远端的确认时 T1 超时，它应重新启动定时器 T1，并发送适当的 P 位置“1”的监控命令帧(RR、RNR)。如果发送实体正确地收到 F 位置“1”的响应 S 帧，而其 $N$(R)在其发送窗口范围内，该 DTE 应复位定时器 T1，然后适当选择重新启动 I 帧传输或重传。

如果在收到 F 位置“1”的响应 S 帧之前，定时器 T1 超时，发送实体应重发 P 位置“1”的适当的监控命令帧(RR，RNR)。为获得来自远端的 F 位置“1”的响应 S 帧而进行 N2 次尝试后，发送实体通过发送 FRMR 响应来请求远端复位数据链路。

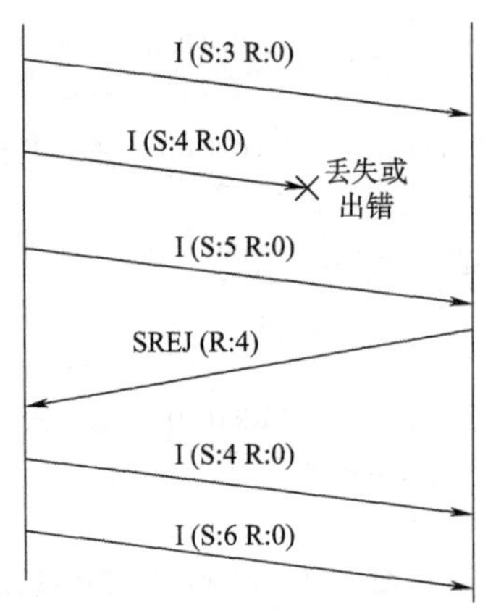


图 9-12　N(S)顺序差错数据传送过程

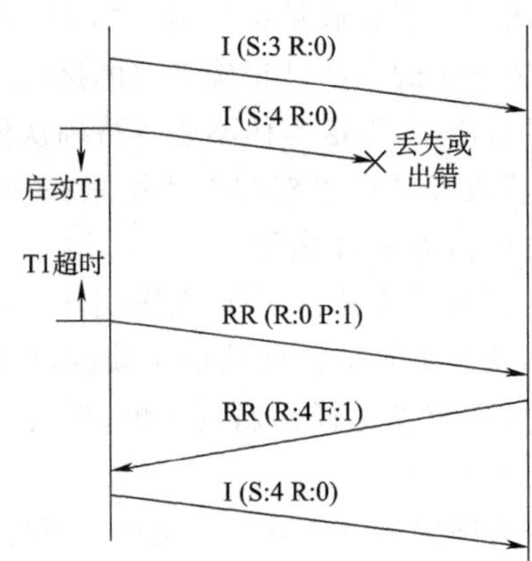


图 9-13　超时恢复数据传送过程

**3. 忙状态**

接收实体由于内部限制（例如接收缓冲限制）而暂时不能继续接收 I 帧时，就会产生忙状态，在这种情况下，接收实体应发送 RNR 帧，数据传送过程如图 9-14 所示。

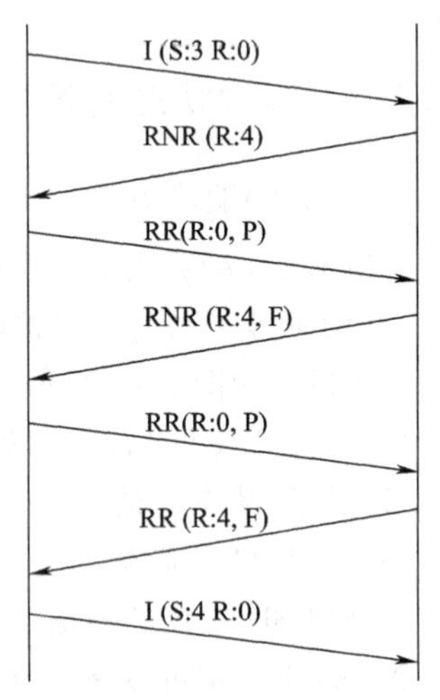


图 9-14　忙状态数据传送过程

发送实体一旦收到来自远端的 RNR 帧，应终止进行中的任何 I 帧的传输，并等待远端忙状态已清除的指示。如果发送实体收到 RNR 帧时有 I 帧要发送，它应启动超时功能（定时器 T1），或如果在忙状态期间，出现了可用于发送的 I 帧，则在出现第一个 I 帧可用时，应启动定时器 T1。如果在收到忙清除指示之前定时器 T1 超时，发送实体应发送 P 位置“1”的监控命令帧（RR 或 RNR）并重新启动 T1，用以请求远端的状态。

远端通信实体应使用 F 位置“1”的监控响应帧（RR、RNR 或 SREJ）对 P 位置“1”的命令进行响应，以指示忙状态的继续（RNR 帧）或忙状态（RR 或 SREJ 帧）的清除。当发送实体收到远端的响应时，应停止定时器 T1。如果响应是 RR 或 SREJ 帧，便认为忙状态清除，发送实体可以继续发送新的 I 帧或重传 SREJ 指示的 I 帧；如果响应是 RNR 帧，便认为忙状态仍然存在。一段时间（例如定时器 T1 的长度）后，发送实体应重复询问远端的接收状态。

如果定时器 T1 在收到状态响应前超时，应重复上述询问过程。如果 N2 次试图得到状态响应都未成功，发送实体通过发送 FRMR 响应来请求远端复位数据链路。

**4. 帧拒绝状态**

通信实体收到 FRMR 响应帧时，应建立帧拒绝状态。在 CTCS-3 级列控系统中不使用链路重置，FRMR 帧的接收实体发送 DISC 帧作为响应，如图 9-15 所示。

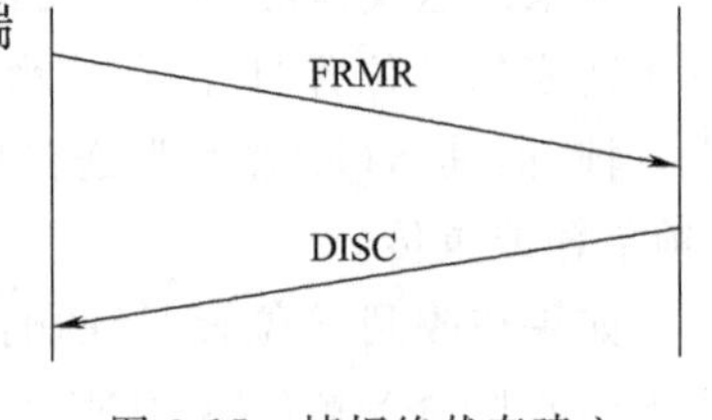


图 9-15　帧拒绝状态建立过程

**5. 检验点恢复**

检验点恢复基于检验点周期。对通信实体，检验点周期从传输 P 位置为“1”的命令帧开始，在下述两种情况之一结束：

①收到 F 位置为“1”的响应帧；

②当应答超时功能(定时器 T1)超时时。

当通信实体发送了 P 位置为“1”的 I、RR 或 RNR 命令帧后，收到 F 位置为“1”的响应 S 帧时，重新发送所有未被确认的 I 帧。在收到的监控帧为 RNR 响应的情况下，通信实体在启动可能的重发前，应首先等待远端的忙状态的清除指示。重发应从最低编号未被确认的 I 帧开始，I 帧应顺序地重发。如果有新的 I 帧，通信实体可以发送它们。这样的 I 帧重发称作检验点重传。

当通信实体检测到需要检验点重传时，重传应在 P 位置“1”的下一个命令帧传输之前或与它同时启动。

为防止重复重传，如果在检验周期内，通信实体前面已经收到并实现了 F 位置为“0”的 SREJ 帧，对于当前的检验点周期，应禁止特定 I 帧[同一编号周期中的同一 *N*(R)帧]的检验点重传。如果在通信实体发送了 P 位置“1”的命令帧后，下一个检验点发生之前，该通信实体收到了对那个帧的确认，也应禁止检验点重传。

### 9.3.8 主要系统参数

HDLC 层主要系统参数见表 9-2。

**表 9-2 HDLC 层主要系统参数**

| 名　称 | 用　途 | 建议值 |
| --- | --- | --- |
| 定时器 T1(确认时间) | 帧传输超时定时器，T1 的周期结束时，可以启动帧的重传 | 0.8～2 s |
| 参数 T2(本地处理延时) | 在通信实体中必须启动确认帧之前可用的时间量 | ＜80 ms |
| 参数 T3(超出服务时间) | 可选参数，用于判定数据链路处于断开(未服务)状态 | T3 ≫ T4 |
| 参数 T4(无效时间) | 可选参数，允许链路上无帧交换的最大时间 | T4 ＞N2×T1 |
| 最大重发次数 N2 | 帧传输的最大尝试次数 | 3～6 次 |
| I 帧中最大比特数 N1 | 限定 I 帧的长度 | 240＜N1＜1 024，推荐值 312 |
| 未被确认 I 帧的最大数目 *k* | 定义了通信实体发送窗口大小 | 9～61，推荐值 20 |

## 9.4 网络层(NPDU)

在 CTCS-3 级列控系统中，业务信道的网络层仅使用了 T. 70 协议的包头，主要涉及 NSDU 分段为 NPDU、NPDU 重组为 NSDU、设置 M 位，而网络层的连接建立、连接终止、寻址等功能无需实现。网络层的帧格式如图 9-16 所示。

M 位用于保持传输层控制和传输数据块的完整性，当设置为 1 时，表示后面会有更多数据；Q位保留，目前该值设置成0。

图9-16 网络层(NPDU)帧格式

# 9.5 传输层(TPDU)

## 9.5.1 适用条件

CTCS-3车—地通信协议栈的传输层使用ITU-T X.224“提供OSI连接方式传输服务的协议”，使用传输规程类型2(TP2)。X.224定义了五类传输规程，不同类别所支持的服务等级不同，见表9-3。

表9-3 传输协议类别

| 协议类别 | 主要功能 | 传输层协议类型 |
| --- | --- | --- |
| TP0 | 数据段和重组 | 面向连接的传输层协议 |
| TP1 | 数据段和重组、差错控制 | |
| TP2 | 数据段和重组、多路复用和解复用 | |
| TP3 | 数据段和重组、差错控制、多路复用和解复用 | |
| TP4 | 数据段和重组、差错控制、多路复用和解复用、差错检测 | 面向连接/无连接的传输层协议 |

TP2主要提供数据段和重组、多路复用和解复用功能，涉及的主要规程要素如下：分配网络连接、TPDU传输、分段及重组、连接建立、连接拒绝、正常释放、错误释放、使用传输连接交换TPDU及其编号、显式流控和协议错误的处理等。

## 9.5.2 帧结构

TPDU帧包括长度指示(LI)、固定部分、可变部分(可选)和数据域(可选)，如图9-17所示。

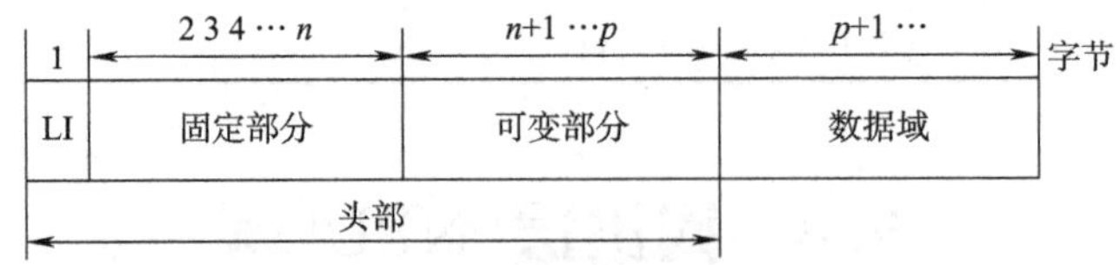


图9-17 TPDU帧结构

**1. 长度指示(LI)**

LI占用1 B，以字节为单位，标识了TPDU头部的长度(不含长度指示字段)，值255是为可能的扩展保留的。

### 2. 固定部分

固定部分包含 TPDU 代码(帧头部的第 2 个字节)和一些常用参数,其长度和结构依赖于 TPDU 帧类型,TPDU 代码见表 9-4。

**表 9-4　TPDU 代码**

| TPDU 类型 | 代　码 | 备　注 |
| --- | --- | --- |
| connection request(CR) | 1110 xxxx | — |
| connection confirm(CC) | 1101 xxxx | — |
| disconnect request(DR) | 1000 0000 | — |
| disconnect confirm(DC) | 1100 0000 | — |
| data(DT) | 1111 000y | — |
| expedited data(ED) | 0001 0000 | 不适用 |
| data acknowledgement(AK) | 0110 xxxx | — |
| expedited data acknowledgement(EA) | 0010 0000 | 不适用 |
| reject(RJ) | 0101 xxxx | 不适用 |
| TPDU error(ER) | 0111 0000 | — |

注:x 为信用量(CDT),表示能接收的 TPDU 数量的上限值,即"接收窗口大小";y 用于传输请求确认标识(ROA),对于 TP2,应设置为 0。

### 3. 可变部分

可变部分用于定义不常用的参数,其结构如图 9-18 所示。

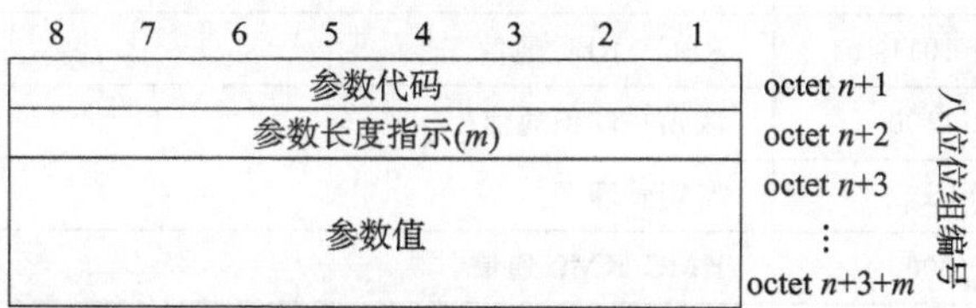


图 9-18　可变部分参数结构

### 4. 数据域

数据域包含了上层的用户数据,需要注意的是,不同类型 TPDU 帧数据域的最大长度有不同的规定。

## 9.5.3　帧类型

### 1. connection request (CR)

CR-TPDU 的长度不大于 128 B,帧结构如图 9-19 所示。

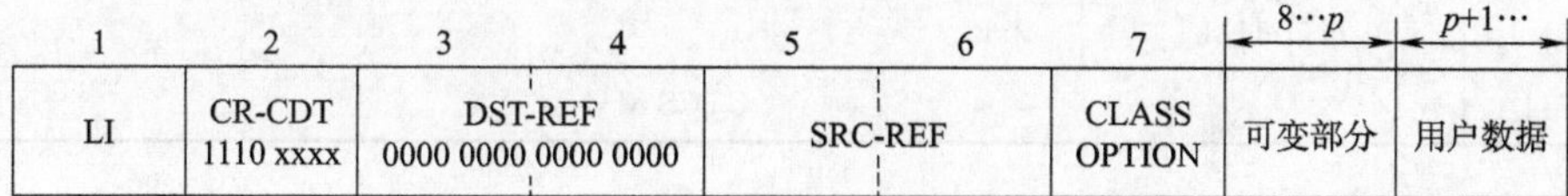


图 9-19　CR-TPDU 结构

①CDT：连接建立请求设置的初始 CDT 值。

②SRC-REF：发起 CR-TPDU 的传输实体的本地传输连接标识符，以唯一识别请求的传输连接。

③CLASS OPTION：传输连接时的首选传输协议类别，应选择 TP2。

CR-TPDU 的可变部分应包含主叫传输选择符、被叫传输选择符或各自传输服务访问点（TSAP）ID 上的响应传输选择符。传输选择符包含应用类型、CTCS 编号类型和 CTCS 编号，见表 9-5。应用类型中第 5 位定义了主要应用类型，其他位定义了辅助应用类型。

**表 9-5　传输选择符的格式和编码**

| 字节 | 位 | 内　容 |
|---|---|---|
| | 8765 4321 | |
| 1 | 1100 0001 | 主叫 TSAP 参数代码 |
| | 1100 0010 | 被叫 TSAP 参数代码 |
| 2 | 0000 0101 | 参数长度（固定长度＝5） |
| 3 | 应用类型 | |
| | 0001 0xxx | ATP |
| | 0001 0000 | ERTMS/ETCS 等级 2/3 |
| | 0001 0001 | ERTMS/ETCS 等级 1 |
| | 0001 0111 | 一般应用 |
| | 0001 1xxx | 地面设备一般应用 |
| | 0001 1010 | RBC—联锁通信 |
| | 0001 1011 | RBC—RBC 通信 |
| | 0001 1100 | 联锁—联锁通信 |
| | 0010 0xxx | 密钥管理 |
| | 0010 0000 | KMC/KMC 通信 |
| | 0010 0001 | KM 域内部通信 |
| | 1111 1111 | 给错误处理预留 |
| 4 | CTCS 编号类型 | |
| | 0000 0000 | 无线填充单元 |
| | 0000 0001 | RBC |
| | 0000 0010 | 车载设备 |
| | 0000 0011 | 给应答器预留（1 级非强制性要求） |
| | 0000 0100 | 地面设备预留（跨越等级）（1 级非强制性要求） |
| | 0000 0101 | 密钥管理 |
| | 0000 0110 | 联锁相关实体 |
| | 1111 1111 | 未知 |
| 5～7 | CTCS 编号 | |

**2. connection confirm**（CC）

CC-TPDU 帧结构如图 9-20 所示。

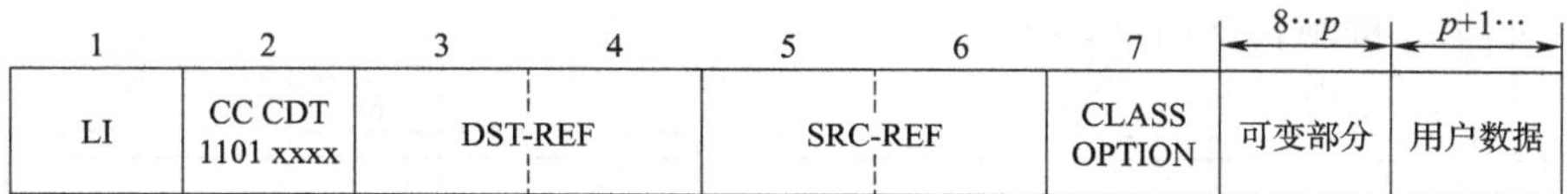


图 9-20　CC-TPDU 结构

①CDT：连接建立确认时设置的初始 CDT 值。

②DST-REF：传输连接的远端对等传输实体用来唯一标识该连接的标识符。

③SRC-REF：发起 CC-TPDU 的传输实体选择的本地传输连接标识符，以识别已确认的传输连接。

④CLASS OPTION：协商的传输协议类别，应为 TP2。

**3. disconnect request**（DR）

DR-TPDU 帧结构如图 9-21 所示。

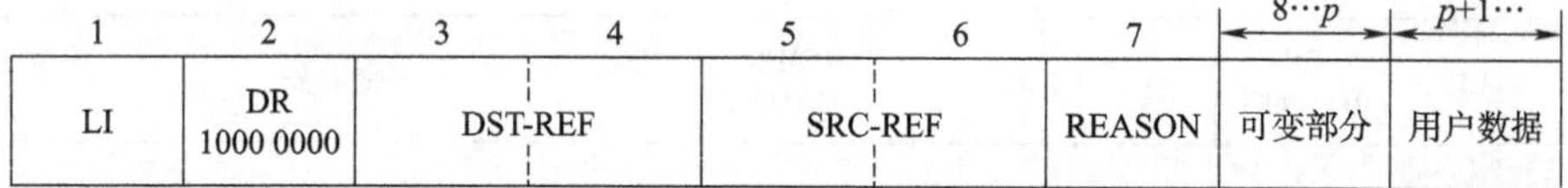


图 9-21　DR-TPDU 结构

①DST-REF：远端传输连接标识符。

②SRC-REF：本地传输连接标识符，尚未分配时设置为 0。

③REASON：断开传输连接的原因。

**4. disconnect confirm**（DC）

DC-TPDU 帧结构如图 9-22 所示。

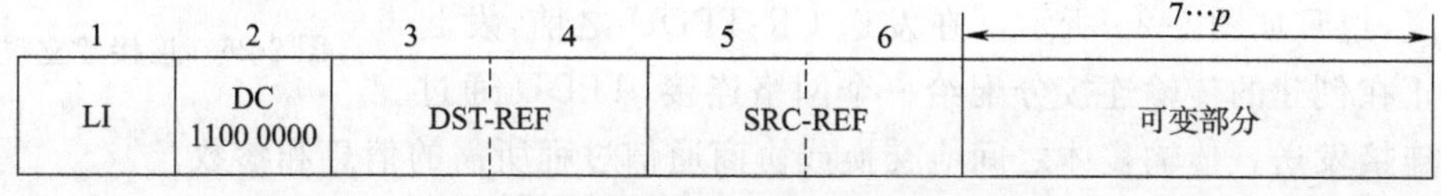


图 9-22　DC-TPDU 结构

**5. data**（DT）

DT-TPDU 帧结构如图 9-23 所示。

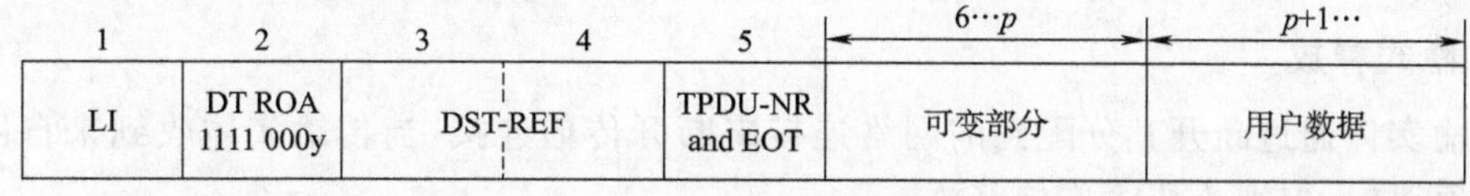


图 9-23　DT-TPDU 结构

①EOT：当设置为 1 时，表示当前 DT-TPDU 是完整 DT-TPDU 序列的最后一个数据单元（TSDU 结束），EOT 占用第 5 字节第 8 位。

②TPDU-NR：TPDU 发送序列号，CTCS-3 中使用常规模式，占用第 5 字节第 2～5 位。

**6. data acknowledgement（AK）**

AK-TPDU 帧结构如图 9-24 所示。

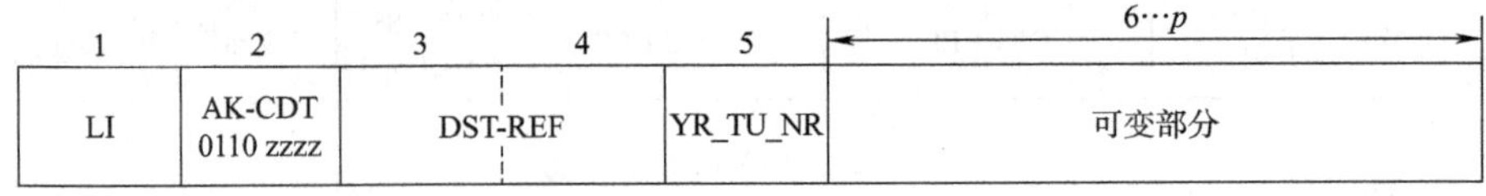


图 9-24　AK-TPDU 结构

①CDT：数据传输过程中向对端指示的 CDT 值，表示最多能接收的 TPDU 数。

②YR-TU-NR：序列号，指示下一个预期 DT-TPDU 编号，CTCS-3 中使用常规模式，使用第 1～7 位，第 8 位设置为 0。

**7. TPDU error（ER）**

ER-TPDU 帧结构如图 9-25 所示。

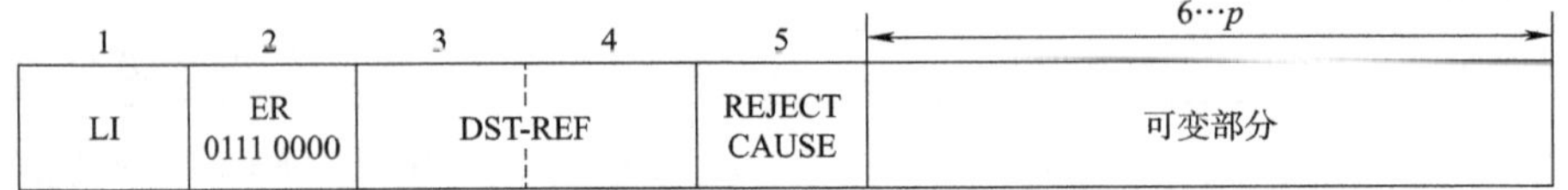


图 9-25　ER-TPDU 结构

REJECT CAUSE：错误原因，包括未指定原因（00000000）、无效参数代码（00000001）、无效的 TPDU 类型（00000010）和无效参数值（00000011）。

### 9.5.4　连接建立规程

传输层的连接是通过一个传输实体（发起者）将 CR-TPDU 传输给另一传输实体（响应者）来建立的，后者使用 CC-TPDU 进行回复，过程如图 9-26 所示。在发送 CR-TPDU 之前，发起者会将正在创建的传输连接分配给一个网络连接，TPDU 通过该网络连接发送。传输实体之间应交换或协商通信过程所需的信息和参数。

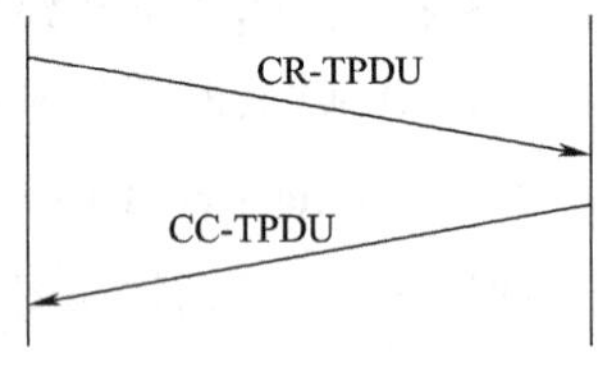


图 9-26　连接建立过程

如果无法接受传输连接，响应者应使用 DR-TPDU 响应 CR-TPDU，REASON 字段应说明不接受连接的原因，SRC-REF 字段应设置为 0，以指示未分配的连接标识符。如果发起方收到 DR-TPDU，应将连接视为已释放。

### 9.5.5　连接释放规程

**1. 隐式释放**

传输实体通过断开其分配到的网络连接来断开传输连接，当传输实体收到来自网络层的断开原语时，应视为传输连接释放。

**2. 显式释放**

传输实体发起连接释放时，如果之前已发送或接收 CC-TPDU，则应发送 DR-TPDU，丢弃除 DR、DC 或 ER-TPDU 以外的所有后续接收的 TPDU，且当收到 DR、DC 或 ER-TPDU

时认为传输连接已释放。如果尚未发送或接收完 CC-TPDU 且有未完成的 CR-TPDU,则应等待未完成 CR-TPDU 的确认,收到 CC-TPDU 时再发起连接释放。

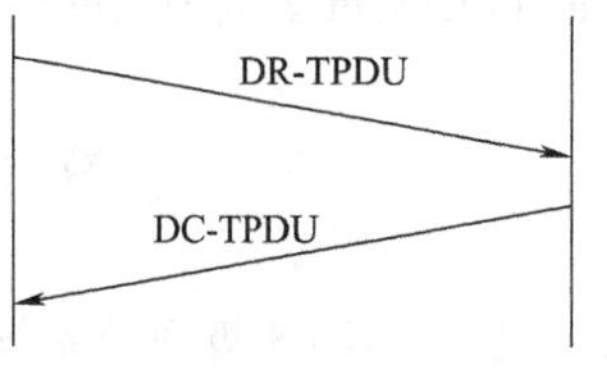

图 9-27 常规的连接释放过程

对于收到 DR-TPDU 的传输实体,如果它先前已经为同一传输连接发送了 DR-TPDU,则认为该传输连接被释放;如果它先前已经发送了 CR-TPDU 但未收到 CC-TPDU 确认,则认为该连接被拒绝;除上述两种情况外,传输实体发送 DC-TPDU,应认为传输连接已释放,常规的连接释放过程如图 9-27 所示。

## 9.5.6 使用显式流控的数据传输规程

在建立连接时,两端的传输实体通过 CR-TPDU 和 CC-TPDU 中的 CDT 字段向对等实体通告各自的初始信用量,即初始窗口大小, ATP 初始信用量设置为 15。接收 CR-TPDU 或 CC-TPDU 的传输实体将其窗口下界设置为零,将其窗口上界设置为接收的 TPDU 中 CDT 字段的值。

在数据传输过程中,传输实体根据接收到的 AK-TPDU 中的 CDT 值发送一定的数据量,接收 AK-TPDU 的传输实体应将 YR-TU-NR 字段的值视为其新的窗口下界,并将 YR-TU-NR 字段的值和 CDT 字段的值之和视为其新的窗口上界。窗口下界应比最后传输的 DT-TPDU 的帧序号大 1,否则认为出现协议错误。传输实体可以在其发送窗口范围内发送 DT-TPDU,如图 9-28 所示。

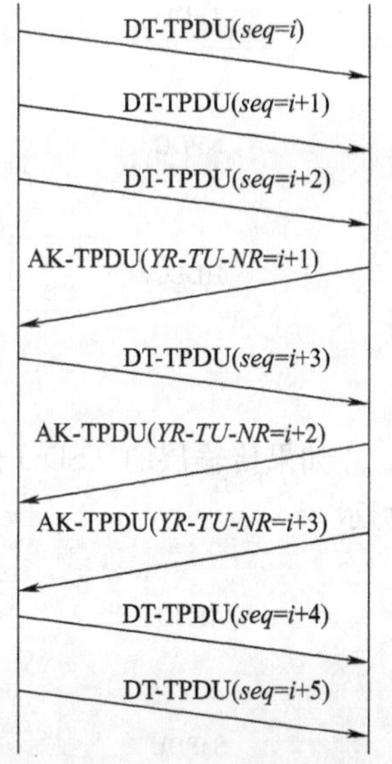

图 9-28 数据发送流程

传输实体可根据接收缓冲区的使用状况动态地调整接收窗口大小,并在 AK-TPDU 将新的 CDT 值通告给对端,对端调整发送窗口的大小,通过这种方式传输实体可以限制传输连接上可达到的吞吐量。

## 9.5.7 分段及重组规程

如果传输服务数据单元(TSDU)的大小超过了 DT-TPDU 中用户数据部分的最大长度,就要对 TSDU 进行分段,一个 TSDU 映射到多个附加有协议控制信息的 TPDU。在 CTCS-3 级列控系统中,TSDU 长度建议不超过 123 B,因此在分段时,除了最后一个 TPDU,发送传输实体将所有 TPDU 的长度都固定为 128 B(头部 5 B+TSDU 123 B)。

DT-TPDU 的 EOT 参数指示序列中是否有后续的 DT-TPDU,同一个 TSDU 分段形成的 DT-TPDU 序列,不应被同一传输连接上的其他 DT-TPDU 中断,也就是说,如果一个 TPDU 正在网络实体间传输,下一个 TPDU 需要等待。对等传输实体将识别收到的每段信息的传输连接,并组包成 TSDU。

## 9.5.8 协议错误的处理

如果一个传输实体收到与传输连接相关的 TPDU,但是该 TPDU 无效或存在协议错误,传输实体可采取下列措施之一,以免该错误危害未分配给该网络连接的任何其他传输连接:传送

ER-TPDU、重置或关闭网络连接或发起连接释放。在某些情况下，也可以丢弃 TPDU。

## 9.6 PDU 和 SDU 之间的关系

在 CTCS-3 级列控系统中，HDLC 帧的数据字段长度最大值为 34 B，再加上标志、地址、控制和 FCS 字段，HDLC 帧的最大长度为 41 B 或 40 B(对于连续两个 HDLC 帧，前一个帧的帧尾标志可以和后一个帧的帧头标志共用)。

如果传输层的 TSDU 长度大于 34 B 但不大于 123 B，传输层不对其进行分段/重组，但网络层需要进行分段/重组，如图 9-29 所示。

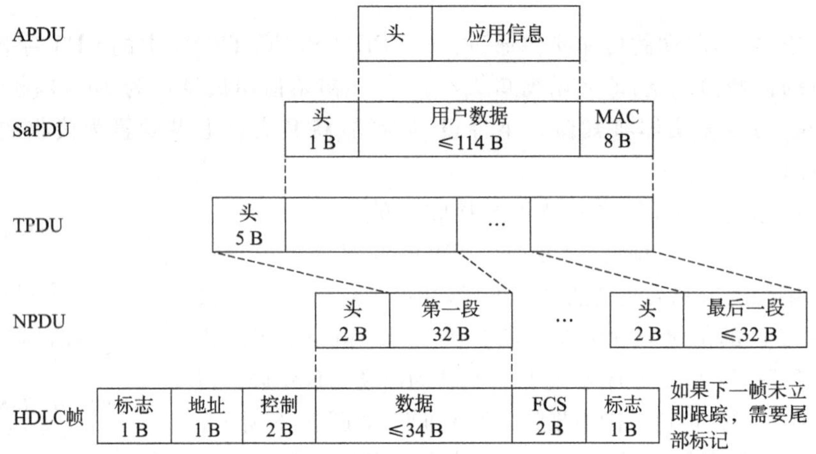


图 9-29　网络层分段/重组示例

如果传输层的 TSDU 长度大于 123 B，传输层和网络层均需要进行分段/重组，如图 9-30 所示。

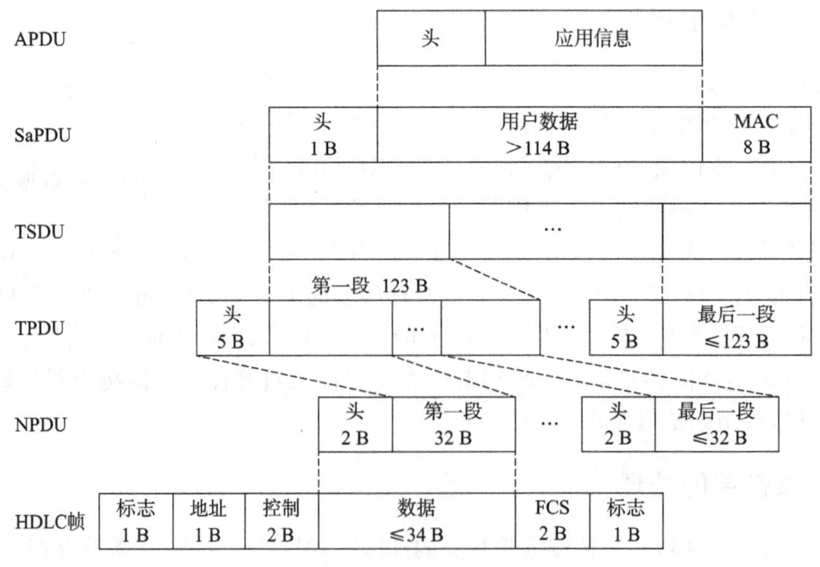


图 9-30　传输层及网络层分段/重组示例

# 9.7 安全层(SaPDU)

## 9.7.1 适用条件

CTCS-3 车—地通信的安全服务(SaS)由安全功能模块(SFM)提供,通过安全服务接入点(SaSAP)使用带有相应参数的原语实现,Euroradio FIS(Subset 037)中详细规定了安全服务接口和安全功能模块。

安全服务模型如图 9-31 所示,安全实体使用原语通过一个或者多个 SaSAP 与其用户进行通信。对等安全实体之间通过安全协议数据单元(SaPDU)实现安全连接交互。协议交互通过传输服务接入点(TSAP)由传输连接(TC)使用传输层的服务完成,也就是说,安全实体作为传输服务的用户。SaPDU 的交换仅仅是逻辑上的,安全层用户和安全层之间的服务接口没有强制要求互联互通。一般原语用于传输普通数据,高优先级(HP)原语用于传输高优先级数据。

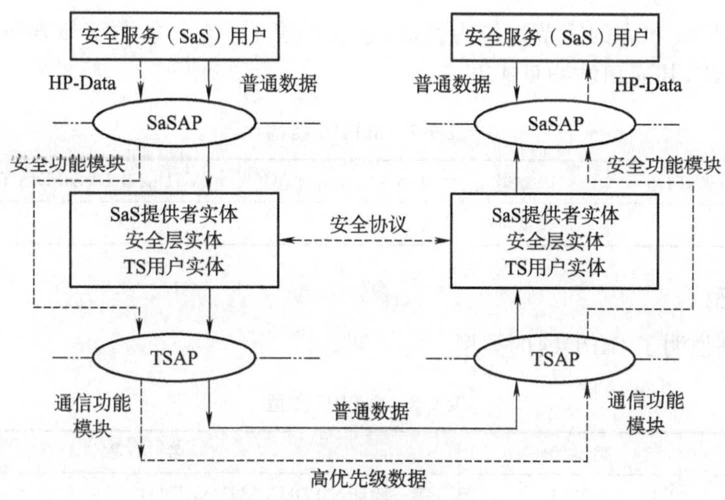


图 9-31 安全服务模型

SaSAP 定义的原语见表 9-6。

表 9-6 SaSAP 的原语

| 类 型 | 名 称 | 用 途 |
|---|---|---|
| 安全连接建立 | Sa-CONNECT. request | 用于发起建立安全连接 |
| | Sa-CONNECT. indication | 被叫 SaS 实体使用此原语把安全连接建立请求告知被叫 SaS 用户 |
| | Sa-CONNECT. response | 响应 SaS 用户使用此原语接受与安全层实体之间的连接 |
| | Sa-CONNECT. confirm | 发起连接的安全层实体收到被叫 SaS 用户的响应后,使用此原语告知主叫 SaS 用户已经成功建立了安全连接 |
| 安全数据传输 | Sa-DATA. request | 发送安全实体的 Sa-DATA. request 原语和接收安全实体的 Sa-DATA. indication 原语执行安全传输和"消息源认证"安全程序 |

续上表

| 类　型 | 名　　称 | 用　　途 |
|---|---|---|
| 安全数据传输 | Sa-DATA. indication | 接收安全实体成功执行"消息源认证"程序后，使用此原语将用户数据传输给 SaS 用户 |
| 连接释放 | Sa-DISCONNECT. request | SaS 用户使用此原语释放安全连接 |
| | Sa-DISCONNECT. indication | 用于通知 SaS 用户安全连接已经释放 |
| 错误报告 | Sa-REPORT. indication | 用于通知 SaS 用户发生在安全层及其底层的错误，也可用于报告其他信息，例如诊断信息 |
| 高优先级数据 | Sa-HP-DATA. request | 用于执行高优先级数据传输 |
| | Sa-HP-DATA. indication | 用于将高优先级数据传输给 SaS 用户 |
| 网络注册 | Sa-REGISTRATION. request | 仅用于车载单元，用于请求移动网络注册 |
| | Sa-REGISTRATION. indication | 仅用于车载单元，用于通知 SaS 用户网络注册的状态 |

### 9.7.2　帧结构

所有的 SaPDU 包含的字节数均为整数，包含消息头（含消息类型和方向标志）、数据字段（可选）和 MAC，其通用结构见表 9-7。

**表 9-7　SaPDU 结构**

| 消息头（类型 ＋ 方向） | 数据 | MAC（对于 AU1 或者 DI SaPDU 不使用） |
|---|---|---|
| 1B | 长度可变 | 8 B |

#### 1. 消息类型

表 9-8 详细说明了 SaPDU 的类型。

**表 9-8　SaPDU 类型**

| 类　　型 | 类型代码 | 名　　称 |
|---|---|---|
| AU1 SaPDU | 0001 | 第一验证 SaPDU（AU1 SaPDU） |
| AU2 SaPDU | 0010 | 第二验证 SaPDU（AU2 SaPDU） |
| AU3 SaPDU | 0011 | 第三验证 SaPDU（AU3 SaPDU） |
| AR SaPDU | 1001 | 第三验证响应 SaPDU（AR SaPDU） |
| DT SaPDU | 0101 | 数据 SaPDU（DT SaPDU） |
| DI SaPDU | 1000 | 释放 SaPDU（DI SaPDU） |

注：1. 高优先级数据 SaPDU 不包含消息头。
　　2. 其他 SaPDU 用作密钥管理。

#### 2. 方向标志字段

方向标志字段用于防止反射攻击，它在连接建立时初始化。主叫侧发送的消息设置为 0，被叫侧发送的消息设置为 1。

#### 3. MAC（消息源认证码）

为了确保消息在传输过程中的完整性和真实性，避免篡改、伪装攻击，安全层使用了消息认证机制，除了 AU1 和 DI SaPDU 外，SaPDU 帧中包含了长度为 8 B 的 MAC，用于实现消息源认证和消息完整性验证。

### 9.7.3 帧类型

**1. 第一验证 SaPDU**(AU1 SaPDU)

AU1 SaPDU 包含的字段见表 9-9。

**表 9-9 AU1 SaPDU 结构**

| 字节 | 位<br>8 7 6 5 | 位<br>4 3 2 1 | 区域名称 | 内容 |
|---|---|---|---|---|
| 1 | 0 0 1 - | - - - - | "ETY"(区域"SA"中的 CTCS 编号类型) | RBC |
|  | 0 1 0 - | - - - - |  | 车载设备 |
|  | 0 1 1 - | - - - - |  | 为应答器预留 |
|  | 1 0 1 - | - - - - |  | 密钥管理实体 |
|  | 1 1 0 - | - - - - |  | 联锁相关实体 |
|  | - - - 0 | 0 0 1 - | "MTI" | 消息类型编号：AU1 |
|  | - - - - | - - - 0 | "DF" | 方向标志："0"表明方向为发往响应侧 |
| 2 | ×××× | ×××× | "SA" | 主叫端 CTCS 编号 |
| 3 | ×××× | ×××× |  |  |
| 4 | ×××× | ×××× |  |  |
| 5 | 0 0 0 0 | 0 0 0 1 | "SaF" | 请求的安全特征，使用修改的 MAC 算法 3 的单 DES |
| 6 | ×××× | ×××× | "RB" | 随机数 $R_B$ |
| ⋮ | ⋮ |  |  |  |
| 13 | ×××× | ×××× |  |  |

**2. 第二验证 SaPDU**(AU2 SaPDU)

AU2 SaPDU 包含的字段见表 9-10。

**表 9-10 AU2 SaPDU 结构**

| 字节 | 位<br>8 7 6 5 | 位<br>4 3 2 1 | 区域名称 | 内容 |
|---|---|---|---|---|
| 1 | 0 0 0 - | - - - - | "ETY"(区域"SA"中的 CTCS 编号类型) | radio in-fill 单元 |
|  | 0 0 1 - | - - - - |  | RBC |
|  | 0 1 0 - | - - - - |  | 车载设备 |
|  | 0 1 1 - | - - - - |  | 为应答器预留 |
|  | 1 0 1 - | - - - - |  | 密钥管理实体 |
|  | 1 1 0 - | - - - - |  | 联锁相关实体 |
|  | - - - 0 | 0 1 0 - | "MTI" | 消息类型编号：AU2 |
|  | - - - - | - - - 1 | "DF" | 方向标志："1"表明方向为发往发起侧 |

续上表

| 字节 | 位 | 区域名称 | 内　容 |
|---|---|---|---|
| | 8 7 6 5　4 3 2 1 | | |
| 2 | ×××× ×××× | “SA” | 响应端 CTCS 编号 |
| 3 | ×××× ×××× | | |
| 4 | ×××× ×××× | | |
| 5 | 0 0 0 0　0 0 0 1 | “SaF” | 请求的安全特征，使用修改的 MAC 算法 3 的单 DES |
| 6 | ×××× ×××× | “RA” | 随机数 $R_A$ |
| ⋮ | ⋮ | | |
| 13 | ×××× ×××× | | |
| 14 | ×××× ×××× | — | MAC 区，根据对等实体和消息源验证过程中给出的规则计算 |
| ⋮ | ⋮ | | |
| 21 | ×××× ×××× | | |

**3. 第三验证 SaPDU**(AU3 SaPDU)

AU3 SaPDU 包含的字段见表 9-11。

**表 9-11　AU3 SaPDU 结构**

| 字节 | 位 | 区域名称 | 内　容 |
|---|---|---|---|
| | 8 7 6 5　4 3 2 1 | | |
| 1 | 0 0 0 -　- - - - | “ETY” | 保留 |
| | - - - 0　0 1 1 - | “MTI” | 消息类型编号：AU3 |
| | - - - -　- - - 0 | “DF” | 方向标志：“0”表明方向为发往响应侧 |
| 2 | ×××× ×××× | — | MAC 区，根据对等实体和消息源验证过程中给出的规则计算 |
| ⋮ | ⋮ | | |
| 9 | ×××× ×××× | | |

**4. 验证响应 SaPDU**(AR SaPDU)

AR SaPDU 包含的字段见表 9-12。

**表 9-12　AR SaPDU 结构**

| 字节 | 位 | 区域名称 | 内　容 |
|---|---|---|---|
| | 8 7 6 5　4 3 2 1 | | |
| 1 | 0 0 0 -　- - - - | “ETY” | 保留 |
| | - - - 1　0 0 1 - | “MTI” | 消息类型编号：AR |
| | - - - -　- - - 1 | “DF” | 方向标志：“1”表明方向为发往发起侧 |
| 2 | ×××× ×××× | — | MAC 区，根据对等实体和消息源验证过程中给出的规则计算 |
| ⋮ | ⋮ | | |
| 9 | ×××× ×××× | | |

**5. 数据传输 SaPDU**(DT SaPDU)

DT SaPDU 包含的字段见表 9-13。

**表 9-13 数据 SaPDU 结构**

| 字节 | 位 | | 区域名称 | 内容 |
|---|---|---|---|---|
| | 8 7 6 5 | 4 3 2 1 | | |
| 1 | 0 0 0 - | - - - - | — | — |
| | - - - 0 | 1 0 1 - | "MTI" | 消息类型编号:DT |
| | - - - - | - - - × | "DF" | 方向标志:"0"表明方向为发往响应侧,"1"表明方向为发往发起侧 |
| 2 | ×××× | ×××× | — | 用户数据(长度 $n \geqslant 1$ B):相应 SaPDU 的用户数据 |
| ⋮ | | ⋮ | | |
| 2+$n$-1 | ×××× | ×××× | | |
| 2+$n$ | ×××× | ×××× | — | MAC 区 |
| ⋮ | | ⋮ | | |
| 2+$n$+7 | ×××× | ×××× | | |

**6. 释放 SaPDU**(DI SaPDU)

DI SaPDU 包含的字段见表 9-14。

**表 9-14 DI SaPDU 结构**

| 字节 | 位 | | 区域名称 | 内容 |
|---|---|---|---|---|
| | 8 7 6 5 | 4 3 2 1 | | |
| 1 | 0 0 0 - | - - - - | — | — |
| | - - - 1 | 0 0 0 - | "MTI" | 消息类型编号:DI |
| | - - - - | - - - × | "DF" | 方向标志:"0"表明方向为发往响应侧,"1"表明方向为发往发起侧 |
| 2 | ×××× | ×××× | — | 原因区域:释放的原因 |
| 3 | ×××× | ×××× | — | 子原因区域:释放的子原因 |

**7. 高优先级 SaPDU**

高优先级 SaPDU 包含的字段见表 9-15,高优先级 SaPDU 不包含包头和 MAC 字段。

**表 9-15 高优先级 SaPDU 结构**

| 内容 | 位 | | 区域名称 |
|---|---|---|---|
| | 8 7 6 5 | 4 3 2 1 | |
| 1 | ×××× | ×××× | 用户数据(长度 $n \geqslant 1$ B):相应 SaPDU 的用户数据 |
| ⋮ | | ⋮ | |
| $n$ | ×××× | ×××× | |

### 9.7.4 安全连接建立规程

建立安全连接的程序在 SaS 用户请求连接到安全层时启动，SaS 用户将向安全层发送地址信息和 QoS 要求，以限定连接建立的请求。该 QoS 值被转发给通信功能模块(CFM)，并被转换为对一组预定义 QoS 值的请求。在连接建立请求过程中，安全层将激活“对等实体验证”安全机制来进行实体验证，对等实体验证由安全层实体之间的安全协议提供，执行安全程序“对等实体验证”时出现的任何错误都将导致安全连接建立失败并释放传输连接。安全连接建立的过程如图 9-32 所示。

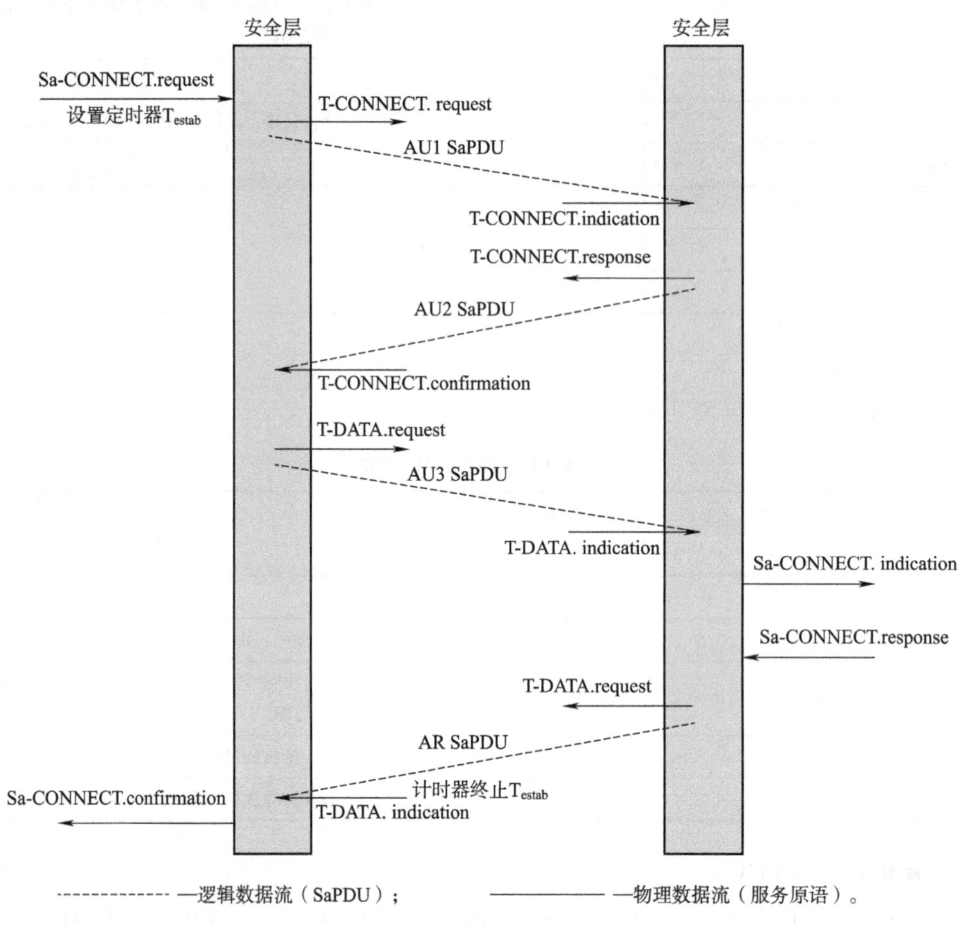


图 9-32 安全连接建立时序

①当 Sa-CONNECT. request 原语请求安全连接时，安全层通过 T-CONNECT. request 原语请求建立传输连接，其中包含 AU1 SaPDU。

②被叫侧传输实体使用服务原语 T-CONNECT. indication 向其安全层指示传输连接建立请求，并将此原语中的 AU1 SaPDU 传递给安全层，被叫侧安全层验证 AU1 SaPDU。

③如果验证通过，安全层实体使用 T-CONNECT. response 原语响应传输层请求，其中包含 AU2 SaPDU。

④主叫侧传输实体收到 AU2 SaPDU 后，使用 T-CONNECT. confirmation 原语通知安

全层已经成功建立传输连接，并将此原语中的 AU2 SaPDU 传递给安全层。

⑤安全实体随后生成 AU3 SaPDU，并使用 T-DATA. request 请求服务原语将此消息转发到传输层。

⑥传输实体收到 AU3 SaPDU 后，使用 T-DATA. indication 原语将 AU3 SaPDU 传递给安全层，安全实体校验 AU3 SaPDU。

⑦ 若 AU3 SaPDU 校验成功，安全实体将 Sa-CONNECT. indication 原语转发给安全用户。如果安全用户接受安全连接建立请求，使用 Sa-CONNECT. response 原语响应。被叫 SaS 用户可以在 Sa-CONNECT. response 原语后立即开始请求数据传输。

⑧ 被叫侧安全实体通过 T-DATA. request 和 T-DATA. indication 原语，在 AR SaPDU 中向其对等安全实体发送认证响应消息。

⑨ 在成功验证包含认证数据的 SaPDU 后，安全实体使用 Sa-CONNECT. confirmation 原语通知 SaS 用户成功建立了安全连接。

⑩ 当接收到 Sa-CONNECT. confirmation 时，主叫 SaS 用户能够通过安全连接向对等用户发送数据。

### 9.7.5 安全数据传输规程

安全数据传输规程允许安全连接两侧的 SaS 用户之间安全传输用户数据，使用 CFM 提供透明可靠的全双工用户数据传输服务。安全层通过"消息源认证"程序，提供消息完整性侵害防护，并防止未授权用户的消息插入传输通道。每次 SFM 实体接收到来自传输系统的数据消息时，需验证此消息是否来自对等实体，并且此消息在传输过程中是否被篡改。安全数据传输过程如图 9-33 所示。

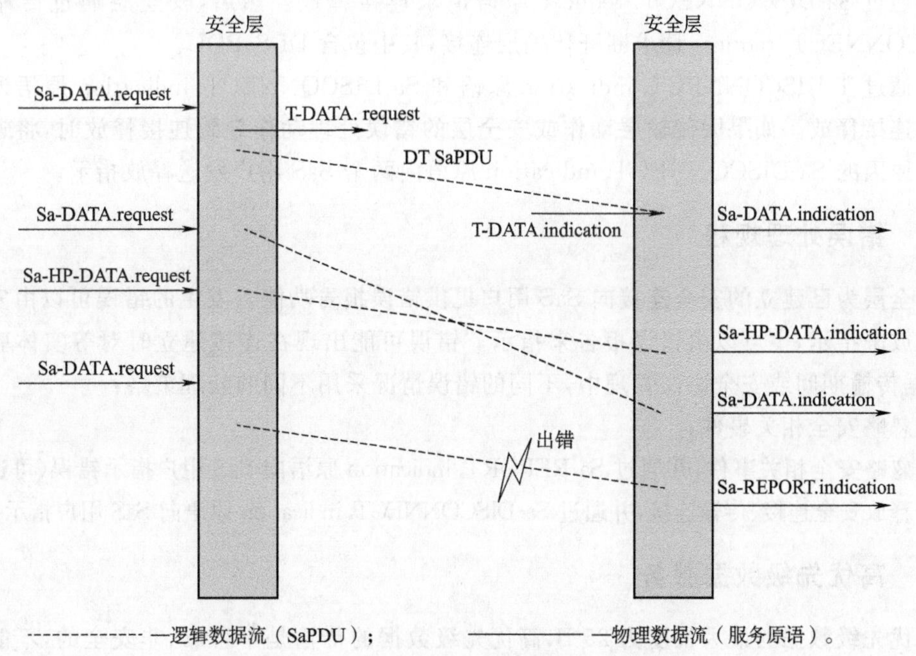


图 9-33 安全数据传输时序

①SaS 用户使用 Sa-DATA. request 原语请求传输安全数据，传输层使用 T-DATA. request 原语和 T-DATA. indication 原语传输 DT SaPDU。

②接收侧安全层实体检查 SaPDU 的格式和协议控制信息，并检查 MAC 及完整性。

③在 DT SaPDU 遇到安全问题时，使用 Sa-REPORT. indication 原语或者 Sa-DISCONNECT. indication 原语通知 SaS 用户。

### 9.7.6 安全连接释放规程

安全连接由 SaS 用户请求、传输层动作或安全层的错误处理动作来释放，释放连接时无需进行安全验证。安全连接释放过程如图 9-34 所示。

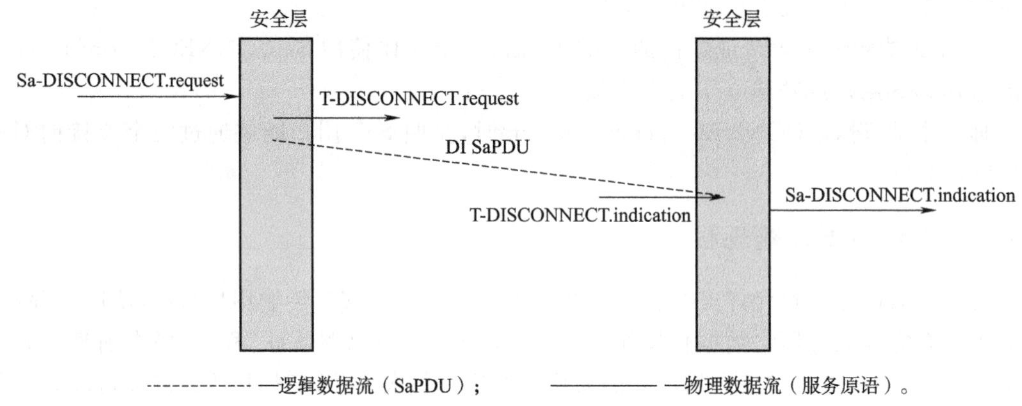


图 9-34　SaS 用户发起的安全连接释放时序

①通过 Sa-DISCONNECT. request 原语请求连接释放。然后，安全层通过传输层的 T-DISCONNECT. request 请求断开传输层连接，其中包含 DI SaPDU。

②通过 T-DISCONNECT. indication 原语和 Sa-DISCONNECT. indication 原语通知对等实体连接释放。如果因传输层动作或安全层的错误处理动作导致连接释放时，将通过包含各自原因的 Sa-DISCONNECT. indication 原语向两个 SaS 用户发送释放指示。

### 9.7.7 错误处理规程

安全层为已建立的安全连接向 SaS 用户提供错误报告功能。发生的错误可以由安全连接的释放来指示，也可以由错误报告来指示。错误可能出现在连接建立时对等实体验证期间、数据传输期间或安全协议管理中，不同的错误情况采用不同的处理策略：

①忽略安全相关事件；

②忽略安全相关事件，并通过 Sa-REPORT. indication 原语向 SaS 用户指示错误(可选)；

③释放安全连接、传输连接，并通过 Sa-DISCONNECT. indication 原语向 SaS 用户指示错误。

### 9.7.8 高优先级数据服务

高优先级数据的最大长度为 25 B，高优先级数据的传输是不可靠、非安全的，不能保证接收侧接收到高优先级数据，在成功建立安全连接之前，SaS 用户不能使用高优先级数据服务，即只能在成功执行安全程序“对等实体验证”之后使用。安全层不为高优先级数据提供保护。如果有需要，由 SaS 用户提供确认和重发机制。

在 CFM，高优先级数据将以最高优先等级传输，在 TSAP 上通过带有相关参数的 T-HP-DATA. request 原语使用该服务。协议栈用户平面的传输层和网络层为空，用户数据直接在安全层与数据链路层之间交换。数据链路层使用 UI 帧交换高优先级数据，不重传出错或丢失的 UI 帧，也不允许对用户数据拆包及组包。

## 9.8 应用层(APDU)

### 9.8.1 适用条件

CTCS-3 系统的 ATP 与 RBC 设备在应用层使用 APDU(应用协议数据单元)交互列控安全数据，应用程序和相关的协议栈是基于事务的，它遵循典型的交互式特征，主要实现以下功能：

①CTCS-3 级车载设备能从地面设备接收配置参数，以适应运营要求，如果在当前位置未收到配置参数，应使用默认值。车载设备应能向 RBC 传送列车参数，包括列车车次号、列车长度、列车种类、最大列车速度等。

②车载设备应向 RBC 发送列车完整性信息以及整个列车的位置。

③RBC 能向其管辖范围内某区域的所有列车或特定列车发送紧急停车命令，对于有条件的紧急停车，如果列车已通过有条件的紧急停车区域/点，车载设备忽略该命令。

④在 RBC 控制区域内，由 RBC 控制的所有列车的移动应经 RBC 授权，RBC 根据联锁提供的进路信息(含闭塞分区的空闲信息)，结合列车的当前位置和运行方向生成控制范围内各个列车的行车许可(MA)。RBC 在向列车发送行车许可的同时，发送行车许可范围内的以下相关信息：静态速度曲线、坡度信息、线路描述信息(如分相区信息和进路适合性信息)、应答器链接信息以及临时限速信息。随着列车向前运行，RBC 根据联锁提供的进路信息(含闭塞分区的空闲信息)及时为列车延伸行车许可，以保证列车正常运行。RBC 还可以缩短/撤销已发布给车载设备的行车许可。

在 TB/T 3530—2018《CTCS-3 级列车运行控制系统系统需求规范》中详细描述了车—地传输信息包格式、车—地传输消息格式及通信会话规程。

### 9.8.2 帧结构

一个无线消息由报文头、一组预先确定的变量(需要时)、一组预先确定的信息包(需要时)、根据应用需求的信息包(可选)组成。除下列情况外，禁止在同一消息中发送多个用于同一方向、类型相同的信息包：

①一个消息可以包含多个“信息包 44”。

②一个消息可以包含多个“信息包 65”(设置临时限速)，但是在同一个消息中传送的多个“信息包 65”应有不同的编号。

③一个消息可以包含多个“信息包 66”(取消临时限速)，但是在同一个消息中传送的多个“信息包 66”应有不同的编号。

地到车无线消息的标准格式见表 9-16。

**表 9-16　地到车无线消息格式**

| 段编号 | 变　量 | 备　注 |
|---|---|---|
| 1 | NID_MESSAGE | 消息编号 |
| 2 | L_MESSAGE | 包含所有数据的消息长度(从段 1 至填充信息) |
| 3 | T_TRAIN | RBC 的时间戳 |
| 4 | M_ACK | 车载设备是否必须确认该消息(“信息包 146”) |
| 5 | NID_LRBG | LRBG 编号 |
| 6 | NID_MESSAGE 需要的变量 | 当该消息需要时;<br>当发送的变量不包含在一个信息包中时使用 |
| 7 | NID_MESSAGE 需要的信息包 | 当该消息需要时 |
| 8 | 可选择的信息包 | 见表 9-18 |
| 9 | 填充信息 | 以 bit 为单位计算的消息长度不满足字节的整数倍,增加此字段 |

车到地无线消息的标准格式见表 9-17。

**表 9-17　车到地无线消息格式**

| 段编号 | 变　量 | 备　注 |
|---|---|---|
| 1 | NID_MESSAGE | 消息编号 |
| 2 | L_MESSAGE | 包含所有数据的消息长度(从段 1 至填充信息) |
| 3 | T_TRAIN | 列车的时间戳 |
| 4 | NID_ENGINE | 列车编号 |
| 5 | NID_MESSAGE 要求的变量 | 当该消息需要时;<br>当发送的变量不包含在一个信息包中时使用 |
| 6 | 信息包 0 或信息包 1 | 车到地“信息包 0”(位置报告)或“信息包 1”(基于两个应答器组的位置报告)不包含在消息 146、154、155、156 和 159 中 |
| 7 | NID_MESSAGE 要求的信息包 | 仅适用于消息 129 |
| 8 | 可选择的信息包 | 消息 136、157 可选信息包为 4、44;<br>消息 159 可选信息包为 3;<br>消息 132 可选信息包为 9 |
| 9 | 填充信息 | 以 bit 为单位计算的消息长度不满足字节的整数倍,增加此字段 |

地到车消息可能包含的可选信息包见表 9-18。

**表 9-18　地到车消息可选信息包**

| 地到车消息包名称 | 消息编号 | 可选择的信息包 |
|---|---|---|
| 行车许可(MA) | 3 | 21、27、80,外加通用的可选信息包 |
| 通常信息 | 24 | 21、27,外加通用的可选信息包 |
| 位置参考点调整后的 MA | 33 | 21、27、80,外加通用的可选信息包 |

注:通用的可选信息包有 3、5、51、41、42、44、45、57、58、65、66、68、70、71、72、76、79、131、138、139 和 140。

车到地“消息 136(列车位置报告)”和“消息 157(SoM 位置报告)”可以选择“信息包 4(错误报告)”和“信息包 44(STM 信息)”;车到地“消息 159(通信会话已建立)”可以选择“信

息包 3(车载设备电话号码)”;车到地“消息 132(MA 请求)”可以选择“信息包 9(CTCS-3 级转换信息)”。

### 9.8.3 帧类型

车到地无线消息见表 9-19。

**表 9-19 车到地无线消息**

| 消息编号 | 消息名称(英文) | 消息名称(中文) | 类型 |
|---|---|---|---|
| 129 | validated train data | 经过确认的列车数据 | N |
| 130 | request for shunting | 请求调车模式 | N |
| 132 | MA request | 请求 MA | N |
| 136 | train position report | 列车位置报告 | N |
| 137 | request to shorten MA is granted | 同意缩短 MA 的请求 | N |
| 138 | request to shorten MA is rejected | 拒绝缩短 MA 的请求 | N |
| 146 | acknowledgement | 确认 | N |
| 147 | acknowledgement of emergency stop | 紧急停车确认 | N |
| 149 | track ahead free granted | 前方轨道空闲确认 | N |
| 150 | end of mission | 任务结束 | N |
| 154 | no compatible version supported | 版本不兼容 | N |
| 155 | initiation of a communication session | 通信会话开始 | N |
| 156 | termination of a communication session | 通信会话结束 | N |
| 157 | SoM position report | SoM 位置报告 | N |
| 159 | session established | 通信会话已建立 | N |
| 153 | radio infill request | 请求无线注入(与无线注入有关的消息) | N |

地到车无线消息见表 9-20。

**表 9-20 地到车无线消息**

| 消息编号 | 英文名称 | 中文名称 | 类型 |
|---|---|---|---|
| 2 | SR authorisation | OS 模式授权 | N |
| 3 | movement authority | MA | N |
| 6 | recognition of exit from TRIP mode | 确认退出 TR 模式 | N |
| 8 | acknowledgement of train data | 列车数据确认 | N |
| 15 | conditional emergency stop | 有条件紧急停车 | E 或 N |
| 16 | unconditional emergency stop | 无条件紧急停车 | E 或 N |
| 18 | revocation of emergency stop | 取消紧急停车 | N |
| 24 | general message | 通常消息 | N |
| 27 | SH refused | 拒绝 SH 模式 | N |
| 28 | SH authorised | 授权 SH 模式 | N |
| 32 | system version | 系统版本 | N |

续上表

| 消息编号 | 英文名称 | 中文名称 | 类型 |
|---|---|---|---|
| 33 | MA with shifted location reference | 位置参照点调整后的 MA | N |
| 34 | track ahead free request | 确认前方轨道空闲 | N |
| 38 | initiation of a communication session | 通信会话开始 | N |
| 39 | acknowledgement of termination of a communication session | 通信会话结束确认 | N |
| 40 | train rejected | 拒绝列车 | N |
| 41 | train accepted | 接受列车 | N |
| 43 | SoM position report confirmed by RBC | RBC 确认 SoM 位置报告 | N |
| 45 | assignment of coordinate system | 坐标系分配 | N |
| 37 | infill MA | 注入 MA(与无线注入有关的消息) | N |

信息包是由多个变量组合的、具有固定内部结构的单元，无线消息中可能包含 1 个或多个信息包，地到车信息包见表 9-21。

**表 9-21　地到车信息包**

| 编号 | 信息包名称(英文) | 信息包名称(中文) |
|---|---|---|
| 3 | national values | 配置参数 |
| 5 | linking | 链接信息 |
| 15 | movement authority | CTCS-3 级的 MA |
| 16 | repositioning information | 重定位信息 |
| 21 | gradient profile | 坡度曲线 |
| 27 | international static speed profile | SSP 曲线 |
| 41 | level transition order | 等级转换命令 |
| 42 | session management | 通信会话管理 |
| 44 | STM information | STM 信息 |
| 45 | radio network registration | 无线网络注册 |
| 46 | conditional level transition order | 有条件的等级转换命令 |
| 49 | list of balises for SH area | SH 模式区段的应答器列表 |
| 51 | axle load speed profile | 轴重速度曲线 |
| 57 | movement authority request parameters | MA 请求参数 |
| 58 | position report parameters | 位置报告参数 |
| 63 | list of balises in SR authority | OS 模式区段的应答器列表 |
| 65 | temporary speed restriction | 设置临时限速 |
| 66 | temporary speed restriction revocation | 取消临时限速 |
| 67 | track condition big metal masses | 金属构件的线路条件 |
| 68 | track condition | 线路条件 |
| 70 | route suitability data | 进路适合性数据 |

续上表

| 编号 | 信息包名称(英文) | 信息包名称(中文) |
|---|---|---|
| 71 | adhesion factor | 黏着系数 |
| 72 | packet for sending plain text messages | 纯文本 |
| 76 | packet for sending fixed text messages | 固定文本 |
| 79 | geographical position information | 地理位置信息 |
| 80 | setting information for guidance/shunting sections | 引导/调车区段的设置信息 |
| 90 | track ahead free up to level 2/3 transition location | 直到 CTCS-3 级转换点的前方轨道空闲 |
| 131 | RBC transition order | RBC 切换命令 |
| 132 | danger for shunting information | 调车危险信息 |
| 137 | stop if in staff responsible | 目视行车危险信息 |
| 138 | reversing area information | 退行区域信息 |
| 139 | reversing supervision information | 退行监控信息 |
| 140 | train running number from RBC | 来自 RBC 的列车车次号 |
| 141 | default gradient for temporary speed restriction | 临时限速的默认坡度 |
| 254 | default balise, loop or RIU information | 应答器默认信息 |
| 255 | end of information | 信息结束标志 |
| 12 | level 1 movement authority | ETCS-1 级的 MA① |
| 39 | track condition change of traction system | 牵引供电的线路条件变化① |
| 133 | radio infill area information | 无线注入区域信息① |
| 134 | EOLM packet | EOLM 信息包① |
| 136 | infill location reference | 注入位置参考① |

①与注入装置/环线有关的信息包。

车到地信息包见表 9-22。

**表 9-22　车到地信息包**

| 编号 | 信息包名称(英文) | 信息包名称(中文) |
|---|---|---|
| 0 | position report | 位置报告 |
| 1 | position report based on two balise groups | 基于两个应答器组的位置报告 |
| 3 | onboard telephone numbers | 车载设备电话号码 |
| 4 | error reporting | 错误报告 |
| 9 | level 2/3 transition information | CTCS-3 级转换信息 |
| 11 | validated train data | 经过确认的列车数据 |
| 44 | STM information | STM 信息 |
| 255 | end of information | 信息结束标志 |

### 9.8.4　建立通信会话规程

车载设备和 RBC 都能发起建立通信会话,车载设备在任务开始时(SoM)或接收到地面设备的命令时(除非与同一个 RBC 正在建立或已经建立了通信会话)发起通信会话建立。已与 RBC 建立了通信会话的车载设备,如果接收到并接受与另一个 RBC 建立通信会话的命令,将终止当前的通信会话并建立新的通信会话。由车载设备发起的通信会话建立流程如图 9-35 所示。

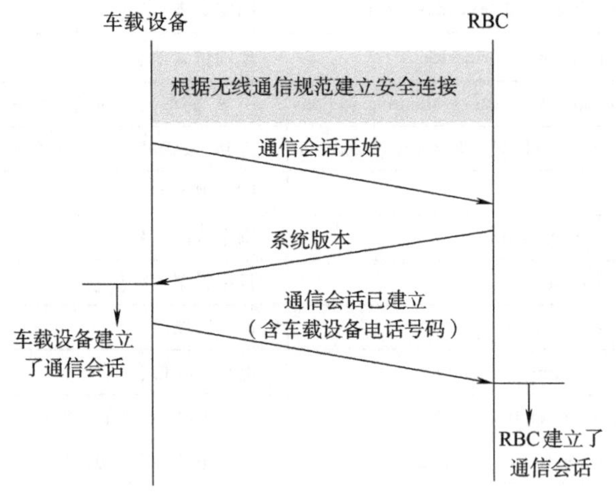


图 9-35　由车载设备发起的通信会话建立流程

①车载设备应请求与 RBC 建立安全无线连接,不断重复请求直到连接成功或超过规定的次数。如果不成功,通知司机未能建立连接。

②连接建立成功后,车载设备立即向 RBC 发送“M155(通信会话开始)”消息。

③RBC 接收到“M155”后,立即发送“M32(系统版本)”消息。

④车载设备接收到“M32”消息后,认为通信会话已经建立。如果车载设备的版本与 RBC 的版本兼容,向 RBC 发送包含车载设备电话号码的“M159(通信会话已建立)”消息;如果版本不兼容,向 RBC 发送“M154(版本不兼容)”消息,并终止通信会话。当 RBC 接收到“M159”或“M154”消息时,认为建立了通信会话。

由 RBC 发起的通信会话建立流程如图 9-36 所示。

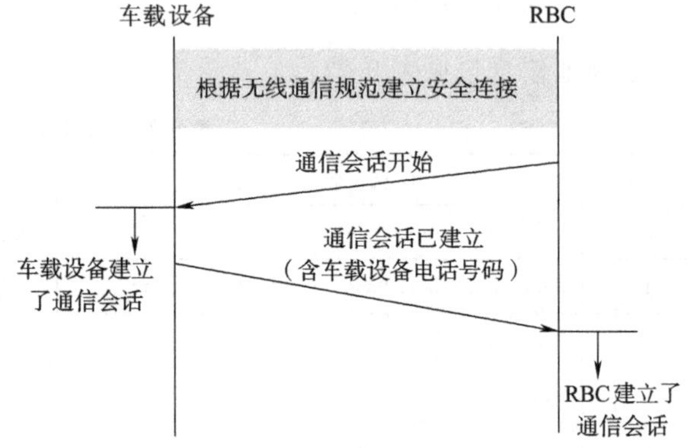


图 9-36　由 RBC 发起的通信会话建立流程

①RBC 请求与车载设备建立安全无线连接。

②连接建立成功后,RBC 立即向车载设备发送“M38(通信会话开始)”消息。

③车载设备接收到“M38”消息后,认为建立了通信会话,并向 RBC 发送“M159(通信会话已建立)”消息。

④RBC 接收到“M159”消息后,认为建立了通信会话。

### 9.8.5 通信会话保持

通信会话建立后，当安全无线连接偶然中断，但地面设备未发出断开连接的指令时，与之相关的设备在规定时间(T_NVCONTACT)内认为通信会话仍然是建立的。当识别出安全无线连接断开后，车载设备立即尝试建立另一个新的安全无线连接。当安全无线连接在规定的时间或次数内无法重建时，车载设备及地面设备均认为通信会话已经终止。连接尝试重复进行，直到出现下列情况之一：

①安全无线连接已经建立；

②停止尝试的条件已经符合，在这种情况下，车载设备认为通信会话已经终止。

当安全无线连接在已预知的无线盲区内中断，车载设备在车头到达此无线盲区的末端时尝试重新建立无线连接。

### 9.8.6 终止通信会话规程

车载设备只能在下列情况下终止通信会话：

①接收到来自地面设备(RBC或应答器组)的命令；

②车载设备检测到需要终止通信会话的错误条件时(例如，车载设备与RBC的系统版本不兼容)；

③在SoM阶段RBC拒绝列车；

④在SoM阶段司机关闭驾驶台。

车载设备终止通信会话的流程如图9-37所示。

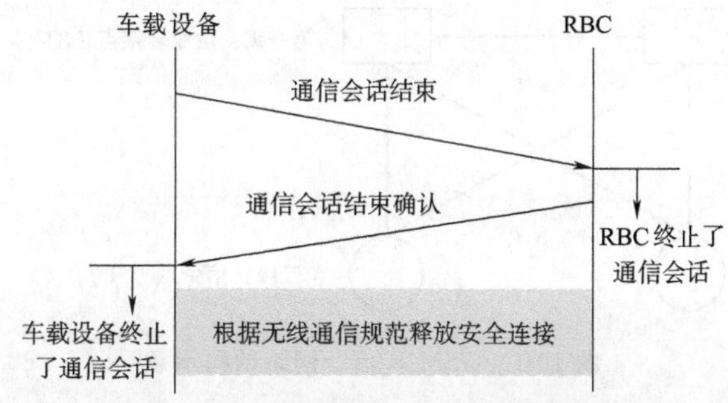


图9-37 车载设备终止通信会话的流程

①车载设备向RBC发送"M156(通信会话结束)"消息，此后车载设备不再发送任何消息并忽略除"M39(通信会话结束确认)"消息外的RBC其他消息。

②接收到"M156"消息后，RBC认为通信会话已经终止，并向车载设备发送"M39"消息，此后RBC不再发送任何消息。

③当接收到"M39"消息后，车载设备认为通信会话已经终止，并请求释放与RBC的安全连接。

当车载设备在通信会话建立过程中接收到终止通信会话命令时，车载设备退出通信会话建立过程，并释放安全无线连接。

# 10　No. 7 信令系统

GSM-R 功能实体分布在不同的设备中，在执行任务时需要通过信令系统指导系统各部分交换信息，协同运行完成某项任务。GSM-R 采用 No. 7 信令系统，这是一个适用于数字通信网络的公共信道信令系统。

## 10.1　No. 7 信令系统的结构

### 10.1.1　网络结构

共路信令系统的信令信道和业务信道完全分开，在公共的数据链路上以消息的形式传送所有中继线和通信业务的信令信息，通信网上各节点之间以分组交换的方式传送信令，No. 7 信令系统可以看作是一个特殊的分组交换网。

No. 7 信令系统是逻辑上独立于通信网的，专门用于传送信令的网络，由信令点(SP)、信令转接点(STP)以及连接它们的信令链路组成，负责在不同网络实体之间传递与业务相关的呼叫控制信息。GSM-R 的信令系统采用二级网络结构，如图 10-1 所示。

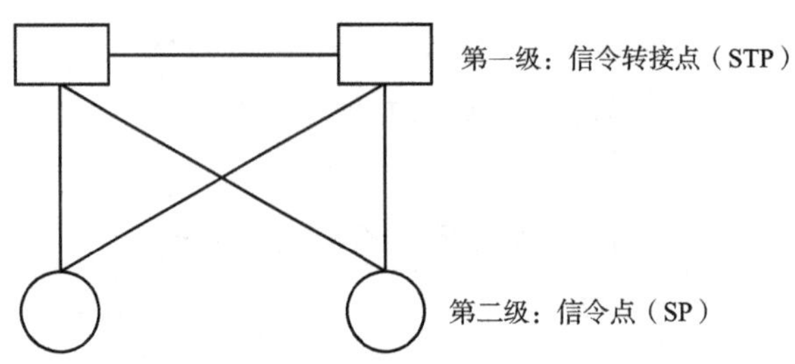


图 10-1　GSM-R 信令网络结构示意

第一级为 STP，负责信令消息的转接，即把从一条信令链路上收到的信令消息转发到另一条信令链路的信令点。STP 独立设置，只能完成信令消息转接功能，具有 No. 7 信令系统中的 MTP 功能、SCCP 功能、TCAP 功能以及 OMAP 功能，用于完成与电路接续相关的信令消息的传送、与电路无关的数据信息传送、信令网运行及维护管理程序。STP 分 A、B 平面成对设置，A 平面和 B 平面内各 STP 在各自平面内呈网状相连，A 平面和 B 平面成对的 STP 间相连。

第二级为 SP，包括 MSC、SGSN、HLR、SCP、SMSC 等，是信令网传送各种信令消息的源点或目的点。SP 具有 MTP 功能和相应的用户部分功能，具备信息处理能力。SP 至 STP 间采用分组固定连接方式，每个 SP 应分别接至成对的 STP 上。根据需要，两个 SP 之间也可以设置直达信令链路，即采用直联连接方式。

两个 SP 之间传送信令消息的链路称为信令链路，直接连接两个 SP 的一束信令链路称为一个信令链路组，承载指定业务到某特定目的信令点的链路组称为信令路由，承载业务到某特定目的信令点的全部信令路由称为信令路由组。No. 7 信令系统中信令路由的选择遵循“最短路径”和“负荷分担原则”。

①首先选择正常路由，当正常路由不可用时，选择替换路由；

②当有多个替换路由可供选择时，根据最短路由优先的原则顺序选择；

③在替换路由中，若有相同优先等级的多个信令路由时，多个信令路由采用负荷分担的方式，均匀地分担信令业务。

### 10. 1. 2 体系结构

No. 7 信令系统基本结构和功能的划分与 OSI 参考模型具有一致性，GSM-R 的 No. 7 信令体系结构如图 10-2 所示。

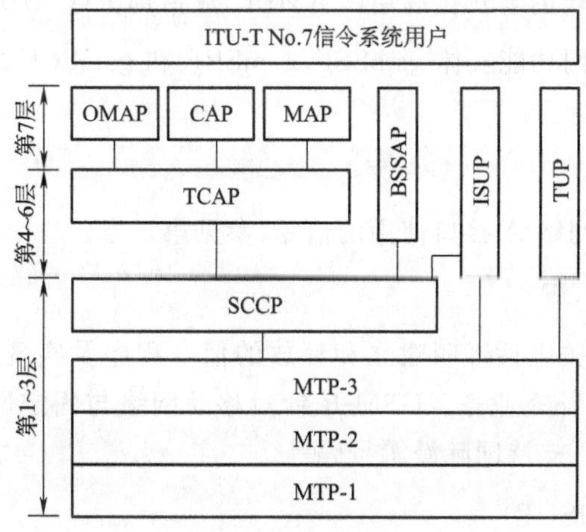


图 10-2 GSM-R 的 No. 7 信令体系结构

**1. 消息传递部分**(MTP)

MTP 的主要功能是在信令网中提供可靠的信令消息传递功能，将用户发送的消息传送到用户指定的目的信令点的指定用户部分，以及在系统和信令网故障情况下，为保证可靠的信息传递，采取措施避免或减少消息丢失、重复及失序。MTP 遵循 ITU-T 建议 Q. 701～Q. 710 标准，分为 3 个功能级，第一级信令为数据链路功能级(MTP-1)，对应 OSI 的物理层；第二级为信令链路功能级(MTP-2)，对应 OSI 的数据链路层；第三级为信令网功能级(MTP-3)，对应 OSI 的网络层的部分功能，其寻址功能仅限于向节点传递消息，只能提供无连接的消息传递功能。

**2. 信令连接控制部分**(SCCP)

SCCP 叠加在 MTP 上，与 MTP-3 共同完成 OSI 的网络层的功能。SCCP 利用目的信令点编码(DPC)和子系统(SSN)识别节点中的每一个 SCCP 用户，增加了面向连接的消息传送方式，此外，SCCP 通过提供全局码(GT)翻译增强了 MTP 的寻址选择路由功能，解决了 MTP 信令点编码不具备全局性、网内编码容量有限、用户过少的问题。

**3. 事务处理能力应用部分**(TCAP)

TCAP和中间服务部分(ISP)组成事务处理能力(TC)，TC指通信网中分散的一系列应用在相互通信时采用的一组规约和功能，用于在一个节点调用另一个节点的程序，执行该程序并将执行结果返回调用节点。CCITT制定了TC协议而未考虑ISP协议，目前可以认为TC与TCAP具有相同的含义。MTP和SCCP是TC的网络业务提供者，采用SCCP支持的寻址方式，而TC的用户可以是MAP或CAP。

**4. 移动应用部分**(MAP)

MAP用于在GSM-R中的MSC、HLR、VLR、SGSN、SCP等功能实体之间交换与电路无关的数据和指令，从而支持移动用户漫游、切换和鉴权等网络功能，MAP消息作为TCAP消息的成分部分传递。

**5. 移动网络增强逻辑的客户化应用**(CAMEL)**应用部分**(CAP)

CAP用于实现智能网功能实体gsmSSF、gsmSRF和gsmSCF之间的信令交互，从而实现对CAMEL业务的支持。

**6. BSSAP**

BSSAP是GSM-R网络A接口使用的信令，参见第7章。

**7. 电话用户部分**(TUP)

TUP主要规定了有关电话呼叫建立和释放的信令程序及实现这些程序的消息和消息编码，并能支持部分用户补充业务。GSM-R针对移动网络与固定网络的区别，补充了移动特性功能，包括支持切换、支持国际漫游号码等。

**8. ISDN用户部分**(ISUP)

ISUP提供综合业务数字网中的信令功能，以支持基本承载业务和附加承载业务，包括话音业务和非话音业务(如电路交换数据通信)控制所必须的信令消息、功能和过程。

**9. 维护管理应用部分**(OMAP)

OMAP用于支持No.7信令网中各网络节点的集中维护管理。

## 10.2 消息传递部分(MTP)

### 10.2.1 数据链路功能级(MTP-1)

MTP-1是信令传输的通路，由同一数据速率传输信号的双向数据通路组成，通常采用64 kbit/s的数字通道，对应于PCM传输系统中的一个时隙，如在PCM 30/32路系统中使用TS16，通过交换机的数字交换网络与信令终端设备构成半永久性连接，如图10-3所示。

当信令业务量较大时，也可以采用2 Mbit/s高速信令链路直接连接信令终端，不再经过交换机的数字选择。

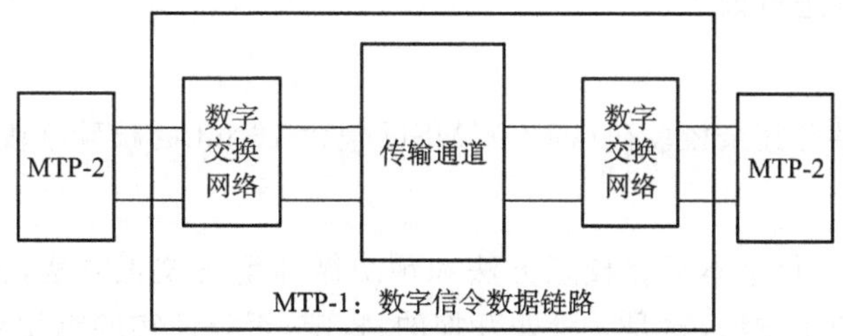


图 10-3 信令数据链路到信令终端的半永久连接

## 10.2.2 信令链路功能级(MTP-2)

MTP-2 用于把信令传送到数据链路，与 MTP-1 共同保证在两个直接连接的信令点之间提供可靠的信令链路。MTP-2 功能模块结构如图 10-4 所示。MTP-2 主要包含以下功能：信令单元定界、信令单元定位、差错检测、差错校正、初始定位、处理机故障控制、第二级流量控制和信令链路差错率监视。

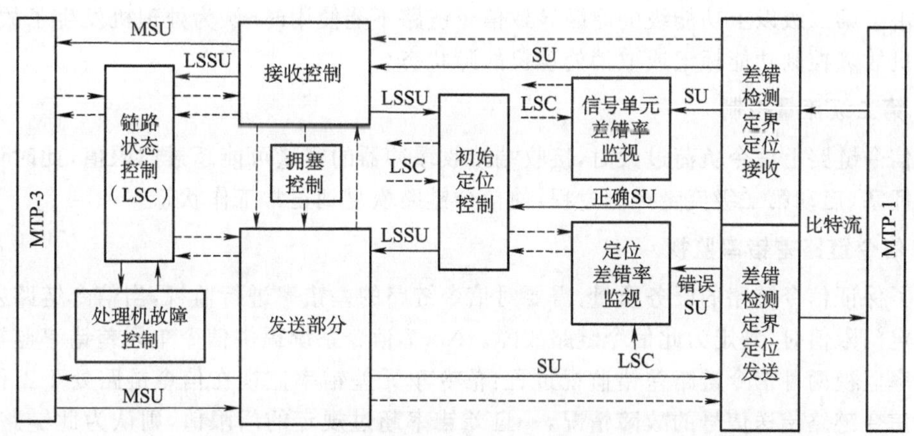


图 10-4 MTP-2 功能模块结构

### 1. 信令单元定界

信令单元(MSU)定界是找出一个 MSU 的开始和结束标志，从而将信令数据链路的比特流划分为消息 MSU。MSU 用标志码(01111110)进行分界，通常一个标志码既是一个 MSU 结尾的标志，又是下一个单元开始的标志，为使 MSU 正确定界，要保证在 MSU 其他部分不会出现这种码型。

### 2. 信令单元定位

MSU 定位功能用于检测失步及进行失步后的处理，这里的定位不是初始定位，而是在开通业务的信令链路上与定界密切相关的定位。MSU 定位功能对收到的信令单元进行实时检测，当检测到异常情况时(如收到不允许出现的码型、MSU 内容太短、MSU 内容太长、两个标志码之间的比特数不是 8 的整数倍数等)认为失去定位，舍弃异常的 MSU，并由信号单元差错率监视过程进行处置。

**3. 差错检测**

差错检测采用循环冗余校验码(CRC),MSU 包含 16 bit 的校验字段。

**4. 差错校正**

No. 7 信令系统提供基本差错校正方法和预防循环重发校正方法,在地面信令链路中,通常采用基本差错校正方法,这是一种非互控的、肯定/否定证实的重发纠错方法。

**5. 初始定位**

初始定位过程是信令链路首次启用或发生故障后恢复时所使用的过程,包括空闲、未定位、已定位、验证周期、验收完成投入使用五个阶段。通过初始定位过程,信令链路两端的节点完成握手信号交换,协调一致地将链路投入运行,同时检验链路的传输质量。当信令链路的两端都能按规定发送链路状态信令单元(LSSU),且 LSSU 差错率低于规定值时,认为定位成功,信令链路才能进入工作状态,传递 MSU。

**6. 处理机故障控制**

当由于第二级以上功能级的原因导致信令链路不能使用时,认为处理机发生了故障,通过处理机故障控制功能标记或取消处理机故障状态。

**7. 第二级流量控制**

当信令链路上信令负荷过大时,接收端接收缓冲器的容量可能超过门限值,此时认为出现链路拥塞,启动第二级流量控制过程,使信令链路恢复到正常工作状态。

**8. 信令链路差错率监视**

为了保证信令链路的服务质量,需要对信令链路的差错率进行监视,当信令链路差错率达到一定门限值时,判定为此信令链路故障。No. 7 信令系统提供信令单元差错率监视和定位差错率监视两种信令链路差错监视过程:信令单元差错率监视在信令链路处于工作状态时监视信令链路传送信号的故障情况,一旦差错率超过规定的门限值,则认为此链路故障;定位差错率监视适用于信令链路初始定位时的验证周期。

### 10.2.3 信令网功能级(MTP-3)

MTP-3 定义了信令网内信息传递的功能和过程,分为信令消息处理和信令网管理两个模块。

**1. 信令消息处理**

信令消息处理模块的作用是寻址选路,保证源信令点的某个用户部分发出的信令消息能准确地传送到所要传送的目的信令点的同类用户部分。信令消息处理模块结构如图 10-5 所示,分为消息分配、消息识别和消息路由三个子模块。

消息识别子模块将从 MTP-3 收到的 MSU 中消息路由标记的目的信令点编码(DPC)与本节点的编码进行比较,如果相同,说明该消息是送到本节点的,则将该消息送给消息分配子模块;如果不相同,且本信令点有转接功能,则将该消息送给消息路由子模块处理,否则作为非法消息处理。

对于发送到消息分配子模块的消息,检查该消息的业务信息八位位组(SIO)中的业务表示语(SI),将消息分配给不同的用户部分(SCCP、ISUP、TUP)或者信令网管理模块。

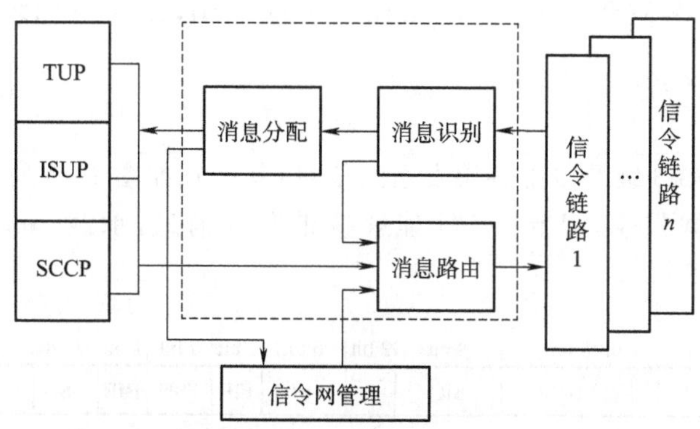


图 10-5 信令消息处理模块结构

对于发送到消息路由子模块的消息,需要选择发送路由,将其发送到其他节点。这些消息可能是消息识别子模块送来的,也可能是本节点的第四级用户或第三级的信令网管理模块送来的。消息路由子模块根据 MSU 中的 DPC、链路选择码 SLS 和 SIO 检索路由表,选择合适的信令链路,路由选择过程如下:

①根据 SIO 的内容判定是哪类用户产生的消息,选择相应的路由表;

②根据 DPC 和 SLS 的内容,并依据负荷分担的原则,确定信令链路组;

③根据 SLS 的内容,并依据负荷分担的原则,在某一个确定的信令链路组中选择一条信令链路。

**2. 信令网管理**

信令网管理模块在已知的信令网状态数据和信息的基础上,控制消息路由和信令网的结构,因此在信令网出现故障时可以完成信令网的重新组合,在拥塞时可以控制话务量,恢复正常的信令业务传递能力,其中也包括启用和定位新的信令链路。信令网管理模块利用信令网管理消息来实现管理功能,管理功能由信令业务管理、信令链路管理和信令路由管理三个过程组成。

①信令业务管理功能可在保证消息安全、准确传递的条件下,将信令业务从一条信令链路或路由转到一条或多条不同的链路或路由上;或在信令点拥塞的情况下暂时减少信令业务。信令业务管理功能由倒换、倒回、强制重选路由、受控重选路由、管理阻断、信令点再启动、信令业务流量控制等过程组成。

②信令链路管理功能用于控制本端连接的所有信令链路,包括信令链路的接通、恢复、断开等,提供了建立和维持信令链路组正常工作的方法,当信令链路发生故障时,采取行动恢复信令链路组的能力。

③信令路由管理用来在信令点之间可靠地交换关于信令路由是否可用的信息,并及时地闭塞信令路由或解除信令路由的闭塞。当发现某信令点或信令链路不可用时,向相关信令点传送故障信息和分配的新路由信息。

### 10.2.4 信令单元

No. 7 信令系统中,所有的消息均以信令单元的形式发送,信令单元是节点之间各种控制信息的载体。No.7 信令系统共有三种信令单元，分别是消息信令单元（message signal unit，MSU）、链路状态信令单元（link status signal unit，LSSU）和填充信令单元（fill-in signal unit，FISU）。

**1. MSU**

MSU 用来传送第 3 级及以上各层发送的信息，其格式如图 10-6 所示。MSU 用于两个网络节点之间的数据传输，只有 MSU 能够携带业务消息，承载 No.7 信令的用户部分（ISUP、SCCP、OMAP）。

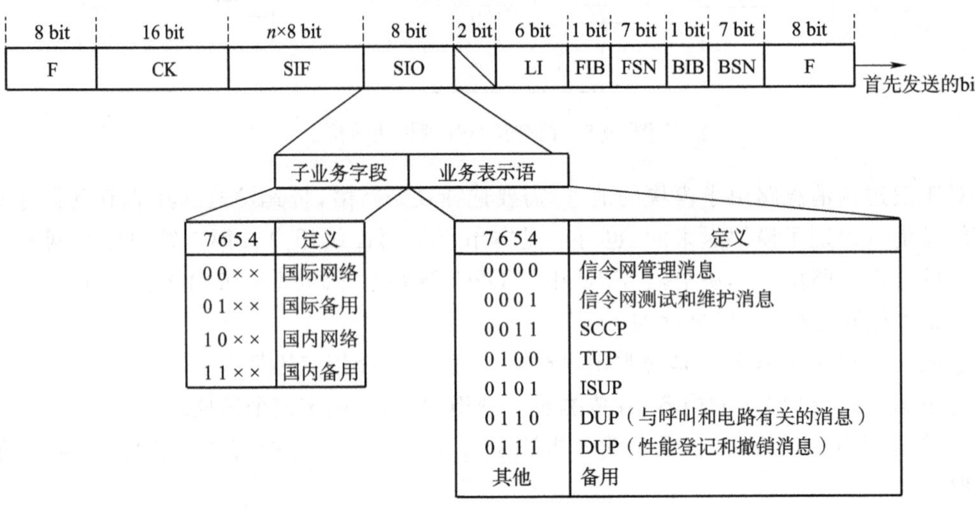


图 10-6　MSU 格式

**2. LSSU**

LSSU 用于传送信令链路状态，其格式如图 10-7 所示。

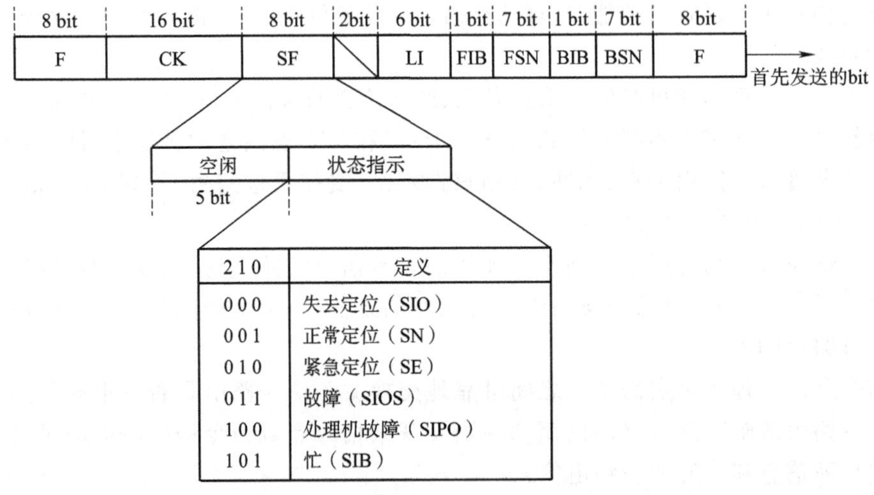


图 10-7　LSSU 格式

**3. FISU**

FISU是在信令链路上没有消息要传送时，向对端发送的空信号，它用来维持信令链路的通信状态，其格式如图10-8所示。在发送空信号期间，FSN、BSN、FIB、BIB不会改变它们的值。此外，FISU还可用于证实对端发来的信令单元。

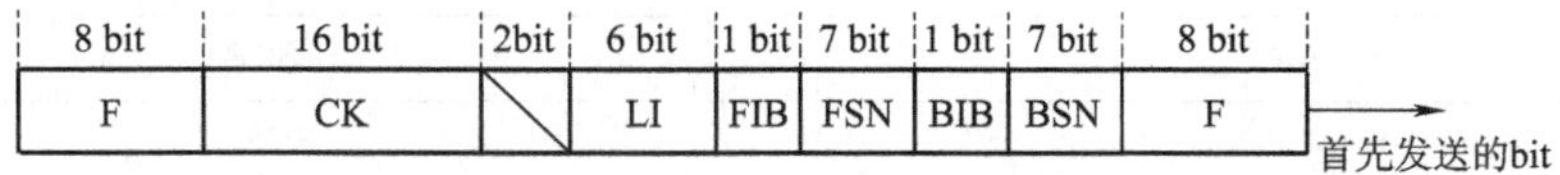


图10-8 FISU格式

三种信令单元中的字段及含义如下：

①标志码(flag,F)：8 bit，标志信令单元的开始和结束，采用编码“01111110”，为了防止在信令单元中出现“伪标志码”，需要采用比特填充技术。

②前向序号(forward sequence number,FSN)：7 bit，按0～127的顺序连续循环编号，表示被发送的信令单元本身的序号。在发送侧，每个被发送的信令单元都分配一个FSN，在接收侧，使用FSN来检测接收到的信令单元的顺序，并作为证实功能的一部分。

③前向表示语比特(forward indicator bit,FIB)：1 bit，在信令单元的重发程序中使用。

④后向序号(backward sequence number,BSN)：7 bit，按0～127的顺序连续循环编号，表示接收侧向发送侧回送的已正确接收的信令单元的序号。

⑤后向表示语比特(backward indicator bit,BIB)：1 bit，对收到的错误信令单元提供重发请求。FSN、FIB、BSN和BIB共同完成MTP-2的差错校正。

⑥长度表示语(long indicator,LI)：6 bit，取值范围为0～63，表示信息段的字节数，也可以用于指示信令单元类型。当LI＝0时，为FISU；当LI＝1或2时，为链路状态信令单元(LSSU)；当LI≥3时，为MSU的长度。

⑦校验位(check bit,CK)：为16 bit CRC，由发送侧信令终端产生，在接收侧校验信令单元传输中的错误。

⑧业务信息八位位组(service information octet,SIO)：8 bit，表示信息所属的用户类别。

⑨信令信息字段(signaling information field,SIF)：由用户部分规定，不同的用户部分具体格式不同，但长度必须是8 bit的倍数。通常，每个SIF都带有一个路由标记，由目的信令点编码(DPC)、源信令点编码(OPC)和链路选择码(SLS)组成，DPC和OPC分别用来表示发送节点和接收节点的信令点编码，SLS用于在信令链路选择时实现负荷分担。我国GSM-R信令点编码中，BSC采用14位二进制数字编码，其他设备均采用中国标准的24位二进制数字编码，由主信令区(8 bit，编码：024)，分信令区(8 bit，目前使用编码255)和信令点(8 bit)构成，信令点的编码方案见表10-1。

**表10-1 信令点编码方案**

| 信令点(十进制) | 使用规定 |
|---|---|
| 0 | 暂不使用 |
| 1～10 | STP |
| 11～20 | 独立TMSC |

续上表

| 信令点(十进制) | 使用规定 |
| --- | --- |
| 21～64 | MSC/VLR/GCR/SSP |
| 65～82 | 独立 GMSC |
| 83～93 | HLR |
| 94～104 | SCP |
| 105～135 | SGSN |
| 136～146 | SMSC |
| 147～157 | EIR |
| 158～168 | 智能外设 |
| 169～255 | 预留 |

BSC 信令点编码由 14 bit 组成，表示为 4 位十进制数 $B_1B_2B_3B_4$，其中 $B_1B_2$ 与 HLR 识别号中的 $H_1H_2$ 相同。$B_3B_4$ 表示设备编号，在 MSC 管辖范围内统一分配。MSC 侧对 BSC 信令点使用 $B_1B_2$00。

⑩状态字段(status field,SF)：8 bit 或 16 bit，标识链路的状态。

对于 2 Mbit/s 的高速数字信令链路，信令单元格式与 64 kbit/s 的信令链路上传送的信令单元格式基本相同，主要区别在于 FSN 和 BSN 的长度增加为 12 bit，取值范围为 0～4 095，LI 的长度增加为 9 bit，取值范围为 0～273。

## 10.3 信令连接控制部分(SCCP)

### 10.3.1 SCCP 的功能组成及消息格式

MTP 的寻址功能仅限于向节点传递消息，只能提供无连接的消息传递功能，无法实现在远端节点之间传送端到端的控制信息。SCCP 弥补了 MTP 的不足，可以在 No.7 信令网中建立逻辑信令连接，并且在建立或不建立逻辑信令连接时均可以传递信令数据单元。GSM-R 的 SCCP 遵循 ITU-T 建议 Q.711～Q.716 的标准，主要用于智能网、移动通信、智能管理中各项新业务与新功能以及信令网之间的互通(STP)。

如图 10-9 所示，SCCP 由面向连接控制、无连接控制、路由控制和 SCCP 管理 4 个功能模块组成。

面向连接控制、无连接控制共同构成了 SCCP 的网络服务功能，分为 4 类协议：

①0 类：基本的面向无连接业务；

②1 类：顺序控制的面向无连接业务；

③2 类：基本的面向连接业务；

④3 类：流量控制的面向连接业务。

路由控制功能完成面向连接和无连接业务消息的路由编排。SCCP 管理功能提供 MTP 管理部分无法覆盖的功能，如在网络故障或拥塞的情况下，通过重新选取路由或调节业务量来维持网络的功能。SCCP 管理过程包括信令点管理、子系统管理、主备用子系统的协调、状态信息的广播以及故障子系统状态测试。

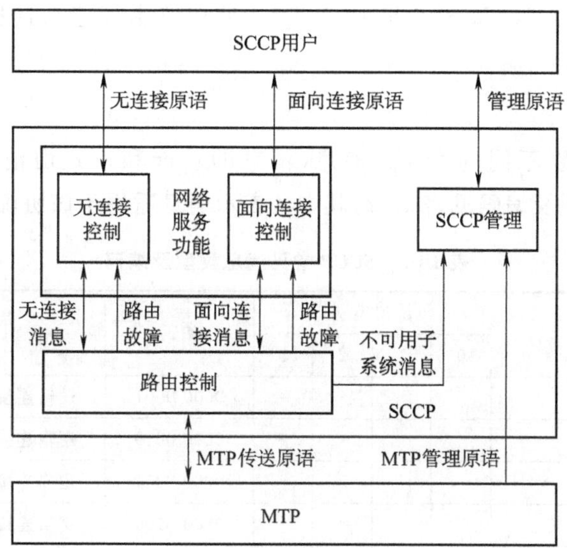


图 10-9 SCCP 功能模块

SCCP 消息在 MSU 的 SIF 字段中传递，SCCP 消息的结构如图 10-10 所示，由路由标记、消息类型、长度固定的必备参数项(F)、长度可变的必备参数项(V)、任选参数(O)五个部分组成。

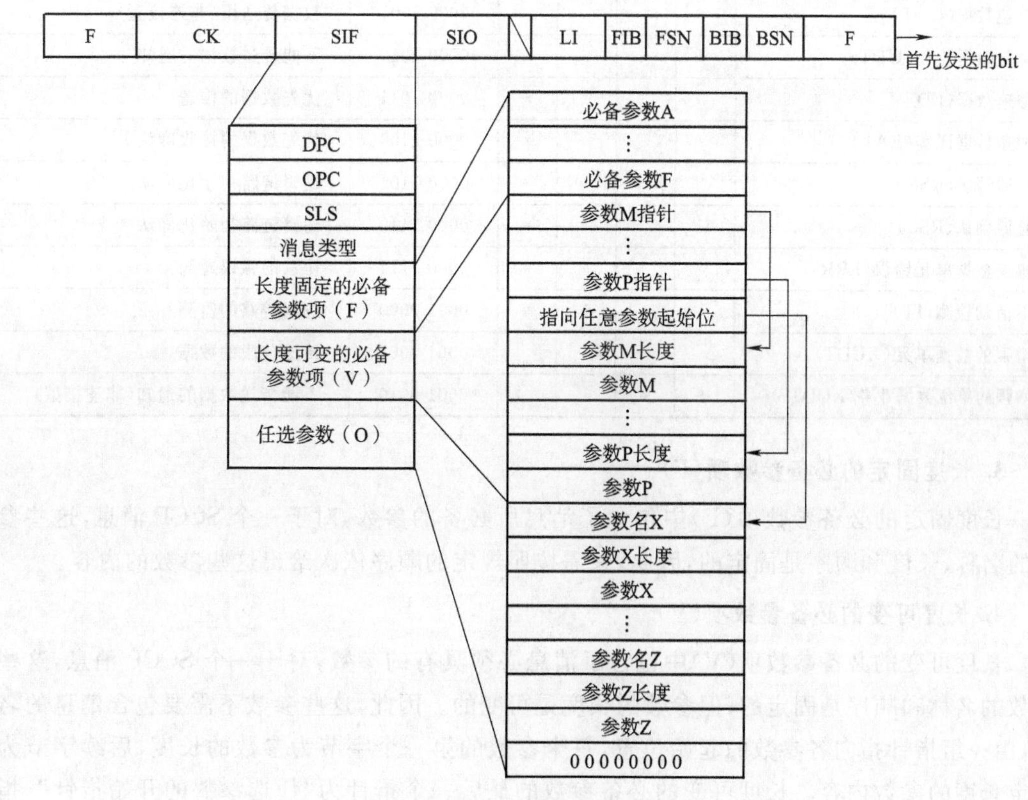


图 10-10 SCCP 消息结构

**1. 路由标记**

路由标记由 DPC、OPC 和 SLS 组成，MTP-3 使用路由标记来选择信令路由和信令链路，具体参见 10.2.3。

**2. 消息类型**

消息类型用于识别不同的 SCCP 消息，消息的功能和格式由消息类型码唯一确定，SCCP 的常见消息类型及编码见表 10-2，其中 * 表示消息适用于该协议类别。

**表 10-2　SCCP 常见消息类型及编码**

| 消息类型 | 协议类别 | | | | 编码 | 基本功能 |
|---|---|---|---|---|---|---|
| | 0 | 1 | 2 | 3 | | |
| 连接请求(CR) | | | * | * | 0000 0001 | 逻辑连接的建立请求 |
| 连接确认(CC) | | | * | * | 0000 0010 | 逻辑连接的建立确认 |
| 拒绝连接(CREF) | | | * | * | 0000 0011 | 逻辑连接的建立拒绝 |
| 释放连接(RLSD) | | | * | * | 0000 0100 | 逻辑连接的释放启动 |
| 释放完成(RLC) | | | * | * | 0000 0101 | 逻辑连接的释放完成 |
| 数据(DT1) | | | * | | 0000 0110 | 数据传送用(2 类) |
| 数据(DT2) | | | | * | 0000 0111 | 数据传送用(3 类) |
| 数据证实(AK) | | | | * | 0000 1000 | 数据接收确认，流量控制 |
| 单位数据(UDT) | * | * | | | 0000 1001 | 数据传送用(非连接型) |
| 单位数据业务(UDTS) | * | * | | | 0000 1010 | 不能传送数据的通知 |
| 加速数据(ED) | | | | * | 0000 1011 | 优先数据的传送 |
| 加速数据证实(EA) | | | | * | 0000 1100 | 优先数据的接收确认 |
| 复原请求(RSR) | | | | * | 0000 1101 | 逻辑链路初始化启动 |
| 复原确认(RSC) | | | | * | 0000 1110 | 逻辑链路初始化确认 |
| 协议数据单元错误(ERR) | | | * | * | 0000 1111 | 协议的错误通知 |
| 不活动检测(IT) | | | * | * | 0001 0000 | 逻辑链路的监测 |
| 增强的数据单元(XUDT) | * | * | | | 0001 0001 | 传送分段的数据 |
| 增强的单位数据业务(XUDTS) | * | * | | | 0001 0010 | 不能传送数据的通知(非连接型) |

**3. 长度固定的必备参数项(F)**

长度固定的必备参数项(F)中包含了消息所必备的参数，对于一个 SCCP 消息，这些参数的名称、长度和顺序是固定的，因此，只需按照规定的顺序依次给出这些参数的内容。

**4. 长度可变的必备参数项(V)**

长度可变的必备参数项(V)中包含了消息必须具有的参数，对于一个 SCCP 消息，这些参数的名称和顺序是固定的，但参数的长度是可变的。因此，这些参数不需要包含消息的名称，由一组指针指向各参数的起始位置，每个参数的第一个字节为参数的长度，后续字节为指定长度的参数内容。长度可变的必备参数的最后一个指针为“任选参数的开始指针”，指向任选参数的起始位，如果没有任选参数，则置为 0。

**5. 任选参数**(O)

任选参数(O)中包含了一些可选的参数,这些参数的名称和顺序是不固定的,长度可以是固定的也可以是可变的。因此,这些参数需要包括参数名和参数内容,如果为可变长度参数,还需要包括参数长度。任选参数结束后,需要有任选参数结束标志。

### 10.3.2 无连接程序

无连接业务使得用户可以在事先不建立信令连接的情况下通过信令网传送数据,在传送数据时除了利用 MTP 的能力之外,SCCP 还提供了地址翻译功能,将用户用全局码 GT 表示的被叫地址翻译为信令点编码及子系统编码的组合,以便通过 MTP 在信令网中传送用户数据。

**1. 基本的无连接类**(协议类别 0)

对于用户发送的同一序列的多条消息,SCCP 采用负荷分担的方式产生 SLS,MTP 按负荷分担的原则将多条消息分配在不同的信令路由中传送,目的信令点收到的同一序列的多条 SCCP 消息的顺序与发送侧发送的顺序可能不一致。

**2. 有序的无连接类**(协议类别 1)

通过发送到 SCCP 原语中的分配顺序控制参数来实现协议类别 1 的业务,SCCP 对使用这种业务的消息序列分配相同的 SLS,MTP 以很高的概率保证这些消息在相同的路由上传送到目的信令点,从而使消息按顺序到达。

无连接业务采用单位数据(UDT)消息和增强单位数据(XUDT)消息传送用户数据。其中,UDT 消息不能进行"分段/重装",用户数据最大长度为 255 个八位位组;XUDT 消息可以"分段/重装",用户数据最大可达 2 048 个八位位组。

UDT 和 XUDT 消息中包含"被叫用户地址"字段,使用 MTP 和 SCCP 的路由功能可以将消息发送到指定用户,以发送 UDT 为例,SCCP 无连接型程序如图 10-11 所示。

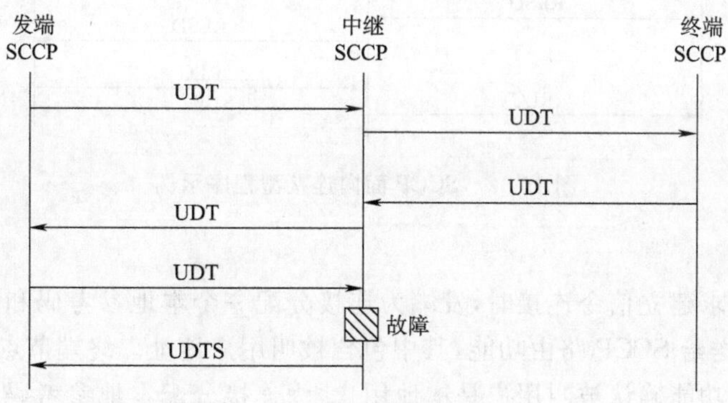


图 10-11 SCCP 无连接型程序示例

如果 UDT 或 XUDT 消息无法传送到目的地且要求返回时,消息传送出错的 SCCP 节点启动消息返回程序,使用 UDTS 或 XUDTS 消息将用户数据及出错原因返回到发端 SCCP 节点。

### 10.3.3 面向连接程序

面向连接业务需要在发送消息前在发端节点和终端节点之间建立信令逻辑连接或虚连接。面向连接业务又分为暂时信令连接和永久信令连接。暂时信令连接是向用户提供的业务，用户在传递数据之前与被叫侧建立连接，数据传送完成之后拆除连接；永久信令连接由本地或远端的 O&M 功能，或者由节点的管理功能建立和控制，用户无法控制链路的建立和释放。

**1. 基本的面向连接类**(协议类别 2)

在发端节点和终端节点建立信令连接，实现双向数据传输。同一信令关系可复用很多信令连接，属于某信令连接的消息包含相同的 SLS 值，进而保证消息按顺序传递。

**2. 流量控制的面向连接类**(协议类别 3)

除具有协议类别 2 的特性外，流量控制的面向连接类(协议类别 3)还具有流量控制、传送加速数据、检测消息丢失和序号错误能力。

暂时信令连接和永久信令连接的信令传送过程完全相同，包含连接建立、数据传送、连接释放 3 个阶段，SCCP 面向连接型程序示例如图 10-12 所示。

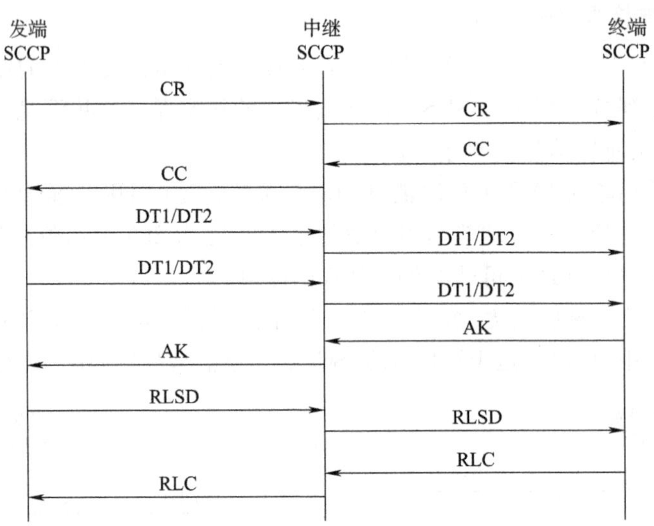


图 10-12　SCCP 面向连接型程序示例

(1)连接建立

SCCP 用户请求建立信令连接时，发端为连接分配一个本地参考码和 SLS，生成连接建立消息(CR)并发送给 SCCP 路由功能，其中包含被叫用户地址。终端节点收到 CR 消息时，SCCP 路由和识别功能确认被叫用户是本地用户，为连接分配本地参考码和 SLS，发送连接确认消息(CC)。发端收到 CC 后，信令连接建立成功。

(2)数据传送

信令连接成功建立后，两端的 SCCP 用户均可沿着已建立的逻辑连接交换用户数据(DT1 或 DT2)。

(3)连接释放

两端的 SCCP 用户均可以通过发送释放连接消息(RLSD)请求释放信令连接，收到

RLSD的用户发送释放完成(RLC)消息。发出或收到RLC的用户释放与连接相关的资源,冻结本地参考号码,完成释放程序。

### 10.3.4 路由控制

SCCP的路由控制功能根据SCCP消息中的被叫地址选择路由,SCCP中的无连接消息以及CR消息中均包含"被叫用户地址"参数。用户地址由地址表示语和地址信息两部分组成,地址表示语指出地址区所包含的地址类型,其格式如图10-13所示,地址信息部分的格式取决于地址表示语的编码。

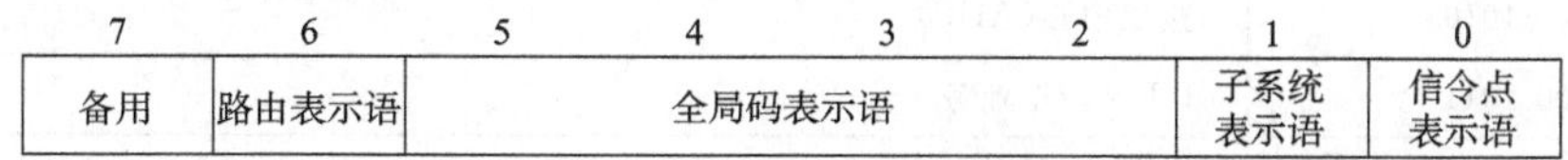


图10-13 地址表示语格式

①信令点表示语:1表示地址包括信令点编码(SPC),0表示地址未包括SPC。

②子系统表示语:1表示地址包括子系统号码(SSN),0表示地址未包括SSN。

③全局码表示语:编码分配见表10-3。

**表10-3 全局码表示语编码分配**

| 编码 | 含义 |
|---|---|
| 0000 | 不包括全局码(GT) |
| 0001 | GT只包括地址性质表示语 |
| 0010 | GT只包括翻译类型 |
| 0011 | GT只包括翻译类型、编码计划、编码设计 |
| 0100 | GT只包括翻译类型、编码计划、编码设计、地址性质指示语 |
| 0101~1110 | 国际备用 |
| 1110~1111 | 扩充备用 |

④路由表示语(比特6):0表示根据地址中的GT选取路由,1表示根据路由标记中的DPC和被叫地址中的SSN选取路由。

SCCP地址信息包括SPC、SSN和GT。SPC是MTP中采用的DPC;GT可以是世界范围内统一编号的各类编号计划(如ISDN/电话编号计划),使用GT可以标识电话网中的任一用户,GT没有直接表明在信令网中的路由信息,因此必须通过GT翻译功能将消息的地址翻译成新的DPC、SSN和GT的不同组合,以便MTP能够使用这个地址传递消息;SSN用来识别同一节点中的不同SCCP用户,其编码分配见表10-4。

**表10-4 SCCP子系统编码分配**

| 编码 | 分配 |
|---|---|
| 0000 0000 | 未定义的子系统号/没有使用 |
| 0000 0001 | SCCP管理 |
| 0000 0010 | 备用 |
| 0000 0011 | ISDN用户(ISUP) |

续上表

| 编　码 | 分　配 |
|---|---|
| 0000 0100 | 操作维护管理部分(OMAP) |
| 0000 0101 | 移动应用部分(MAP) |
| 0000 0110 | 归属位置寄存器(HLR) |
| 0000 0111 | 访问位置寄存器(VLR) |
| 0000 1000 | 移动交换中心(MSC) |
| 0000 1001 | 设备识别寄存器(EIR) |
| 0000 1010 | 鉴权中心(AUC) |
| 0000 1011 | ISDN 新增业务 |
| 0000 1100 | 智能应用部分(INAP) |

## 10.4　事务处理能力应用部分(TCAP)

### 10.4.1　TCAP 的功能组成及消息格式

“事务”也可称为“对话”，泛指两个网络节点之间任意的交互过程。事务处理能力指的是在 TC 用户和网络层业务之间提供的一系列通信能力(如信息请求、响应的对话能力)。TC 所提供的是一种公用规程，与特定的应用无关。GSM-R 网络中的主要 TC 用户是 MAP 和 CAP。

为了向所有的应用业务提供统一支持，TCAP 将不同节点间的信息交换抽象为关于操作的过程，即本端用户调用一个远端操作，远端节点执行该操作，并将对操作的响应信息回送始发节点，TCAP 的核心就是执行远程操作。为了实现某项业务过程，两个节点对等实体之间的通信可能需要多个操作，执行这些操作的组合构成一个事务。TC 提供的服务就是将本端用户所要进行的远端操作和携带的参数传送给位于目标节点的另一个用户，将远端用户执行操作的响应信息回送给本端调用者，并对两端的对话进行管理。

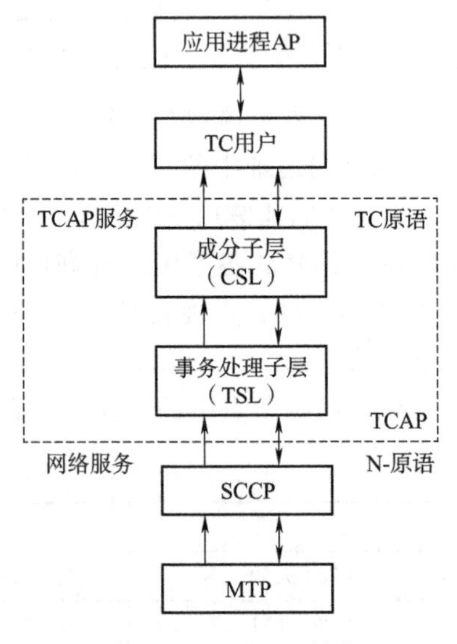

图 10-14　TCAP 结构

TCAP 协议是对操作和事务进行管理的协议，为了实现操作和对话的控制，划分为事务处理子层(TSL)和成分子层(CSL)，结构如图 10-14 所示。

(1)事务处理子层

事务处理子层在两端的用户之间建立端到端连接，对通信过程进行管理，处理 TCAP 消息的事务处理部分。

(2)成分子层

成分子层(CSL)完成 TCAP 消息中成分的处理及对话的控制处理。一个 TCAP 消息可以包含一个或多个成分以及对话控制部分(可选),一个成分对应一个操作执行请求或操作响应信息。成分子层可以控制多个相同或不同操作成分的并发执行。

TCAP 消息由事务处理部分、对话部分及成分部分组成,其语法和编码原则基于 ITU-T X. 208、ITU-T X. 209,由若干个具有标准结构的信息单元构成,如图 10-15 所示。

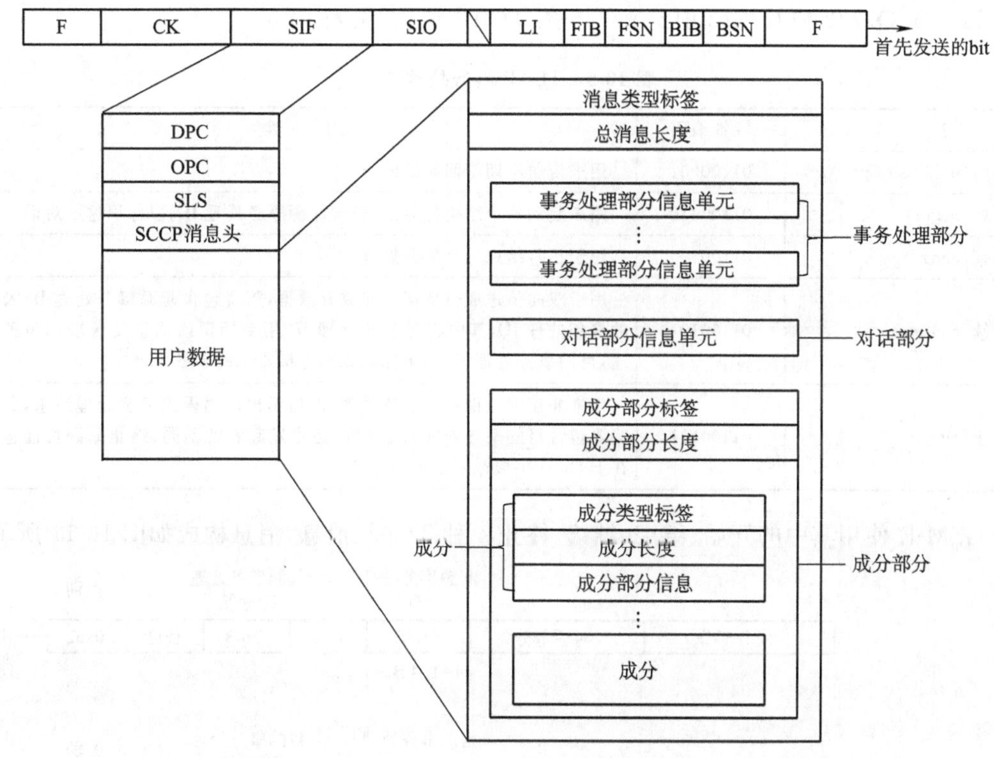


图 10-15 TCAP 消息结构

每个信息单元具有相同的结构,由标签、长度和内容组成,可以分为基本式和构成式。基本式的内容部分是值,构成式的内容部分可以是一个或多个嵌套的信息单元。信息单元结构如图 10-16 所示。

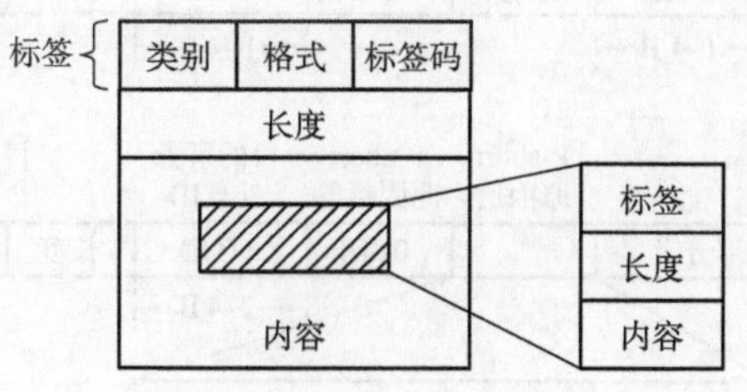


图 10-16 信息单元结构

标签字段用于区分类型和内容的具体解释,长度字段规定了内容的长度,内容字段是消息的实体。标签字段由类别、格式及标签码组成。标签类别可以分为通用类、全应用类、上下文专有类和专有类四种。TCAP 消息的事务处理部分采用了全应用类,在 No. 7 信令系统内所有应用中标准化。成分部分采用上下文专有类标签,其作用域在一个结构中,并且考虑到同一结构内其他数据单元的序列，在其他结构中可以重用标签值。标签格式用于指明信息单元的类型，0 为基本式，1 为构成式。在单字节模式中，标签码占用 5 bit，当标签码的值大于 30 时，使用多字节的扩展模式。

### 1. 事务处理部分

ITU-T Q. 772 和 Q. 773 中定义了 5 条 TCAP 消息，见表 10-5。

表 10-5　TCAP 事务处理消息

| 名　称 | 标签编码 | 用　途 |
|---|---|---|
| 单向(unidirectional) | 01100001 | 用来传送不期待回答的成分 |
| 开始(begin) | 01100010 | 用来启动一个结构化对话，包含起源事务处理 ID，以标识这一对话 |
| 结束(end) | 01100100 | 用于正常结束一个事务处理 |
| 继续(continue) | 01100101 | 用于双向传送成分数据或非成分数据，需要包含起源事务处理 ID 及目的事务处理 ID，其中起源事务处理 ID 用来标识该消息发送端的事务处理，目的事务处理 ID 用来标识该消息接收端的事务处理 |
| 终止(abort) | 01100111 | 用来非正常结束一个事务处理，以指示出现错误或无法处理请求，其中需要包含目的事务处理 ID。根据终止发起者的不同，终止原因可能包含在 P-abort 字段或对话部分 |

GSM-R 使用其中的开始、结束、继续、终止 4 种 TCAP 消息，消息构成如图 10-17 所示。

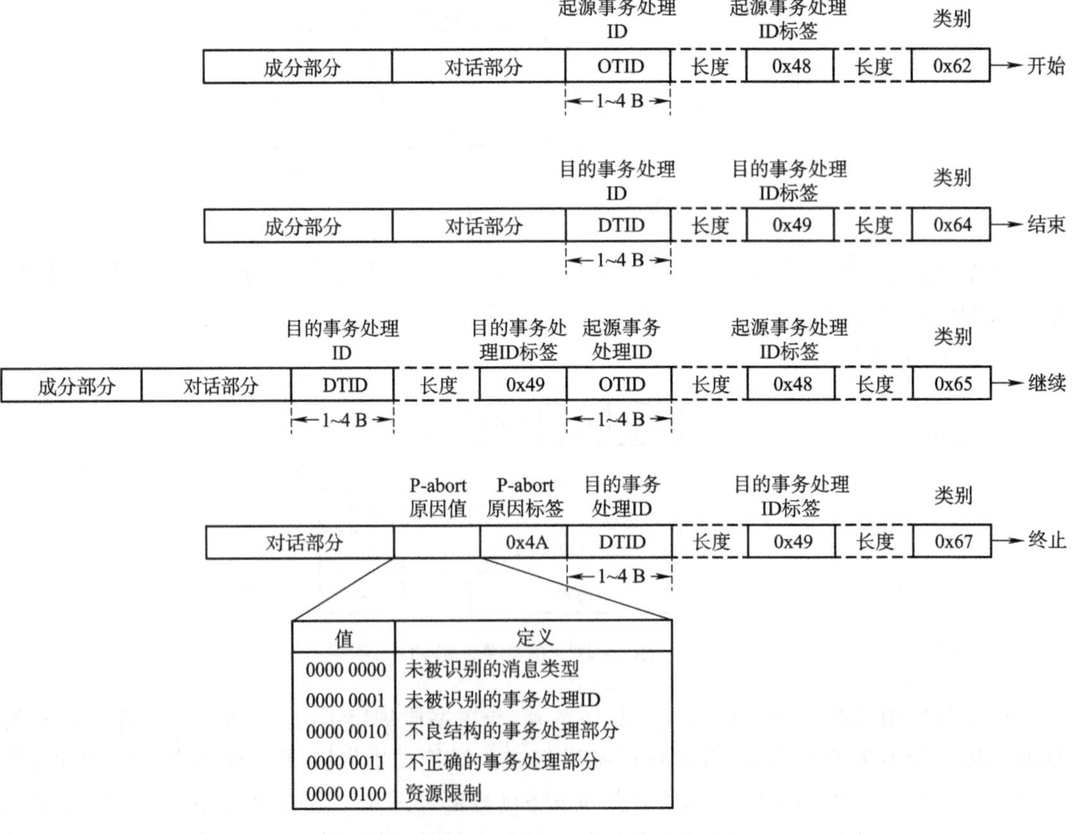


| 值 | 定义 |
|---|---|
| 0000 0000 | 未被识别的消息类型 |
| 0000 0001 | 未被识别的事务处理ID |
| 0000 0010 | 不良结构的事务处理部分 |
| 0000 0011 | 不正确的事务处理部分 |
| 0000 0100 | 资源限制 |

图 10-17　GSM-R 使用的 TCAP 消息构成

### 2. 对话部分

对话部分是可选的，用于在连接的两端同步处理成分部分中包含的数据，对话部分定义了 3 中不同的对话单元：

①对话请求(request)：请求协商对话的协议。

②对话响应(response)：对请求的协议进行确认。

③对话终止(abort)：终止对话，可以与请求协议相关或不相关。

### 3. 成分部分

成分部分包含实际用户数据(如 MAP 信令)，由一个或多个成分组成，共有五种类型，见表 10-6。

**表 10-6 成分部分的类型**

| 名　称 | 标签编码 | 用　途 |
| --- | --- | --- |
| 调用(invoke) | 10100101 | 用来请求远端执行一个操作，其中调用 ID 用于识别该操作，操作码用于说明操作的功能，参数部分用于说明执行该操作所需的参数，链接 ID 用于识别该操作所链接的起源操作 |
| 返回结果(最终)<br>[return result(last)] | 10100010 | 操作成功后用于返回操作的执行结果，其中调用 ID 与调用成分中的调用 ID 相同，参数用于表示返回的结果 |
| 返回结果(非最终)<br>[return result(not last)] | 10100111 | |
| 返回差错(return error) | 10100011 | 在操作失败时用于返回有关差错的情况，其中调用 ID 与调用成分中的调用 ID 相同，差错码用于说明差错种类，参数用于进一步描述差错情况 |
| 拒绝(reject) | 10100100 | 当发现成分信息出错或无法理解时，发送对某个成分的拒绝，其中的问题码参数用于说明拒绝该成分的原因 |

成分部分的构成如图 10-18 所示。

## 10.4.2 事务处理能力过程

事务处理能力为各种应用业务在网络环境中的信息交互提供统一的支持，ITU-T Q. 774 中详细描述了成分子层和事务处理子层涉及的信令过程。

### 1. 成分子层处理过程

成分子层提供成分处理过程和对话处理过程。成分处理过程提供使 TC 用户调用远端过程并接收响应的能力。当接收到 TC 用户发出的成分请求原语时，成分处理过程对其进行处理，产生与之对应的成分子层的协议数据单元；当接收到远端发来的成分时，成分处理过程对其进行处理，并产生与之对应的指示原语通知 TC 用户。对话处理过程接收 TC 用户的对话控制信息和用户信息，生成对话控制协议数据单元(APDU)，完成 TC 原语与对话控制 APDU 的映射，并将对话的成分及 APDU 作为 TC 原语中的用户数据传到事务处理子层。

在成分子层，定义了四种操作类别，见表 10-7。

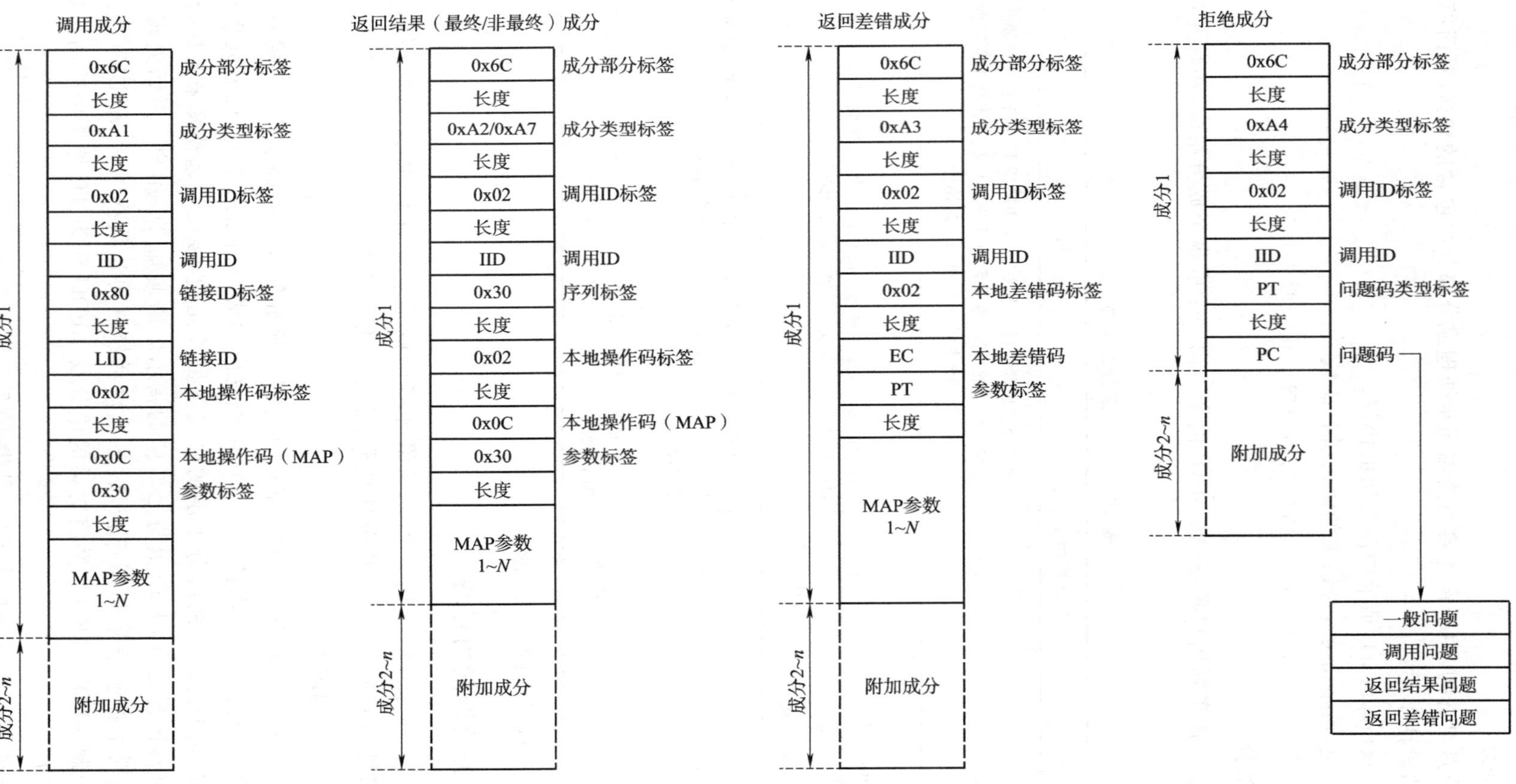

图10-18　成分部分的构成

**表 10-7 成分子层的操作类别**

| 类别 | 描述 |
|---|---|
| 1 | 报告成功或失败：操作执行成功时，远端节点需要向始发节点报告操作执行结果；操作执行失败时，远端节点需要向始发节点报告操作失败，并说明失败的原因 |
| 2 | 只报告失败：操作执行成功时，远端节点不向始发节点报告操作执行结果；操作执行失败时，远端节点需要向始发节点报告操作失败，并说明失败的原因 |
| 3 | 只报告成功：操作执行成功时，远端节点需要向始发节点报告操作执行结果；操作执行失败时，远端节点不向始发节点报告 |
| 4 | 成功和失败都不报告：无论操作执行成功或失败，远端节点均不向始发节点报告 |

图 10-19 是与 CCITT 建议 X. 229（远程操作协议规范）兼容的成分传输流程，这些流程是与调用操作相关的有效成分序列传送情况。

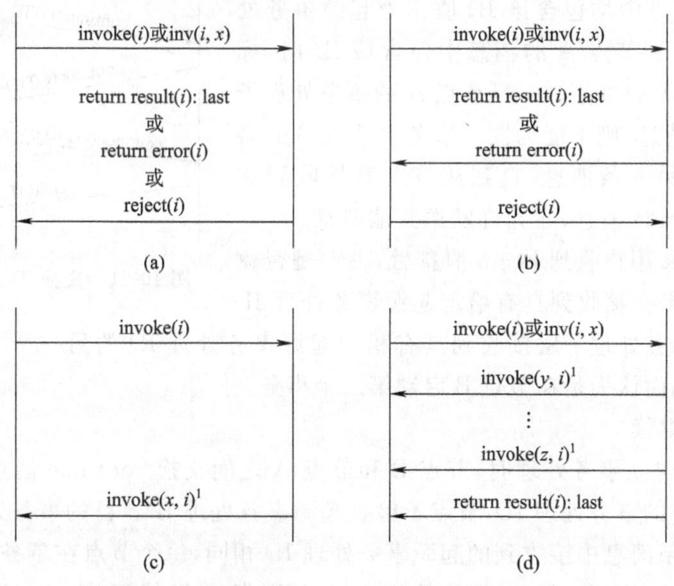


1—不改变源调用的成分状态机。

图 10-19　与 X. 229 兼容的成分传输流程

图 10-20 描述了作为 CCITT 建议 X. 219 和 X. 229 的扩展，TCAP 允许多个返回结果响应同一个 invoke 操作，以便通过无连接网络服务对结果进行分段。

**2. 事务处理子层处理过程**

事务处理子层从事务处理的角度出发，将消息分为非结构对话和结构对话。非结构对话用于传送不期待回答的成分，TR 用户发送消息时，不建立事务处理也不分配事务处理 ID，事务子层生成单向（unidirectional）消息发送给目的端，在接收到单向消息时，事务处理子层直接将消息内容传送给 TR 用户，无需采取进一步的动作。

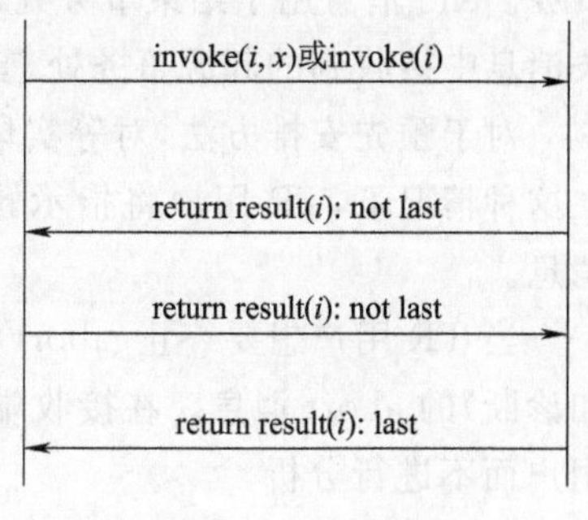


图 10-20　对结果分段

在消息为结构化对话时，事务子层提供其用户（TR 用户)之间的端到端连接,这种端到端连接称为事务处理。事务处理子层将每个 TCAP 消息以及所有包含的成分和对话部分(如果存在)与特定事务处理相关联,处理 TCAP 消息的事务处理部分(消息类型和事务处理 ID),在每端分配一个本地事务标识,在消息的事务处理部分中交换这些本地事务 ID。TCAP 消息的成分部分作为事务处理子层原语中的用户数据在成分子层和事务处理子层之间传递。传递结构化对话的消息有起始(begin)、继续(continue)、结束(end)和终止(abort)四种。

一个正常的事务处理过程分为开始、继续和结束三个阶段,示例如图 10-21 所示,图中节点 A 是发送第一条 TCAP 消息的节点,节点 B 是接收节点。

①事务处理开始

节点 A 的 TR 用户请求原语启动事务,向节点 B 发送 begin 消息,其中包含一个起源事务处理 ID,后续节点 A 发送的消息中均包含该 ID 值作为起源事务处理标识,或当发送到节点 A 的消息中包含该 ID 时,标识到发送到节点 A 的事务。一旦节点 A 的事务处理子层发送了 begin 消息,则不能为同一事务向节点 B 的事务处理子层发送另一条消息,直到从节点 B 接收到该事务处理的 continue 消息,才允许发送其他消息。

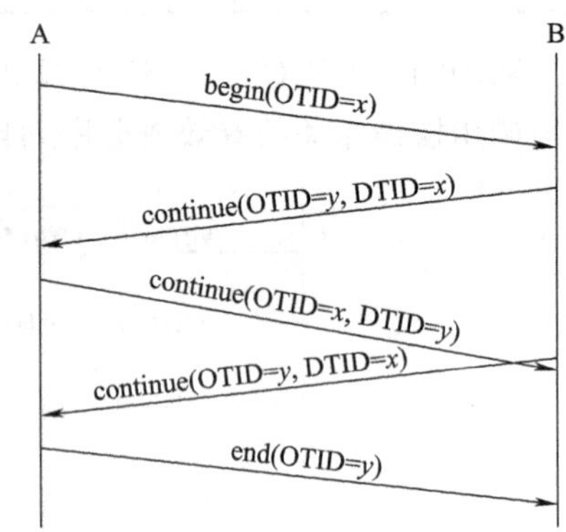


图 10-21　交换 TCAP 消息的示例

节点 B 的 TR 用户收到 begin 消息后,决定是否建立事务处理。如果在接收到具有给定起源事务处理 ID 的开始信息后,事务处理子层接收到具有相同起源事务处理 ID 的另一个 begin 消息,不认为这是异常情况,而认为是在节点 B 启动第二个事务。

②事务处理继续

节点 B 同意建立事务处理时,节点 B 和节点 A 之间交换 continue 消息,其中包含起源事务处理 ID 和目的事务处理 ID,节点不检查起源事务处理 ID。目的事务处理 ID 与在来自对等节点的第一条消息中接收到的起源事务处理 ID 相同,每个节点在事务处理启动时分配自己的发起事务处理 ID,且在事务处理的生命周期内保持不变。一旦节点 B 发送了 continue 消息,所有后续消息都应为 continue 信息,直到事务结束。

③事务处理结束

事务处理结束分为基本方法和预先安排方法两种。

对于基本方法,两端的 TR 用户可以通过向事务子层传递指示基本结束的原因来结束事务。end 消息用于结束事务处理,其中包含目的事务处理 ID,该 ID 与从对等节点在第一条消息中接收到的起源事务处理 ID 相同。

对于预先安排方法,对等实体在应用程序脚本中的给定点预先知道事务处理将被释放,在这种情况下,TR 用户将指示预先安排结束的原语传递给其事务子层,并且不发送结束消息。

当 TR 用户想要终止(abort)事务时,事务处理子层会发送一条带有用户提供信息(原因和诊断)的 abort 消息。在接收端,接收到 abort 消息的事务处理子层将该信息传递给 TR 用户而不进行分析。

# 10.5 移动应用部分(MAP)

## 10.5.1 MAP 操作

在 GSM-R 中,MSC 和 VLR 之间的 B 接口、MSC 与 HLR 之间的 C 接口、VLR 与 HLR 之间的 D 接口、不同 MSC 之间的 E 接口、MSC 与 EIR 之间的 F 接口都使用 MAP 的信令规程。MAP 使用抽象语法标记(ASN.1)对协议传送的数据进行编解码,编码规则采用 ITU-T X.209 中规定的基本编码规则(BER)。

GSM 09.02 和 3GPP TS 29.002 中详细描述了 GSM-R 所使用的 MAP 规范,主要包括移动性业务、操作和维护业务、呼叫处理业务、与补充服务相关的业务、短消息业务管理业务、网络请求的 PDP 上下文活动业务等相关规程及数据编码。

在 No.7 信令系统中,MAP 使用 SCCP 的无连接协议类别 0 或 1,作为 TCAP 消息的成分部分传递。MAP 消息类型和 TCAP 成分中的操作码一一对应,在消息传递过程中,一条 MAP 消息对应唯一一个 TCAP 成分中的调用(invoke)ID。

**1. C 接口(HLR—MSC)的 MAP 操作**

C 接口的主要 MAP 操作见表 10-8。

**表 10-8 C 接口的主要 MAP 操作**

| 信令过程 | 操作码 | 名　称 | 描　述 |
| --- | --- | --- | --- |
| 呼叫处理业务 | 22 | MAP_SEND_ROUTING_INFORMATION | 由入口 MSC 调用以询问 HLR,将呼叫路由接续至 MS |
| | 87 | MAP_IST_ALERT | 报告某个呼叫的 IST 定时器超时 |
| | 88 | MAP_IST_COMMAND | 终止对一个用户正在进行的呼叫活动 |
| 短消息业务管理业务 | 45 | MAP_SEND_ROUTING_INFO_FOR_SM | 检索路由信息,将短消息接至服务 MSC |
| | 47 | MAP_REPORT_SM_DELIVERY_STATUS | 在 HLR 中设置消息等待数据,或者在询问后通知 HLR,SM 已成功转发 |
| | 63 | MAP_INFORM_SERVICE_CENTRE | 通知业务中心存储在消息等待数据中的 MSISDN 号码 |
| | 64 | MAP_ALERT_SERVICE_CENTRE | HLR 仅当察觉某用户活动或移动台存储器可用时发起此业务 |

**2. D 接口(HLR—VLR)的 MAP 操作**

D 接口的主要 MAP 操作见表 10-9。

**表 10-9 D 接口的主要 MAP 操作**

| 信令过程 | | 操作码 | 名　称 | 描　述 |
| --- | --- | --- | --- | --- |
| 移动性业务 | 位置管理业务 | 2 | MAP_UPDATE_LOCATION | 使 VLR 更新 HLR 中存储的位置信息 |
| | | 3 | MAP_CANCEL_LOCATION | 使 HLR 从 VLR 中删除用户记录 |

续上表

| 信令过程 | | 操作码 | 名　称 | 描　述 |
|---|---|---|---|---|
| 移动性业务 | 位置管理业务 | 67 | MAP_PURGE_MS | HLR对某一个MS的数据进行标记，当向该MS发起呼叫或短消息时，对该MS的路由信息请求将视为不可达 |
| | 鉴权管理业务 | 56 | MAP_SEND_AUTHENTICATION_INFO | 使VLR从HLR中获得鉴权信息 |
| | | 15 | MAP_AUTHENTICATION_FAILURE_REPORT | 用于报告鉴权失败 |
| | 用户管理业务 | 7 | MAP_INSERT_SUBSCRIBER_DATA | 使HLR更新VLR中特定的用户数据 |
| | | 8 | MAP_DELETE_SUBSCRIBER_DATA | 当一个或若干个补充业务或基本业务被撤销，使HLR从VLR去掉某些用户数据 |
| | 故障恢复业务 | 37 | MAP_RESET | 在HLR重新启动后，用于向一组VLR指示它发生一次故障 |
| | | 38 | MAP_FORWARD_CHECK_SS_INDICATION | 可由HLR可选地执行，以便向移动用户指示由于HLR重新启动，补充业务参数可能已发生改变 |
| | | 57 | MAP_RESTORE_DATA | 请求HLR向VLR发送关于此用户的所有数据，以存储在此用户的IMSI记录中 |
| | 用户信息业务 | 70 | MAP_PROVIDE_SUBSCRIBER_INFORMATION | 用于随时间向VLR请求信息（如用户状态和位置） |
| 操作和维护业务 | 用户跟踪业务 | 50 | MAP_ACTIVATE_TRACE_MODE | 用于激活VLR中的用户跟踪 |
| | | 51 | MAP_DEACTIVATE_TRACE_MODE | 用于去激活VLR中的用户跟踪 |
| | 其他操作和维护业务 | 58 | MAP_SEND_IMSI | 使VLR获取用户的IMSI |
| 呼叫处理业务 | | 4 | MAP_PROVIDE_ROAMING_NUMBER | HLR调用此业务，以请求VLR返回漫游号码 |
| | | 73 | MAP_SET_REPORTING_STATE | 为请求的业务设置报告状态 |
| | | 74 | MAP_STATUS_REPORT | 使VLR向HLR报告事件或呼叫输出 |
| | | 75 | MAP_REMOTE_USER_FREE | 报告B用户现在空闲，A用户可以被通知 |
| 与补充服务相关的业务 | | 10 | MAP_REGISTER_SS | 用于注册与补充业务相关的数据 |
| | | 11 | MAP_ERASE_SS | 用于删除与补充业务相关的数据 |
| | | 12 | MAP_ACTIVATE_SS | 用于激活补充业务，VLR将消息转给HLR |
| | | 13 | MAP_DEACTIVATE_SS | 用于去激活补充业务，VLR将消息转给HLR |

续上表

| 信令过程 | 操作码 | 名 称 | 描 述 |
|---|---|---|---|
| 与补充服务相关的业务 | 14 | MAP_INTERROGATE_SS | 用于 VLR 和 HLR 之间，以检索与补充业务相关的信息，如果必要，VLR 将消息转给 HLR |
| | 17 | MAP_REGISTER_PASSWORD | 使移动用户请求登记一个新的口令，VLR 将消息转给 HLR |
| | 18 | MAP_GET_PASSWORD | 当 HLR 从移动用户接收到补充业务操作请求，此时需要用户输入口令 |
| | 59 | MAP_PROCESS_UNSTRUCTURED_SS_REQUEST | 用于在 MSC 和 VLR 之间、VLR 和 HLR 之间及 HLR 和 gsmSCF 之间传递信息，以允许非结构化的补充业务操作 |
| | 60 | MAP_UNSTRUCTURED_SS_REQUEST | 当调用实体向移动用户请求与非结构化补充业务处理相关的信息时，gsmSCF 和 HLR 之间、HLR 和 VLR 之间及 VLR 和 MSC 之间所用的业务 |
| | 61 | MAP_UNSTRUCTURED_SS_NOTIFY | 在调用实体请求向移动用户发送与非结构化补充业务处理相关的通知时，gsmSCF 和 HLR 之间、HLR 和 VLR 之间及 VLR 和 MSC 之间所用的业务 |
| | 76 | MAP_REGISTER_CC_ENTRY | 用于 MSC 和 VLR 之间及 VLR 和 HLR 之间，为所请求的呼叫完成补充业务登记数据，VLR 将消息传递给 HLR |
| | 77 | MAP_ERASE_CC_ENTRY | 用于 MSC 和 VLR 之间及 VLR 和 HLR 之间，为删除与呼叫完成补充业务相关的数据，VLR 将消息传递给 HLR |

### 3. E/G 接口(MSC—A/VLR 与 MSC—B/VLR)的 MAP 操作

E/G 接口涉及的主要 MAP 操作见表 10-10。

**表 10-10 E/G 接口的主要 MAP 操作**

| 信令过程 | | 操作码 | 名 称 | 描 述 |
|---|---|---|---|---|
| 移动性业务 | 位置管理业务 | 55 | MAP_SEND_IDENTIFICATION | 用在一个 VLR 与前一个 VLR 之间，由于用户在该 VLR 中重新登记而要获取某 TMSI 和鉴权序列 |
| | 切换业务 | 68 | MAP_PREPARE_HANDOVER | 用于 MSC-A 和 MSC-B 之间的呼叫切换 |
| | | 29 | MAP_SEND_END_SIGNAL | 指示 MSC-B 已建立了至 MS 的无线路径，MSC-A 保留对此呼叫的主要控制直至呼叫清除 |
| | | 33 | MAP_PROCESS_ACCESS_SIGNALLING | 在 E 接口之间传递在 A 接口收到的消息 |
| | | 34 | MAP_FORWARD_ACCESS_SIGNALLING | 用于向 MSC-B 的 A 接口传递消息 |
| | | 69 | MAP_PREPARE_SUBSEQUENT_HANDOVER | 通知 MSC-A 需要进行至 MSC-A 或者其他 MSC (MSC-B′)的切换 |

续上表

| 信令过程 | 操作码 | 名　　称 | 描　　述 |
|---|---|---|---|
| 呼叫处理业务 | 6 | MAP_RESUME_CALL_HANDLING | VMSC 调用此业务，以请求 GMSC 恢复处理当前呼叫并将此呼叫转移到规定的目的地 |
| | 39 | MAP_PREPARE_GROUP_CALL | 使主控 MSC 通知中继 MSC 组呼的建立 |
| | 41 | MAP_PROCESS_GROUP_CALL_SIGNALLING | 使中继 MSC 向主控 MSC 发送组呼叫通知 |
| | 42 | MAP_FORWARD_GROUP_CALL_SIGNALLING | 用在主控 MSC 和中继 MSC 之间，以传送组呼叫通知 |
| | 40 | MAP_SEND_GROUP_CALL_END_SIGNAL | 使中继 MSC 向主控 MSC 指示 VGCS/VBS 信道已经在中继 MSC 区域内建立 |
| 短消息业务管理业务 | 66 | MAP_READY_FOR_SM | 当用户指示存储器可用时，VLR 用此业务向 HLR 指示 |

### 10.5.2　典型的 MAP 程序

本节简单介绍几个典型的 MAP 程序，更详细的 MAP 程序可以参见 GSM 09.02、3GPP TS 29.002 以及 YD/T 1038—2000。

**1. 位置更新**

位置更新程序用于更新网络保持的位置信息。位置信息用于向漫游用户提供呼叫、分组数据、短消息、非结构化补充业务数据的路由寻址。另外，此程序用于在用户重新可达后(IMSI 附着)，向 VLR 提供信息。

为减小用户 HLR 的更新，HLR 仅保留用户附着的 VLR 和 MSC 的信息。VLR 包括更详细的位置信息，即用户实际漫游的位置区。因此，在每次改变位置区时，VLR 需要更新。HLR 仅需在以下情况下更新：

①当用户在一个新的 VLR 登记时，即 VLR 没有该用户的数据；

②若标记“HLR 确认”或标记“HLR 中位置信息确认”时，由于 HLR 或 VLR 复位设置为“不确认”，VLR 接收到用户出现的指示。

若移动用户在一个 VLR 登记，而此 VLR 没有保存关于此用户的任何信息，可以用前一个 VLR(PVLR)分配的 TMSI 来识别该用户。如果能够从 LAI 中导出 PVLR 识别，新的 VLR 需从 PVLR 得到 IMSI 来识别需要更新的 HLR。若 IMSI 不能从 PVLR 中检索，网络则向 MS 请求 IMSI。

图 10-22 为改变 VLR 区时位置更新的接口和业务流程。

**2. 基本的 MSC 间切换**

若呼叫从主控 MSC(称 MSC-A)至另一个 MSC(称 MSC-B)，图 10-23 表示 MSC-A 和 MSC-B 之间成功的切换，其中包括 MSC-B 向 VLR-B 请求切换号码。当 MSC-A 已决定将呼叫切换到 MSC-B 时，MSC-A 中的切换控制应用请求 MAP 应用向 MSC-B 发起 MAP_PREPARE_HANDOVER。MSC-A 以 MAP_OPEN 请求打开与 MSC-B 的对话，其中不包含用户特定的参数并发送 MAP_PREPARE_HANDOVER 请求。此请求可包括不需要分配切换号码的指示、目标小区识别以及由于兼容原因,MSC-B 分配必要无线资源所需要的所有信息。

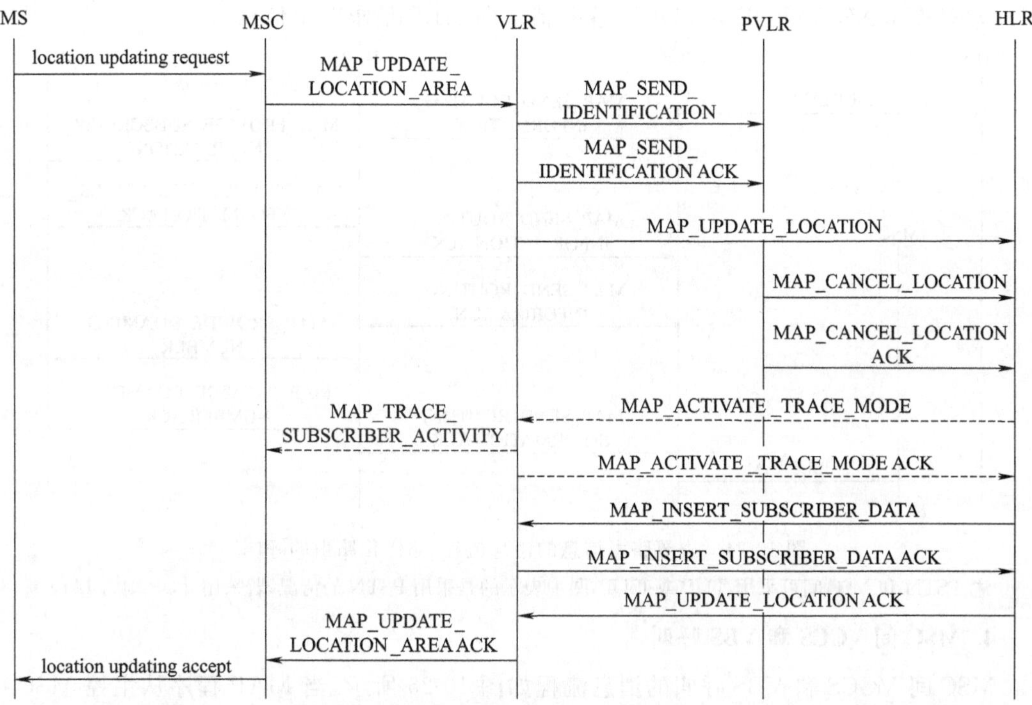


图 10-22 改变 VLR 区时位置更新的接口和业务流程

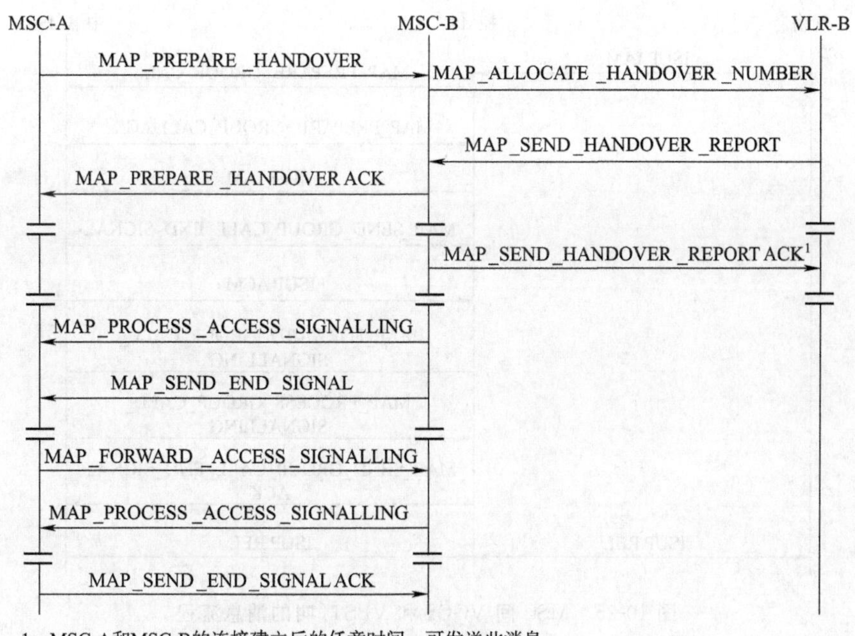


图 10-23 MSC-A 至 MSC-B 的成功基本切换

### 3. 查寻路由信息

移动被叫时查寻路由信息(路由没有被优化的移动被叫)的消息流程如图 10-24 所示。当 MAP 程序从 GMSC 中的呼叫处理程序收到 send routing info 请求,MAP 程序用 MAP_SEND_ROUTING_INFORMATION 业务请求向 HLR 请求路由信息。

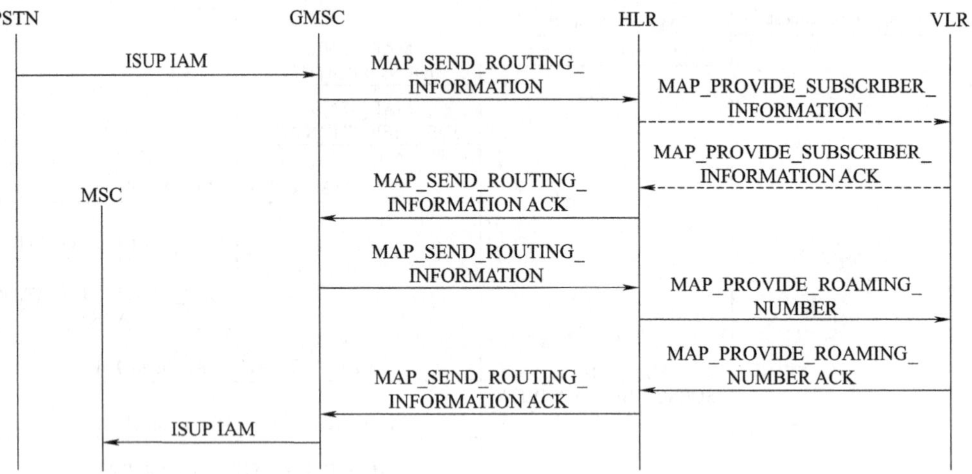


图 10-24　查寻路由信息的消息流程(非优化路由的呼叫)

注:PSTN 和 MSC 间可采用 TUP 或 ISUP,图中表示的是采用 PSTN 的情况,若采用 TUP 则为 IAI。

### 4. MSC 间 VGCS 和 VBS 呼叫

MSC 间 VGCS 和 VBS 呼叫的消息流程如图 10-25 所示,当 MAP 程序从主控 MSC 中的 ASCI 处理程序接收到准备组呼叫请求时,主控 MSC 通过发送 MAP_OPEN 业务请求向中继 MSC 请求对话,并用 MAP_PREPARE_GROUP_CALL 业务请求组呼叫号码。

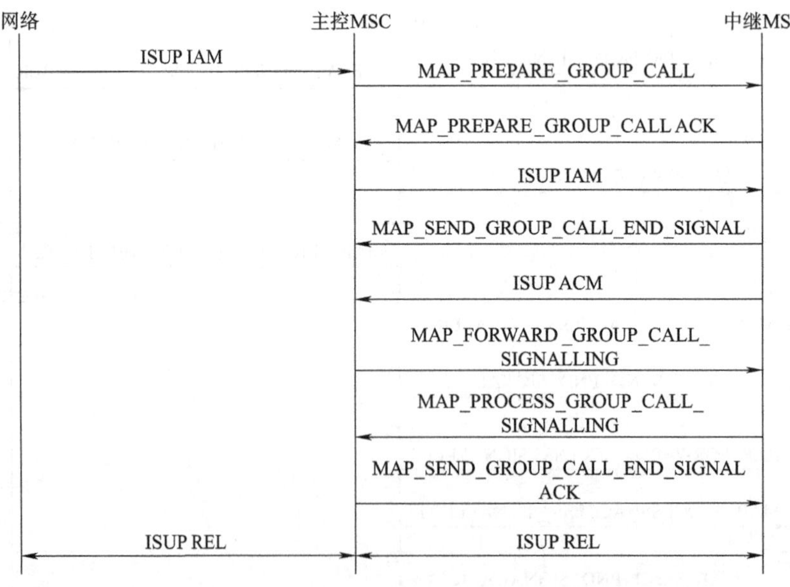


图 10-25　MSC 间 VGCS 和 VBS 呼叫的消息流程

注:MAP_FORWARD_GROUP_CALL_SIGNALLING 和 MAP_PROCESS_GROUP_CALL_SIGNALLING 业务不适用于语音广播呼叫。

# 10.6 CAMEL 应用部分(CAP)

## 10.6.1 CAP 操作

GSM-R 智能网应采用 CAMEL3 体系结构,构成示意如图 10-26 所示,系统由网络节点和连接这些节点的链路组成。网络节点包括:GSM 业务交换点(gsmSSP)、GPRS 业务交换点(gprsSSP)、业务控制点(SCP)、智能外设(IP)、业务管理点(SMP)、业务管理接入点(SMAP)以及业务生成环境点(SCEP)。链路包括:No.7 信令链路、数据链路、话音电路。

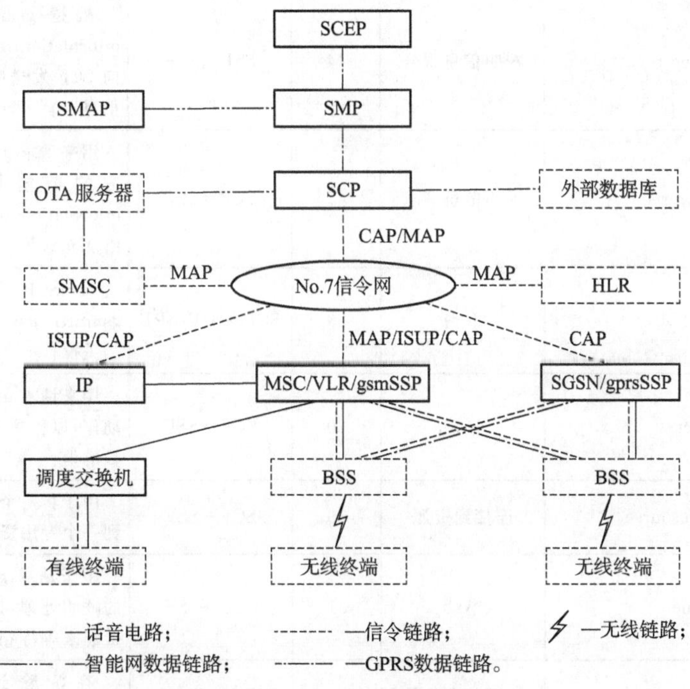


图 10-26 GSM-R 智能网系统构成示意

注:1. 图中实线框为 GSM-R 智能网系统设备,虚线框为其他系统设备。

2. HLR 存储智能用户的签约信息等。

CAP 协议描述了移动智能网中各个功能实体之间的标准通信规程,消息编码采用 ASN.1 格式,在 YD/T 1261 中详细规定了 CAMEL3 的电路交换呼叫控制、移动台发起短消息(MO SMS)控制、GPRS 控制以及拥塞控制机制。

在 No.7 信令系统中,CAP 使用 SCCP 的无连接协议类别 0 或 1,作为 TCAP 消息的成分部分传递。

CAP 中与电路交换呼叫控制相关的主要操作见表 10-11。

**表 10-11 与电路交换呼叫控制相关的主要 CAP 操作**

| 名称(英文) | 名称(中文) | 操作码 | 方 向 | 功能描述 |
|---|---|---|---|---|
| activity test | 激活测试 | 55 | SCF→SSF/SRF | 用于检查 gsmSCF 与 gsmSSF、gsmSCF 与 gsmSRF 或 gsmSCF 与辅助 SSF 之间的关系是否还存在 |

续上表

| 名称(英文) | 名称(中文) | 操作码 | 方　向 | 功能描述 |
| --- | --- | --- | --- | --- |
| apply charging | 申请计费 | 35 | SCF→SSF | CSE 对通话时长的控制 |
| apply charging report | 申请计费报告 | 36 | SSF→SCF | gsmSCF 请求申请计费操作后，gsmSSF 采用本操作向 gsmSCF 报告其在申请计费操作中所请求的相关计费信息 |
| assist request instructions | 辅助请求指示 | 16 | SSF/SRF→SCF | 当辅助 gsmSSF 或 gsmSRF 从启动 gsmSSF 接收到辅助程序的指示时，发送该操作 |
| call information report | 呼叫信息报告 | 44 | SSF→SCF | 根据 gsmSCF 在原先的 call information request 操作中的请求，向 SCF 发送呼叫一方规定的呼叫信息 |
| call information request | 呼叫信息请求 | 45 | SCF→SSF | 用来请求 gsmSSF 记录呼叫中一方的特定信息，并使用 call information report 操作将其报告给 gsmSCF |
| cancel | 取消 | 53 | SCF→SSF/SRF | gsmSCF 采用此 2 类操作向 gsmSRF/gsmSSF 请求取消前面的相关操作 |
| connect | 连接 | 20 | SCF→SSF | 用来请求 gsmSSF 完成呼叫处理动作，以将呼叫接续到一个特定的目的地 |
| connect to resource | 连接到资源 | 19 | SCF→SSF | 用于将一个呼叫从 gsmSSF 连接到一个专用资源上 |
| continue | 继续 | 31 | SCF→SSF | 用于请求 gsmSSF 继续在某 DP 的呼叫处理，该呼叫处理原先被悬置起来等待 gsmSCF 的指示 |
| disconnect forward connection | 切断前向连接 | 18 | SCF→SSF/SRF | 在清除到 gsmSRF 或辅助 gsmSSF 连接时使用 |
| establish temporary connection | 建立临时连接 | 17 | SCF→SSF | gsmSCF 需要利用辅助过程来实现用户交互时，要求启动 gsmSSF 建立起与辅助 gsmSSF 或 gsmSRF 的临时连接 |
| event report BCSM | BCSM 事件报告 | 24 | SSF→SCF | 用于通知 gsmSCF 它以前在 request report BCSM event 操作中所请求的呼叫相关事件 |
| furnish charging information | 提供计费信息 | 34 | SCF→SSF | 用于将相关的计费信息发送给一个逻辑呼叫记录 |
| initial DP | 启动 DP | 0 | SSF→SCF | gsmSSF 在 BCSM 中检测到 TDP-R 后发送本操作，请求 gsmSCF 完成呼叫 |
| play announcement | 播放录音通知 | 47 | SCF→SSF/SRF | 用于与 GSM-R 用户进行带内交互 |

续上表

| 名称(英文) | 名称(中文) | 操作码 | 方 向 | 功能描述 |
| --- | --- | --- | --- | --- |
| prompt and collect user information | 提供并收集用户信息 | 48 | SCF→SSF/SRF | 用于与呼叫中的一方交互,以便采集信息 |
| release call | 释放呼叫 | 22 | SCF→SSF | 由 gsmSCF 发出,在任意阶段的呼叫将被释放 |
| request report BCSM event | 请求报告 BCSM 事件 | 23 | SCF→SSF | 用于请求 gsmSSF 监视与呼叫相关的事件,当检测到事件后,向 gsmSCF 回送通知 |
| reset timer | 重置定时器 | 33 | SCF→SSF | 该 2 类操作用于 gsmSCF 刷新应用定时器 $T_{SSF}$,以避免在 gsmSSF 中的定时器 $T_{SSF}$ 超时 |
| send charging information | 发送计费信息 | 46 | SCF→SSF | 用于把 gsmSCF 发送的计费信息通知 gsmSSF |
| specialized resource report | 专用资源报告 | 49 | SRF→SCF | 当设置了录音通知完成指示时,本操作作为 play announcement 操作的响应使用 |

## 10.6.2 典型的 CAP 程序

GSM-R 智能网业务包括基本业务和扩展业务:基本业务包括功能寻址、基于位置寻址、增强型位置寻址、基于 MSISDN 号码的呼叫限制、基于位置的呼叫限制等;扩展业务包括短消息的功能寻址、短消息的基于位置寻址、GPRS 智能业务、基于功能号的动态组呼和基于短消息的动态组呼。本节简单介绍几个典型的 CAP 程序,更详细的 CAP 程序可以参见 TB/T 3362—2015。

### 1. 功能寻址

用户 A 使用功能号呼叫无线用户 B,功能寻址成功,信令流程如图 10-27 所示。

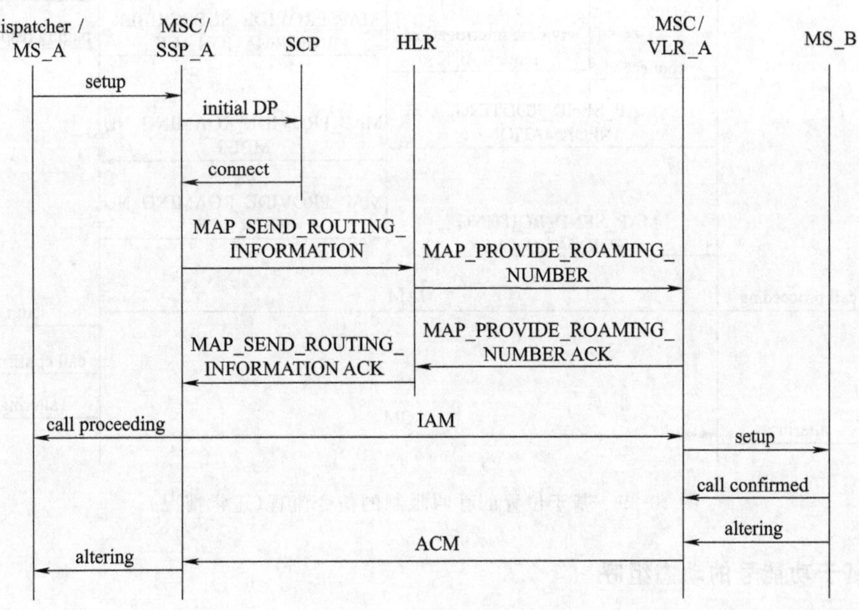


图 10-27 功能寻址成功信令流程(被叫为无线用户)

**2. 基于位置寻址**

无线用户 A 使用短号码呼叫有线用户 B，基于位置寻址成功，信令流程如图 10-28 所示。

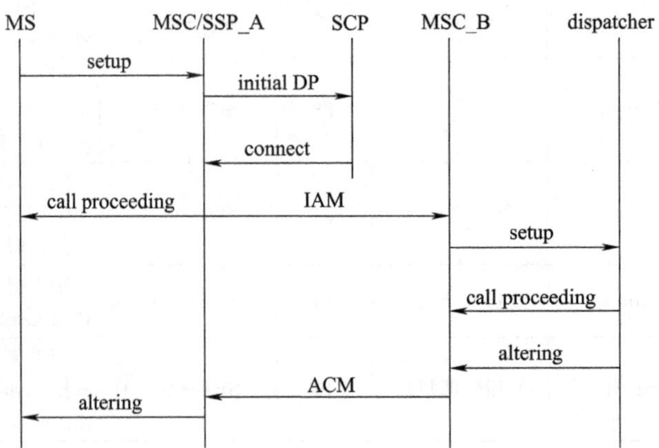


图 10-28　基于位置寻址成功信令流程

**3. 基于位置的呼叫限制**

用户 A 拨打功能号呼叫用户 B，在主叫用户管辖区域内，所拨打的功能号与 MSISDN 号码一一对应，呼叫成功，信令流程如图 10-29 所示。

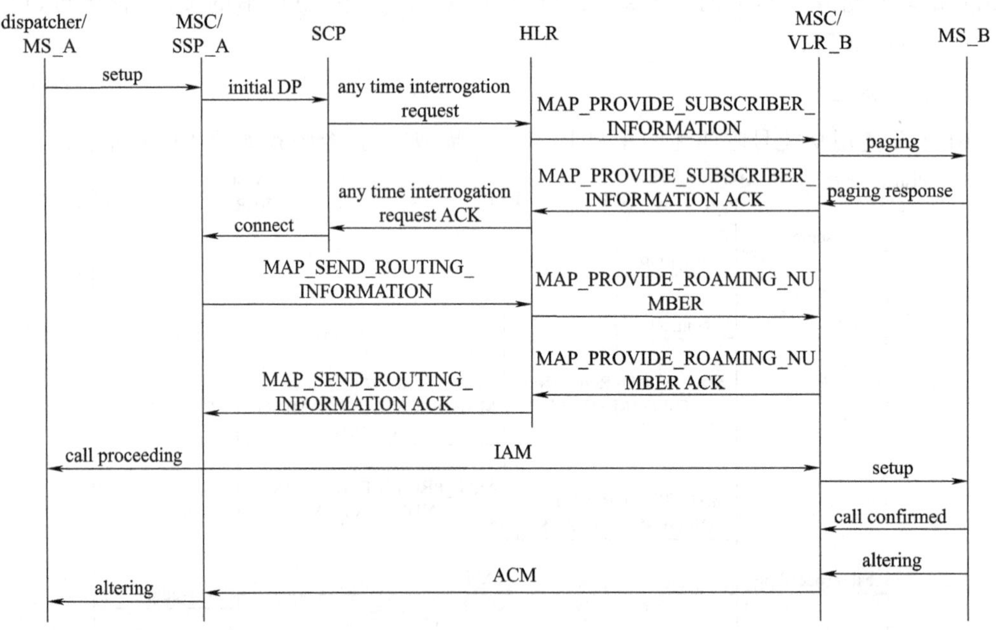


图 10-29　基于位置的呼叫限制的信令流程（正常情况）

**4. 基于功能号的动态组呼**

组呼发起者拨打短号码发起动态组呼，信令流程如图 10-30 所示。

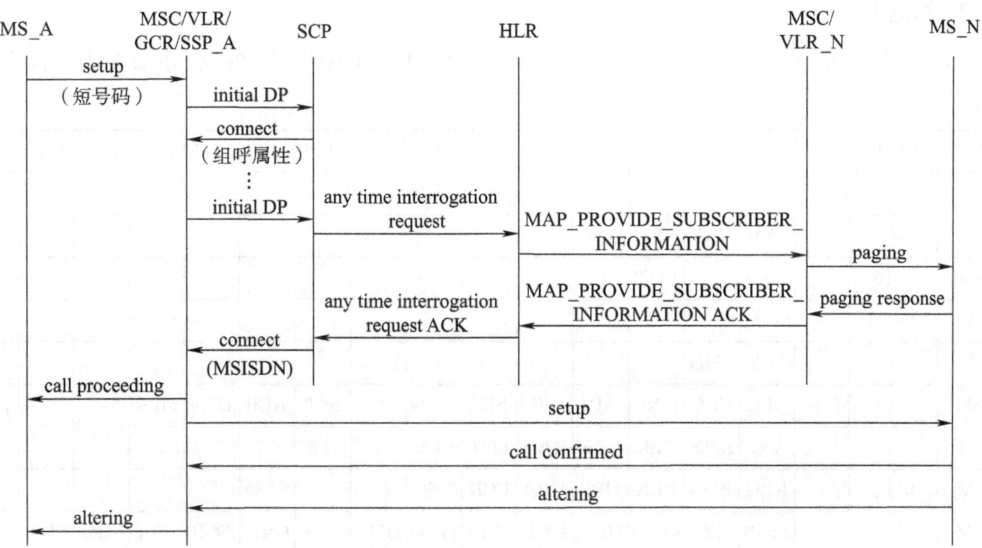


图 10-30　基于功能号的动态组呼建立信令流程

# 10.7　电话用户部分(TUP)

## 10.7.1　TUP 消息格式

TUP 规定了 No.7 信令系统用于电话呼叫控制信令时所需的各类局间信令，TUP 可以支持基本的电话业务和部分用户补充业务，YD/T 1302—2004 详细规定了 TUP 协议的消息格式、编码及各种信令流程等。

TUP 消息格式如图 10-31 所示，TUP 消息的内容在 MSU 中的 SIF 字段中传送，由标记、标题码及信令信息三部分组成。

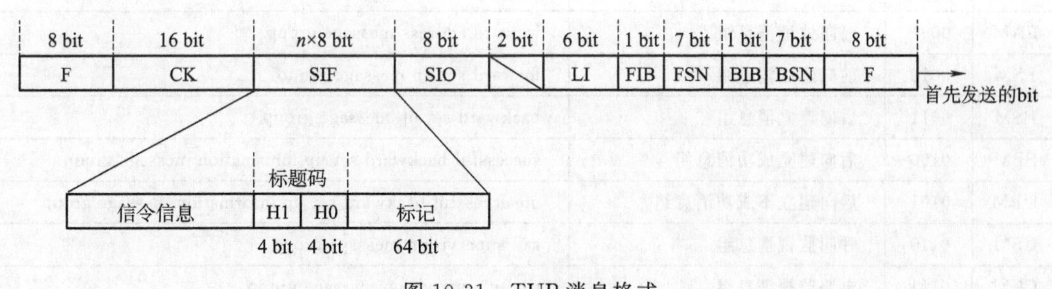


图 10-31　TUP 消息格式

### 1. 标记

标记字段由 DPC、OPC 和 CIC(电路识别码)构成，其中 CIC 的低 4 位兼做 SLS，为 MTP 消息路由提供支持，DPC、OPC、SLS 的含义参见 10.2.3。CIC 标识了 DPC 与 OPC 之间众多话音电路中的一条话音电路，可以识别消息与哪一个呼叫相关，通话双方使用协商或预先确定的原则分配 CIC。

**2. 标题码**

标题码用来指明消息的类型，由消息组编码 H0 和消息编码 H1 组成，详细编码如图 10-32 所示。

| 消息组 | $H_1H_0$ | 0000 | 0001 | 0010 | 0011 | 0100 | 0101 | 0110 | 0111 | 1000 | 1001 | 1010 | 1011 | 1100 | 1101 | 1110 | 1111 |
|---|---|---|---|---|---|---|---|---|---|---|---|---|---|---|---|---|---|
| | 0000 | | | | | 留做国内使用 | | | | | | | | | | | |
| FAM | 0001 | | IAM | IAI | SAM | SAO | | | | | | | | | | | |
| FSM | 0010 | | GSM | | COT | CCF | | | | | | | | | | | |
| BSM | 0011 | | GRQ | | | | | | | | | | | | | | |
| SBM | 0100 | | ACM | CHG | | | | | | | | | | | | | |
| UBM | 0101 | | SEC | CGC | NNC | ADI | CFL | SSB | UNN | LOS | SST | ACB | DPN | MPR | | | EUM |
| CSM | 0110 | ANU | ANC | ANN | CBK | CLF | RAN | FOT | CCL | | | | | | | | |
| CCM | 0111 | | RLG | BLO | BLA | UBL | UBA | CCR | RSC | | | | | | | | |
| GRM | 1000 | | MGB | MBA | MGU | MUA | HGB | HBA | HGU | HUA | GRS | GRA | SGB | SBA | SGU | SUA | |
| | 1001 | | | | | 备用 | | | | | | | | | | | |
| CNM | 1010 | | ACC | | | 备用 | | | | | | | | | | | |
| | 1011 | | | | | | | | | | | | | | | | |
| NSB | 1100 | | | MPM | | 留做国内使用 | | | | | | | | | | | |
| NCB | 1101 | | OPR | | | | | | | | | | | | | | |
| NUB | 1110 | | SLB | STB | | | | | | | | | | | | | |
| NAM | 1111 | | MAL | | | | | | | | | | | | | | |

图 10-32　标题码的分配

TUP 消息组的含义见表 10-12。

**表 10-12　TUP 消息组含义**

| 消息组 | 编码 | 中文含义 | 英文含义 |
|---|---|---|---|
| FAM | 0001 | 前向地址消息组 | forward address message group |
| FSM | 0010 | 前向建立消息组 | forward set up message group |
| BSM | 0011 | 后向建立消息组 | backward set up message group |
| SBM | 0100 | 后向建立成功消息组 | successful backward set up information message group |
| UBM | 0101 | 后向建立不成功消息组 | unsuccessful backward set up information message group |
| CSM | 0110 | 呼叫监视消息组 | call supervision message group |
| CCM | 0111 | 电路监视消息组 | circuit supervision message group |
| GRM | 1000 | 电路群监视消息组 | circuit group supervision message group |
| CNM | 1010 | 电路网络管理消息组 | circuit network management message group |
| NSB | 1100 | 国内后向建立成功消息组 | national successful backward set up message group |
| NCB | 1101 | 国内呼叫监视消息组 | national call supervision message group |
| NUB | 1110 | 国内后向建立不成功消息组 | national unsuccessful backward set up message group |
| NAM | 1111 | 国内地域消息 | national area message group |

TUP 消息标题码的含义见表 10-13。

**表 10-13 TUP 消息标题码含义**

| H0 | H1 | 消息类型 | 中文含义 | 英文含义 |
|---|---|---|---|---|
| 0001 | 0001 | IAM | 初始地址消息 | initial address message |
| 0001 | 0010 | IAI | 带有附加信息的初始地址消息 | initial address message with additional information |
| 0001 | 0011 | SAM | 后续地址消息 | subsequent address message |
| 0001 | 0100 | SAO | 带有一位的后续地址消息 | subsequent address message with one signal |
| 0010 | 0001 | GSM | 一般前向建立信息消息 | general forward set up information message |
| 0010 | 0011 | COT | 导通信号 | continuity signal |
| 0010 | 0100 | CCF | 导通故障信号 | continuity failure signal |
| 0011 | 0001 | GRQ | 一般请求消息 | general request message |
| 0100 | 0001 | ACM | 地址全消息 | address complete message |
| 0100 | 0010 | CHG | 计费消息(国内暂时不使用) | charging message |
| 0101 | 0001 | SEC | 交换设备拥塞信号 | switching equipment congestion signal |
| 0101 | 0010 | CGC | 电路群拥塞信号 | circuit group congestion signal |
| 0101 | 0011 | NNC | 国内网拥塞信号(只用于国际网) | national network congestion signal |
| 0101 | 0100 | ADI | 地址不全信号 | address incomplete signal |
| 0101 | 0101 | CFL | 呼叫故障信号 | call failure signal |
| 0101 | 0110 | SSB | 用户忙信号(只用于国际网) | subscriber busy signal(electric) |
| 0101 | 0111 | UNN | 空号信号 | unallocated number signal |
| 0101 | 1000 | LOS | 线路不工作信号 | line out of service signal |
| 0101 | 1001 | SST | 发送专用信息音信号 | send special information tone signal |
| 0101 | 1010 | ACB | 接入拒绝信号 | access barred signal |
| 0101 | 1011 | DPN | 不提供数字通路信号 | digital path not provided signal |
| 0101 | 1100 | MPR | 错拨中继前缀(国内不使用) | misdialled trunk prefix |
| 0101 | 1111 | EUM | 扩展的后向建立不成功信息消息 | extended unsuccessful backward set up information message |
| 0110 | 0000 | ANU | 应答信号、未说明(国内暂时不使用) | answer signal, unqualified |
| 0110 | 0001 | ANC | 应答信号、计费 | answer signal, charge |
| 0110 | 0010 | ANN | 应答信号、免费 | answer signal, no charge |
| 0110 | 0011 | CBK | 挂机信号 | clear-back signal |
| 0110 | 0100 | CLF | 拆线信号 | clear forward signal |
| 0110 | 0101 | RAN | 再应答信号(移动网不适用) | re-answer signal |
| 0110 | 0110 | FOT | 前向传送信号(用于国际半自动连接) | forward transfer signal |
| 0110 | 0111 | CCL | 主叫用户挂机信号 | calling party clear signal |
| 0111 | 0001 | RLG | 释放监护信号 | release guard signal |

续上表

| H0 | H1 | 消息类型 | 中文含义 | 英文含义 |
|---|---|---|---|---|
| 0111 | 0010 | BLO | 闭塞信号 | blocking signal |
| 0111 | 0011 | BLA | 闭塞证实信号 | blocking-acknowledgement signal |
| 0111 | 0100 | UBL | 解除闭塞消息 | unblocking signal |
| 0111 | 0101 | UBA | 解除闭塞证实消息 | unblocking acknowledgement signal |
| 0111 | 0110 | CCR | 请求导通检验消息 | continuity check request signal |
| 0111 | 0111 | RSC | 电路复原信号 | reset circuit signal |
| 1000 | 0001 | MGB | 维护群闭塞消息 | maintenance oriented group blocking message |
| 1000 | 0010 | MBA | 维护群闭塞证实消息 | maintenance oriented group blocking acknowledgement message |
| 1000 | 0011 | MGU | 维护群解除闭塞消息 | maintenance oriented group unblocking message |
| 1000 | 0100 | MUA | 维护群解除闭塞证实消息 | maintenance oriented group unblocking acknowledgement message |
| 1000 | 0101 | HGB | 面向硬件故障的群闭塞消息 | hardware failure oriented group blocking message |
| 1000 | 0110 | HBA | 面向硬件故障的群闭塞证实消息 | hardware failure oriented group blocking acknowledgement message |
| 1000 | 0111 | HGU | 面向硬件故障的群闭塞解除消息 | hardware failure oriented group unblocking message |
| 1000 | 1000 | HUA | 面向硬件故障的群闭塞解除证实消息 | hardware failure oriented group unblocking acknowledgement message |
| 1000 | 1001 | GRS | 电路群复原消息 | circuit group reset message |
| 1000 | 1010 | GRA | 电路群复原证实消息 | circuit group reset acknowledgement message |
| 1000 | 1011 | SGB | 软件产生的群闭塞消息 | software generated group blocking message |
| 1000 | 1100 | SBA | 软件产生的群闭塞证实消息 | software generated group blocking acknowledgement message |
| 1000 | 1101 | SGU | 软件产生的群闭塞解除消息 | software generated group unblocking message |
| 1000 | 1110 | SUA | 软件产生的群闭塞解除证实消息 | software generated group unblocking acknowledgement message |
| 1010 | 0001 | ACC | 自动拥塞控制信息消息 | automatic congestion control information message |
| 1100 | 0010 | MPM | 计费脉冲消息 | metering pulse message |
| 1101 | 0001 | OPR | 话务员信号 | operator signal |
| 1110 | 0001 | SLB | 用户本地忙消息 | subscriber local busy signal |
| 1110 | 0010 | STB | 用户长途忙消息 | subscriber toll busy signal |
| 1111 | 0001 | MAL | 恶意呼叫识别信号 | malicious call identification signal |

**3. 信令信息**

信令信息用来传递某条消息所需的参数，其格式由消息类型决定，如 IAM 消息中包含主叫用户类别、消息指示语、地址信号等。

### 10.7.2 典型的 TUP 程序

本节简单介绍几个典型的 TUP 程序，更详细的 TUP 程序可以参见 YD/T 1302—2004。

**1. 移动网呼叫固定网的信令流程**

图 10-33 为移动网成功呼叫固定网的信令流程。

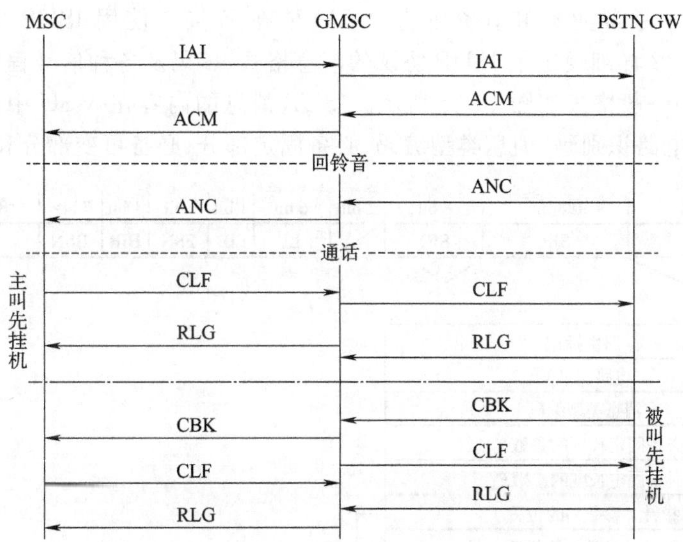


图 10-33 成功的呼叫流程(GSM-R→PSTN)

**2. 固定网呼叫移动网的信令流程**

图 10-34 为固定网成功呼叫移动网(包括主叫号码)的信令流程。

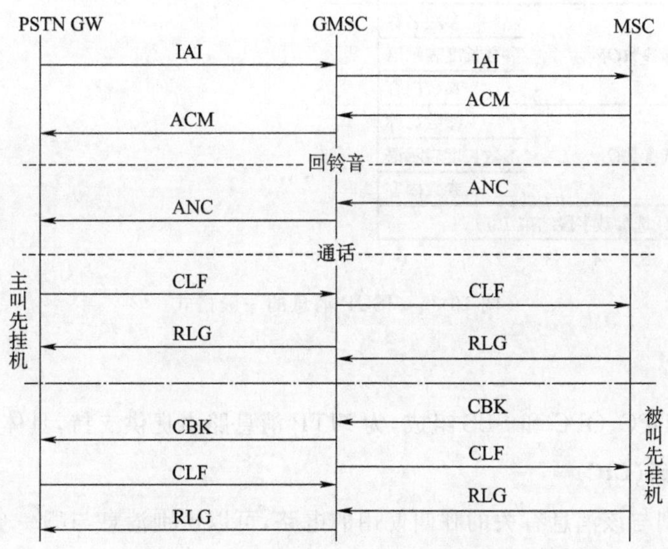


图 10-34 成功的呼叫流程(PSTN→GSM-R)

# 10.8 ISDN 用户部分(ISUP)

## 10.8.1 ISUP 消息格式

ISUP 是在 TUP 的基础上扩展而成的，提供综合业务数字网中的信令功能，支持话音和非语音用途的基本承载业务和补充业务，GSM-R 在 E 接口使用 ISUP 作为局间信令。GB/T 28500—2012 详细规定了 ISUP 协议的消息格式、编码及各种信号程序等。

ISUP 消息的一般格式如图 10-35 所示。ISUP 消息的内容在 MSU 中的 SIF 字段中传送，由路由标记、电路识别码、消息类型编码、必备固定部分、必备可变部分和任选部分组成。

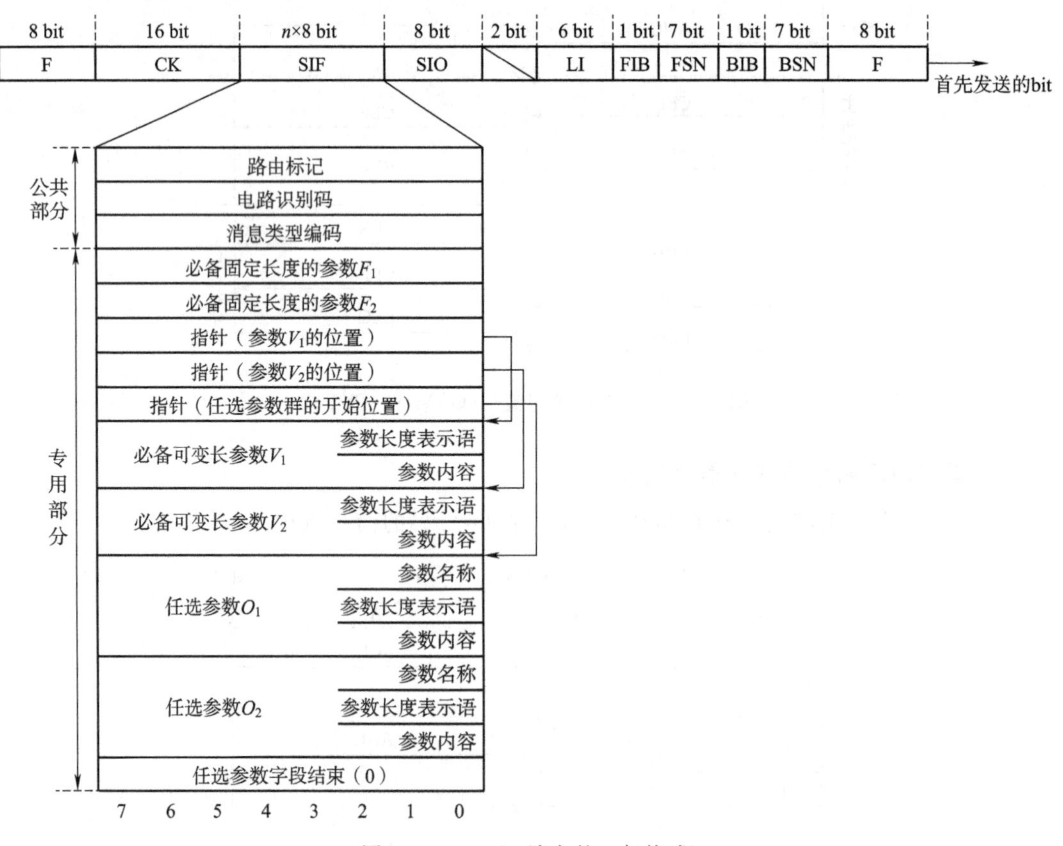


图 10-35 ISUP 消息的一般格式

### 1. 路由标记

路由标记由 DPC、OPC 和 SLS 组成，为 MTP 消息路由提供支持，具体参见 10.2.3。

### 2. 电路识别码(CIC)

CIC 用来识别与该消息有关的呼叫使用的电路，可以识别消息与哪一个呼叫相关。

### 3. 消息类型编码

消息类型编码用来识别不同的消息，见表 10-14。

**表 10-14　ISUP 消息类型编码**

| 编码 | 类型缩写 | 消息类型(中文) | 消息类型(英文) |
| --- | --- | --- | --- |
| 00000110 | ACM | 地址全 | address complete |
| 00001001 | ANM | 应答 | answer |
| 00010011 | BLO | 闭塞 | blocking |
| 00010101 | BLA | 闭塞证实 | blocking acknowledgement |
| 00101100 | CPG | 呼叫进展 | call progress |
| 00011000 | CGB | 电路群闭塞 | circuit group blocking |
| 00011010 | CGBA | 电路群闭塞证实 | circuit group blocking acknowledgement |
| 00101010 | CQM | 电路群询问 | circuit group query |
| 00101011 | CQR | 电路群询问响应 | circuit group query response |
| 00010111 | GRS | 电路群复原 | circuit group reset |
| 00101001 | GRA | 电路群复原证实 | circuit group reset acknowledgement |
| 00011001 | CGU | 电路群解除闭塞 | circuit group unblocking |
| 00011011 | CGUA | 电路群解除闭塞证实 | circuit group unblocking acknowledgement |
| 00101111 | CFN | 混乱 | confusion |
| 00000111 | CON | 连接 | connect |
| 00000101 | COT | 导通 | continuity |
| 00010001 | CCR | 导通检验请求 | continuity check request |
| 00100001 | FRJ | 性能拒绝 | facility reject |
| 00011111 | FAR | 性能请求 | facility request |
| 00000100 | INF | 信息 | information |
| 00000011 | INR | 信息请求 | information request |
| 00000001 | IAM | 初始地址 | initial address message |
| 00110010 | NRM | 网络资源管理 | network resource management |
| 00001100 | REL | 释放 | release |
| 00010000 | RLC | 释放完成 | release complete |
| 00010010 | RSC | 电路复原 | reset circuit |
| 00001110 | RES | 恢复 | resume |
| 00000010 | SAM | 后续地址 | subsequent address message |
| 00001101 | SUS | 暂停 | suspend |
| 00010100 | UBL | 解除闭塞 | unblocking |
| 00010110 | UBA | 解除闭塞证实 | unblocking acknowledgement |
| 00110101 | UPA | 用户部分可用 | user part available |
| 00110100 | UPT | 用户部分测试 | user part test |

#### 4. 必备固定部分

对于一个指定的消息类型，必备且有固定长度的那些参数包括在必备固定部分。参数的位置、长度和顺序统一由消息类型规定。因此，在该消息中不包括该参数的名称和长度表示语。

#### 5. 必备可变部分

长度可变的必备参数将包括在必备可变部分。指针用来表明每个参数的开始，占用一个八位位组。每个参数的名字和指针的发送顺序隐含在消息类型中，参数的数目统一由消息类型规定。每个参数包括参数长度表示语和参数内容。

指针也用来表示任选部分的开始。如果消息类型表明不允许有任选部分，则这个指针将不存在。如果消息类型表明可能有任选部分，但在这个特定的消息中又不包括任选部分，则指针字段全为 0。所有的指针从必备可变部分的开始位置连续发送。

#### 6. 任选部分

任选部分由参数组成，在任何指定的消息类型中可能出现也可能不出现。参数有固定长度和可变长度两种。任选参数可按任何顺序发送。每一任选参数应包括参数名称（一个八位位组）、参数长度表示语（一个八位位组）和参数内容。如果有任选参数，则在所有的任选参数发送以后，发送“任选参数字段结束”八位位组，该八位位组为全 0。

### 10.8.2 典型的 ISUP 程序

本节简单介绍几个 GSM-R E 接口的典型 ISUP 程序，更详细的 ISUP 程序可以参见 GB/T 28500—2012 和 YD/T 1038—2000。

#### 1. MSC 间移动用户呼叫建立流程

分属两个 MSC 的移动用户之间成功进行呼叫建立的信令流程如图 10-36 所示。

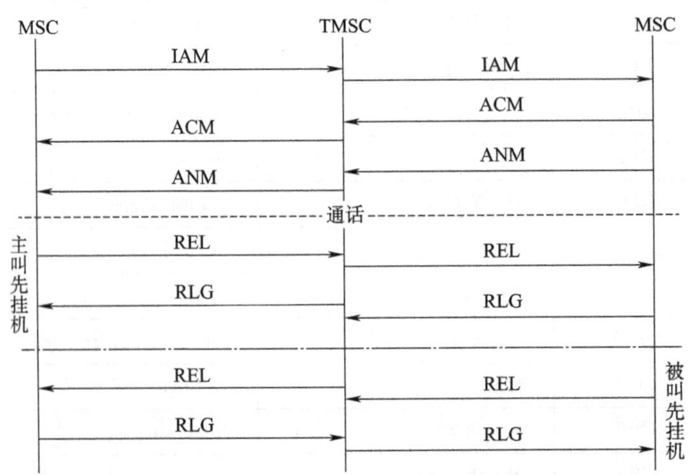


图 10-36 MSC 间移动用户呼叫建立流程

**2. MSC 间切换**

图 10-37 为 MSC 间成功切换的信令流程。

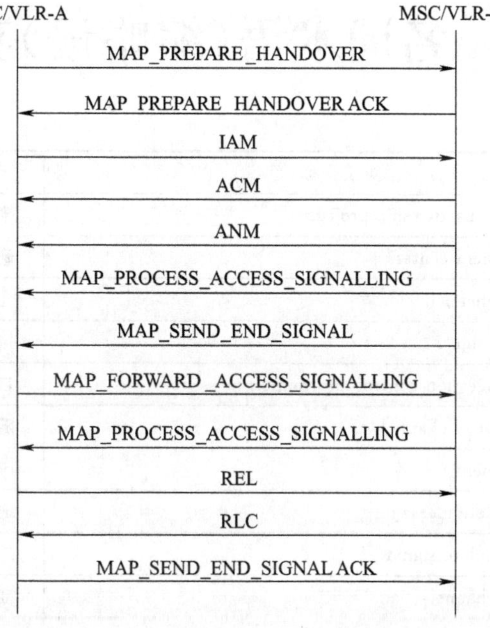


图 10-37　MSC 间成功切换信令流程(主叫方先挂机)

# 附录 A　名词术语(缩略语)英中对照

| 缩略语 | 英文全称 | 中文全称 |
|---|---|---|
| 3GPP | 3rd generation partnership project | 第三代合作伙伴计划 |
| AC | acknowledgement center | 确认中心 |
| AGCH | access grant channel | 允许接入信道 |
| ACB | access barred signal | 接入拒绝信号 |
| ACC | automatic congestion control information message | 自动拥塞控制信息消息 |
| ACCH | associated control channel | 随路控制信道 |
| ACK | acknowledgement | 应答 |
| ACM | address complete message | 地址全消息 |
| ADI | address incomplete signal | 地址不全信号 |
| AGCH | access grant channel | 准予接续信道 |
| ANC | answer signal, charge | 应答信号、计费 |
| ANM | answer message | 应答 |
| ANN | answer signal, no charge | 应答信号、免费 |
| ANU | answer signal, unqualified | 应答信号、未说明 |
| AoCC | advice of charge (charging) | 计费通知(计费) |
| AoCI | advice of charge (information) | 计费通知(信息) |
| API | application programming interface | 应用程序接口 |
| APN | access point name | 接入点名称 |
| ARQ | automatic repeat request | 自动请求重发 |
| ASCI | advanced speech call item | 高级语音呼叫 |
| ATP | automatic train protection | 列车超速防护 |
| AuC | authentication center | 鉴权中心 |
| BA | BCCH allocation | BCCH 分配 |
| BAIC | barring of all incoming calls | 闭锁所有入局呼叫 |
| BAOC | barring of all outgoing calls | 闭锁所有出局呼叫 |
| BCCH | broadcast control channel | 广播控制信道 |
| BER | basic encoding rules | 基本编码规则 |
| BER | bit error rate | 比特误码率 |
| BLA | blocking-acknowledgement signal | 闭塞证实信号 |
| BLO | blocking signal | 闭塞信号 |
| BOIC | barring of outgoing international calls | 闭锁所有国际出局呼叫 |

续上表

| 缩略语 | 英文全称 | 中文全称 |
| --- | --- | --- |
| BSC | base station controller | 基站控制器 |
| BSIC | base station identity code | 基站识别码 |
| BSS | base station subsystem | 无线子系统 |
| BSSAP | BSS application part | 无线子系统应用部分 |
| BSSMAP | BSS management application part | BSS 管理应用部分 |
| BSSOMAP | BSS operation and maintenance application part | BSS 操作和维护应用部分 |
| BTM | balise transmission module | 应答器传输模块 |
| BTS | base transceiver station | 基站 |
| BTSM | BTS management | BTS 管理 |
| CA | cell allocation | 小区分配 |
| CAMEL | customized applications for mobile network enhanced logic | 移动网络增强逻辑的客户化应用 |
| CAMEL3 | customized applications for mobile network enhanced logic, phase 3 | 第 3 阶段 CAMEL |
| CAP | CAMEL application part | CAMEL 应用部分 |
| CBC | cell broadcast center | 小区广播中心 |
| CBCH | cell broadcast control channel | 小区广播控制信道 |
| CBK | clear-back signal | 挂机信号 |
| CC | country code | 国家代码 |
| CC | call control | 呼叫控制 |
| CCBS | completion of calls to busy subscriber | 遇忙呼叫完成 |
| CCCH | common control channel | 公共控制信道 |
| CCF | continuity failure signal | 导通故障信号 |
| CCITT | international telegraph and telephone consultative committee | 国际电报电话咨询委员会 |
| CCL | calling party clear signal | 主叫用户挂机信号 |
| CCR | continuity check request signal | 导通检验请求信号 |
| CE | customer equipment | 用户设备 |
| CF | call forwarding | 呼叫前向转移 |
| CFB | call forwarding on mobile subscriber busy | 遇忙呼叫前转 |
| CFL | call failure signal | 呼叫故障信号 |
| CFN | confusion | 混乱 |
| CFNRc | call forwarding on mobile subscriber not reachable | 移动用户不可及呼叫前转 |
| CFNRy | call forwarding on no reply | 无应答呼叫前转 |
| CFU | call forwarding unconditional | 无条件呼叫前转 |
| CG | charging gateway | 计费网关 |
| CGB | circuit group blocking | 电路群闭塞 |
| CGBA | circuit group blocking acknowledgement | 电路群闭塞证实 |
| CGC | circuit group congestion signal | 电路群拥塞信号 |

续上表

| 缩略语 | 英文全称 | 中文全称 |
|---|---|---|
| CGI | cell global identification | 全球小区识别 |
| CGU | circuit group unblocking | 电路群解除闭塞 |
| CGUA | circuit group unblocking acknowledgement | 电路群解除闭塞证实 |
| CHG | charging message | 计费消息 |
| CI | cell identity | 小区识别 |
| CLF | clear forward signal | 前向拆线信号 |
| CLIP | calling line identification presentation | 主叫号码识别显示 |
| CLIR | calling line identification restriction | 主叫号码识别限制 |
| CM | connect management | 连接管理 |
| COLP | connected line identification presentation | 被叫号码识别显示 |
| COLR | connected line identification restriction | 被叫号码识别限制 |
| CON | connect | 连接 |
| COT | continuity signal | 导通信号 |
| CPG | call progress | 呼叫进展 |
| CQM | circuit group query | 电路群询问 |
| CQR | circuit group query response | 电路群询问响应 |
| CRC | cyclical redundancy correction | 循环冗余校验 |
| CSD | circuit switched data | 电路交换数据业务 |
| CT | call type | 呼叫类型 |
| CT | call transfer | 呼叫转移 |
| CTC | centralized traffic control | 调度集中 |
| CTCS-2 | Chinese train control system level 2 | 中国列车运行控制系统 2 级 |
| CTCS-3 | Chinese train control system level 3 | 中国列车运行控制系统 3 级 |
| CUG | closed user group | 闭合用户组 |
| CW | calling waiting | 呼叫等待 |
| DB | dummy burst | 虚拟突发脉冲序列 |
| DCCH | dedicated control channel | 专用控制信道 |
| DHCP | dynamic host configuration protocol | 动态主机配置协议 |
| DL | data link(layer) | 数据链路层 |
| DLCI | digital link connection identity | 数据链路连接证实 |
| DMI | driver machine interface | 人机界面 |
| DP | detection point | 检测点 |
| DPC | destination point code | 目的信令点编码 |
| DPN | digital path not provided signal | 不提供数字通路信号 |
| DSS1 | digital subscriber signalling No. 1 | 1 号数字用户信令 |
| DTAP | direct transfer application part | 直接传送应用部分 |

续上表

| 缩略语 | 英文全称 | 中文全称 |
|---|---|---|
| DTMF | dual tone multi-frequency | 双音多频 |
| DTX | discontinuous transmission | 不连续传输 |
| ECT | explicit call transfer | 显示呼叫转移 |
| EIR | equipment identity register | 设备识别寄存器 |
| EIRENE | European integrated railway radio enhanced network | 欧洲铁路综合数字移动通信网络 |
| eMLPP | enhanced multi-level precedence and pre-emption | 增强型多优先级与强拆 |
| ERTMS | European rail traffic management system | 欧洲铁路运输管理系统 |
| ETCS | European train control system | 欧洲铁路列车控制系统 |
| ETSI | European telecommunication standard institute | 欧洲电信标准协会 |
| EUM | extended unsuccessful backward set up information message | 扩展的后向建立不成功信息消息 |
| FACCH | fast associated control channel | 快速随路控制信道 |
| FAR | facility request | 性能请求 |
| FB | frequency correction burst | 频率校正突发 |
| FC | function code | 功能码 |
| FCCH | frequency correction channel | 频率校正信道 |
| FCS | frame check sequence | 帧校验序列 |
| FDMA | frequency division multiple access | 频分多址 |
| FE | fast ethernet | 快速以太网 |
| FEC | forward error correction | 前向纠错 |
| FM | follow me | 跟随转移 |
| FN | frame number | 帧号 |
| FN | functional number | 功能号 |
| FOT | forward-transfer signal | 前向传送信号 |
| FRJ | facility reject | 性能拒绝 |
| GCR | group call register | 组呼寄存器 |
| GGSN | gateway GPRS support node | 网关 GPRS 支持节点 |
| GID | group call identification | 组呼标识 |
| GMSC | gateway mobile switching center | 网关移动交换中心 |
| GMSK | gaussian minimum shift keying | 高斯滤波最小移频键控 |
| GPRS | general packet radio service | 通用分组无线业务 |
| GRA | circuit group reset acknowledgement message | 电路群复原证实消息 |
| GRQ | general request message | 一般请求消息 |
| GRS | circuit group reset message | 电路群复原消息 |
| GSM | global system for mobile communications | 全球移动通信系统 |
| GSM | general forward set up information message | 一般前向建立信息消息 |
| GSM-R | global system for mobile communications-railway | 铁路数字移动通信系统 |

续上表

| 缩略语 | 英文全称 | 中文全称 |
| --- | --- | --- |
| GT | global title | 全球码 |
| HBA | hardware failure oriented group blocking acknowledgement message | 面向硬件故障的群闭塞证实消息 |
| HDLC | high level data link control | 高级数据链路控制 |
| HGB | hardware failure oriented group blocking message | 面向硬件故障的群闭塞消息 |
| HGU | hardware failure oriented group unblocking message | 面向硬件故障的群闭塞解除消息 |
| HLR | home location register | 归属位置寄存器 |
| HUA | hardware failure oriented group unblocking acknowledgement message | 面向硬件故障的群闭塞解除证实消息 |
| IAI | initial address message with additional information | 带有附加信息的初始地址消息 |
| IAM | initial address message | 初始地址消息 |
| IC | international code | 国际代码 |
| ID | identifier | 标识 |
| IEEE | institute of electrical and electronics engineers | 电气及电子工程师学会 |
| IMEI | international mobile equipment identity | 国际移动设备标识 |
| IMSI | international mobile subscriber identity | 国际移动用户标识 |
| IN | intelligent network | 智能网 |
| INF | information | 信息 |
| INR | information request | 信息请求 |
| IP | intelligent peripheral | 智能外设 |
| ISDN | integrated services digital network | 综合业务数字网 |
| ISO | international standard organization | 国际标准化组织 |
| ISUP | ISDN user part | ISDN 用户部分 |
| ITU | international telecommunication union | 国际电信联盟 |
| IWE | interworking equipment | 互联设备 |
| IWF | interworking function | 互联功能单元 |
| LA | location area | 位置区域 |
| LAC | location area code | 位置区域码 |
| LAI | location area identification | 位置区域识别 |
| LAPD | link access protocol D-channel | D 通路上的链路接入协议 |
| LAPDm | link access protocol on the Dm channel | Dm 信道上的链路访问协议 |
| LOS | line out of service signal | 线路不工作信号 |
| LRBG | last relevant balise group | 最近相关应答器组 |
| LSSU | link status signal unit | 链路状态信令单元 |
| M3UA | MTP level 3 user adaption layer | 消息传递部分第三级用户适配层 |
| MA | movement authority | 行车许可 |
| MAP | mobile application part | 移动应用部分 |

续上表

| 缩略语 | 英文全称 | 中文全称 |
|---|---|---|
| MBA | maintenance oriented group blocking acknowledgement message | 维护群闭塞证实消息 |
| MC | multi-call | 多呼 |
| MCC | mobile country code | 移动业务国家号码 |
| ME | mobile equipment | 移动设备 |
| MGB | maintenance oriented group blocking message | 维护群闭塞消息 |
| MGU | maintenance oriented group unblocking message | 维护群解除闭塞消息 |
| MGW | media gateway | 媒体网关 |
| MM | mobile management | 移动性管理 |
| MMI | man machine interface | 人机接口 |
| MNC | mobile network code | 移动网号码 |
| MPM | metering pulse message | 计费脉冲消息 |
| MPR | misdialled trunk prefix | 错拨中继前缀 |
| MPTY | multi party | 多呼叫方 |
| MS | mobile station | 移动台 |
| MSC | mobile switching center | 移动交换中心 |
| MSISDN | mobile subscriber ISDN number | 移动用户 ISDN 号码 |
| MSRN | mobile station roaming number | 移动台漫游号码 |
| MSU | message signalling unit | 消息信令单元 |
| MT | mobile terminal | 移动终端 |
| MTP | message transfer part | 消息传递部分 |
| MUA | maintenance oriented group unblocking acknowledgement message | 维护群解除闭塞证实消息 |
| NB | normal burst | 常规突发 |
| NDC | national destination code | 国内目的代码 |
| NMC | network management center | 网络管理中心 |
| NNC | national network congestion signal | 国内网拥塞信号 |
| NRM | network resource management | 网络资源管理 |
| O&M | operations and maintenance | 操作与维护 |
| OMAP | operation and maintenance application part | 操作维护应用部分 |
| OMC | operation and maintenance center | 操作与维护中心 |
| OPC | originating point code | 源信令点编码 |
| OPR | operator signal | 话务员信号 |
| OSI | open system interconnection | 开放系统互连 |
| OSS | operation support subsystem | 运营与支撑子系统 |
| PCH | paging channel | 寻呼信道 |
| PCM | pulse code modulation | 脉冲编码调制 |
| PDU | protocol data unit | 协议数据单元 |

续上表

| 缩略语 | 英文全称 | 中文全称 |
|---|---|---|
| PLMN | public land mobile network | 公共陆地移动网络 |
| PRI | primary rate interface | 基群速率接口 |
| PSTN | public switched telephone network | 公共交换电话网 |
| RA | rate adaptation | 速率适配 |
| RACH | random access channel | 随机接入信道 |
| RAN | reanswer signal | 再应答信号 |
| RBC | radio block center | 无线闭塞中心 |
| REL | release | 释放 |
| RES | resume | 恢复 |
| RLC | release complete | 释放完成 |
| RLG | release guard signal | 释放监护信号 |
| RPE-LTP | regular pulse excited-long term prediction | 规则脉冲激励长期预测 |
| RR | radio resource management | 无线资源管理 |
| RSC | reset circuit signal | 电路复原信号 |
| RU | remote unit | 远端机 |
| RX | receive | 接收 |
| RxLev | rx level value | 接收信号电平值 |
| RxQual | rx quality level | 接收信号质量等级 |
| SACCH | slow associated control channel | 慢速随路控制信道 |
| SAM | subsequent address message | 后续地址消息 |
| SAO | subsequent address message with one signal | 带有一位的后续地址消息 |
| SB | synchronization burst | 同步突发脉冲序列 |
| SBA | software generated group blocking acknowledgement message | 软件产生的群闭塞证实消息 |
| SCCP | signalling connection control part | 信令连接控制部分 |
| SCH | synchronization channel | 同步信道 |
| SCP | service control point | 业务控制点 |
| SDCCH | stand-alone dedicated control channel | 独立专用控制信道 |
| SDU | service data unit | 服务数据单元 |
| SEC | switching equipment congestion signal | 交换设备拥塞信号 |
| SGB | software generated group blocking message | 软件产生的群闭塞消息 |
| SGSN | serving GPRS support node | 服务 GPRS 支持节点 |
| SGU | software generated group unblocking message | 软件产生的群闭塞解除消息 |
| SIM | subscriber identity module | 用户识别模块 |
| SL | sleeping mode | 休眠模式 |
| SLB | subscriber local busy signal | 用户本地忙消息 |
| SLS | signaling link selection | 信令链路选择 |

续上表

| 缩略语 | 英文全称 | 中文全称 |
|---|---|---|
| SMAP | service management access point | 业务管理接入点 |
| SMP | service management point | 业务管理点 |
| SMS | short message service | 短消息业务 |
| SMS/PP | SMS/point to point | 点对点短消息业务 |
| SMSC | short message service center | 短消息服务中心 |
| SMSCB | SMS cell broadcast | 小区广播短消息 |
| SMS-SC | SMS-service center | 短消息业务服务中心 |
| SN | subscriber number | 用户号码 |
| SoM | start of mission | 任务开始 |
| SP | signalling point | 信令点 |
| SRES | signed response | 鉴权响应 |
| SRF | specific resource function | 专用资源功能 |
| SRI | send routing information | 发送路由信息 |
| SS | supplementary service | 补充业务 |
| SSB | subscriber busy signal(electric) | 用户忙信号 |
| SSF | service switching function | 业务交换功能 |
| SSN | sub-system number | 子系统号码 |
| SSP | service switching point | 业务交换点 |
| SSP | static speed profile | 静态速度曲线 |
| SSS | switching subsystem | 交换子系统 |
| SST | send special information tone signal | 发送专用信息音信号 |
| STB | subscriber toll busy signal | 用户长途忙消息 |
| STP | signalling transfer point | 信令转接点 |
| SUA | software generated group unblocking acknowledgement message | 软件产生的群闭塞解除证实消息 |
| SUS | suspend | 暂停 |
| TA | timing advance | 时间提前量 |
| TAF | terminate adapter function | 终端适配功能 |
| TCAP | transaction capability application part | 事务处理能力应用部分 |
| TCC | train control center | 列控中心 |
| TCH/F | traffic channel/full rate | 全速率话务信道 |
| TCH/H | traffic channel/half rate | 半速率话务信道 |
| TCP | transmission control protocol | 传输控制协议 |
| TDMA | time division multiple access | 时分多址 |
| TLLI | temporary logical link identifier | 临时逻辑链路标识 |
| TMSC | tandem mobile switching center | 汇接移动交换中心 |
| TMSI | temporary mobile subscriber identity | 移动用户临时标识 |

续上表

| 缩略语 | 英文全称 | 中文全称 |
|---|---|---|
| TRAU | transcoding and rate adaptation unit | 码型转换和速率适配单元 |
| TRX | transceiver | 收发信机 |
| TUP | telephone user part | 电话用户部分 |
| TX | transmit | 发射 |
| UBA | unblocking-acknowledgement signal | 解除闭塞证实信号 |
| UBL | unblocking signal | 解除闭塞信号 |
| UDP | user datagram protocol | 用户数据报协议 |
| UIC | union internationale des chemins de fer | 国际铁路联盟 |
| UNN | unallocated-number signal | 空号信号 |
| UPA | user part available | 用户部分可用 |
| UPT | user part test | 用户部分测试 |
| USSD | unstructured supplementary service data | 非结构化补充业务数据 |
| UUIE | user-to-user information element | 用户到用户信息单元 |
| UUS1 | user-to-user signalling type 1 | 用户到用户信令类型 1 |
| VBS | voice broadcast service | 语音广播业务 |
| VGCS | voice group call service | 语音组呼业务 |
| VLR | visitor location register | 拜访位置寄存器 |

# 附录 B　GSM-R 相关协议导读

## 一、3GPP 标准

在 3GPP 标准中与 GSM 相关的共有 12 个系列：

(1)01 和 21 系列：需求规范(requirements specifications)；

(2)02 和 22 系列：业务方面(service aspects)；

(3)03 和 23 系列：技术实现(technical realization)；

(4)04 和 24 系列：用户终端到核心网的信令协议(signalling protocols,UE-CN)；

(5)05 系列：GSM 无线方面(GSM radio aspects)；

(6)06 系列：编码(codecs)；

(7)07 和 27 系列：数据(data)；

(8)08 和 28 系列：无线子系统到网络的信令协议(signalling protocols,RSS-network part)；

(9)09 和 29 系列：网络交换子系统的信令协议(signalling protocols,NSS)；

(10)11 系列：SIM 和一致性测试(SIM and conformance test)；

(11)12 系列：操作与维护(operation and maintenance)；

(12)13 系列：接入需求(access requirements)。

01. ××至 12. ××范围内的规范仅为 GSM 规范，即仅用于构建基于 3GPP 规范且使用 GSM/EDGE 无线接入网络(GERAN)的系统。21. ×××至 35. ×××范围内的规范对于基于 3GPP 规范并且使用 GSM/EDGE 无线电接入网络或 UTRA 无线电接入网络(UTRAN)或两者兼有的系统是通用的。

部分 GSM 规范见表 B-1，更详细的信息可参见 3GPP 规范的网站。

**表 B-1　GSM 规范(R4 及以前版本)**

| 标准号 | 标准名称 |
|---|---|
| | 系列 1：需求规范(requirements specifications) |
| 01. 01 | technical specifications and technical reports for a GERAN-based 3GPP system |
| 01. 02 | general description of a GSM public land mobile network (PLMN) |
| 01. 48 | ISDN-based DECT/GSM interworking; feasibility study |
| 01. 56 | GSM cordless telephony system (CTS) (phase 1);CTS authentication and key generation algorithms requirements |
| 01. 61 | general packet radio service (GPRS);GPRS ciphering algorithm requirements |
| | 系列 2：业务方面(service aspects) |
| 02. 01 | principles of telecommunication services supported by a GSM public land mobile network(PLMN) |

续上表

| 标准号 | 标准名称 |
|---|---|
| 02.02 | bearer services (BS) supported by a GSM public land mobile network (PLMN) |
| 02.03 | teleservices supported by a GSM public land mobile network (PLMN) |
| 02.04 | general on supplementary services |
| 02.06 | types of mobile stations (MS) |
| 02.07 | mobile station (MS) features |
| 02.09 | security aspects |
| 02.11 | service accessibility |
| 02.16 | international mobile station equipment identities (IMEI) |
| 02.17 | subscriber identity module (SIM);functional characteristics |
| 02.19 | subscriber identity module application programming interface (SIM API);stage 1 |
| 02.20 | collection charges |
| 02.22 | stage 1 for personalisation of GSM ME |
| 02.24 | description of charge advice information (CAI) |
| 02.30 | man-machine interface (MMI) of the mobile station (MS) |
| 02.31 | fraud information gathering system (FIGS);service description;stage 1 |
| 02.32 | immediate service termination (IST);service description;stage 1 |
| 02.33 | lawful interception (LI);stage 1 |
| 02.34 | high speed circuit switched data (HSCSD);stage 1 |
| 02.40 | procedures for call progress indications |
| 02.41 | operator determined barring (ODB) |
| 02.42 | network identity and time zone (NITZ);service description, stage 1 |
| 02.43 | support of localised service area (SoLSA);service description;stage 1 |
| 02.48 | security mechanisms for the SIM application toolkit;stage 1 |
| 02.53 | tandem free operation (TFO);service description;stage 1 |
| 02.56 | GSM cordless telephony system (CTS), phase 1;service description;stage 1 |
| 02.57 | mobile station application execution environment (MExE) service description stage 1 |
| 02.60 | general packet radio service stage 1 description |
| 02.63 | packet data on signalling channels service (PDS);stage 1 |
| 02.66 | support of mobile number portability (MNP);service description;stage 1 |
| 02.67 | enhanced multi-level precedence and pre-emption service (eMLPP);stage 1 |
| 02.68 | voice group call service (VGCS);stage 1 |
| 02.69 | voice broadcast service (VBS);stage 1 |
| 02.71 | location services (LCS);stage 1 |
| 02.72 | call deflection service description;stage 1 |
| 02.76 | noise suppression for the AMR |
| 02.78 | customized applications for mobile network enhanced logic (CAMEL);service definition (stage 1) |

续上表

| 标准号 | 标准名称 |
| --- | --- |
| 02.79 | support of optimal routeing (SOR); service definition (stage 1) |
| 02.81 | line identification supplementary services; stage 1 |
| 02.82 | call forwarding (CF) supplementary services; stage 1 |
| 02.83 | call waiting (CW) and call hold (HOLD) supplementary services; stage 1 |
| 02.84 | multiparty (MPTY) supplementary services; stage 1 |
| 02.85 | closed user group (CUG) supplementary services; stage 1 |
| 02.86 | advice of charge (AoC) supplementary services; stage 1 |
| 02.87 | user-to-user signalling (UUS) service description; stage 1 |
| 02.88 | call barring (CB) supplementary services; stage 1 |
| 02.90 | unstructured supplementary service data (USSD); stage 1 |
| 02.91 | explicit call transfer (ECT) |
| 02.93 | completion of calls to busy subscriber (CCBS) service description; stage 1 |
| 02.95 | support of private numbering plan (SPNP); service description; stage 1 |
| 02.96 | name identification supplementary services; stage 1 |
| 02.97 | multiple subscriber profile (MSP) phase 1; service description; stage 1 |
| 系列 3:技术实现(technical realization) | |
| 03.01 | network functions |
| 03.02 | network architecture |
| 03.03 | numbering, addressing and identification |
| 03.04 | signalling requirements relating to routing of calls to mobile subscribers |
| 03.07 | restoration procedures |
| 03.08 | organization of subscriber data |
| 03.09 | handover procedures |
| 03.10 | GSM public land mobile network (PLMN) connection types |
| 03.11 | technical realization of supplementary services-general aspects |
| 03.12 | location registration procedures |
| 03.13 | discontinuous reception (DRX) in the GSM system |
| 03.14 | support of dual tone multi-frequency signalling (DTMF) via the GSM system |
| 03.15 | technical realization of operator determined barring(ODB) |
| 03.16 | subscriber data management |
| 03.18 | basic call handling |
| 03.19 | subscriber identity module application programming interface (SIM API) for java card |
| 03.20 | security-related network functions |
| 03.22 | functions related to mobile station (MS) in idle mode and group receive mode |
| 03.31 | fraud information gathering system (FIGS); service description; stage 2 |
| 03.32 | universal geographical area description (GAD) |

续上表

| 标准号 | 标准名称 |
| --- | --- |
| 03. 33 | 3G security;lawful interception;stage 2 |
| 03. 34 | high speed circuit switched data (HSCSD);stage 2 |
| 03. 35 | immediate service termination (IST);stage 2 |
| 03. 38 | alphabets and language-specific information |
| 03. 40 | technical realization of the short message service (SMS) |
| 03. 41 | technical realization of short message service cell broadcast (SMSCB) |
| 03. 42 | SMS compression |
| 03. 45 | technical realization of facsimile group 3 service-transparent |
| 03. 46 | technical realization of facsimile group 3 service-non transparent |
| 03. 48 | security mechanisms for SIM application toolkit;stage 2 |
| 03. 50 | transmission planning aspects of the speech service in the GSM public land mobile network (PLMN) system |
| 03. 52 | lower layers of the GSM cordless telephony system (CTS) radio interface;stage 2 |
| 03. 53 | tandem free operation (TFO);service description;stage 2 |
| 03. 54 | description for the use of a shared interworking function (SIWF) in a GSM PLMN;stage 2 |
| 03. 55 | dual transfer mode (DTM);stage 2 |
| 03. 56 | GSM cordless telephony system (CTS), phase 1;CTS architecture description;stage 2 |
| 03. 57 | mobile station application execution environment (MExE);functional description;stage 2 |
| 03. 60 | general packet radio service (GPRS);service description;stage 2 |
| 03. 63 | packet data on signalling channels service (PDS) service description, stage 2 |
| 03. 64 | general packet radio service(GPRS);overall description of the GPRS radio interface;stage 2 overall |
| 03. 66 | support of GSM mobile number portability (MNP);stage 2 |
| 03. 67 | enhanced multi-level precedence and pre-emption service (eMLPP);stage 2 |
| 03. 68 | voice group call service (VGCS);stage 2 |
| 03. 69 | voice broadcast service (VBS);stage 2 |
| 03. 70 | routeing of calls to/from public data networks (PDN) |
| 03. 71 | location services (LCS);functional description;stage 2 |
| 03. 72 | call deflection stage 2 |
| 03. 73 | support of localised service area(SoLSA);stage 2 |
| 03. 78 | customized applications for mobile network enhanced logic (CAMEL) phase 2;stage 2 |
| 03. 79 | support of optimal routeing phase 1;stage 2 |
| 03. 81 | line identification supplementary services;stage 2 |
| 03. 82 | call forwarding (CF)supplementary services;stage 2 |
| 03. 83 | call waiting (CW) and call hold (HOLD) supplementary services;stage 2 |
| 03. 84 | multiparty (MPTY) supplementary services;stage 2 |
| 03. 85 | closed user group (CUG) supplementary services;stage 2 |
| 03. 86 | advice of charge(AoC) supplementary services;stage 2 |

续上表

| 标准号 | 标准名称 |
|---|---|
| 03.87 | user-to-user signalling (UUS); stage 2 |
| 03.88 | call barring (CB) supplementary services; stage 2 |
| 03.90 | unstructured supplementary service data (USSD) |
| 03.91 | explicit call transfer (ECT) supplementary service; stage 2 |
| 03.93 | technical realization of completion of calls to busy subscriber (CCBS); stage 2 |
| 03.96 | name identification supplementary services; stage 2 |
| 03.97 | multiple subscriber profile (MSP); stage 2 |
| 系列 4:用户终端到核心网的信令协议(signalling protocols, UE-CN) | |
| 04.01 | mobile station-base station system (MS-BSS) interface general aspects and principles |
| 04.02 | GSM public land mobile network (PLMN) access reference configuration |
| 04.03 | mobile station-base station system (MS-BSS) interface channel structures and access capabilities |
| 04.04 | layer 1-general requirements |
| 04.05 | data link (DL) layer general aspects |
| 04.06 | mobile station-base stations system (MS-BSS) interface data link (DL) layer specification |
| 04.07 | mobile radio interface signalling layer 3-general aspects |
| 04.08 | mobile radio interface layer 3 specification |
| 04.10 | mobile radio interface layer 3-supplementary services specification-general aspects |
| 04.11 | point-to-point (PP) short message service (SMS) support on mobile radio interface |
| 04.12 | short message service cell broadcast (SMSCB) support on the mobile radio interface |
| 04.13 | performance requirements on mobile radio interface |
| 04.14 | individual equipment type requirements and interworking; special conformance testing functions |
| 04.18 | mobile radio interface layer 3 specification; radio resource control (RRC) protocol |
| 04.21 | rate adaption on the mobile station-base station system (MS-BSS) interface |
| 04.22 | radio link protocol (RLP) for data and telematic services on the mobile station-base station system (MS-BSS) interface and the base station system-mobile-services switching centre (BSS-MSC) interface |
| 04.30 | location services (LCS); supplementary service operations; stage 3 |
| 04.31 | location services (LCS); mobile station (MS)-serving mobile location centre (SMLC) radio resource LCS protocol (RRLP) |
| 04.35 | location services (LCS); broadcast network assistance for enhanced observed time difference (E-OTD) and global positioning system (GPS) positioning methods |
| 04.56 | GSM cordless telephony system (CTS), (phase 1) CTS radio interface layer 3 specification |
| 04.57 | GSM cordless telephony system (CTS), (phase 1) CTS supervising system layer 3 specification |
| 04.60 | general packet radio service (GPRS); mobile station (MS)-base station system (BSS) interface; radio link control/medium access control (RLC/MAC) protocol |
| 04.63 | packet data on signalling channels service (PDS) service description, stage 3 |
| 04.64 | general packet radio service (GPRS); mobile station-serving GPRS support node (MS-SGSN) logical link control (LLC) layer specification |

续上表

| 标准号 | 标准名称 |
|---|---|
| 04.65 | general packet radio service (GPRS); mobile station (MS)-serving GPRS support node (SGSN); subnetwork dependent convergence protocol (SNDCP) |
| 04.67 | enhanced multi-level precedence and pre-emption service (eMLPP); stage 3 |
| 04.68 | group call control (GCC) protocol |
| 04.69 | broadcast call control (BCC) protocol |
| 04.71 | location services (LCS); mobile radio interface layer 3 specification |
| 04.72 | call deflection (CD) supplementary service; stage 3 |
| 04.80 | mobile radio interface layer 3-supplementary services specification formats and coding |
| 04.81 | line identification supplementary services; stage 3 |
| 04.82 | call forwarding (CF) supplementary services; stage 3 |
| 04.83 | call waiting (CW) and call hold (HOLD) supplementary services; stage 3 |
| 04.84 | multiparty (MPTY) supplementary services; stage 3 |
| 04.85 | closed user group (CUG) supplementary services; stage 3 |
| 04.86 | advice of charge (AoC) supplementary services; stage 3 |
| 04.87 | user-to-user signalling(UUS) supplementary service; stage 3 |
| 04.88 | call barring (CB) supplementary services; stage 3 |
| 04.90 | unstructured supplementary service data (USSD) |
| 04.91 | explicit call transfer (ECT) supplementary service; stage 3 |
| 04.93 | completion of calls to busy subscriber (CCBS); stage 3 |
| 04.96 | name identification supplementary services; stage 3 |
| 系列 5:GSM 无线方面(GSM radio aspects) | |
| 05.01 | physical layer on the radio path; general description |
| 05.02 | multiplexing and multiple access on the radio path |
| 05.03 | channel coding |
| 05.04 | modulation |
| 05.05 | radio transmission and reception |
| 05.08 | radio subsystem link control |
| 05.09 | link adaptation |
| 05.10 | radio subsystem synchronization |
| 05.14 | release independent frequency bands; implementation guidelines |
| 05.15 | release independent downlink advanced receiver performance (DARP); implementation guidelines |
| 05.56 | GSM cordless telephony system (CTS), phase 1; CTS-fixed part (FP) radio subsystem |
| 系列 6:编码(codecs) | |
| 06.01 | full rate speech processing functions |
| 06.02 | half rate speech processing functions |
| 06.06 | half rate speech: ANSI-C code for GSM half rate speech codec |

续上表

| 标准号 | 标准名称 |
| --- | --- |
| 06.07 | half rate speech：test sequence for GSM half rate speech codec |
| 06.10 | full rate speech transcoding |
| 06.11 | substitution and muting of lost frames for full rate speech channels |
| 06.12 | comfort noise aspects for full rate speech traffic channels |
| 06.20 | half rate speech transcoding |
| 06.21 | half rate speech;substitution and muting of lost frames for half rate speech traffic channels |
| 06.22 | comfort noise aspects for half rate speech traffic channels |
| 06.31 | discontinuous transmission (DTX) for full rate speech traffic channels |
| 06.32 | voice activity detection (VAD) |
| 06.41 | discontinuous transmission (DTX) for half rate speech traffic channels |
| 06.42 | voice activity detection (VAD) for half rate speech traffic channels |
| 06.51 | GSM enhanced full rate speech processing functions：general description |
| 06.53 | ANSI-C code for the GSM enhanced full rate (EFR) speech codec |
| 06.54 | test sequences for the GSM enhanced full rate (EFR) |
| 06.60 | enhanced full rate speech transcoding |
| 06.61 | substitution and muting of lost frames for enhanced full rate (EFR)speech traffic channels |
| 06.62 | comfort noise aspects for enhanced full rate (EFR) speech traffic channels |
| 06.71 | adaptive multi-rate speech processing functions;general description |
| 06.73 | adaptive multi rate (AMR) speech;ANSI-C code for the AMR speech codec |
| 06.74 | test sequences for the GSM adaptive multi rate (AMR) speech codec |
| 06.77 | minimum performance requirements for noise suppresser application to the AMR speech encoder |
| 06.81 | discontinuous transmission (DTX) for enhanced full rate(EFR)speech traffic channels |
| 06.82 | voice activity detection (VAD) for enhanced full rate speech traffic channels |
| 06.90 | adaptive multi-rate speech transcoding |
| 06.91 | substitution and muting of lost frames for AMR speech traffic channels |
| 06.92 | comfort noise aspects for adaptive multi-rate speech traffic channels |
| 06.93 | discontinuous transmission (DTX) for adaptive multi-rate speech traffic channels |
| 06.94 | voice activity detector (VAD) for adaptive multi rate (AMR) speech traffic channels |
| 系列 7:数据(data) | |
| 07.01 | general on terminal adaptation functions (TAF) for mobile stations (MS) |
| 07.02 | terminal adaptation functions (TAF) for services using asynchronous bearer capabilities |
| 07.03 | terminal adaptation functions (TAF) for services using synchronous bearer capabilities |
| 07.05 | use of data terminal equipment-data circuit terminating equipment (DTE-DCE) interface for short message services (SMS) and cell broadcast services (CBS) |
| 07.07 | AT command set for GSM mobile equipment (ME) |
| 07.08 | GSM application programming interface |

续上表

| 标准号 | 标准名称 |
|---|---|
| 07.10 | terminal equipment to mobile station (TE-MS) multiplexer protocol |
| 07.60 | general packet radio service (GPRS); mobile station (MS) supporting GPRS |
| 系列 8:无线子系统到网络的信令协议(signalling protocols, RSS-network part) | |
| 08.01 | general aspects on the BSS-MSC interface |
| 08.02 | base station system- mobile-services switching centre (BSS-MSC) interface-interface principles |
| 08.04 | base station system-mobile-services switching centre (BSS-MSC) interface layer 1 specification |
| 08.06 | signalling transport mechanism specification for the base station system-mobile services switching centre (BSS-MSC) interface |
| 08.08 | mobile-services switching centre-base station system (MSC-BSS) interface layer 3 specification |
| 08.14 | general packet radio service (GPRS); base station system (BSS)-serving GPRS support node (SGSN) interface; Gb interface layer 1 |
| 08.16 | general packet radio service (GPRS); base station system (BSS)-serving GPRS support node (SGSN) interface; network service |
| 08.18 | general packet radio service (GPRS); base station system (BSS)-serving GPRS support node (SGSN); BSS GPRS protocol |
| 08.20 | rate adaptation on the base station system-mobile service switching centre (BSS-MSC) interface |
| 08.31 | location services (LCS): serving mobile location centre-serving mobile location centre (SMLC-SMLC); SMLCPP specification |
| 08.51 | base station controller-base tranceiver station (BSC-BTS) interface general aspects |
| 08.52 | base station controller-base tranceiver station (BSC-BTS) interface-interface principles |
| 08.54 | BSC-BTS layer 1; structure of physical circuits |
| 08.56 | BSC-BTS layer 2; specification |
| 08.58 | base station controller -base transceiver station (BSC-BTS) interface layer 3 specification |
| 08.59 | BSC-BTS O&M signalling transport |
| 08.60 | inband control of remote transcoders and rate adaptors for enhanced full rate (EFR) and full rate traffic channels |
| 08.61 | inband control of remote transcoders and rate adaptors for half rate traffic channels |
| 08.62 | inband tandem free operation (TFO) of speech codecs; service description; stage 3 |
| 08.71 | location services (LCS); serving mobile location centre-base station system (SMLC-BSS) interface; layer 3 |
| 系列 9:网络交换子系统的信令协议(signalling protocols, NSS) | |
| 09.02 | mobile application part (MAP) specification |
| 09.03 | signalling requirements on interworking between the intergrated services digital network (ISDN) or public switched telephone network (PSTN) and the public land mobile network (PLMN) |
| 09.04 | interworking between the public land mobile network (PLMN) and the circuit switched public data network (CSPDN) |
| 09.05 | interworking between the PLMN and the PSPDN for PAD access |
| 09.06 | interworking between a public land mobile network (PLMN) and a packet switched public data network/intergrated services digital network (PSPDN/ISDN) for support of packet switched data transmission services |

续上表

| 标准号 | 标准名称 |
|---|---|
| 09.07 | general requirements on interworking between the public land mobile network (PLMN) and the intergrated services digital network (ISDN) or public switched telephone network (PSTN) |
| 09.08 | application of the base station system application part (BSSAP) on the E-interface |
| 09.10 | information element mapping between mobile station-base station system (MS-BSS) and base station system-mobile-services switching centre (BSS-MSC) signalling procedures and the mobile application part (MAP) |
| 09.11 | signalling interworking for supplementary services |
| 09.12 | application of ISDN user part (ISUP) version 2 for the integrated services digital network (ISDN)-public land mobile network (PLMN) signalling interface; part 1: protocol specification |
| 09.13 | signalling interworking between ISDN supplementary services application service element (ASE) and mobile application part (MAP) protocols |
| 09.14 | application of ISDN user part (ISUP) version 3 for the integrated services digital network (ISDN)-public land mobile network (PLMN) signalling interface; part 1: protocol specification |
| 09.16 | general packet radio service (GPRS); serving GPRS support node (SGSN)-visitors location register (VLR); Gs interface network service specification |
| 09.18 | general packet radio service (GPRS); serving GPRS support node (SGSN)-visitors location register (VLR); Gs interface layer 3 specification |
| 09.31 | location services (LCS); base station system application part LCS extension (BSSAP-LE) |
| 09.60 | general packet radio service (GPRS); GPRS tunnelling protocol(GTP) across the Gn and Gp interface |
| 09.61 | general packet radio service (GPRS); interworking between the public land mobile network (PLMN) supporting GPRS and packet data networks (PDN) |
| 09.78 | CAMEL application part phase 2 (stage 3) |
| 09.91 | interworking aspects of the SIM/ME interface between phase 1 and phase 2 |
| | 系列 11:SIM 和一致性测试(SIM and conformance test) |
| 11.10 | mobile station conformity specification |
| 11.10-1 | mobile station (MS) conformance specification; part 1: conformance specification |
| 11.10-2 | mobile station (MS) conformance specification; part 2: protocol implementation conformance statement (PICS) proforma specification |
| 11.10-3 | mobile station (MS) conformance specification; part 3: layer3 (L3) abstract test suite (ATS) |
| 11.10-4 | mobile station (MS) conformance specification; part 4: subscriber identity module (SIM) application toolkit conformance test specification |
| 11.11 | specification of the subscriber identity module-mobile equipment (SIM-ME) interface |
| 11.12 | specification of the 3 volt subscriber identity module-mobile equipment (SIM-ME) interface |
| 11.13 | test specification for subscriber interface module (SIM) application programme interface (API) for java card |
| 11.14 | specification of the SIM application toolkit (SAT) for the subscriber identity module-mobile equipment (SIM-ME) interface |
| 11.17 | subscriber identity module (SIM) test specification |
| 11.18 | specification of the 1.8 volt subscriber identity module-mobile equipment (SIM-ME) interface |
| 11.19 | CTS SIM fixed part |

续上表

| 标准号 | 标准名称 |
|---|---|
| 11.20 | GSM DCS 1800 base station specification |
| 11.21 | base station system (BSS) equipment specification;radio aspects |
| 11.23 | GSM signalling aspects base station system equipment specification |
| 11.24 | GSM transcoding and rate adaptation: base station system equipment specification |
| 11.26 | base station system (BSS) equipment specification;part 4: repeaters |
| 11.30 | mobile services switching centre |
| 11.31 | home location register specification |
| 11.32 | visitor location register specification |
| 11.40 | GSM system simulator specification |
| 系列 12:操作与维护(operation and maintenance) | |
| 12.00 | objectives and structure of GSM public land mobile network (PLMN) management |
| 12.01 | network management (NM);part 2: common aspects of SM/DCS 1800 network management |
| 12.02 | subscriber, mobile equipment (ME) and services data administration |
| 12.03 | security management |
| 12.04 | performance data measurements |
| 12.05 | subscriber related call and event data |
| 12.06 | network configuration management and administration |
| 12.08 | subscriber and equipment trace |
| 12.11 | fault management of the base station system (BSS) |
| 12.15 | general packet radio service (GPRS);GPRS charging |
| 12.20 | base station system (BSS) management information |
| 12.21 | network management (NM) procedures and messages on the A-bis interface |
| 12.22 | interworking of GSM network management (NM) procedures and messages at the base station controller (BSC) |
| 12.71 | location services (LCS);location services management |
| 系列 13:接入需求(access requirements) | |
| 13.01 | attachment requirements for global system for mobile communications (GSM);part 1: mobile stations in the GSM 900 and DCS 1 800 bands;access |
| 13.01-1 | attachment requirements for global system for mobile communications (GSM) mobile stations;access |
| 13.01-2 | attachment requirements for mobile stations in the DCS 1800 band and additional GSM 900 band;access |
| 13.02 | attachment requirements for mobile stations in the DCS 1800 band and additional GSM 900 band;access |
| 13.11 | mobiles stations in the GSM 900 and DCS 1800 bands covering essential requirements under article 3.2 of the R&TTE directive |
| 13.21 | base station systems and repeater equipment covering essential requirements under article 3.2 of the R&TTE directive |
| 13.34 | attachment requirements for global system for mobile communications (GSM);high speed circuit switched data (HSCSD) multislot mobile stations;access |

续上表

| 标准号 | 标准名称 |
|---|---|
| 13.67 | attachment requirements for global system for mobile communications (GSM); railways band (R-GSM); mobile stations; access |
| 13.68 | attachment requirements for global system for mobile communications (GSM); advanced speech call items (GSM-ASCI) mobile stations; access |
| 系列 22:业务方面(service aspects) | |
| 22.001 | principles of circuit telecommunication services supported by a public land mobile network (PLMN) |
| 22.002 | circuit bearer services (BS) supported by a public land mobile network (PLMN) |
| 22.003 | circuit teleservices supported by a public land mobile network (PLMN) |
| 22.004 | general on supplementary services |
| 22.011 | service accessibility |
| 22.016 | international mobile station equipment identities (IMEI) |
| 22.022 | personalisation of mobile equipment (ME); mobile functionality specification |
| 22.024 | description of charge advice information (CAI) |
| 22.030 | man-machine interface (MMI) of the user equipment (UE) |
| 22.031 | 3G security; fraud information gathering system (FIGS); service description; stage 1 |
| 22.032 | immediate service termination (IST); service description; stage 1 |
| 22.034 | high speed circuit switched data (HSCSD); stage 1 |
| 22.038 | (U)SIM application toolkit (USAT); service description; stage 1 |
| 22.041 | operator determined barring (ODB) |
| 22.042 | network identity and time zone (NITZ); service description; stage 1 |
| 22.048 | security mechanisms for the (U)SIM application toolkit; stage 1 |
| 22.053 | tandem free operation (TFO); service description; stage 1 |
| 22.057 | mobile execution environment (MExE); service description; stage 1 |
| 22.060 | general packet radio service (GPRS); service description; stage 1 |
| 22.066 | support of mobile number portability (MNP); service description; stage 1 |
| 22.067 | enhanced multi-level precedence and pre-emption service (eMLPP); stage 1 |
| 22.071 | location services (LCS); service description; stage 1 |
| 22.072 | call deflection (CD) service description; stage 1 |
| 22.076 | noise suppression for the AMR codec; service description; stage 1 |
| 22.078 | customised applications for mobile network enhanced logic (CAMEL); service description; stage 1 |
| 22.079 | support of optimal routeing (SOR); service definition; stage 1 |
| 22.081 | line identification supplementary services; stage 1 |
| 22.082 | call forwarding (CF) supplementary services; stage 1 |
| 22.083 | call waiting (CW) and call holding (HOLD); supplementary services; stage 1 |
| 22.084 | multiparty (MPTY) supplementary service; stage 1 |
| 22.085 | closed user group (CUG) supplementary services; stage 1 |
| 22.086 | advice of charge (AoC) supplementary services; stage 1 |

续上表

| 标准号 | 标准名称 |
|---|---|
| 22.087 | user-to-user signalling (UUS)；service description；stage 1 |
| 22.088 | call barring (CB) supplementary services；stage 1 |
| 22.090 | unstructured supplementary service data (USSD)；stage 1 |
| 22.091 | explicit call transfer (ECT) supplementary service；stage 1 |
| 22.093 | completion of calls to busy subscriber (CCBS)；service description，stage 1 |
| 22.094 | follow me service description；stage 1 |
| 22.096 | name identification supplementary services；stage 1 |
| 22.097 | multiple subscriber profile (MSP) phase 2；service description；stage 1 |
| 22.105 | services and service capabilities |
| 22.115 | service aspects；charging and billing |
| 22.127 | service requirement for the open services access (OSA)；stage 1 |
| 22.129 | service aspects；handover requirements between UTRAN and GERAN or other radio systems |
| 22.140 | multimedia messaging service (MMS)；stage 1 |
| 系列 23：技术实现(technical realization) | |
| 23.002 | network architecture |
| 23.003 | numbering，addressing and identification |
| 23.007 | restoration procedures |
| 23.008 | organization of subscriber data |
| 23.009 | handover procedures |
| 23.011 | technical realization of supplementary services |
| 23.012 | location management procedures |
| 23.014 | support of dual tone multi-frequency (DTMF) signalling |
| 23.015 | technical realization of operator determined barring (ODB) |
| 23.016 | subscriber data management；stage 2 |
| 23.018 | basic call handling；technical realization |
| 23.031 | 3G security；fraud information gathering system (FIGS)；technical realization；stage 2 |
| 23.032 | universal geographical area description (GAD) |
| 23.034 | high speed circuit switched data (HSCSD)；stage 2 |
| 23.035 | immediate service termination (IST)；stage 2 |
| 23.038 | alphabets and language-specific information |
| 23.040 | technical realization of the short message service (SMS) |
| 23.041 | technical realization of cell broadcast service (CBS) |
| 23.042 | compression algorithm for text messaging services |
| 23.048 | security mechanisms for the (U)SIM application toolkit；stage 2 |
| 23.053 | tandem free operation (TFO)；service description；stage 2 |
| 23.057 | mobile execution environment (MExE)；functional description；stage 2 |

续上表

| 标准号 | 标准名称 |
| --- | --- |
| 23.060 | general packet radio service (GPRS); service description; stage 2 |
| 23.066 | support of mobile number portability (MNP); technical realization; stage 2 |
| 23.067 | enhanced multi-level precedence and pre-emption service (eMLPP); stage 2 |
| 23.072 | call deflection (CD) supplementary service; stage 2 |
| 23.078 | customised applications for mobile network enhanced logic (CAMEL) phase 4; stage 2 |
| 23.079 | support of optimal routeing (SOR); technical realization |
| 23.081 | line identification supplementary services; stage 2 |
| 23.082 | call forwarding (CF) supplementary services; stage 2 |
| 23.083 | call waiting (CW) and call hold (HOLD) supplementary services; stage 2 |
| 23.084 | multiparty (MPTY) supplementary service; stage 2 |
| 23.085 | closed user group (CUG) supplementary service; stage 2 |
| 23.086 | advice of charge (AoC) supplementary services; stage 2 |
| 23.087 | user-to-user signalling (UUS) supplementary service; stage 2 |
| 23.088 | call barring (CB) supplementary services; stage 2 |
| 23.090 | unstructured supplementary service data (USSD); stage 2 |
| 23.091 | explicit call transfer (ECT) supplementary service; stage2 |
| 23.093 | technical realization of completion of calls to busy subscriber (CCBS); stage 2 |
| 23.094 | follow me (FM); stage 2 |
| 23.096 | name identification supplementary services; stage 2 |
| 23.097 | multiple subscriber profile (MSP) (phase 2); stage 2 |
| 23.107 | quality of service (QoS) concept and architecture |
| 23.108 | mobile radio interface layer 3 specification, core network protocols; stage 2 |
| 23.110 | universal mobile telecommunications system (UMTS) access stratum; services and functions |
| 23.116 | super-charger technical realization; stage 2 |
| 23.121 | architectural requirements for release 1999 |
| 23.122 | non-access-stratum (NAS) functions related to mobile station (MS) in idle mode |
| 23.127 | virtual home environment (VHE)/open service access (OSA) |
| 23.140 | multimedia messaging service (MMS); functional description; stage 2 |
| 23.153 | out of band transcoder control; stage 2 |
| 23.205 | bearer-independent circuit-switched core network; stage 2 |
| 23.207 | end-to-end quality of service (QoS) concept and architecture |
| 23.221 | architectural requirements |
| 23.271 | functional stage 2 description of location services (LCS) |
| 系列 24:用户终端到核心网的信令协议(signalling protocols,UE-CN) | |
| 24.002 | GSM-UMTS public land mobile network (PLMN) access reference configuration |
| 24.007 | mobile radio interface signalling layer 3; general aspects |

续上表

| 标准号 | 标准名称 |
| --- | --- |
| 24.008 | mobile radio interface layer 3 specification;core network protocols;stage 3 |
| 24.010 | mobile radio interface layer 3;supplementary services specification;general aspects |
| 24.011 | point-to-point (PP) short message service (SMS) support on mobile radio interface |
| 24.022 | radio link protocol (RLP) for circuit switched bearer and teleservices |
| 24.030 | location services (LCS);supplementary service operations;stage 3 |
| 24.067 | enhanced multi-level precedence and pre-emption service (eMLPP);stage 3 |
| 24.072 | call deflection (CD) supplementary service;stage 3 |
| 24.080 | mobile radio interface layer 3 supplementary services specification;formats and coding |
| 24.081 | line identification supplementary services;stage 3 |
| 24.082 | call forwarding (CF) supplementary services;stage 3 |
| 24.083 | call waiting (CW) and call hold (HOLD) supplementary services;stage 3 |
| 24.084 | multiparty (MPTY) supplementary service;stage 3 |
| 24.085 | closed user group (CUG) supplementary service;stage 3 |
| 24.086 | advice of charge (AoC) supplementary services;stage 3 |
| 24.087 | user-to-user signalling (UUS) supplementary service;stage 3 |
| 24.088 | call barring (CB) supplementary service;stage 3 |
| 24.090 | unstructured supplementary service data (USSD);stage 3 |
| 24.091 | explicit call transfer (ECT) supplementary service;stage 3 |
| 24.093 | completion of calls to busy subscriber (CCBS);stage 3 |
| 24.096 | name identification supplementary services;stage 3 |
| 系列 27:数据(data) | |
| 27.001 | general on terminal adaptation functions (TAF) for mobile stations (MS) |
| 27.002 | terminal adaptation functions (TAF) for services using asynchronous bearer capabilities |
| 27.003 | terminal adaptation functions (TAF) for services using synchronous bearer capabilities |
| 27.005 | use of data terminal equipment-data circuit terminating equipment (DTE-DCE) interface for short message service (SMS) and cell broadcast service (CBS) |
| 27.007 | AT command set for user equipment (UE) |
| 27.010 | terminal equipment to user equipment (TE-UE) multiplexer protocol |
| 27.060 | packet domain;mobile station (MS) supporting packet switched services |
| 27.103 | wide area network synchronization |
| 系列 28:无线子系统到网络的信令协议(signalling protocols,RSS-network part) | |
| 28.062 | inband tandem free operation (TFO) of speech codecs;service description;stage 3 |
| 系列 29:网络交换子系统的信令协议(signalling protocols,NSS) | |
| 29.002 | mobile application part (MAP) specification |
| 29.007 | general requirements on interworking between the public land mobile network (PLMN) and the integrated services digital network (ISDN) or public switched telephone network (PSTN) |

续上表

| 标准号 | 标准名称 |
| --- | --- |
| 29.010 | information element mapping between mobile station-base station system (MS-BSS) and base station system-mobile-services switching centre (BSS-MSC); signalling procedures and the mobile application part (MAP) |
| 29.011 | signalling interworking for supplementary services |
| 29.013 | signalling interworking between ISDN supplementary services; application service element (ASE) and mobile application part (MAP) protocols |
| 29.016 | general packet radio service (GPRS); serving GPRS support node (SGSN)-visitors location register (VLR); Gs interface network service specification |
| 29.018 | general packet radio service (GPRS); serving GPRS support node (SGSN)-visitors location register (VLR); Gs interface layer 3 specification |
| 29.060 | general packet radio service (GPRS); GPRS tunnelling protocol (GTP) across the Gn and Gp interface |
| 29.061 | interworking between the public land mobile network (PLMN) supporting packet based services and packet data networks (PDN) |
| 29.078 | customised applications for mobile network enhanced logic (CAMEL) phase 3; CAMEL application part (CAP) specification |
| 29.198 | open service architecture (OSA) application programming interface (API); part 1 |
| 29.198-01 | open service access (OSA) application programming interface (API); part 1: overview |
| 29.198-02 | open service access (OSA) application programming interface (API); part 2: common data definitions |
| 29.198-03 | open service access (OSA) application programming interface (API); part 3: framework |
| 29.198-04 | open service access (OSA) application programming interface (API); part 4: call control service capability feature (SCF) |
| 29.198-05 | open service access (OSA) application programming interface (API); part 5: user interaction service capability feature (SCF) |
| 29.198-06 | open service access (OSA) application programming interface (API); part 6: mobility service capability feature (SCF) |
| 29.198-07 | open service access (OSA) application programming interface (API); part 7: terminal capabilities service capability feature (SCF) |
| 29.198-08 | open service access (OSA) application programming interface (API); part 8: data session control service capability feature (SCF) |
| 29.198-11 | open service access (OSA) application programming interface (API); part 11: account management service capability feature (SCF) |
| 29.198-12 | open service access (OSA) application programming interface (API); part 12: charging service capability feature (SCF) |
| 29.232 | media gateway controller (MGC) -media gateway (MGW) interface; stage 3 |

## 二、EIRENE 和 MORANE

EIRENE 项目规定了欧洲铁路无线通信采用以 GSM Phase2＋为基础的 GSM-R 技术。为了制定详细的规范，并验证 EIRENE 功能规范的技术可行性，MORANE 项目提交了一系列功能规范和功能接口规范。GSM 规范与 EIRENE/MORANE 规范一起构成了 GSM-R 技术体系。EIRENE 和 MORANE 标准见表 B-2。

表 B-2　EIRENE 和 MORANE 标准

| 标准号 | 标准名称 |
| --- | --- |
| EIRENE | |
| FRS | functional requirements specification |
| SRS | system requirements specification |
| O-2875 | ERTMS/GSM-R quality of service test specification for EIRENE QoS requirements |
| O-3001-1 | test specifications for GSM-R MI related requirements part 1：cab radio |
| O-3001-2 | test specifications for GSM-R MI related requirements part 2：EDOR |
| O-3001-3 | test specifications for GSM-R MI related requirements part 3：SIM cards |
| O-3001-4 | test specifications for GSM-R MI related requirements part 4：network |
| O-8300 | FFFS for voice and data services functionality at borders between GSM-R networks |
| O-8350 | FFFS for voice and data services interconnection & roaming between GSM-R networks |
| MORANE | |
| E 10 T 6001 | FFFS for functional addressing |
| E 12 T 6001 | FIS for functional addressing |
| F 10 T 6001 | FFFS for location dependent addressing |
| F 10 T 6002 | FFFS for confirmation of high priority calls |
| F 10 T 6003 | FFFS for presentation of functional numbers to called and calling parties |
| F 12 T 6001 | FIS for location dependent addressing |
| F 12 T 6002 | FIS for confirmation of high priority calls |
| F 12 T 6003 | FIS for presentation of functional numbers to called and calling parties |
| P38 T 9001 | FFFIS for GSM-R SIM cards |

## 三、GSM-R 相关主要铁路标准

GSM-R 相关主要铁路标准见表 B-3。

表 B-3　GSM-R 相关主要铁路标准

| 标准号 | 标准名称 |
| --- | --- |
| TB/T 3324 | 铁路数字移动通信系统(GSM-R)总体技术要求 |
| TB/T 3361 | 铁路数字移动通信系统(GSM-R)编号计划 |
| TB/T 3371 | 铁路数字移动通信系统(GSM-R)接口 A 接口(MSC 与 BSS 间) |
| TB/T 3374 | 铁路数字移动通信系统(GSM-R)接口 L 接口(SCP 与 SSP 间) |
| TB/T 3377 | 铁路数字移动通信系统(GSM-R)接口 C/D 接口(MSC/VLR 与 HLR 间) |
| TB/T 3376 | 铁路数字移动通信系统(GSM-R)接口 E/G 接口(MSC/VLR 与 MSC/VLR 间) |
| TB/T 3362 | 铁路数字移动通信系统(GSM-R)智能网技术条件 |
| TB/T 3375 | 铁路数字移动通信系统(GSM-R)机车综合无线通信设备 |
| TB/T 3370.1 | 铁路数字移动通信系统(GSM-R)车载通信模块　第 1 部分:技术要求 |
| TB/T 3477.1 | 铁路数字移动通信系统(GSM-R)手持终端　第 1 部分:技术要求 |

续上表

| 标准号 | 标准名称 |
|---|---|
| TB/T 3365.1 | 铁路数字移动通信系统(GSM-R)SIM 卡　第 1 部分:技术条件 |
| TB/T 3379 | 铁路数字移动通信系统(GSM-R)应用业务 调度通信 |
| TB/T 3364 | 铁路数字移动通信系统(GSM-R)模拟光纤直放站 |
| TB/T 3367 | 铁路数字移动通信系统(GSM-R)数字光纤直放站 |
| TB/T 3372 | 铁路数字移动通信系统(GSM-R)接口监测系统技术条件 |
| TB 10088 | 铁路数字移动通信系统(GSM-R)设计规范 |
| TB 10430 | 铁路数字移动通信系统(GSM-R)工程检测规程 |

## 四、CTCS-3 级列车运行控制系统中与 GSM-R 相关主要标准

CTCS-3 级列车运行控制系统中与 GSM-R 相关的主要标准见表 B-4。

**表 B-4　CTCS-3 级列车运行控制系统中与 GSM-R 相关主要标准**

| 标准号 | 标准名称 |
|---|---|
| TB/T 3530 | CTCS-3 级列车运行控制系统系统需求规范 |
| TB/T 3581 | CTCS-3 级列控系统总体技术要求 |
| TB/T 3382 | CTCS-3 级列车运行控制系统与铁路数字移动通信系统(GSM-R)接口规范 |
| TB/T 3483 | CTCS-3 级列控车载设备技术条件 |
| YDN 034.1 | ISDN 用户—网络接口规范　第 1 部分:物理层技术规范 |
| YDN 034.2 | ISDN 用户—网络接口规范　第 2 部分:数据链路层技术规范 |
| YDN 034.3 | ISDN 用户—网络接口规范　第 3 部分:第三层基本呼叫控制技术规范 |
| ITU-T V.110 | support by an ISDN of data terminal equipments with V-series type interfaces |
| ITU-T X.30 | support of X.21, X.21 bis and X.20 bis based data terminal equipments (DTEs) by an integrated services digital network (ISDN) |
| ITU-T I.460 | ISDN user-network interfaces-multiplexing, rate adaption and support of existing interfaces |
| ITU-T Q.955.3 | stage 3 description for community of interest supplementary services using DSS 1: multi-level precedence and preemption (MLPP) |
| Subset-026 | system requirements specification |
| Subset-037 | Euroradio FIS |
| Subset-093 | GSM-R bearer service requirements |
| Subset-098 | RBC-RBC safe communication interface |
| EN 50159-2 | safety-related communication in open transmission systems |
| ITU-T X.214 | information technology-open systems interconnection-transport service definition |
| ITU-T X.224 | information technology-open systems interconnection-protocol for providing the connection-mode transport service |
| ITU-T T.70 | network-independent basic transport service for telematic services |
| ITU-T T.90 | characteristics and protocols for terminals for telematic services in ISDN |
| ISO/IEC 9797-1 | information technology-security techniques-messages authentication codes (MACs); part 1: mechanisms using a block cipher |

# 参考文献


[1] 韩斌杰，杜新颜，张建斌．GSM 原理及其网络优化[M]. 2 版．北京：机械工业出版社，2009.

[2] 钟章队，李旭，蒋文怡，等．铁路 GSM-R 数字移动通信系统[M]. 北京：中国铁道出版社，2008.

[3] 桂海源，张碧玲．信令系统[M]. 北京：北京邮电大学出版社，2008.

[4] EBERSPÄCHER J，VÖGEL H J，BETTSTETTER C，et al. GSM-Architecture，Protocols and Services [M]. 3rd ed. Hoboken：John Wiley & Sons，Inc，2009.

[5] HEINE G. GSM Networks：Protocols，Terminology，and Implementation[M]. Boston：Artech House，1998.

[6] 国家铁路局．铁路数字移动通信系统（GSM-R）总体技术要求：TB/T 3324—2021[S]. 北京：中国铁道出版社有限公司，2021：12.

[7] 国家铁路局．铁路数字移动通信系统（GSM-R）编号计划：TB/T 3361—2016[S]. 北京：中国铁道出版社，2016：9.

[8] 国家铁路局．CTCS-3 级列车运行控制系统与铁路数字移动通信系统（GSM-R）接口规范：TB/T 3382—2016[S]. 北京：中国铁道出版社，2017：9.

[9] 国家铁路局．铁路数字移动通信系统（GSM-R）接口 A 接口（MSC 与 BSS 间）：TB/T 3371—2016[S]. 北京：中国铁道出版社，2016：9.

[10] 国家铁路局．CTCS-3 级列车运行控制系统系统需求规范：TB/T 3530—2018[S]. 北京：中国铁道出版社有限公司，2019：7.

[11] 国家铁路局．CTCS-3 级列控系统总体技术要求：TB/T 3581—2022 [S]. 北京：中国铁道出版社有限公司，2023：5.

[12] 国家铁路局．CTCS-3 级列控车载设备技术条件：TB/T 3483—2017[S]. 北京：中国铁道出版社，2018：4.

[13] 中国通信标准化协会．No. 7 信令与 IP 互通适配层技术要求　消息传递部分（MTP）第二级用户适配层（M2UA）：YD/T 1445—2006[S]. 北京：人民邮电出版社，2006：10.

[14] 信息产业部电信研究院．No. 7 信令与 IP 互通适配层技术规范　消息传递部分（MTP）第三级用户适配层（M3UA）：YD/T 1192—2002[S]. 北京：人民邮电出版社，2002：6.

[15] 信息产业部电信研究院．900/1800 MHz TDMA 数字蜂窝移动通信网移动应用部分（Phase2＋）技术规范：YD/T 1038—2000[S]. 北京：人民邮电出版社，2000：1.

[16] 国家铁路局．铁路数字移动通信系统（GSM-R）接口 C/D 接口（MSC/VLR 与 HLR 间）：TB/T 3377—2019 [S]. 北京：中国铁道出版社有限公司，2020：2.

[17] 国家铁路局．铁路数字移动通信系统（GSM-R）接口 E/G 接口（MSC/VLR 与 MSC/VLR 间）：TB/T 3376—2018 [S]. 北京：中国铁道出版社有限公司，2019：7.

[18] 国家铁路局．铁路数字移动通信系统（GSM-R）智能网技术条件：TB/T 3362—2015 [S]. 北京：中国铁道出版社，2015：11.

[19] 国家铁路局．铁路数字移动通信系统（GSM-R）接口 L 接口（SCP 与 SSP 间）：TB/T 3374—2017 [S]. 北京：中国铁道出版社，2018：4.

[20] 中国通信标准化协会. 900/1800 MHz TDMA 数字蜂窝移动通信网 CAMEL 应用部分(CAP)技术要求(CAMEL3):YD/T 1261—2003 [S]. 北京:人民邮电出版社,2003:4.

[21] 中国通信标准化协会. 国内 No.7 信令方式技术要求 GSM 移动电话用户部分(MTUP):GB/T 28506—2012 [S]. 北京:中国标准出版社,2012:10.

[22] 中国通信标准化协会. 900/1800 MHz TDMA 数字蜂窝移动通信网 No.7 ISUP 信令技术要求:GB/T 28500—2012[S]. 北京:中国标准出版社,2012:10.